CB068109

EUSÉBIO

História Eclesiástica

Publicações
Pão Diário

EUSÉBIO

História Eclesiástica

Comentários e notas de Paul L. Maier

Eusebius: The Church History
© 1999, 2007 by Paul L. Maier
Originally published in English by Kregel Publications,
Grand Rapids, MI 49501, USA.
All rights reserved.

Tradução e impressão em português com
permissão de Kregel Publications
© 2024 Publicações Pão Diário, Brasil

Coordenação editorial: Adolfo A. Hickmann
Tradução: Dayse Fontoura
Revisão: Dalila de Assis, J. Ricardo Morais, Marília Pessanha Lara, Lozane Winter
Coordenação gráfica e capa: Audrey Novac Ribeiro
Diagramação: Rebeka Werner

Dados Internacionais de Catalogação na Publicação (CIP)

Eusébio de Cesareia (Autor); MAIER, Paul L. (Comentários e notas)
Eusébio — História Eclesiástica
Tradução: Dayse Fontoura – Colombo/PR, Publicações Pão Diário
Título original: *Eusebius: The Church History*
1. História   2. História do Cristianismo   3. Pais da Igreja   4. Império Romano

Exceto se indicado o contrário, as citações bíblicas são extraídas da edição Nova Almeida Atualizada de João Ferreira de Almeida © 2017, Sociedade Bíblica do Brasil.

Proibida a reprodução total ou parcial sem prévia autorização por escrito da editora.
Todos os direitos reservados e protegidos pela Lei 9.610, de 19/02/1998.
Permissão para reprodução: permissao@paodiario.org

Publicações Pão Diário
Caixa Postal 9740
82620-981 Curitiba/PR, Brasil
publicacoes@paodiario.org
www.publicacoespaodiario.com.br
Telefone: (41) 3257-4028

Código: A7187
ISBN: 978-65-5350-125-6

1ª edição 2024

Impresso na China

*Ao colegiado do Concordia Seminary
em agradecimento pela outorga do grau de
Doutorado em Letras,* honoris causa.

SUMÁRIO

Introdução 9

Livro 1 — A PESSOA E A OBRA DE CRISTO 23
   Comentário: Eusébio fala acerca de Jesus 51

Livro 2 — OS APÓSTOLOS 55
   Comentário: Eusébio fala acerca dos apóstolos 83

Livro 3 — MISSÕES E PERSEGUIÇÕES 87
   Comentário: As fontes de Eusébio 124

Livro 4 — BISPOS, ESCRITOS E MARTÍRIOS 129
   Comentário: Defensores e difamadores da fé 160

Livro 5 — HERÓIS OCIDENTAIS, HEREGES ORIENTAIS 163
   Comentário: As agonias e as discussões cristãs 199

Livro 6 — ORÍGENES E AS ATROCIDADES
EM ALEXANDRIA 203
   Comentário: Os horizontes de Eusébio 239

Livro 7 — DIONÍSIO E A DISSIDÊNCIA 243
   Comentário: Dionísio de Alexandria 275

Livro 8 — A GRANDE PERSEGUIÇÃO 279
   Comentário: Os quatro imperadores 303

Livro 9 — A GRANDE LIBERTAÇÃO 307
   Comentário: Fim da perseguição? 326

Livro 10 — CONSTANTINO E PAZ 331
   Comentário: Eusébio e Constantino 360

Apêndice 1 — *Eusébio cita Josefo acerca de Jesus* 365

Apêndice 2 — *As sucessões de imperadores e bispos* 369

Bibliografia 373

INTRODUÇÃO

Se Heródoto é o pai da história, então Eusébio de Cesareia (cerca de 260–339 d.C.) certamente é o pai da história eclesiástica. Ele foi o primeiro a assumir a tarefa de registrar a ascensão do cristianismo durante seus cruciais três primeiros séculos, desde Cristo até Constantino. Uma vez que nenhum outro autor antigo tentou cobrir o mesmo período, Eusébio é nossa principal fonte primária para o início do cristianismo, e sua *História Eclesiástica* é a crônica basilar sobre a qual outros historiadores, mais tarde, construiriam. O historiador judeu, Flávio Josefo, forneceu adendos fascinantes informando-nos sobre as pessoas, lugares e eventos do mundo bíblico, e Eusébio faz o mesmo para o período até 324 d.C.

O que aconteceu mais tarde na vida dos apóstolos de Jesus? Simão Pedro alguma vez foi a Roma? Onde João passou o restante de seus dias? Paulo sobreviveu a seu julgamento diante de Nero? Quando os evangelhos foram escritos? Quem os escreveu e quando? Como o cânon do Novo Testamento se desenvolveu? Por que e como os primeiros cristãos foram perseguidos? Essas e muitas outras questões envolvem uma era que não é coberta pelo Novo Testamento e dificilmente poderiam ser respondidas se não fosse por Eusébio.

Os dez livros de sua *História Eclesiástica*[1] são um depósito de tesouros de dados da fé emergente cuja sobrevivência e pureza foram intensamente testadas pela perseguição exterior e interiormente pelas heresias. Atualmente, o cristianismo é o fenômeno único mais bem-sucedido, estatisticamente

---

[1] O equivalente moderno para "livros" no mundo antigo seria "longos capítulos de um livro", uma vez que o termo se referia originalmente a pergaminhos. Tais "livros" podiam variar em tamanho ao que se compararia atualmente a um capítulo extenso ou a um livreto de 70 páginas.

falando, em toda a história. Durante seus primeiros anos, no entanto, ele era frágil, fragmentado, assolado, torturado e aparentemente condenado pelo hostil Império Romano. Igualmente destrutivos foram os ataques internos por religiosos renegados que tentavam seduzir os santos por meio de distorções doutrinárias enigmáticas ou encurralá-los em grupos cismáticos que prenunciavam as seitas contemporâneas.

Eusébio conta toda essa história, contudo também reporta o exemplo heroico dos mártires cujo sangue, verdadeiramente, se tornou "semente da Igreja", como disse Tertuliano. Eusébio escreve sobre os destemidos defensores da fé, que tiveram a coragem de enfrentar imperadores e confrontar os hereges, sobre bispos e anciãos que orientaram a igreja em meio à horrível adversidade, preservando a ortodoxia, e acerca de escritores cujas afirmações cruciais seriam, em muitos casos, perdidas se não tivessem sido registradas palavra por palavra. Estas páginas, então, mostram como as tragédias dos cristãos se tornaram em triunfo durante o curso de seus primeiros três séculos.

A VIDA DE EUSÉBIO

Eusébio, em grego, significa *alguém reverente*, piedoso ou um devoto — um nome adequado (quase equivalente a *Pio*, em português), que foi compartilhado por meia dúzia de outros renomados personagens da história cristã. Um sufixo geográfico o distingue dos outros. Do mesmo modo que Jesus *de Nazaré* o diferenciava de outros 20 Jesus dos tempos bíblicos, assim, Eusébio de Cesareia designa o historiador eclesiástico.

Antiga Cesareia, vista do sudoeste. Herodes, o Grande, construiu a cidade do ano 25 até o 13 a.C., incluindo a muralha semicircular que cercava a costa marítima, abrindo para o norte (*George Beattie*).

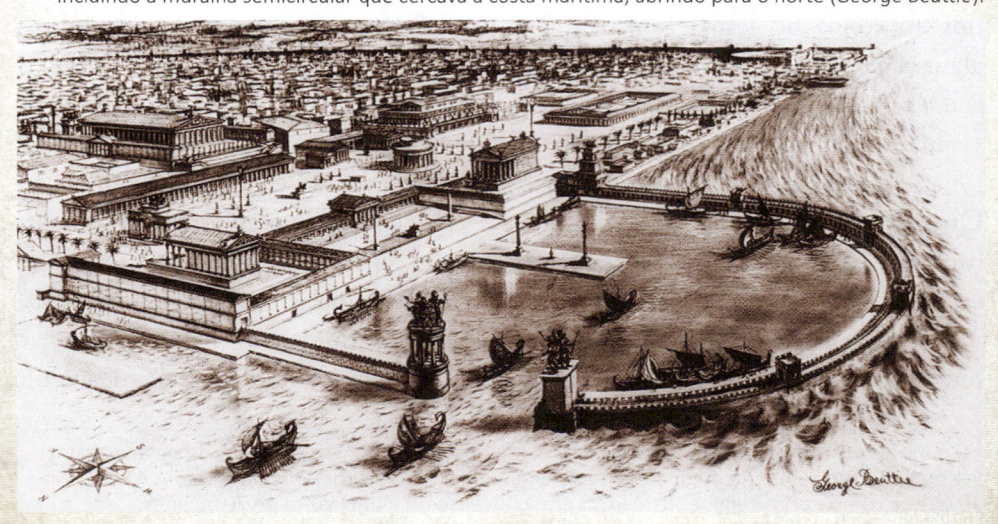

Embora houvesse muitas Cesareias na antiguidade — todas nomeadas em honra a Augusto, o primeiro imperador romano —, a de Eusébio é a Cesareia marítima, a célebre cidade da Palestina construída por Herodes, o Grande, na costa do Mediterrâneo, em um local que anteriormente se chamava Torre de Strato. Essa Cesareia é mencionada frequentemente no Novo Testamento como a capital romana da Judeia, o quartel-general de Pôncio Pilatos, Cornélio, Herodes Agripa, Félix e Festus, bem como o lugar onde Paulo ficou encarcerado por dois anos. Ali também teve início o tumulto, em 66 d.C., que levou à grande guerra judaica contra Roma e à destruição de Jerusalém. Este último acontecimento apenas realçou a importância de Cesareia e, no terceiro século, ela era praticamente a capital da Síria, uma cidade muito grande e cosmopolita com população de judeus, gregos, samaritanos e cristãos.

Eusébio provavelmente nasceu por volta do ano 260. A sua biografia, escrita por Acácio, seu sucessor como bispo de Cesareia, não subsistiu para nos fornecer mais detalhes. Sua ancestralidade e a história de sua juventude permanecem desconhecidas. Sua educação pode ser evidenciada pelo fato de que um grande teólogo e erudito oriental, Orígenes, passou seus últimos anos em Cesareia, tendo morrido muitos anos antes de Eusébio nascer. A influência de Orígenes persistiu fortemente na escola teológica lá fundada pelo instruído Pânfilo, presbítero da igreja de Cesareia, que ensinou Eusébio e muito o influenciou. Eusébio, ao unir-se a Pânfilo para escrever uma defesa de Orígenes, utilizou-se de uma extensa biblioteca e escreveu *A vida de Pânfilo* (documento perdido), a quem ele estimava tanto que, muitas vezes, era chamado de Eusébio Pânfilo. Na Grande Perseguição dos cristãos sob Diocleciano, Pânfilo foi preso e martirizado no ano 310.

Com a morte de seu mentor, Eusébio foi para Tiro, na Fenícia, e para Alexandria, no Egito, onde foi aprisionado durante a perseguição infligida por Diocleciano, mas solto em seguida. Muitos anos mais tarde, um oponente o acusou de ter recebido sua libertação por meio de um sacrifício pagão, mas nenhuma evidência disso foi encontrada desde aquela época até hoje. Se ela existisse, certamente teria sido usada no tumulto teológico daquele tempo. Logo após o édito de tolerância ser emitido por Constantino, em 313, Eusébio foi eleito bispo de Cesareia, onde permaneceu até sua morte, apesar de terem lhe oferecido o patriarcado de Antioquia em 331, o qual ele declinou.

Por volta de 316, ele fez um discurso laudatório na nova catedral em Tiro, que ele publicou no Livro 10 de sua História Eclesiástica. Dois anos mais tarde, explodia a controvérsia ariana no cristianismo oriental, na qual Eusébio logo se viu enredado. Ele favorecia uma posição mediatária entre os extremos teológicos de Ário, presbítero de Alexandria ("Jesus é mais que um homem, porém menos do que Deus, que existia antes do Filho"), e Alexandre, bispo de Alexandria ("Jesus é Deus, da mesma essência e coeterno com o Pai"). Ainda que Eusébio não tenha endossado o completo subordinacionismo de Ário, ele era, até certa medida, simpático à causa ariana, motivo pelo qual o Concílio de Antioquia o excomungou provisoriamente juntamente com outros dois em 324. No entanto, o seu caso foi transferido para o Concílio de Niceia no ano seguinte, onde Eusébio se assentou à direita de Constantino e serviu como um conselheiro teológico proeminente, pregando um sermão laudatório em honra ao imperador.

Como líder do partido moderado no concílio, Eusébio apresentou o credo usado pela igreja em Cesareia e foi absolvido de qualquer heresia. Constantino afirmou que o credo refletia seus próprios pontos de vista, e parece que ele serviu de base para o que foi adotado em Niceia. Contudo, esse credo somente foi aceito depois de um adendo importante executado pelo partido alexandrino, que incluía que Jesus é definido como *homoousios* ("um em substância" ou "essência") com o Pai. Embora Eusébio tenha votado em acordo com a imensa maioria naquilo que emergiria como o Credo Niceno, ele escreveu uma carta à sua igreja explicando suas hesitações e declarando preocupações de que o partido alexandrino estaria beirando o sabelianismo, uma heresia que reivindicava o unitarismo mais do que o trinitarismo (isto é, que o Filho de Deus era apenas Deus atuando em modo ou na qualidade de salvador).

Essa apreensão seguiu Eusébio ao Concílio de Antioquia, em 331, que depôs Eustáquio, um preeminente antiariano, e ao Sínodo de Constantinopla, em 336, que condenou Marcelo, bispo de Ancira (atual Ancara), por extremo antiarianismo. Entretanto, isso não significa que Eusébio permaneceu como a favor do arianismo. A sua ortodoxia é confirmada, mais tarde em sua vida, por sua rejeição a estes dois pontos cruciais do arianismo: que houve um tempo em que o Filho de Deus não existia e que Ele fora criado do nada.

Logo após o Sínodo de Constantinopla, Eusébio foi escolhido para fazer um discurso sobre a *tricenália* de Constantino, a celebração que marcava seu trigésimo ano como imperador. Constantino morreu no ano seguinte (337), e Eusébio dois anos depois, muito provavelmente em 30 de março de 339, uma data conhecida e com certeza relevante por conta do estudo sobre os mártires siríacos no século quarto. Nada é sabido sobre os dois últimos anos de Eusébio, além de que ele publicou a *Vida de Constantino* em quatro livros, um panegírico mais do que estritamente história.

OS ESCRITOS DE EUSÉBIO

Eusébio foi um escritor prolífico, tendo escrito livros, cronologias, tratados, dicionários e discursos em diferentes áreas, sem mencionar suas abundantes correspondências. A edição mais completa de suas obras (vols. 19–24 de J. P. Migne, editor, *Patrologia Graeca* [Paris: 1857]) preenche seis extensos volumes e estes são apenas alguns, não todos, de seus escritos que sobreviveram em grego. A seguir, há um catálogo parcial de suas obras divididas em categorias, sugerida por A. C. McGiffert em sua magistral introdução a Eusébio em *The Nicene and Post-Nicene Fathers* (Os pais nicenos e pós-nicenos). Alguns desses títulos se perderam ou sobreviveram apenas em fragmentos.

1. **Escritos históricos.** Além de História Eclesiástica, que será discutido na próxima seção, Eusébio escreveu sobre seu mentor em *A vida de Pânfilo*; duas obras distintas acerca da perseguição (*Mártires da Palestina* e *Coleção de antigos martírios*); e *A vida de Constantino*.

2. **Obras apologéticas.** Para defender a fé, Eusébio escreveu *Contra Hiérocles*, opondo-se ao governador neoplatonista da Bitínia e Egito, que perseguia os cristãos; e *Contra Porfírio*, refutando outro filósofo neoplatonista que lançou um ataque terrível contra o cristianismo. *Acerca da numerosa descendência dos antigos* era uma explicação sobre a poligamia dos patriarcas. Todavia, seus maiores escritos apologéticos foram *A preparação para o evangelho*, na qual ele demonstra o quanto as Escrituras monoteístas do judaísmo eram uma base muito superior para o cristianismo em vez do paganismo politeísta dos gregos, e *A prova do evangelho*, em que comprova ser Jesus, de fato, o Messias predito nas Escrituras hebraicas. Ao contrário dessas obras importantes, a *Praeparatio Ecclesiastica* e *Demonstratio Ecclesiastica*, concernentes à vida da Igreja mais do que às suas doutrinas, não sobreviveram ao tempo. Em sua *Teofania*, ele defende a manifestação de Deus em Cristo; seus *Dois livros de objeção e defesa* também foram perdidos.

3. **Escritos polêmicos.** Conforme mencionado anteriormente, Eusébio e seu mentor Pânfilo escreveram conjuntamente a *Defesa de Orígenes*, contra aqueles que o atacavam acusando-o por sua teologia alegorizante. Apenas o primeiro dos seis livros da *Defesa* existe e somente na tradução latina de Rufino.

Ao que parece, Eusébio foi provocado principalmente pela heresia do sabelianismo de seu tempo, que enfatizava a unidade na Trindade a ponto de ensinar que o Deus único se manifestava em três formas distintas, e não pessoas, o que significava dizer que o Pai sofreu quando na forma de Cristo (Patripassionismo). Ele escreveu duas obras contra os pontos de vista sabelianos do bispo de Ancira: *Contra Marcelo* e *Acerca da teologia da Igreja: Uma refutação a Marcelo*.

Também escreveu *Contra os maniqueístas*, opondo-se aos seguidores de Mani, os quais pregavam na Pérsia um gnosticismo dualista que dividia a realidade em dois princípios (Luz e Trevas, Deus e Matéria) e que, mais tarde, enredou até mesmo Agostinho por uma década.

4. **Obras doutrinárias.** Como um guia de abertura ao estudo teológico, Eusébio escreveu dez livros intitulados *Introdução geral elementar*, do qual ainda restam alguns fragmentos, exceto dos livros 6 a 9, que formavam uma unidade independente chamada *Extratos proféticos*, tratando das passagens messiânicas do Antigo Testamento.

Sobre a festa Pascal foi a contribuição de Eusébio à controvérsia acerca da data para se celebrar a Páscoa. Explica a decisão tomada no Concílio de Niceia.

5. **Obras exegéticas.** Eusébio foi especialmente ativo em transcrever textos bíblicos, especialmente a edição de Orígenes da Septuaginta. Sob ordens de Constantino, ele também possuía 50 cópias elaboradas das Escrituras preparadas para serem usadas pelas igrejas de Constantinopla.

Em *Dez cânons evangélicos*, escreveu uma harmonia comparativa dos evangelhos do Novo Testamento, demonstrando quais passagens eram comuns a todos ou a vários deles e quais eram singulares em cada evangelho. *Evangelho: Perguntas e Soluções* trata das diferentes genealogias de Jesus encontradas em Mateus e Lucas, bem como das divergências nos registros da ressurreição.

A lista a seguir está em ordem bíblica, não cronológica. Seu *Comentário sobre os Salmos* está completo até o Salmo 118, mas dos salmos 119 a 150 restaram apenas fragmentos. Em razão de sua erudição no hebraico e sua perspicácia crítica, a obra desfrutava de alta consideração entre os seus contemporâneos e segue até os dias atuais. O mesmo pode ser dito de seu *Comentário sobre Isaías*. Contrastando com ambos, as interpretações mais simples em seu *Comentário sobre Lucas* sugerem uma datação anterior de composição. Outros escritos, como seu *Comentário sobre 1 Coríntios*, são conhecidos apenas por nome ou subsistem apenas em fragmentos.

6. **Dicionários Bíblicos.** A extensão da erudição de Eusébio é demonstrada também nestes títulos: *Interpretação de termos etnológicos nas Escrituras hebraicas*, em sua *Corografia da antiga Judeia* e em *Uma planta de Jerusalém e do Templo*, os quais não existem mais. Felizmente, esse não é o caso de *Onomástico*, ou *Sobre os nomes dos lugares das Escrituras Sagradas*, o qual lista e define os nomes das cidades, vilarejos, rios, montanhas etc. das cidades bíblicas em ordem alfabética, muito semelhantemente a um dicionário bíblico moderno.

Finalmente, *Sobre a nomenclatura do livro dos profetas* resume a vida e as predições dos profetas do Antigo Testamento.

7. **Discursos.** Além do panegírico a Tiro no Livro 10 da *História Eclesiástica*, Eusébio fez os seguintes grandes discursos: *O discurso na vicenália de Constantino*, em celebração pelo vigésimo aniversário do reinado de Constantino em 325 e que foi entregue na abertura do Concílio de Niceia; *O Discurso acerca do sepulcro do Salvador*, também ouvido por Constantino uma década depois, logo após a dedicação da Igreja do Sagrado Sepulcro em Jerusalém; e um terceiro foi o *Discurso da Tricenália de Constantino*, que Eusébio fez em Constantinopla em 336 para a comemoração do trigésimo ano do reinado do imperador. Ele também fez outros discursos: *Em louvor aos mártires*, *Sobre a falta de chuva*, e outros tópicos.

8. **Cartas.** As correspondências de Eusébio que ainda existem tratam da controvérsia ariana nas cartas a Alexandria, a Cesareia e outros lugares. Contudo, também inclui uma carta *Para Constância Augusta*, irmã de Constantino e esposa de seu coimperador, Licínio, em resposta à sua solicitação de que Eusébio lhe enviasse uma imagem de Cristo sobre a qual ela ouvira. Eusébio objetou dizendo que tais imagens eram um convite à idolatria.

Mesmo sem levar em conta sua *História Eclesiástica*, Eusébio foi um autor prolífico e abrangente com muita erudição. Essa lista de suas próprias publicações excede em muito àquelas que ele registrou para outros escritores dos três primeiros séculos da Era Cristã a quem ele admirava.

A HISTÓRIA ECLESIÁSTICA

O título dessa obra no original grego é *Ekklesiastices Historias*, em latim *Historia Ecclesiastica* e, em português,

História Eclesiástica, o título formal pelo qual ela ainda é conhecida (e normalmente abreviada pelos estudiosos como *Hist. Eccl.* ou simplesmente *H.E.*). A versão final engloba dez livros, dos quais o primeiro trata da vida de Jesus como a Palavra de Deus encarnada. Os livros 2 a 7 cobrem o surgimento da cristandade desde a ascensão de Cristo, em 33 d.C., até o reino de Diocleciano, iniciado em 284. O livro 8 conta sobre a Grande Perseguição sob Diocleciano, que começou em 303 e terminou sob seu sucessor, Galério, em 311. O livro 9 registra a vitória de Constantino no Ocidente e a renovação da perseguição sob Maximino no Oriente, ao passo que o livro 10 celebra a tolerância, a paz e o favor imperial finalmente concedido à Igreja.

Eusébio ia acrescentando à sua obra à medida que o tempo passava. A primeira edição muito provavelmente incluía apenas os Livros 1 a 7 e possivelmente foi publicada antes de 300 (embora alguns estudiosos argumentem uma datação posterior). Os Livros 8 a 10 diferem dos anteriores pelo fato de que, agora, o autor é um contemporâneo, ou uma testemunha ocular, aos eventos descritos e eles não mais dão seguimento à lista da sucessão apostólica, marca dos livros anteriores. Está claro que Eusébio publicou outra edição de sua história, incluindo os Livros 8, 9 e 10 (como adições até o capítulo 7) após seu panegírico durante a rededicação da basílica em Tiro, em 314, e antes da guerra de Constantino contra seu coimperador, Licínio, em 316. A edição final incluindo todo o Livro 10, como a temos, apareceu depois da derrota de Licínio, em 324, e antes da morte do filho de Constantino, Crispo, em 326, portanto no fim de 324 ou começo de 325, pouco antes do Concílio de Niceia. As razões para isso ficarão óbvias no Livro 10.

Eusébio estruturou sua *História Eclesiástica* em uma grade de tempo dos imperadores romanos, um meio utilizado em praticamente todas as histórias do Império Romano até atualmente. Dentro dessa estrutura, as sucessões de bispos nos quatro grandes centros da Igreja Primitiva — Jerusalém, Antioquia, Alexandria e Roma — constituem-se em subdivisões. Assim sendo, Eusébio compartilha a tradição analítica de historiadores que o precederam como Tucídides, Políbio, Tácito e Josefo, conforme esperado do autor da *Crônica* primitiva. As dificuldades nesse arranjo lógico, no entanto, desenvolvem-se quando um tema ou um personagem se prolonga durante o reinado de vários imperadores. Um desses é Justino Mártir, que aparece nos Livros 2, 3, 4 e 5, ao passo que uma seção dedicada ao apologeta poderia ter servido melhor ao leitor.

As fontes, que Eusébio com frequência cita, parafraseia ou resume nos Livros 2 a 7, não precisam ser alistadas aqui, visto que ele é sempre escrupuloso em atribuir os créditos às suas fontes de informação e citações. Sua dívida com Josefo, Hegésipo, Justino, Irineu, Dionísio de Alexandria e outros é evidente e reconhecida. Ele pode ter emprestado bastante deles para o gosto moderno, porém muito desse material deve sua sobrevivência à sua oportuna incorporação no registro de Eusébio. Ele encontrou muito de seu material na vasta biblioteca em sua própria Cesareia, fundada por Orígenes e preservada por Pânfilo, e naquela que estava em Jerusalém, fundada pelo bispo Alexandre, responsável pela ênfase grega e Oriental em suas páginas por conta das contribuições latinas e Orientais, o que, de certa forma, desorganiza uma apresentação equilibrada em sua *História Eclesiástica*.

Outras falhas na historiografia de Eusébio se tornarão mais claras durante a leitura. As notas de rodapé do texto terão de corrigir suas inexatidões ocasionais nas questões de cronologia e interpretação. De modo desconexo, ele frequentemente salta de um tema para outro por meio de transições abruptas, e dificilmente pode-se procurar alguma elegância literária ou precisão lógica em sua ampla prosa. Aparentemente, ele escreveu com rapidez, com pouca atenção ao refinamento ou revisão posterior. Por vezes, sua abrangência é superficial e ele parece se contentar em descrever efeitos, mas não causas, ou identificar Deus ou Satanás como explicação causal suficiente. Com exceção das perseguições, os eventos da história e seus atores parecem interessá-lo menos do que seus autores e seus livros, pois Eusébio é preeminentemente um historiador literário. Mesmo aqui, entretanto, as ideias centrais desses literatos recebem apenas atenção limitada, como é o caso dos ensinamentos básicos dos Pais da Igreja ou dos erros dos hereges.

Contudo, os méritos de Eusébio superam, claramente, tais falhas. Se a sua *História Eclesiástica* jamais tivesse sido escrita, nosso conhecimento dos três primeiros séculos de cristandade seria altamente fragmentado pela ausência de figuras, fatos, documentos e dados de maior importância. Com sua enorme erudição, o bispo de Cesareia esquadrinhou montanhas de materiais para reunir informações valiosas para as eras subsequentes que poderiam explorá-las mais profundamente do que ele. Ao contrário de muitos autores antigos, ele normalmente conseguia discriminar entre fontes confiáveis e não confiáveis e era muito menos crédulo do que muitos historiadores antes e depois dele. Era escrupulosamente honesto não apenas reconhecendo suas fontes, mas também confessando o tremor com que assumira essa tarefa, uma vez que, até aquele momento, não havia uma história da Igreja registrada. Estava abrindo uma trilha teológica-histórica, e os pioneiros podem ser perdoados por suas qualidades rudimentares. Sua *História Eclesiástica* jamais foi reescrita por qualquer historiador antigo, porém se tornou um clássico e tem sobrevivido aos séculos de fatos intactos que suplantam todo o criticismo.

ESTA EDIÇÃO

Ao contrário de *Josephus — The Essential Works* (Josefo — As obras essenciais, de Kregel Publications), que é necessariamente uma condensação de muitos escritos do historiador judeu, este volume é uma tradução completa da *História Eclesiástica*, de Eusébio. Baseia-se na edição crítica padrão do texto grego original de Eusébio e publicado pelo grande erudito alemão Eduard Schwartz (em *Die griechischen christlichen Schriftsteller* [Lipezpig: Hinrichs'sche Buchhandlung, 1897]). Este texto, que supera as versões mais antigas, está convenientemente disponível na *Loeb Classical Library* (Biblioteca clássica Loeb, em Cambridge: Harvard University Press; e em Londres: Heinemann, 1926, 1932), com traduções em inglês por Kirsopp Lake (vol. 1) e J. E. L. Oulton (vol. 2). Outras traduções proeminentes para o inglês incluem uma antiga versão por Christian Frederick Cruse, de 1850 (edição reimpressa, Grand Rapids: Baker, 1991); um texto com excelentes comentários por A. C. McGiffert, de 1890, reimpresso em *The Nicene and Post-Nicene Fathers* (Os Pais Nicenos e Pós-Nicenos), volume 1 (Grand Rapids: Eerdmans, 1952); e a melhor tradução recente: G. A. Williamson, *Eusebius — The History of The Church from Christ to Constantine* (Eusébio — A história da Igreja desde Cristo a Constantino, Londres: Penguin, 1965; edição revisada, Andrew Louth, 1989).

Uma nova edição, tradução e breves comentários acerca de Eusébio, no entanto, parece mais indicada por várias razões. A primeira é para torná-lo mais claro e facilitar a leitura. O grego dele, como indicou Williamson, é bastante difícil: "A primeira frase do Livro 1 tem 166 palavras, e temos de arar por entre 153 delas antes de chegarmos ao único e mais importante verbo. Algumas vezes, não há qualquer verbo principal, ou a frase é um anacoluto, começando de uma forma e terminando de outra" (xxxvii).

Uma tradução palavra por palavra seria quase ilegível e, ainda assim, Eusébio deve sobreviver intacto à sua tradução. O problema de tentar se manter fiel a um texto original enquanto o transpõe de forma compreensível em outro idioma sempre acomete os tradutores. Como disse alguém (de modo indecente e em época sexista): "Uma tradução é muito parecida com uma mulher: se é bonita, não é fiel; se é fiel, não é bonita".

Tenho me empenhado em esclarecer o texto de Eusébio dividindo suas frases longas em segmentos digeríveis, eliminando o excesso de verbosidade sempre que ele não serve a qualquer outro propósito senão obscurecer o significado, reduzindo as fraseologias paralelas sempre que elas são claramente inúteis e abandonando quaisquer frases enfadonhamente repetitivas que não acrescentam nada ao registro. Em outras palavras, *se Eusébio tivesse tido um bom revisor*, seria assim que seu texto surgiria depois de ajustado ao gosto moderno. (Precisa-se lembrar que Eusébio não teve um editor, tampouco ele mesmo poliu ou revisou sua obra.) Nem sequer um detalhe de informação foi capitulado no processo, e o resultado, espero, entrega um Eusébio mais legível e útil para os dias atuais.

Muitos exemplos podem ilustrar meu método. A primeira tradução indicada, nos exemplos a seguir, é da edição de Loeb, que traduz fielmente toda a prolixidade de Eusébio, ao passo que a segunda é minha:

> Já resumi o material em tabelas cronológicas que eu desenvolvi, contudo, ainda assim, na presente obra, empreendi fornecer a narrativa em detalhes completos (1.1).

> Resumi este material, anteriormente, em minha *Crônica*, porém, na presente obra, trato dela com maiores detalhes.

Novamente:

> Ora, enquanto Orígenes estava trabalhando em suas tarefas corriqueiras em Cesareia, muitos vieram a ele, não apenas de entre os nativos, como também dos estudantes estrangeiros, que haviam deixado seus próprios países (6.30).

> Enquanto Orígenes estava ensinando em Cesareia, muitos estudantes, tanto locais como de muitos países estrangeiros, aprenderam dele.

E novamente:

> Não é nosso dever escrever sobre os conflitos sofridos por aqueles que lutaram por todo o mundo em nome da piedade com relação à Divindade e registrar em detalhes cada um desses acontecimentos; contudo, essa seria uma tarefa especial daqueles que testemunharam os eventos (8.13).

> Registrar, em detalhes, as tribulações daqueles que lutaram, por todo o mundo, pela reverência com relação à Divindade seria uma tarefa para testemunhas oculares, não para mim.

Outra razão, embora menos importante, para essa nova tradução é corrigir erros ocasionais nas versões anteriores. Por exemplo, Eusébio tem uma passagem interessante com relação ao destino de Pôncio Pilatos, depois do retorno dele a Roma, em 37 d.C. De acordo com uma tradução recente, Pilatos cometeu suicídio, "como demonstram os registros" (2.7). Contudo, o grego usado por Eusébio para essa expressão citada é muito menos definitivo: *katexei logos*, "conforme se diz" ou "conforme a tradição" — uma diferença significativa. (Há uma evidência mais antiga de que Pilatos não tenha se suicidado.)

Por fim, nenhuma edição de Eusébio, até onde sei, é ilustrada com fotografias documentais dos locais que ele descreve ou com mapas e tabelas que auxiliam na interpretação do texto. Algumas vezes, eles se tornam muito importantes para tentar entender o sentido completo do que Eusébio queria dizer.

Uma palavra de alerta seria apropriada aqui. Uma vez que Eusébio era rigoroso no traçar da sucessão episcopal nas quatro grandes sés da cristandade primitiva — Jerusalém, Antioquia, Alexandria e Roma —, longas listas de nomes de bispos e datas, nesses locais, acumular-se-ão vez ou outra no texto. O leitor é instado a examiná-las cuidadosamente ou a deixar esse material, uma vez que tudo poderá ser encontrado no Apêndice 2, em que isso está colocado de forma muito mais clara.

Vários itens mecânicos deveriam ser mencionados. As versões gregas dos nomes próprios foram traduzidas em seus equivalentes comuns no português (por exemplo, "Pedro", em vez de "Petros"). Os títulos literários foram semelhantemente tratados: assim, temos Disposições, de Clemente (em vez de *Hypotyposes*). [N.T.: Eusébio cita diversos autores, como Josefo, Clemente de Alexandria e Justino Mártir, entre outros. Quando se optou por utilizar alguma tradução já publicada para o português, a referência completa é dada em nota de rodapé; quando foi realizada uma nova tradução para este livro, assinalamos apenas o texto e o livro correspondente.] Embora cada Livro (capítulo) neste volume seja extenso, foi o próprio Eusébio que dividiu sua obra nesses dez segmentos. Os títulos e subtítulos, no entanto, são meus, bem como os títulos dos capítulos ou seções. A numeração em cada livro é padrão desde os primeiros manuscritos de Eusébio, mesmo que a colocação desses números, por vezes, pareça ser obra de um desvairado. Os manuscritos gregos também possuem longos índices antes de cada Livro, o que é entediante e desnecessário, portanto, não foram incluídos em minha tradução, embora muitos dos títulos dos capítulos os reflitam diretamente.

Datas importantes foram acrescentadas nos comentários, uma vez que o sistema a.C./d.C. ainda não estava em uso no tempo de Eusébio. As reticências (...) não indicam omissão no texto, senão, por exemplo, quando Eusébio, ao citar duas vezes Josefo na mesma passagem, liga as duas citações com um desnecessário "Josefo prossegue dizendo". Os colchetes indicam meus adendos ao texto de Eusébio para melhorar sua inteligibilidade.

Cada capítulo é seguido de breves comentários para elucidar o material que o antecedeu. A última parte de cada um fornece um resumo da história imperial romana concomitante, de modo a esclarecer a estrutura política de tais épocas.

Ir atrás de obras de história esmiuçadas ou secundárias às fontes primárias, como Eusébio, é extremamente recompensador. Mesmo que os historiadores tenham se debruçado sobre este material por quase 1.700 anos, unir-se a eles nesse processo deveria ser uma experiência revigorante para o leitor leigo ou, no caso dos eruditos, um desafio para encontrar novas pepitas de informação. Aqui está, então, a obra mais importante do autor mais extenso, entre os pagãos ou cristãos, do final do terceiro e início do quarto séculos: a primeira história da Igreja jamais escrita.

Paul L. Maier
Universidade de Western Michigan

Iluminura de um manuscrito armênio datado de 1615 representando Eusébio de Cesareia (*Museu J. Paul Getty, Califórnia, Estados Unidos*).

Cesareia Marítima é um Parque Nacional Israelita no mar Mediterrâneo.
A cidade de Cesareia foi construída por Herodes, o Grande (22–10 a.C.).

LIVRO 1

A PESSOA E A OBRA DE CRISTO

DE AUGUSTO A TIBÉRIO

O CONTEÚDO DESTE LIVRO

1. É meu propósito registrar:
- A sucessão dos santos apóstolos e os períodos que se estendem desde a época de nosso Salvador até o nosso tempo;
- Os muitos eventos importantes que ocorreram na história da Igreja;
- Aqueles que se destacaram na liderança da Igreja nos locais mais famosos;
- Aqueles, em cada geração, que proclamaram a Palavra de Deus por discurso ou escrito;
- Os nomes, a quantidade e a idade daqueles que, motivados pelo amor à inovação até o extremo do erro, autoproclamaram-se como fontes de conhecimento (erroneamente assim chamados)[1] ao mesmo tempo em que devastavam impiedosamente o rebanho de Cristo como lobos vorazes;

---

[1] Os gnósticos, como os primeiros representantes das heresias.

- O destino que assolou toda a raça judaica após sua conspiração contra o nosso Salvador;
- As ocasiões e os tempos das hostilidades promovidas pelos pagãos contra a Palavra divina e o heroísmo daqueles que lutaram para defendê-la, muitas vezes debaixo de tortura e derramamento de sangue;
- Os martírios de nosso próprio tempo e a graciosa libertação provida pelo nosso Salvador e Senhor, Jesus Cristo de Deus, que é por onde principio.

Este projeto requer generosidade por parte do leitor, uma vez que me sinto inadequado a fazer-lhe jus, como o primeiro a aventurar-se em tal empreendimento, um viajante em um caminho solitário e inexplorado. Contudo, oro para que Deus me oriente e que o poder do Senhor me assista, pois não encontrei sequer as pegadas de quaisquer predecessores neste caminho, apenas pistas nas quais alguns nos deixaram vários registros do tempo em que viveram. Convocando-me como se de uma distante torre de vigia, eles me dizem como devo caminhar ao orientar o curso deste trabalho a fim de evitar o erro. Das biografias de meus predecessores, reúno o que parece adequado a esse projeto, coletando flores, por assim dizer, do campo literário dos próprios autores antigos. Eu as incorporarei em uma narrativa histórica, feliz por resgatar do olvido pelo menos os mais distintos dentre os sucessores dos apóstolos de nosso Salvador nas igrejas mais célebres. Considero essa obra especialmente necessária porque não conheço qualquer autor cristão que tenha se interessado por tais escritos, que, espero eu, aqueles que conhecem o valor da história julgarão como muito valiosos. Resumi este material, anteriormente, em minha *Crônica*, porém, na presente obra, trato dela com maiores detalhes.

Começarei com um conceito por demais sublime e exaltado para o entendimento humano: o ordenamento dos eventos (por Deus) e a divindade de Cristo. Qualquer um que pretenda escrever a história da Igreja precisa começar com o próprio Cristo, de quem deriva nosso próprio título, uma dispensação mais divina do que a maioria percebe.

A NATUREZA DE CRISTO
[Os capítulos (seções) 2–4 a seguir são distintos do restante da História Eclesiástica *e tratam da pré-existência de Cristo. A história padrão de Eusébio começa na seção 5.]*

2. Seu caráter é duplo: como a cabeça do corpo, visto que Ele é considerado Deus e, ainda assim, comparável aos pés, uma vez que Ele se revestiu de humanidade para o bem de nossa salvação, um homem de paixões semelhantes às nossas. Se eu começar Sua história a partir dos pontos principais e mais básicos a

serem considerados, tanto a antiguidade como o caráter divino do cristianismo serão comprovados para aqueles que supõem que ele é recente e forasteiro, como tendo aparecido apenas ontem.

Nenhuma linguagem poderia descrever adequadamente a origem, essência e natureza de Cristo, como o Espírito Santo o diz, de fato, em profecia: "…e de sua linhagem, quem se preocupou com ela?" (Is 53:8), pois ninguém conhece o Pai, exceto o Filho, e ninguém conhece plenamente o Filho senão o Pai que o gerou. E quem, além do Pai, poderia conceber a Luz que existia antes do mundo, a Sabedoria que antecede o tempo, a Palavra viva que estava no começo com Deus e era Deus? Antes de toda a criação e moldagem, visível ou invisível, Ele era o primeiro e único descendente de Deus, o Senhor dos exércitos celestiais, o Mensageiro do supremo concílio, o Agente do inefável plano do Pai, o Criador — juntamente com o Pai — de todas as coisas, a segunda causa do Universo, depois apenas do Pai, o verdadeiro e único Filho unigênito de Deus, o Senhor e Deus e Rei de tudo o que foi criado, que recebeu o senhorio, o poder, a honra e a própria divindade do Pai. De acordo com a atribuição mística da divindade a Ele encontrada nas Escrituras:

No princípio era o Verbo, e o Verbo estava com Deus, e o Verbo era Deus […]. Todas as coisas foram feitas por ele, e, sem ele, nada do que foi feito se fez (João 1:1,3).

Na verdade, esse também é o ensinamento do grande Moisés, o primeiro dentre todos os profetas, quando, pelo Espírito Santo, ele descreveu a origem e o ordenamento do Universo: o Criador não entregou a ninguém, senão ao próprio Cristo, a elaboração das coisas subordinadas e discutiu com Ele a criação do homem: "E Deus disse: —Façamos o ser humano à nossa imagem, conforme a nossa semelhança…" (Gn 1:26).

Outro profeta confirma essa atribuição de divindade: "Pois ele falou, e tudo se fez; ele ordenou, e tudo passou a existir" (Sl 33:9; 148:5). Aqui, ele apresenta o Pai e Criador como um soberano supremo que dá ordens por um aceno real com a cabeça e, logo após Ele, ninguém exceto a Palavra divina, como divina ao cumprir os Seus mandamentos.

Desde a Criação, todos aqueles que se distinguiram por sua retidão e virtude — Moisés e antes dele Abraão e seus filhos, bem como todos os justos e profetas desde então — o reconheceram pelos olhos da mente e lhe prestaram reverência por se tratar do Filho de Deus, que ensinou a toda a humanidade o conhecimento do Pai.

Assim, diz-se que o Senhor Deus apareceu a Abraão como um homem qualquer enquanto este se assentava sob o carvalho de Manre, porém, ele o adorou como Deus, dizendo: "Será que o Juiz de toda a terra não faria justiça?" (Gn 18:25). Uma vez que a razão jamais permitiria que a essência imutável do Todo-Poderoso fosse transformada em forma humana, nem mesmo por ilusão, ou que as Escrituras não falsificariam tal história, quem mais poderia ser descrito como aparecendo em forma humana senão o Verbo preexistente, (uma vez que citar a Causa Primeva do Universo seria inadequado)? Dele é dito nos Salmos:

> *Enviou-lhes a sua palavra, e os sarou, e os livrou do que lhes era mortal* (107:20).

Moisés claramente fala dele como um segundo Senhor, depois do Pai, quando diz: "Então o S‌enhor fez chover enxofre e fogo sobre Sodoma e Gomorra. Isso veio da parte do S‌enhor, desde os céus" (Gn 19:24). As Sagradas Escrituras novamente se referem a Ele como Deus quando Ele apareceu a Jacó na forma de um homem e disse: "Seu nome não será mais Jacó, e sim Israel, pois você lutou com Deus e com os homens e prevaleceu" (Gn 32:28). Depois novamente: "Jacó deu àquele lugar o nome de Peniel, pois disse: 'Vi Deus face a face, e a minha vida foi salva'" (v.30).

Não pode ser correto supor que o registro dessas teofanias seriam aparições de anjos e ministros de Deus subordinados, pois, sempre que estes apareciam às pessoas, as Escrituras declaram, com distinção em incontáveis passagens, que eles eram chamados de anjos, não de Deus ou Senhor.

Josué, o sucessor de Moisés, o intitula de Príncipe do exército do Senhor, como o líder dos anjos, arcanjos e dos poderes celestiais a quem foi outorgado o segundo lugar no governo universal como o poder e a sabedoria do Pai. Contudo, Josué também o viu somente em forma humana, pois está escrito:

> *Quando Josué estava perto de Jericó, levantou os olhos e olhou; e eis que se achava em pé diante dele um homem que trazia na mão uma espada. Josué se aproximou dele e perguntou:*
> *—Você é dos nossos ou dos nossos adversários?*
> *Ele respondeu:*
> *—Não sou nem uma coisa nem outra. Sou príncipe do exército do S‌enhor e acabo de chegar.*
> *Então Josué se prostrou com o rosto em terra e o adorou. E lhe disse:*
> *—Que diz meu senhor ao seu servo?*
> *O príncipe do exército do S‌enhor respondeu a Josué:*
> *—Tire as sandálias dos pés, porque o lugar em que você está é santo.*
> *E Josué fez assim* (Josué 5:13-15).

A seguir, as próprias palavras lhes mostrarão também que este era ninguém mais do que Aquele que falara a Moisés:

> *Quando o SENHOR viu que ele se aproximava para ver, Deus, do meio da sarça, o chamou e disse:*
> *—Moisés! Moisés!*
> *Ele respondeu:*
> *—Eis-me aqui!*
> *Deus continuou:*
> *—Não se aproxime! Tire as sandálias dos pés, porque o lugar em que você está é terra santa.*
> *Disse mais:*
> *—Eu sou o Deus de seu pai, o Deus de Abraão, o Deus de Isaque e o Deus de Jacó. Moisés escondeu o rosto, porque teve medo de olhar para Deus* (Êxodo 3:4-6).

Há provas adicionais de que esse é realmente o ser chamado de Verbo de Deus e Sabedoria, que existia antes do mundo e assistia o Deus do Universo no moldar de todas as coisas criadas. A Sabedoria claramente revela seu próprio segredo por intermédio da boca de Salomão.

> Eu, a Sabedoria, moro com a prudência e disponho de conhecimento e de conselhos. Por meio de mim os reis governam, e os príncipes decretam justiça. Por meio de mim governam os príncipes, os nobres e todos os juízes da terra. Fui estabelecida desde a eternidade, desde o princípio, antes do começo da terra. Nasci antes de haver abismos, quando ainda não havia fontes carregadas de águas. Estava lá quando ele firmava as nuvens de cima, quando estabelecia as fontes do abismo, quando fixava ao mar os seus limites, para que as águas não transgredissem a sua ordem. Dia após dia eu era a sua alegria, divertindo-me em todo o tempo na sua presença, divertindo-me no seu mundo habitável...[2]

Essa é, então, uma breve demonstração de que o Verbo divino preexistia e apareceu a algumas pessoas, se não a todas.

O porquê de Ele não ter sido proclamado, há muito tempo, para todos os povos e todas as nações, tal como é agora, será explicado a seguir. No passado, a humanidade não era capaz de compreender o ensino acerca de Cristo em toda a sua sabedoria e virtude. No começo, depois do estado original de bênção, o primeiro homem desconsiderou o primeiro mandamento de Deus e caiu neste estado mortal, trocando o deleite do Céu pela maldição da Terra. Seus descendentes, que encheram o mundo, mostraram-se ainda piores, com exceção de um ou dois, escolhendo uma existência brutal e uma vida indigna. As cidades, o estado, a arte, o conhecimento, as leis,

---

[2] Seleções de Provérbios 8:12-31.

a virtude ou a filosofia não eram sequer mencionados entre eles, que viviam como nômades no deserto destruindo a razão e a cultura por meio da perversidade extrema. Rendendo-se à total depravação, eles se corromperam, assassinavam ou cometiam canibalismo entre si e, em sua loucura, prepararam-se para a guerra contra o próprio Deus e para combater as famosas batalhas dos gigantes[3], buscando fortificar a Terra contra o Céu e, em seu delírio, lutar contra o Governante supremo.

Em resposta, Deus lhes enviou inundações e incêndios, fome e pragas, guerras e raios — punições progressivamente drásticas — a fim de conter a enfermidade nociva da alma deles. Então, quando o grande dilúvio da maldade havia praticamente afogado a humanidade, a primogênita e unigênita Sabedoria de Deus, o próprio Verbo preexistente, aparecia em Sua grande bondade como uma visão angelical, ou em pessoa, como o poder salvador de Deus a um ou dois homens tementes ao Senhor da antiguidade, mas sempre em forma humana, visto que eles não poderiam recebê-lo de outro modo.

Quando estes, por sua vez, haviam semeado a semente da verdadeira religião entre muitos, uma nação inteira surgiu, brotando dos hebreus e praticando a religião verdadeira. Para eles, por intermédio do profeta Moisés, Deus revelou imagens e símbolos de um *Shabat* místico e da circuncisão, bem como a instrução em outros princípios espirituais, porém não a completa revelação dos mistérios, pois eles ainda estavam apegados às antigas práticas. Entretanto, quando a Sua Lei se tornou famosa e adentrou em toda parte como uma brisa fragrante, a mente da maioria dos pagãos era moderada por legisladores e filósofos. A brutalidade selvagem foi transformada em moderação, de forma que a paz profunda, a amizade e a facilidade na comunicação prevaleciam.

Então, por fim, quando toda a humanidade, em todo o mundo, estava agora preparada para receber o conhecimento do Pai, essa mesma Palavra de Deus apareceu no começo do Império Romano em forma humana, com uma natureza como a nossa, cujos feitos e sofrimentos se harmonizavam com as profecias de que um homem, que também era Deus, executaria obras extraordinárias e ensinaria a todas as nações a adorar ao Pai. Elas também anunciaram o milagre de seu nascimento, seus novos ensinos, a maravilha de seus feitos, e, finalmente, seu retorno ao Céu pelo poder de Deus. Por meio de inspiração do Espírito Santo, o profeta Daniel descreveu sua soberania em termos humanos:

Continuei olhando, até que foram postos uns tronos, e o Ancião de Dias se

---

[3] Eusébio combina a descrição dos *nefilim* (Gn 6:4) com o relato da Torre de Babel (Gn 11:1-9)

Cesareia, onde Eusébio foi bispo © Shutterstock

assentou. Sua roupa era branca como a neve, e os cabelos da cabeça eram como a lã pura. O seu trono eram chamas de fogo [...]. Milhares de milhares o serviam, e milhões de milhões estavam diante dele. Foi instalada a sessão do tribunal e foram abertos os livros. Eu estava olhando nas minhas visões da noite. E eis que vinha com as nuvens do céu alguém como um filho do homem. Ele se dirigiu ao Ancião de Dias, e o fizeram chegar até ele. Foi-lhe dado o domínio, a glória e o reino, para que as pessoas de todos os povos, nações e línguas o servissem. O seu domínio é domínio eterno, que não passará, e o seu reino jamais será destruído* (Daniel 7:9-10,13-14).

Isso claramente não poderia se aplicar a ninguém, senão ao nosso Salvador, o Deus-Verbo, que estava no começo com Deus, chamado de "Filho do Homem" em consequência de Sua encarnação final. Todavia, uma vez que eu reuni as profecias concernentes ao nosso Salvador Jesus Cristo em comentários especiais, isto aqui já é suficiente.

OS NOMES *JESUS* E *CRISTO* CONHECIDOS ANTERIORMENTE

3. Até mesmo os nomes *Jesus* e *Cristo* foram honrados pelos antigos profetas que amavam a Deus. O próprio Moisés foi o primeiro a anunciar quão grandemente santificado e glorioso era o nome de Cristo ao usar tipos e símbolos como resposta ao oráculo que lhe foi anunciado: "Tenha o cuidado de fazer tudo segundo o modelo que foi mostrado a você no monte" (Êx 25:40). Ao descrever

o sumo sacerdote de Deus como um homem de poder supremo, ele o chama, e ao seu ofício, de "Cristo" como uma marca de honra e glória[4], entendendo o caráter divino do "Cristo".

Moisés também foi inspirado pelo Espírito Santo para prever muito claramente o título *Jesus*. Embora anteriormente ele jamais tivesse sido conhecido, Moisés deu o título *Jesus*, novamente como um tipo e símbolo, somente ao homem que o sucederia após a sua morte[5]. Seu sucessor era conhecido por outro nome, Oseias, que lhe foi dado por seus pais (Nm 13:16), mas Moisés o chama de Jesus — Josué, o filho de Num, levava em si a imagem de nosso Salvador e foi o único, após Moisés, a receber a autoridade sobre a verdadeira e pura religião. Desta forma, Moisés concede o nome de nosso Salvador Jesus Cristo como uma honra máxima sobre os dois homens que, em sua época, superavam a todos em mérito e glória: o sumo sacerdote e o homem que governaria após ele.

Os profetas posteriores também, notadamente, predisseram Cristo por nome, prevendo igualmente as tramas contra Ele pelo povo judeu e o chamado dos gentios por meio dele. Jeremias, por exemplo, diz:

O ungido (Cristo) do SENHOR, *que era o nosso alento, foi preso nas armadilhas deles. Dele dizíamos: "Debaixo da sua sombra, viveremos entre as nações"* (Lamentações 4:20).

Davi pergunta em perplexidade:

Por que se enfurecem as nações e os povos imaginam coisas vãs? Os reis da terra se levantam, e as autoridades conspiram contra o SENHOR *e contra o seu Ungido [Cristo]...* (Salmo 2:1-2).

Ele acrescenta, falando na pessoa do próprio Cristo:

Ele me disse: "Você é meu Filho, hoje eu gerei você. Peça, e eu lhe darei as nações por herança e as extremidades da terra por sua possessão" (Salmo 2:7-8).

Portanto, não era apenas o sumo sacerdote que era simbolicamente ungido com óleo, que eram designados entre os hebreus com o nome *Cristo*. Os reis também o eram, pois, por direcionamento divino, eles também eram ungidos pelos profetas como Cristos simbólicos, uma vez que portavam em si os padrões de autoridade régia e

---

[4] O sumo sacerdote é descrito como "ungido" em Levítico 4:5,16; 6:22. As palavras *Cristo* e *ungido*, embora sejam diferentes em português, são a mesma em grego, como traduções do hebraico *messiach* ou "Messias".

[5] Números 27:12-33 se refere a *Josué*, cuja transliteração grega é "Jesus".

soberana do único Cristo verdadeiro, o Verbo divino, que governa sobre tudo. Semelhantemente, alguns dos profetas, tornaram-se tipos de Cristo pela unção, de maneira que todos (os três) se referem ao Cristo verdadeiro, o Verbo divino, que é o único Sumo Sacerdote do Universo, o único Rei de toda criação e o único Arquiprofeta do Pai.

Prova disso é o fato de que nenhum desses simbolicamente ungidos na antiguidade, quer sacerdotes, reis ou profetas, jamais obtiveram o tipo de poder divino que nosso Salvador e Senhor, Jesus — o único Cristo verdadeiro —, demonstrou. Nenhum deles, por mais honrado que fosse entre seu próprio povo por muitas gerações, jamais conferiu o título de *cristão* aos que se submetiam a eles, derivando do título simbólico de *Cristo*. Nenhum deles foi adorado por seus súditos ou tido em tal estima após a sua morte, a ponto de estarem prontos a morrer pela pessoa honrada. Nenhum deles causou tanta comoção em todas as nações, por todo o mundo, visto que o poder do símbolo não poderia produzir efeito similar quanto à realidade de nosso Salvador. Ele não recebeu os símbolos do sumo sacerdócio de quem quer que seja, ou teve sua ancestralidade derivada dos sacerdotes. Exércitos armados não promoveram o Seu reinado, tampouco Ele se tornou como um profeta como os da antiguidade. Os judeus não lhe atribuíram qualquer posição ou primazia.

No entanto, Ele foi adornado com todas essas atribuições pelo Pai, não em símbolo, mas em verdade. Embora Ele não tenha recebido as honras mencionadas, foi chamado de Cristo mais do que todos eles, visto que Ele é, em si mesmo, o único verdadeiro Cristo de Deus, que tem enchido o mundo inteiro com Seus cristãos. Ele não mais fornece padrões ou imagens para Seus seguidores, mas verdades plenamente reveladas; não recebe a crisma material, mas a divina unção pelo Espírito de Deus, por compartilhar com o Pai a divindade não gerada.

Isaías 61, nos versículos 1 e 2, ensina sobre esse tópico, e séculos depois Cristo cita essa declaração do profeta como uma referência a si mesmo:

O Espírito do Senhor está sobre mim, porque ele me ungiu para evangelizar os pobres; enviou-me para proclamar libertação aos cativos e restauração da vista aos cegos... (Lucas 4:18).

E não apenas Isaías, como também Davi se refere a Ele ao dizer:

O teu trono, ó Deus, é para todo o sempre; cetro de justiça é o cetro do teu reino. O senhor, ó rei, ama a justiça e odeia a iniquidade; por isso, Deus, o seu Deus, o ungiu com o óleo de alegria, como a nenhum dos seus companheiros (Salmo 45:6-7).

O primeiro versículo o chama de Deus; o segundo, lhe atribui um cetro real. Honrado com os atributos divinos e reais, Ele é apresentado, em seguida, como tendo se tornado o Cristo, ungido não com o óleo físico, mas com o divino, e muito superior aos seus predecessores ungidos fisicamente. Em outra passagem, o mesmo escritor explica o status de Jesus:

> Disse o SENHOR ao meu senhor: "Sente-se à minha direita, até que eu ponha os seus inimigos por estrado dos seus pés." [...] com santos ornamentos, como o orvalho do alvorecer, virão os seus jovens. O SENHOR jurou e não voltará atrás: "Você é sacerdote para sempre, segundo a ordem de Melquisedeque" (Salmo 110:1-4).

Esse Melquisedeque é definido nos livros sagrados como um sacerdote do Altíssimo Deus, sem ter recebido qualquer unção física ou sequer como se pertencesse ao sacerdócio hebreu. É por essa razão que nosso Senhor foi chamado, sob juramento, Cristo e sacerdote de acordo com a sua ordem e não daqueles que receberam símbolos e padrões. Nem o relato afirma que Ele tenha sido ungido fisicamente pelos judeus ou que pertencesse à tribo daqueles que detinham o sacerdócio, mas que tinha Sua existência no próprio Deus, antes do orvalho da manhã, isto é, antes da criação do mundo, e detém Seu sacerdócio por toda a eternidade.

A prova de que Sua unção era divina está no fato de que apenas Ele, dentre todos os viventes, é conhecido por todo o mundo como o Cristo e é assim chamado tanto pelos gregos quanto pelos não gregos. Semelhantemente, até os dias atuais, Ele é honrado por Seus adoradores em toda a parte como o Rei, tido em maior admiração do que qualquer profeta e glorificado como o único e verdadeiro Sumo Sacerdote de Deus e, acima de tudo, como o Verbo preexistente de Deus, e Seu ser tem sido adorado como Deus antes de todas as eras. Nós, que nos dedicamos a Ele, honramo-lo não apenas com nossa voz e nossas palavras, mas, igualmente, com toda a nossa alma, de modo que valorizamos o testemunho acerca dele mais do que a própria vida.

A ANTIGUIDADE DA FÉ VERDADEIRA

4. Essa introdução se fez necessária para que ninguém pense de nosso Salvador e Senhor, Jesus Cristo, como uma novidade, levando em consideração a data de Sua encarnação, ou de Seu novo e desconhecido ensinamento, como criado por um homem comum em data recente. Com Seu advento ocorrido há pouco tempo, foi que, notoriamente, um novo povo — nem pequeno, ou fraco, ou remoto, porém o mais numeroso, piedoso e invencível, com a ajuda eterna de

Deus — apareceu no tempo propício e foi honrado com o nome de Cristo. Isso maravilhou de tal modo um dos profetas quando ele previu o futuro, por intermédio dos olhos do Espírito Santo, que ele exclamou:

Quem já ouviu uma coisa dessas? Quem já viu algo assim? Será que um país pode nascer num só dia? Será que uma nação pode nascer de uma só vez? (Isaías 66:8).

O mesmo autor também sugere o nome futuro desse povo, ao dizer:

…aos servos dele chamará por outro nome. Assim, quem quiser ser abençoado na terra, será abençoado pelo Deus da verdade… (Isaías 65:15-16).

Contudo, embora sejamos novidade, e esse título de cristãos, evidentemente recente, tenha se tornado conhecido há pouco entre todas as nações, nossa vida, conduta e princípios religiosos não são invenção nova de nossa parte, mas brotam de conceitos naturais de homens da antiguidade, que eram amigos de Deus, conforme demonstraremos. Os hebreus não são um povo novo, porém são conhecidos por todos e honrados por sua antiguidade.

Ora, seus relatos orais e escritos tratam acerca de homens de uma era primitiva, embora escassos em quantidade, que se destacavam em piedade, retidão e outras virtudes. Alguns deles viveram antes do dilúvio, outros, depois — os filhos e descendentes de Noé —, todavia, em especial, Abraão, a respeito de quem os hebreus se vangloriam de tê-lo como seu fundador e ancestral. Todos esses que receberam crédito por sua justiça, retrocedendo de Abraão até o primeiro homem, poderiam ser descritos como cristãos de fato, senão em título, sem exagerar a verdade. Pois o nome significa que os cristãos, por meio do conhecimento e dos ensinos de Cristo, destacam-se em domínio próprio e retidão, em disciplina e virtude e, acima de tudo, em confessar o Deus único, e, em tudo isso, eles não demonstraram menos zelo do que nós.

Eles não tinham interesse na circuncisão no corpo, tampouco nós o temos. Nem em guardar os *Shabats*, nós igualmente; sequer se interessavam por abster-se de alguns alimentos ou outras distinções que Moisés entregou, pela primeira vez, aos seus descendentes, para que as observassem como símbolos. Do mesmo modo, essas coisas não têm relação com os cristãos agora. Entretanto, eles, obviamente, sabiam sobre o Cristo de Deus, porque Ele havia aparecido a Abraão, ensinado a Isaque, falado com Israel (Jacó) e conversado com Moisés e com os profetas posteriores, conforme já demonstrei. Assim sendo, vocês descobrirão que esses homens que amavam a Deus também receberam o título de Cristo, de acordo com a palavra que lhes diz respeito: "Não toquem nos meus ungidos (Cristos), nem maltratem os meus profetas" (Sl 105:15). Evidentemente, então, a recente proclamação dos ensinamentos de Cristo a todas as nações não é senão a primeira e a mais antiga de todas as religiões, que foi descoberta por Abraão e os seus sucessores, que amavam a Deus. Mesmo que se argumente que Abrão recebeu, muito depois, o mandamento da circuncisão, respondo que, antes disso, ele já fora considerado justo pela fé, como diz a Palavra divina: "Abrão creu no Senhor, e isso lhe foi atribuído para justiça" (Gn 15:6). O oráculo que lhe foi dado antes de sua circuncisão pelo Deus que se revelou a si próprio para ele — o próprio Cristo, o Verbo de Deus — tratava daqueles que, no futuro, seriam justificados da mesma maneira, conforme o Senhor disse: "Em você serão benditas todas as famílias da terra" (Gn 12:3). E também, "Abraão certamente virá a ser uma grande e poderosa nação, e nele serão benditas todas as nações da terra…" (Gn 18:18).

Isso foi obviamente cumprido em nós, pois foi pela fé no Verbo de Deus, o Cristo que aparecera a Abraão, que ele foi declarado justo e abandonou a superstição de seus ancestrais para confessar o Deus único, o Deus sobre todas as coisas, servindo-o pela conduta correta e não pela lei de Moisés, a qual veio mais tarde. Para Abraão, exatamente no estado em que se encontrava, foi dito que todas as nações seriam abençoadas nele. E, atualmente, em feitos que falam mais alto do que palavras, apenas os cristãos de todo o mundo praticam a fé do mesmo modo que Abraão. Consequentemente, os seguidores de Cristo compartilham a mesma vida e religião que os antigos que amavam a Deus. Assim sendo, os ensinamentos de Cristo não são nem novos, nem desconhecidos, mas, verdadeiramente, antigos, exclusivos e verdadeiros.

O NASCIMENTO DE JESUS E O FIM DA DINASTIA JUDAICA

5. Agora, então, depois dessa necessária introdução à minha *História Eclesiástica*, que comecemos com a aparição de nosso Salvador em carne, inicialmente invocando Deus, o Pai do Verbo, e o próprio Jesus Cristo para nos ajudar a produzir uma narrativa verdadeira. Foi no quadragésimo segundo ano do reinado de Augusto e o vigésimo oitavo após a conquista do Egito e das mortes de Antônio e Cleópatra[6], o último da dinastia Ptolemaica, que

---

[6] Eusébio calcula o reinado de Augusto como iniciando com a morte de Júlio César, em 44 a.C., portanto, o ano 2 a.C. para o nascimento de Jesus, o que está de acordo com os 28 anos depois da morte de [Marco] Antônio e Cleópatra em 30 a.C. No entanto, essa data é muito tardia, uma vez que Jesus nasceu no ano 4 a.C., mais tardiamente, ou, mais provavelmente, em 5 a.C.

Estátua de Augusto, imperador de 27 a.C. até 14 d.C. © Shutterstock

nosso Salvador e Senhor, Jesus Cristo, nasceu em Belém na Judeia, de acordo com as profecias que lhe diziam respeito. Isso aconteceu no tempo do primeiro censo, que ocorreu enquanto Quirino era o governador da Síria, um registro também mencionado por Flávio Josefo, o mais famoso dos historiadores hebreus. Ele acrescenta o relato de uma seita da Galileia que surgiu ao mesmo tempo, à qual o nosso Lucas se refere em Atos:

> *Depois desse, levantou-se Judas, o galileu, nos dias do recenseamento, e levou muitos consigo. Também este foi morto, e todos os que lhe obedeciam foram dispersos* (At 5:37).

O historiador citado anteriormente (Josefo) dá suporte a isso em *Antiguidades*, Livro 18.

Quirino, senador romano… depois de ter passado por todos os degraus da honra, tinha sido elevado à dignidade de cônsul, foi, como dissemos, incumbido por Augusto do governo da Síria com a ordem de fazer o inventário de todos os seus bens particulares… Algum tempo depois, um certo Judas, gaulamita, da cidade de Gamala, ajudado por um fariseu de nome Sadoque incitou o povo a se rebelar, dizendo que o inventário outra coisa não era senão uma declaração de que os queriam reduzir à escravidão e, para exortá-los a manter a sua liberdade…[7]

E, no segundo livro das *Guerras dos judeus*, ele escreve sobre o mesmo homem:

> Durante sua administração, um galileu, chamado Judas, levou os judeus a se revoltarem, censurando-os porque pagavam tributo aos romanos, quase igualando homens a Deus, pois os reconheciam também como senhores.[8]

6. Nesse tempo, Herodes foi o primeiro estrangeiro a se tornar rei da nação judaica, cumprindo a profecia de Moisés de que: "O cetro não se apartará de Judá, nem o bastão de comando de seus descendentes, até que venha aquele a quem ele pertence…" (Gn 49:10 NVI). Moisés também afirma que Ele seria "o esperado entre os gentios". Essa previsão não poderia ser cumprida enquanto os judeus vivessem sob governantes de sua própria raça, começando com Moisés e continuando até o reinado de Augusto. No entanto, no tempo de Augusto, os romanos concederam o governo dos judeus a Herodes, o primeiro estrangeiro. Josefo afirma que ele era idumeu, pelo lado da família de seu pai, e árabe, pelo lado de sua mãe. Contudo, (Júlio) Africano — um historiador destacado — reivindica que Antípatro, o pai de Herodes, era filho de um certo Herodes de Ascalon, um dos servos no templo de Apolo. Enquanto criança, esse Antípatro foi capturado por saqueadores idumeus e permaneceu com eles visto que seu pai era pobre demais para pagar por seu resgate. Ele cresceu sob seus costumes e mais tarde fez amizade com Hircano, o sumo sacerdote judeu. O seu filho (de Antípatro) foi o Herodes da época de nosso Salvador.

Quando a realeza judaica estivesse sob o governo de tal homem, o esperado dos gentios, de acordo com a profecia, já estaria à porta, uma vez que a costumeira sucessão de seus regentes e governantes desde o tempo de Moisés chegaria ao fim. Antes de seu cativeiro babilônico, eles eram governados por reis, sendo os primeiros Saul e Davi. E, antes dos reis, governantes conhecidos

---

[7] JOSEFO, Flávio. *História dos Hebreus*: Parte 1: Antiguidades Judaicas, Livro 18:759, p.415. Rio de Janeiro: CPAD, 1998 (doravante, *Antiguidades*). O censo que causou a revolta liderada por Judas aconteceu no ano 6 d.C., dez anos após o nascimento de Jesus, um problema cronológico há muito debatido entre os estudiosos.

[8] Id. *História dos Hebreus*: Parte 2: Guerra dos judeus contra os romanos, Livro 2:153, p.553. Rio de Janeiro: CPAD, 1998 (doravante, *Guerras dos Judeus*).

como juízes os lideravam, seguindo Moisés e seu sucessor, Josué. Após o retorno dos exilados da Babilônia, a aristocracia oligarca de sacerdotes estava sob controle até que o general romano Pompeu sitiou Jerusalém e contaminou os lugares santos ao entrar no interior do santuário do Templo. Ele enviou como prisioneiros para Roma, juntamente com seus filhos, o rei e o sumo sacerdote, Aristóbulo, que havia continuado a sucessão de seus ancestrais até aquele tempo, e transferiu o ofício sumo sacerdotal para seu irmão (de Aristóbulo), Hircano, enquanto transformava toda a nação judaica em tributária a Roma daquele momento em diante. E quando Hircano foi levado como prisioneiro pelos partos, Herodes foi o primeiro estrangeiro, como eu já disse anteriormente, a ser colocado sobre a nação judaica pelo senado romano e pelo imperador Augusto. O advento de Cristo claramente ocorreu nessa época, e seguiu-se a aguardada salvação e chamado dos gentios, conforme a profecia.

63 a.C.

Quando a linhagem de governantes judeus cessou, a ordenada sucessão de sumo sacerdotes de geração a geração caiu instantaneamente em confusão. O confiável Josefo relata que Herodes, uma vez feito rei pelos romanos, não mais indicou sumos sacerdotes provenientes da antiga linhagem, mas, em vez disso, de ordens obscuras. Essa prática foi seguida por seu filho Arquelau e pelos governantes romanos que, após ele, assumiram o governo sobre os judeus. O mesmo escritor diz que Herodes foi o primeiro a trancar as vestes sagradas do sumo sacerdote sob seu próprio selo em vez de mantê-las sob o cuidado sacerdotal, do mesmo modo que o fez Arquelau, seu sucessor, e os romanos que vieram após ele.

Esses fatos também demonstravam que outra profecia fora cumprida na aparição de nosso Salvador Jesus Cristo. O texto em Daniel especifica o número exato de semanas até o governo de Cristo — já tratei desse assunto em outra ocasião[9] — e profetiza que, depois

Cneu Pompeu, que conquistou Jerusalém em 63 a.C. (*Gliptoteca, Copenhague*).

---

[9] Na obra de Eusébio, *Demonstração evangélica* 8.2 e *Seleções dos profetas* 3.45. Daniel 9:24-27 fala das "setenta semanas" (*setenta vezes sete*, ou 490 anos) e outra "semana de anos", que Eusébio e alguns eruditos, desde então, têm aplicado ao nascimento e ministério de Jesus.

A Pessoa e a obra de Cristo

dessas semanas, a unção dos judeus cessaria. Isso foi claramente cumprido no tempo em que Jesus Cristo nasceu. Essas informações preliminares eram necessárias para acentuar a veracidade das datas.

AS VÁRIAS GENEALOGIAS DE CRISTO

7. Os evangelhos de Mateus e Lucas registram a genealogia de Cristo de forma diferente, e muitos supõem que elas conflitam uma com a outra. Uma vez que cada fiel sente o anseio de oferecer opiniões sem base em informações com relação às passagens, eu reproduzirei uma explicação ao problema encontrada em uma carta que o anteriormente mencionado Africano escreveu a Aristides sobre a harmonia das genealogias dos evangelhos.

> Os nomes nas famílias de Israel eram considerados de acordo com a natureza ou com a Lei: pela natureza, no caso de um descendente genuíno; pela Lei quando outro homem assumia a paternidade dos filhos em nome de um irmão que tivesse morrido sem gerar filhos[10]. Como ainda não havia sido oferecida qualquer esperança clara da ressurreição, elas representaram a promessa futura por meio de uma "ressurreição" mortal, de modo que o nome do falecido pudesse permanecer. Essas genealogias, portanto, incluem alguns que foram os verdadeiros sucessores de seus pais e outros que eram filhos de um determinado pai, mas relatados como filhos de outro. Dessa forma, tanto a memória do pai verdadeiro quanto a do pai nominal eram preservadas. Então, nenhum dos evangelhos comete erro, visto que ambos levam em consideração a natureza e a Lei. Pois as duas famílias — uma descendendo de Salomão e a outra de Natã — estavam tão entrelaçadas por meio do novo casamento das viúvas sem filhos e da "ressurreição" da descendência que as mesmas pessoas podiam, corretamente, ser consideradas filhas de pais diferentes em tempos diferentes — algumas vezes de reputados pais, outras, dos pais que efetivamente os geraram. Ambos os registros são, dessa forma, precisos, embora complicados, quando traçam a linhagem até José.
>
> A fim de tornar mais claro, explicarei a relação das famílias. Considerando as gerações de Davi por meio de seu filho Salomão [como faz Mateus 1:15-16], o terceiro do fim para o começo é Matã, cujo filho chamava-se Jacó, pai de José. Contudo, se seguirmos

---

[10] Veja Deuteronômio 25:5-6.

Lucas 3:23-27 e levarmos em conta Natã, o filho de Davi, o terceiro correspondente do fim para o começo é Melqui, cujo filho era Eli, pai de José. Portanto, deve ser demonstrado que tanto Eli quanto Jacó podem ser pais de José, e tanto Matã quanto Melqui, mesmo pertencendo a duas famílias diferentes, eram os avôs.

Ora, Matã e Melqui, uma vez que tomaram a mesma esposa, eram pais dos meios-irmãos, pois a Lei permite que uma mulher que tenha se divorciado ou ficado viúva se case novamente. Estha, o nome tradicional da esposa em questão, primeiramente se casou com Matã (descendente de Salomão) e engravidou de Jacó com ele. Quando Matã morreu, a sua viúva casou-se com Melqui (descendente de Natã), da mesma tribo, mas em uma família diferente, e engravidou de Eli. Assim, Jacó e Eli tiveram a mesma mãe, e, quando Eli morreu sem filhos, seu meio-irmão, Jacó, casou-se com sua viúva e se tornou pai de José por meio dela. Assim sendo, José era o filho natural de Jacó, porém legalmente filho de Eli, por quem um bom irmão havia levantado uma descendência. Mateus usa o termo *gerou* para denotar descendência biológica, ao passo que Lucas diz "era,

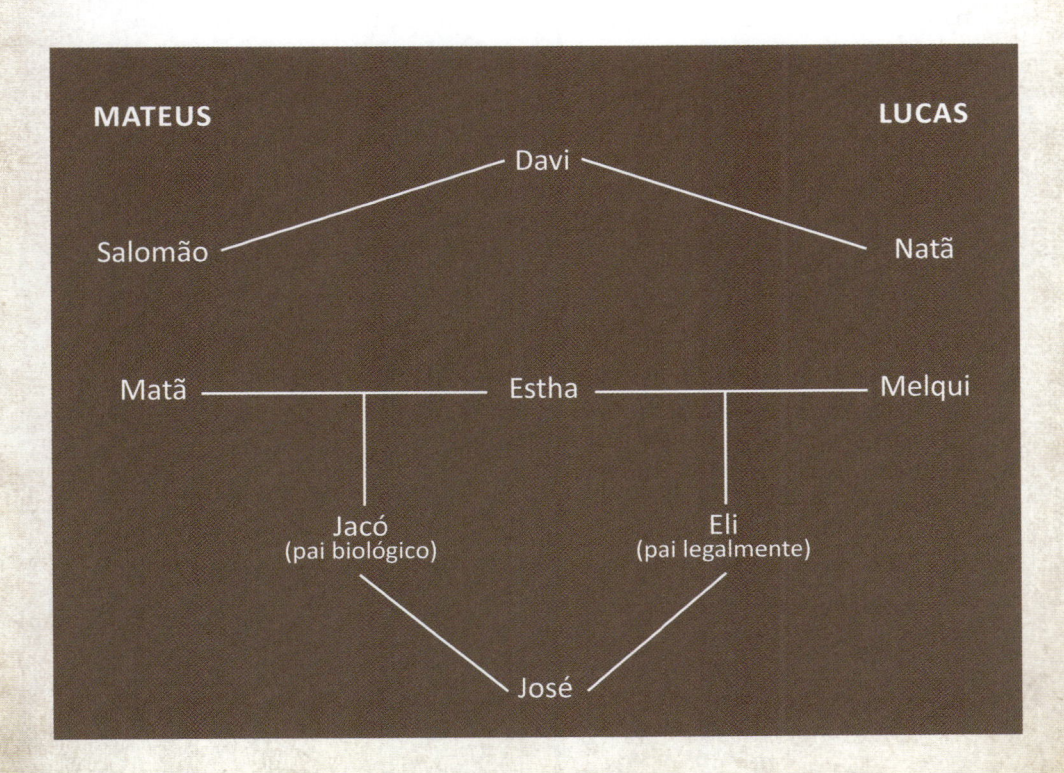

MATEUS — Davi — **LUCAS**

Salomão ——————————————— Natã

Matã ——— Estha ——— Melqui

Jacó (pai biológico) ——— Eli (pai legalmente)

José

A Pessoa e a obra de Cristo

conforme se pensava" — note esse adendo — "filho de José, filho de Eli, filho de Melqui" (3:23-24). Era impossível expressar mais precisamente a descendência legal, e Lucas jamais usou o termo *gerou* com relação a tais filhos enquanto traçava a linhagem até "Adão, filho de Deus".

Isso não é nem improvável, nem conjectura. Os parentes humanos do Salvador também transmitiram essa tradição, quer por vanglória ou simplesmente para fornecer informação, porém, em todo caso, dizendo a verdade. Quando os salteadores idumeus atacaram a cidade de Ascalom, na Palestina, eles capturaram, do templo de Apolo, Antípatro, filho de um certo Herodes, que servia no templo. Como o sacerdote não tinha condições de pagar o resgate por seu filho, Antípatro foi criado como um idumeu e, mais tarde, tornou-se amigo do sumo sacerdote judeu, Hircano. Enviado a Pompeu como representante de Hircano, ele conquistou para Hircano a restauração de seu reinado que fora sitiado por seu irmão, Aristóbulo. Assim, Antípatro tornou-se o supervisor da Palestina. Após ele ser traiçoeiramente assassinado, foi sucedido por seu filho Herodes, que mais tarde foi nomeado rei dos judeus por Antônio, Augusto e por um decreto do senado. Seus filhos foram Herodes [Antipas] e os demais tetrarcas. Os historiadores gregos assim o confirmam.

Entretanto, as famílias hebreias ainda eram registradas nos arquivos, bem como aqueles que descendiam de prosélitos — Aquior, o amonita; Rute, a moabita; e as famílias mistas que haviam partido do Egito com os hebreus. Desse modo, Herodes, visto que não possuía ancestralidade judaica e aflito pela base de sua origem, queimou os registros genealógicos, pensando que ele pareceria ser de nobre estirpe se ninguém pudesse traçar sua linhagem nos documentos públicos. No entanto, poucos mantiveram cautelosamente os registros privados de suas próprias famílias, quer por se recordar de seus nomes ou por encontrá-los em cópias, para orgulhosamente preservar a memória de seu nascimento aristocrático. Entre eles estavam os *desposyni*[11], assim chamados por sua relação com a família do Salvador. Vivendo nos vilarejos judaicos de Nazaré e Cochaba, eles iam pelo restante

---

[11] "Pertencentes ao Mestre", em grego, uma vez que Jesus era Senhor ou "Déspota". No contexto espiritual, o indicativo grego de "déspota" não era politicamente pejorativo.

da terra explicando acerca da genealogia, mencionada acima, de seu descendente e citando o livro dos registros diários tanto quanto podiam. Quer isso seja ou não verdade, não houve quem pudesse fornecer uma explicação mais clara. Desse modo, o registo do evangelho é, em todo caso, verdadeiro.

Ao final de sua carta, Africano acrescenta:

Matã, o descendente de Salomão, gerou Jacó. Quando Matã morreu, Melqui, descendente de Natã, gerou Eli com a mesma mulher. Eli e Jacó, assim, tiveram a mesma mãe. Quando Eli morreu sem ter filhos, Jacó levantou a sua semente para ele ao atribuir a paternidade de José, seu filho biológico, como legalmente filho de Eli. Assim sendo, José era filho de ambos.

Essa genealogia de José é igualmente uma prova virtual de que Maria pertencia à mesma tribo que ele, visto que, de acordo com a lei de Moisés, era ilegal casamentos entre membros de tribos diferentes. O mandamento de que o casal fosse da mesma cidade e clã foi dado para que a herança (da família) não pudesse ser transferida de tribo para tribo.

HERODES E O BEBÊS DE BELÉM

8. Quando Cristo nasceu, de acordo com a profecia, em Belém da Judeia, no tempo já mencionado, alguns magos do Oriente perguntaram a Herodes onde eles poderiam encontrar o nascido Rei dos judeus. Eles haviam avistado uma estrela, o que ocasionou sua longa viagem em seu desejo de adorar o Deus infante. Essa solicitação perturbou muito Herodes — ele achou que sua soberania estava ameaçada — e, portanto, inquiriu entre os mestres da Lei onde eles esperavam que o Cristo nascesse. Quando soube da profecia de Miqueias de que seria em Belém, ele expediu um edito para o massacre de todos os bebês de dois anos para baixo em Belém e na circunvizinhança, de acordo com o tempo indicado pelos magos, por pensar que Jesus certamente teria o mesmo destino. Contudo, a criança antecipou-se a essa conspiração sendo levada ao Egito, uma vez que Seus pais haviam sido prevenidos por um anjo. Isso também é relatado no evangelho sagrado (de Mateus).

5 a.C.

Vale a pena notar, nessa questão, o resultado do crime de Herodes contra o Cristo e as crianças da sua idade. Sem qualquer demora, a justiça de Deus o alcançou enquanto ele ainda vivia, como um prelúdio do que o aguardaria no mundo vindouro. Aqui não é possível sequer resumir a forma em que ele obscureceu as reputadas glórias de seu reino pelos repulsivos assassinatos de sua esposa, filhos, parentes e amigos. Nenhum drama trágico possui sombras mais soturnas, conforme Josefo narra extensamente em seus relatos históricos. Desde o momento em que Herodes conspirou contra nosso Salvador e outros inocentes, o flagelo divino o levou à morte. No Livro 17 de *Antiguidades*, [Josefo] relata o seu fim:

> Deus queria que Herodes sofresse o castigo de sua impiedade; sua doença agravava-se cada vez mais. Uma febre lenta, que não transparecia exteriormente, queimava-o e o devorava por dentro; ele tinha uma fome tão violenta que nada era capaz de saciá-lo; seus intestinos estavam cheios de úlceras; violentas cólicas faziam-no sofrer dores horríveis, seus pés estavam inchados e lívidos, suas virilhas também, as partes do corpo que se escondem com o maior cuidado estavam tão corrompidas que já eram devoradas por vermes, seus nervos estavam frouxos; ele respirava com dificuldade e seu hálito era tão ruim que ninguém queria estar perto dele. Todos os que consideravam com espírito de piedade o estado em que se achava esse infeliz príncipe estavam de acordo em admitir que tudo aquilo era um castigo visível de Deus, para puni-lo por sua crueldade.[12]

E no Livro 2 de sua *Guerra dos Judeus*, Josefo provê um relato semelhante:

> Logo depois, sua doença estendeu-se a todas as partes do corpo e não havia quase nenhum membro em que não sentisse dores horríveis e cruciantes. A febre era muito alta; ele emagrecia a olhos vistos e era atormentado por violentas cólicas. Os pés também estavam inchados e lívidos; o ventre, também; todos os nervos estavam frouxos, as partes do corpo que se ocultam por pudor estavam tão corrompidas que eram pasto de vermes, e ele respirava com extrema dificuldade. Os que o viam nesse estado refletiam sobre o justo juízo de Deus, julgavam que era um castigo da sua crueldade para com Judas e Matias. Mas, embora ele fosse atormentado por tantos males juntamente, não deixava de amar a vida e esperava sarar. Não havia remédios que ele não tomasse; fez-se transportar além do Jordão, para usar águas quentes de Calliroé, que se lançam no lago

---

[12] *Antiguidades*, Livro 17:739, p.404.

de Asfaltite e não somente são medicinais, mas boas para se beber. Os médicos julgaram conveniente pô-lo num banho de óleo bem quente; mas isso enfraqueceu-o de tal modo que ele perdeu os sentidos; todos então julgaram-no morto. Os gritos dos que estavam presentes fizeram-no voltar a si; então, perdendo a esperança de cura, mandou distribuir aos soldados cinquenta dracmas a cada um, deu grandes somas aos oficiais e aos amigos e voltou a Jericó.

Estando prestes a morrer, aquela bílis negra que lhe devorava as entranhas acendeu-se de tal modo que o fez tomar uma resolução abominável. Mandou vir de todas as regiões da Judeia as pessoas mais ilustres, fê-las encerrar no hipódromo e disse a Salomé, sua irmã, e a Alexas, marido dela: "Eu sei que os judeus sentirão imensa alegria com a minha morte; mas, se quiserdes executar o que desejo de vós, eu os obrigarei a derramar lágrimas e meus funerais serão muito famosos. O que tendes a fazer é o seguinte: logo que eu tiver expirado, ordenareis aos soldados que cerquem o hipódromo e matem todos os que lá se encontram, a fim de que não haja uma só casa nem família na Judeia que não tenha motivo de chorar." […]

...as dores e uma forte tosse o assaltaram com tanta violência que, não podendo mais suportá-las, resolveu matar-se [mas foi impedido].[13]

Josefo também informa que, antes de morrer, Herodes ordenou a execução do terceiro de seus filhos legítimos [Antípatro], acrescentando-o aos dois anteriormente assassinados, e depois morreu em grande agonia. Esse foi o fim de Herodes, uma justa punição pelas crianças que ele matou em Belém e nas cidades vizinhas. Depois disso, um anjo apareceu em sonho a José, enquanto ele estava no Egito, e o orientou a voltar para a Judeia com a criança e sua mãe, declarando que aqueles que procuravam tirar a vida da criancinha estavam mortos. O evangelista continua: "Porém, ouvindo que Arquelau reinava na Judeia em lugar de seu pai Herodes, teve medo de ir para lá. E, tendo sido avisado por Deus em sonho, José foi para a região da Galileia" (Mt 2:22).

4 a.C.

PILATOS E OS SACERDOTES

9. Josefo corrobora a sucessão de Arquelau, de acordo com o testamento de Herodes e a decisão de Augusto. E como, quando ele foi derrubado do

---

[13] Embora Eusébio mencione o Livro 2 da *Guerra dos Judeus* como sua referência, esse extrato ocorre no Livro 1:132-134, p.544-5, em nossos textos.

26 d.C. No Livro 18 de *Antiguidades*, o mesmo autor escreve que foi dada a Pôncio Pilatos a administração da Judeia no décimo segundo ano de Tibério, que havia sucedido o trono depois do reinado de 57 anos de Augusto. Pilatos permaneceu nessa posição por dez anos, quase até a morte de Tibério. Isso prova claramente que os recentemente publicados *Atos de Pilatos*[14] são relatos falsos, uma vez que eles reivindicam que o crime da morte do Salvador ocorreu no quarto consulado de Tibério, que era o sétimo ano de seu reinado, um tempo em que Pilatos ainda não estava encarregado da Judeia. Josefo afirma categoricamente que foi no *décimo segundo* ano de seu reinado que Tibério indicou Pilatos como procurador da Judeia[15].

poder, dez anos mais tarde, seu irmão Filipe e o jovem Herodes [Antipas], juntamente com Lisânias, continuaram a governar suas próprias tetrarquias.

10. Quando, de acordo com o evangelista (Lucas), Tibério César estava no décimo quinto ano de seu reinado, Pôncio Pilatos no quarto ano de seu governo e Herodes, Lisânias e Filipe eram tetrarcas sobre o restante da Judeia[16], nosso Salvador e Senhor, Jesus Cristo de Deus — com cerca de 30 anos no começo [de Seu ministério] — foi batizado por João e começou a proclamar o evangelho.

29 d.C.

As Sagradas Escrituras afirmam que Ele completou Seus ensinamentos sob o sumo sacerdócio de Anás e Caifás, começando assim Sua missão sob Anás e continuando até Caifás, um período que não abrange quatro anos completos. O mandato vitalício para o sacerdócio hereditário, de acordo com a Lei, não era mais observado, visto que os governantes romanos conferiam o sumo sacerdócio primeiro a um e depois ao outro, que não detinham seu ofício por mais de um ano[17].

Em *Antiguidades*, Josefo registra quatro sumo sacerdotes na sucessão entre Anás e Caifás:

---

[14] Veja o ponto 9.5 de sua *História Eclesiástica*. A *Acta* (a biografia) à qual Eusébio se refere foram documentos falsificados que circulavam no tempo da perseguição sob Maximino Daia (cerca de 312 d.C.). Os assim chamados *Atos de Pilatos* existentes atualmente são documentos apócrifos de origem cristã, mas tão fraudulentos quanto os primeiros.

[15] *Antiguidades*, Livro 18, capítulo 5, p.419. Pilatos foi governador entre 26–36 d.C. Seu título não era "procurador", o que é um anacronismo tanto em Josefo quanto em Tácito, mas "prefeito" de acordo com uma inscrição encontrada em Cesareia em 1961.

[16] Tibério se tornou imperador em 14 d.C., e seu décimo quinto ano foi em 28–29 d.C. Eusébio, imprecisamente, condensa aqui Lucas 3:1. Herodes estava encarregado da Galileia, Lisânias de Abilene e Filipe dos territórios ao nordeste do mar da Galileia.

[17] Esse dado está incorreto. Os romanos realmente mudavam o sumo sacerdote com frequência, mas não havia um prazo determinado para o fim de seu exercício. Caifás, por exemplo, foi sumo sacerdote por 17 ou 18 anos.

Valério Grato tirou a grande sacrificadura a Anano [Anás] e deu-a a Ismael, filho de Fabo, que foi logo depois deposto, para pôr em seu lugar Eleazar, filho de Anano. Mas, um ano depois, tiraram-lhe para dá-la a Simão, filho de Camite, que também só a ocupou durante um ano e foi obrigado a resignar em favor de José, cognominado Caifás.[18]

Desse modo, todo o período de ensinamentos de nosso Salvador não foi nem de quatro anos completos, uma vez que quatro sumo sacerdotes, em quatro anos, desde Anás a Caifás, detiveram o ofício por um ano. Naturalmente, o evangelho citou Caifás como o sumo sacerdote do ano da paixão do Salvador, e assim, o tempo de ensino de Cristo confere com essa evidência[19].

Nosso Salvador e Senhor chamou doze apóstolos logo após o início de Sua pregação — dentre todos os Seus

33 d.C.

Um ossuário de pedra calcária descoberto em uma encosta ao sul da Cidade Velha de Jerusalém em 1990. Nele está inscrito o nome de José Caifás. Cinco rosetas espiraladas cercam uma roseta central dentro de dois grandes círculos desse baú ossuário magnificamente esculpido, que muito provavelmente continha os restos mortais do sumo sacerdote judeu Caifás, aquele que indiciou Jesus diante de Pôncio Pilatos (*Cortesia de Garo Nalbandian*).

---

[18] *Antiguidades*, Livro 18, capítulo 3:766, p.417.

[19] As cronologias de Josefo e dos evangelhos se harmonizam, porém o argumento de Eusébio é falho. Ao buscar interpretar Lucas 3:2 ("sendo sumos sacerdotes Anás e Caifás") como significando o período entre os dois, ele constrói seu arcabouço de quatro anos para o ministério

discípulos, Ele cognominou de *apóstolos* somente esses doze como um privilégio especial — e nomeou outros 70 a quem também enviou, dois a dois, para cada local ou cidade onde Ele mesmo planejava ir.

JOÃO BATISTA E JESUS

11. Logo em seguida, João Batista foi decapitado pelo jovem Herodes [Antipas], como sabemos pelo evangelho inspirado (Marcos 6:14-29). Josefo confirma a narrativa evangélica mencionando Herodias por nome e dizendo como Herodes se havia se casado com ela, apesar de ela ser a esposa de seu irmão, ainda vivo, e dispensado sua própria esposa legítima, que era filha do rei Aretas [IV] de Petra. Por causa dela, Herodes condenou João à morte e foi à guerra contra Aretas, cuja filha ele havia desonrado. Josefo diz que todo o exército de Herodes foi destruído em batalha como retribuição por sua conspiração contra João. O mesmo Josefo reconhece que João era especialmente justo e alguém que batizava, confirmando a descrição dele nos evangelhos. Ele também relata que Herodes foi destituído de seu reinado por causa da mesma Herodias e foi exilado com ela em Vienne, uma cidade da Gália. A história é encontrada em *Antiguidades*, Livro 18, onde Josefo escreve a respeito de João como segue:

> Vários judeus julgaram a derrota do exército de Herodes um castigo de Deus, por causa de João, cognominado Batista. Era um homem de grande piedade que exortava os judeus a abraçar a virtude, a praticar a justiça e a receber o batismo, depois de terem se tornado agradáveis a Deus, não se contentando em não cometer pecados, mas unindo a pureza do corpo à da alma. Assim, como uma grande multidão o seguia para ouvir a sua doutrina, Herodes, temendo o poder que ele tinha sobre eles viesse a suscitar alguma rebelião, porque eles estavam sempre prontos a fazer o que [João] lhes ordenasse, julgou que devia prevenir o mal, para depois não ter motivo de se arrepender por haver esperado muito para remediá-lo. Por esse motivo, mandou prendê-lo numa fortaleza em Maquera, de que acabamos de falar [e lá foi morto].[20]

Ao contar sobre João, ele diz o seguinte a respeito de nosso Salvador na mesma obra histórica:

---

de Jesus. Entretanto, isso fracassa no fato de que Anás foi dispensado por Grato em 15 d.C. Uma explicação melhor da passagem de Lucas indicaria a natureza honorífica do título de Anás como "sumo sacerdote", mesmo após ele ter deixado o ofício, visto que ele era o eminente ancião em Jerusalém, o patriarca sacerdotal que havia conseguido êxito em ter cinco de seus próprios filhos e um genro, Caifás, como sucessores ao sumo sacerdócio.

[20] *Antiguidades*, Livro 18, capítulo 7:781, p.421.

Nesse mesmo tempo, apareceu JESUS, que era um homem sábio, se, todavia, devemos considerá-lo simplesmente um homem, tão admiráveis eram as suas obras. Ele ensinava aos que tinham prazer em ser instruídos na verdade e foi seguido não somente por muitos judeus, mas também por muitos gentios. Ele era o CRISTO. Os mais ilustres dentre os de nossa nação acusaram-no perante Pilatos, e ele fê-lo crucificar. Os que o haviam amado durante a sua vida não o abandonaram depois da morte. Ele lhes apareceu ressuscitado e vivo no terceiro dia, como os santos profetas tinham predito, dizendo também que ele faria muitos outros milagres. É dele que os cristãos, que vemos ainda hoje, tiraram o seu nome.[21]

Quando um historiador notadamente judeu fornece, em seu próprio escrito, essa evidência acerca de João Batista e de nosso Salvador, que opção há senão condenar o despudor daqueles que fraudaram os *Atos* referentes a eles?

OS DISCÍPULOS DE JESUS

12. Por meio dos evangelhos, os nomes dos apóstolos são óbvios para todos, porém nenhuma lista dos 70 discípulos sobreviveu em qualquer meio. No entanto, diz-se que um deles, Barnabé, foi citado em Atos dos apóstolos e por Paulo, ao escrever aos gálatas (2:2,9,13). Também se fala que outro deles era Sóstenes, que escreveu juntamente com Paulo aos coríntios (1Co 1:1). Então, há a história em Clemente (Disposições, Livro 5) de que o Cefas, sobre quem Paulo diz: "Quando, porém, Cefas veio a Antioquia, resisti-lhe face a face..." (Gl 2:11) era um dos Setenta, que tinha o mesmo nome de Pedro[22]. Semelhantemente, Matias, aquele que tomou o lugar de Judas na lista dos apóstolos, bem como [Justo], aquele, conjuntamente honrado com ele no lançamento de sorte (At 1:23), também fazia parte dos Setenta, de acordo com a tradição. Há quem afirme também que Tadeu era um deles[23], acerca de quem veio ao meu conhecimento uma história que relatarei brevemente.

---

[21] *Antiguidades*, Livro 18, capítulo 4:772, P.418. Essa citação é de grande importância porque ela demonstra que essa (infelizmente interpolada) famosa passagem da versão de Josefo acerca de Jesus era encontrada como se lê já nos tempos de Eusébio. Alguns eruditos justificadamente negam que Josefo, que não se converteu ao cristianismo, tenha alguma vez, afirmado que Jesus era o Messias que ressuscitou dos mortos. As palavras mais prováveis de Josefo encontram-se no Apêndice 1.

[22] Clemente de Alexandria (cerca de 155–220) escreveu as *Hypotyposeis* (*Disposições*) como um comentário bíblico. A sugestão de que esse Cefas era diferente do apóstolo Pedro é infundada e meramente uma tentativa de proteger Pedro da disputa em Antioquia, que incomodava alguns dos Pais da Igreja.

[23] Porém um dos Doze, de acordo com Mateus 10:3 e Marcos 3:18, e, aparentemente idêntico com Judas [N.T.: Judas Tadeu].

Havia mais discípulos do Salvador do que os Setenta. Paulo declara que, após a Sua ressurreição, Jesus foi visto por Cefas, depois pelos Doze e, após esses, por mais de 500 irmãos de uma só vez, alguns dos quais, diz ele, haviam morrido, mas a maioria ainda vivia no tempo em que Paulo escrevia. Ademais, Paulo assevera que Jesus foi visto por Tiago, um dos alegados irmãos do Salvador, e finalmente "por todos os apóstolos", assim como o próprio Paulo, um número maior que se padronizava pelos Doze.

TADEU E O PRÍNCIPE DE EDESSA

13. Em consequência de Seus miraculosos poderes, a divindade de Cristo foi anunciada em toda a parte, e miríades, até mesmo em territórios estrangeiros, distantes da Judeia, chegavam a Ele na esperança de cura de todo tipo de enfermidade. Desse modo, quando o rei Abgar [V], o célebre governante de povos de além do Eufrates, sofria terrivelmente de uma doença incurável e frequentemente ouvia o nome de Jesus e sobre os Seus milagres, enviou-lhe uma solicitação, por intermédio de um mensageiro, implorando por alívio de sua moléstia. Jesus não lhe concedeu sua solicitação no exato momento, mas o favoreceu com uma carta pessoal, prometendo enviar-lhe um de Seus discípulos para curar a enfermidade e trazer salvação a ele e sua família.

A promessa logo se cumpriu. Após a ressurreição e ascensão [de Jesus], Tomé, um dos Doze, foi divinamente inspirado a enviar Tadeu, um dos Setenta, a Edessa como pregador e evangelista, e este cumpriu todos os termos da promessa do Salvador. Há evidência escrita disso retirada dos arquivos de Edessa, a então capital real, que incluía a antiga história bem como os eventos dos tempos de Abgar. Aqui estão as próprias cartas, as quais extraí dos arquivos e traduzi, palavra por palavra, do siríaco:

Cópia de uma carta escrita por Abgar, o príncipe, a Jesus, enviada a ele em Jerusalém por intermédio do mensageiro Ananias

Abgar Uchama, o príncipe, a Jesus, o excelente Salvador que apareceu na região de Jerusalém, saudações!

Tenho ouvido acerca de ti e das curas que realizas sem utilizar-te de remédios ou ervas. Diz-se que fazes os cegos enxergarem e os paralíticos andarem, que curas leprosos e expulsas espíritos imundos e demônios, que tu curas aqueles que são torturados por enfermidades crônicas e que ressuscitas os mortos. Quando ouvi todas essas coisas a Teu respeito, decidi que uma das duas opções é verdadeira: ou tu és Deus e vieste do Céu para fazer essas coisas, ou és Filho de Deus por fazê-las. Por essa razão, escrevo-te para implorar que te comovas a vir até mim e curar-me do meu sofrimento. Também ouvi que os judeus murmuram contra ti e conspiram para fazer-te mal. Ora, minha cidade-estado é muito pequena, mas tida em alta consideração e adequada para nós dois.

Abgar escreveu esta carta quando a luz divina havia apenas começado a brilhar sobre ele. É igualmente adequado ouvirmos a carta que Jesus lhe enviou por intermédio do mesmo mensageiro. Ela possui apenas poucas linhas, porém, muito poderosas:[24]

A resposta de Jesus ao príncipe Abgar, por intermédio do mensageiro Ananias

Bem-aventurados são os que creem em mim sem me ver! Pois está escrito que aqueles que veem não crerão em mim e que aqueles que não me viram crerão e viverão. Agora, com relação à sua solicitação de que eu vá até você, devo primeiramente completar tudo aquilo para que fui enviado aqui, e, uma vez que seja concluído, devo ser elevado Àquele que me enviou. Quando eu for elevado, enviarei um de meus discípulos para curar sua enfermidade e para trazer vida a você e aos seus.

O que está a seguir foi anexado a essas cartas em siríaco:[25]

Após a ascensão de Jesus, Judas, que também é chamado de Tomé, enviou Tadeu, um dos Setenta, a (Abgar), e ele se hospedou na casa de Tobias, filho de Tobias. Quando Abgar ouviu que Tadeu estava curando todas as enfermidades e debilidades, suspeitou de que ele era aquele sobre quem Jesus havia escrito. Portanto, ordenou a Tobias que trouxesse Tadeu até si. Dessa forma, Tobias disse a Tadeu: "O príncipe Abgar me instruiu para que o levasse até ele para que você possa curá-lo". Tadeu respondeu: "Eu irei, visto que fui enviado a ele com poder".

Tobias levantou cedo na manhã seguinte e levou Tadeu para ver Abgar, cercado por sua nobreza. Quando eles chegaram, Abgar percebeu uma maravilhosa visão na face de Tadeu e se inclinou diante dele, pedindo: "Você é realmente o discípulo de Jesus, o Filho de Deus, Aquele que me escreveu: 'Eu lhe

---

[24] A passagem que está entre parênteses não é encontrada em alguns manuscritos.

[25] Esse adendo foi, de alguma maneira, condensado, uma vez que o original é incrivelmente redundante e obviamente artificial. Contudo, nenhum material fatual foi apresentado.

enviarei um dos meus discípulos para curá-lo e lhe dar vida'?".

"Fui enviado por esse motivo", respondeu Tadeu. "Se você crer nele, as suas orações serão respondidas na proporção da sua fé".

"Creio nele com tanta firmeza que, se eu não tivesse sido impedido pelo poder romano, desejaria levar um exército para destruir os judeus que o crucificaram."

"Nosso Senhor cumpriu a vontade de Seu Pai", disse Tadeu. "Após cumpri-la, Ele foi elevado ao Pai".

"Eu tenho crido igualmente nele e em Seu Pai."

"Por essa razão, imponho minhas mãos sobre você, no nome dele."

Quando ele o fez, Abgar foi curado imediatamente — e sem remédios ou ervas, como nas curas realizadas por Jesus. Abdus, filho de Abdus, caiu aos pés de Tadeu e foi semelhantemente curado de sua gota, ao mesmo tempo que muitos de seus compatriotas foram curados. Abgar, então, pediu a Tadeu mais informações acerca de Jesus.

O cristianismo se difundiu pelo mundo mediterrânico oriental, área demonstrada neste mapa. Edessa, acima à direita, era uma cidade no noroeste da Mesopotâmia, próxima à curva superior do rio Eufrates. Eusébio relatou que esse governante, Abgar, correspondeu-se com Jesus durante Seu ministério público.

Tadeu replicou: "Por favor, reúna seus cidadãos amanhã, e eu lhes falarei sobre a vinda de Jesus e Sua missão, sobre o propósito do Pai ao enviá-lo, acerca de Suas obras, Seu poder e Sua pregação, a respeito de Sua humildade, que trouxe à luz a Sua divindade, de como Ele foi crucificado e ressuscitado dos mortos, descendo ao Hades sozinho, porém, ascendendo com a multidão de Seu Pai".

Assim sendo, Abgar reuniu todos os cidadãos ao raiar do dia para ouvir a pregação de Tadeu, após a qual foi ordenado que lhe dessem ouro e prata. Contudo, Tadeu recusou-os, perguntando: "Se nós abandonamos as nossas propriedades, como podemos aceitar aquilo que pertence a outros?".

Tudo isso ocorreu no ano de 340[26]. Que essa tradução útil e literal do siríaco seja suficiente para o momento.

EUSÉBIO FALA ACERCA DE JESUS

Na mais primitiva história do cristianismo, podia-se ter esperado por detalhes estratégicos adicionais quanto à vida de Jesus para complementar o registro bíblico. Não havia mais tradições acerca de Sua infância e ministério, por exemplo, que Eusébio poderia ter registrado?

Ou essas tradições haviam se perdido, ou, em vez disso, Eusébio concentrou-se no que ele considerava a porção mais fundamental de sua informação a respeito de Cristo: Sua preexistência e messianismo. Da mesma forma que George Frederick Handel concentrou muito mais de sua oratória *O Messias* sobre as profecias do Antigo Testamento do que no cumprimento neotestamentário, Eusébio se sentiu compelido a demonstrar que o Filho de Deus era eterno e preexistente, não limitado por restrições de tempo ou geográficas. Ele estava se dirigindo a uma objeção comum ao cristianismo como um novo sistema inventado no primeiro século. Por essa razão, muitos outros autores cristãos primitivos também devotaram muita atenção à preexistência de Cristo e às profecias do Antigo Testamento, as quais viram cumpridas nele.

No entanto, Eusébio, semelhantemente, preocupava-se em demonstrar a verdadeira historicidade do homem Jesus. Ele não apelou à fé cega, mas, em vez

---

[26] O ano está de acordo com o calendário de Edessa, que começou em 310 a.C. Assim, seria o ano 30 d.C., três ou quatro anos cedo demais para refletir a data mais precisa para a crucificação (33 d.C.).

disso, dispunha de quaisquer fontes não bíblicas que pudesse encontrar, para demonstrar o quanto elas corroboravam os evangelhos do Novo Testamento. Flávio Josefo foi especialmente precioso nesse propósito, como esse historiador judeu tem se provado ser desde então.

Ao citar Júlio Africano com relação às divergentes genealogias de Jesus, Eusébio desvela um padrão que ele usaria durante toda a sua história: incorporar, atribuindo o devido crédito, algumas das fontes históricas mais importantes, palavra por palavra, a seu próprio registro. Muitos documentos cruciais, consequentemente, sobreviveram apenas em Eusébio, muito depois de os documentos originais serem perdidos. O problema das genealogias também evidencia quão antigos são alguns dos problemas aparentemente recém-descobertos pelos críticos modernos.

A história da correspondência de Abgar com Jesus, embora sensacional, deve ser considerada como apócrifa. Não há dúvida de que esses documentos estavam nos arquivos de Edessa, uma cidade no extremo noroeste da Mesopotâmia, perto da curva superior do Eufrates, e que o próprio Eusébio os viu e traduziu. Bem à parte dos aspectos lendários dessa história, a natureza espúria desses documentos fica evidenciada pelo fato de Jesus se referir a coisas escritas a Seu respeito em um tempo quando elas não poderiam ainda estar registradas. Eusébio não era um historiador crítico no sentido moderno.

Entretanto, essa narrativa é uma romantização de um fato material: o cristianismo alcançou Edessa muito cedo, pelo menos no ano 150 a.C., e seu rei, provavelmente Abgar VIII, foi batizado. Uma igreja foi construída em Edessa; o Novo Testamento grego foi traduzido em siríaco, e essa também era a pátria dos eruditos cristãos Tatiano e Bardesanes, a quem Eusébio mencionará posteriormente.

Cada um dos comentários finais deste livro será concluído com um breve panorama da política imperial romana durante o período coberto por cada um deles, uma vez que Eusébio organizou sua história em segmentos correspondentes aos reinados dos imperadores que governavam naquela ocasião. Por exemplo, o Livro 2 cobre o período de Tibério até Nero.

Ao contrário dos próximos livros desta História Eclesiástica, o Livro 1 cobre uma grande expansão de tempo, desde os profetas do Antigo Testamento até o nascimento, ministério, morte e ressurreição de Jesus. No capítulo 5 do primeiro livro, todavia, Eusébio começa a sobrepor a linha do tempo em seu registro ao introduzir, como fez Lucas, o imperador que estava governando no tempo do nascimento de Jesus, a saber, César Augusto.

Paulo (à esquerda) e Tiago, o Justo, (à direita) seguram as Escrituras neste antigo mosaico (*Martorana, Palermo*).

Augusto (27 a.C.–14 d.C.)[27] foi o primeiro e, provavelmente, o maior imperador romano. Sua fascinante carreira começou em meio às sangrentas guerras civis do final da República romana, floresceu após sua vitória sobre seu arqui-inimigo Marco Antônio e culminou em uma longa era de paz e prosperidade, apropriadamente chamada de Pax Augusta. Durante os 44 anos em que Augusto foi o cabeça do Estado, ele remodelou o governo de Roma em um formato que perduraria pelos próximos três séculos. Ao já extenso império, ele acrescentou o Egito bem como todas as terras não conquistadas até a fronteira entre o Reno e o Danúbio, estabelecendo esses dois sistemas fluviais como os limites naturais do Império Romano. Em sua terra, ele trabalhava harmoniosamente com o senado, e seus vastos empreendimentos de edificações emprestaram propriedade à sua reivindicação: "Encontrei Roma como uma cidade de tijolos e deixei-a como uma cidade de mármore".

Menos conhecido do que esses sucessos e conquistas é seu interesse na política religiosa. Convencido de que a negligência do público dos deuses greco-romanos

---

[27] As datas a seguir dos nomes dos imperadores são de seu tempo de reinado. O sobrinho-neto de Júlio César, Otaviano, alcançou poder exclusivo depois de sua vitória sobre Antônio na batalha de Áccio, em 31 a.C., e foi nomeado de Augusto pelo senado romano em 27.

estava desmoralizando a sociedade, ele buscou estimular um avivamento religioso restaurando ou erigindo templos — 82 apenas em Roma — e inspirando uma renovação moral na sociedade. Ele jamais poderia imaginar que isso seria mais bem realizado por um bebê nascido durante a sua administração, na distante Belém, na Judeia. Quando Augusto morreu no mês que leva o seu nome (19 de agosto do ano 14 d.C.), Jesus era um adolescente em Nazaré. Seu ministério público ocorreria sob o imperador Tibério, que será relatado no próximo capítulo.

(Uma lista dos imperadores romanos correlacionada com as listas dos bispos de Roma, Jerusalém, Alexandria e Antioquia será fornecida no Apêndice 2.)

Monte Arbel com vista para Nazaré, a Baixa Galiléia, Israel.
© Shutterstock

LIVRO 2

OS APÓSTOLOS

DE TIBÉRIO A NERO

Como um prefácio à história da Igreja, forneci prova, no livro anterior, da divindade do Verbo salvador e da antiguidade de nosso ensinamento e modo de vida, bem como detalhes concernentes ao recente advento [de Jesus], os acontecimentos anteriores à Sua paixão e a escolha de Seus apóstolos. No presente livro, consideraremos o que sucedeu à Sua ascensão, extraindo das Sagradas Escrituras e de outras fontes que citarei vez ou outra.

OS APÓSTOLOS EM JERUSALÉM

1. Matias, que fora um dos discípulos do Senhor, foi escolhido ao apostolado em substituição a Judas, o traidor. Para administrar o fundo em comum, sete homens dignos, liderados por Estêvão, foram indicados ao diaconato pela oração e imposição de mãos. Estêvão foi o primeiro, depois do Senhor, não apenas em ordenação, mas também em ser levado à morte, por apedrejamento perpetrado pelos assassinos do Senhor, e, assim, foi o primeiro a receber a coroa, a qual seu nome[1] representava, obtida pelos mártires de Cristo considerados dignos da vitória.

Tiago foi chamado de irmão do Senhor, uma vez que ele também era denominado filho de José, e José o pai de Cristo — embora a Virgem fosse sua noiva, e, antes que eles se unissem, soube-se que ela concebeu pelo

---

[1] *Stephanos* em grego quer dizer "coroa".

Espírito Santo, como nos diz o inspirado evangelho (Mateus 1:18). Esse mesmo Tiago, a quem os primeiros cristãos denominaram de "o Justo" por sua destacada virtude, foi o primeiro a ser eleito ao trono de bispo da igreja em Jerusalém. Clemente [de Alexandria], em *Disposições*, Livro 6, assim o diz:

> Após a ascensão do Salvador, Pedro, Tiago e João não contenderam por honra porque anteriormente haviam sido favorecidos pelo Salvador, mas escolheram Tiago, o Justo, como bispo de Jerusalém.

No Livro 7 da mesma obra, o escritor também diz o seguinte a respeito dele:

> Depois da ressurreição, o Senhor concedeu maior conhecimento [*gnosis*] a Tiago, o Justo, a João e a Pedro. Eles o distribuíram aos outros apóstolos, e estes, aos Setenta, um dos quais era Barnabé. Ora havia dois Tiagos: um deles era Tiago, o Justo, que foi jogado de cima do parapeito [do Templo] e espancado até a morte com um bordão; e o outro, o Tiago que foi decapitado (Atos 12:2).

Paulo também menciona Tiago, o Justo, quando escreve: "E não vi outro dos apóstolos, a não ser Tiago, o irmão do Senhor" (Gl 1:19).

Neste tempo também se cumpria a promessa de nosso Salvador ao rei de Osroena. Tomé foi inspirado a enviar Tadeu a Edessa, como relatado previamente, e ele curou Abgar pela palavra de Cristo, surpreendendo os habitantes por seus maravilhosos milagres. Ele os levou a venerar o poder de Cristo e fez deles discípulos da doutrina salvífica. Desde aquele tempo até hoje, a totalidade da cidade-Estado de Edessa é devotada a Cristo, demonstrando, desse modo, a bondade de nosso Salvador a eles também.

Voltamos, uma vez mais, às Escrituras. O martírio de Estêvão foi seguido pela primeira grande perseguição da igreja em Jerusalém pelos judeus. Todos os discípulos, com exceção dos Doze, foram dispersos pela Judeia e Samaria. Alguns, conforme as Sagradas Escrituras, viajaram para lugares distantes como a Fenícia, Chipre e Antioquia, porém eles ainda não podiam tentar compartilhar a fé com os gentios, e a proclamaram somente aos judeus. Nesse tempo, Paulo, semelhantemente, ainda perseguia a Igreja, entrando nas casas dos fiéis, arrastando homens e mulheres e confinando-os no cárcere.

No entanto, Filipe, um daqueles que havia sido ordenado com Estêvão ao diaconato, estava entre os dispersos. Ele foi a Samaria e, cheio do poder divino, foi o primeiro a pregar a Palavra lá. A graça divina agia por meio dele de forma tão grandiosa que até Simão, o Mago, e muitos outros foram cativados por suas palavras. Simão ganhara tal fama pela feitiçaria com a qual controlava suas vítimas, de forma que se acreditava que ele era o Grande Poder de Deus. Contudo, até mesmo ele ficou tão extasiado pelas maravilhas realizadas por Filipe, por meio do poder divino, que se introduziu [à fé], dissimulando hipocritamente crer em Cristo, chegando até mesmo a ser batizado. (Isso ainda é feito por aqueles que continuam essa tola heresia até os dias atuais. Seguindo a prática de seu progenitor, apegam-se à Igreja como uma enfermidade nociva e escabiosa, destruindo todos a quem sucederam ao manchá-la com o terrível veneno mortal que escondem. Entretanto, a maioria deles já foi expulsa até o momento, assim como o próprio Simão recebeu a adequada punição logo que sua verdadeira natureza foi exposta por Pedro.)

Enquanto a mensagem salvífica se disseminava dia após dia, a providência trouxe da Etiópia um oficial da rainha, pois aquela nação ainda é tradicionalmente governada por mulheres. Ele foi o primeiro gentio a receber a divina Palavra, por intermédio de Filipe, pela revelação, e a retornar a seu país nativo a fim de pregar o evangelho. Por meio dele, foi cumprida a profecia que afirma: "…a Etiópia corre a estender mãos cheias para Deus" (Sl 68:31).

Paulo foi designado apóstolo em acréscimo a estes, um vaso escolhido, não pelos homens ou por meio dos homens, mas pela revelação do próprio Jesus Cristo e do Deus Pai, que o ressuscitou dos mortos. Ele recebeu seu chamado por uma visão e pela voz celestial que a acompanhou.

TIBÉRIO OUVE ACERCA DE CRISTO

2. A extraordinária ressurreição de nosso Salvador e Sua ascensão ao Céu eram, por essa ocasião, conhecidas em toda parte. Era costume dos governadores das províncias reportar ao imperador [romano] qualquer novo movimento local para que ele se mantivesse informado. Assim sendo, Pilatos comunicou ao imperador Tibério a história da ressurreição de Jesus dentre os mortos como algo bem conhecido em toda a Palestina, bem como informações que ele recebera de Suas obras maravilhosas e como muitos criam nele como um deus por ressuscitar dos mortos. Diz-se que Tibério submeteu o relatório ao senado, que o rejeitou supostamente visto que não se havia tratado do assunto antes. De acordo com uma antiga lei, ainda em vigor, ninguém poderia ser considerado deus pelos romanos a menos que fosse por voto e decreto do senado. Contudo, o motivo verdadeiro era que a mensagem divina não necessita de ratificação humana. Desse modo, o concílio romano rejeitou o relatório que lhe fora submetido acerca de nosso Salvador, mas Tibério manteve sua opinião e não traçou planos perversos contra os ensinamentos de Cristo.

Imperador Tibério, 14 a 37 d.C. (*Museu Arqueológico, Istambul*) © Shutterstock.

Tertuliano, um eminente e distinto especialista em Lei Romana, observou em sua obra *Apologético*, escrita em latim e traduzida para o grego:

> …havia um velho decreto, a fim de que algum deus não fosse consagrado pelo imperador, que não fosse aprovado pelo senado. Sabe-se que M. Emílio observou esse procedimento no caso de um certo ídolo, Alburno. Faz também isto para a nossa causa, que, em vosso meio, é o bel-prazer do homem que, frequentemente, decide a sorte da divindade. Se um deus não tiver agradado ao homem, não será deus; assim o homem deverá ser misericordioso a um deus.
>
> Portanto, Tibério, em cujo tempo o nome *cristão* foi introduzido no mundo, quando lhe comunicaram desde a Síria Palestina os feitos que, ali, a verdade da divindade de Cristo havia revelado, levou-a como assunto ao senado, anunciando, de antemão, seu voto favorável. O Senado, porque o mesmo não havia examinado, recusou-se a pronunciar-se; o imperador permaneceu com este parecer, tendo ameaçado sobremaneira com a pena capital os acusadores dos cristãos.[2]

A providência celestial havia colocado isso em mente intencionalmente para que a palavra do evangelho pudesse se disseminar com um bom começo e cruzasse a Terra em todas as direções.

3. Desta maneira, a palavra salvífica começou a iluminar todo o mundo como os raios do sol. Em cada cidade e vilarejo, as igrejas se multiplicavam, repletas com miríades de membros. Aqueles aprisionados pela superstição e idolatria encontravam libertação por

---

[2] Tertuliano, *Apologético* 5. Não há registro em fontes seculares do apoio de Tibério ao cristianismo. Não é improvável que Pôncio Pilatos tivesse submetido *acta* anual ou relatórios ao seu imperador, que podem, muito bem, ter incluído a menção a Jesus. O remanescente de Atos de Pilatos, no entanto, é apócrifo, e as cópias que circulavam no tempo de Eusébio (veja 9.5) também eram espúrias.
N.T.: Embora nesta citação tenha sido usada a tradução oficial em português de Apologético, pela editora Paulus, 2021 (p.47), fez-se um pequeno ajuste ao final do primeiro parágrafo para evitar ambiguidade na interpretação.

meio do poder de Cristo assim como pelos ensinamentos e poderosos feitos de Seus seguidores. Rejeitando o demoníaco politeísmo, eles confessavam o Deus único e Criador do Universo a quem honravam com adoração racional implantada por nosso Salvador.

Ora, a graça divina estava sendo derramada também em outras nações. Primeiramente Cornélio e toda a sua família, na Cesareia Palestina, abraçaram o cristianismo por meio da revelação do ministério de Pedro. Assim também o fizeram muitos outros gregos [gentios] em Antioquia, que ouviram a pregação dos dispersos pela perseguição do tempo de Estêvão. A igreja em Antioquia agora florescia e se multiplicava. Foi exatamente nesse tempo e local (quando muitos dos profetas de Jerusalém, bem como Barnabé, Paulo e outros irmãos estavam presentes) que o nome *cristão* apareceu pela primeira vez. Um dos profetas, Ágabo, previu que haveria fome, e Paulo e Barnabé foram enviados para ajudar os irmãos [na Judeia].

CALÍGULA, FÍLON E PILATOS

4. Depois de ter reinado por 20 anos, Tibério morreu, e a soberania passou a Caio [Calígula], que logo conferiu a coroa a [Herodes] Agripa. Ele o tornou rei dos tetrarcas de Filipos e Lisânias e logo acrescentou a eles a tetrarquia de Herodes [Antipas] (o Herodes da paixão de nosso Salvador) sentenciando tanto ele quanto sua esposa, Herodias, ao exílio permanente por muitas ofensas. Disso também Josefo é testemunha.

Em seu reinado [de Caio], Fílon tornou-se célebre como um dos maiores eruditos, um hebreu que estava em igualdade a qualquer das autoridades magnatas de Alexandria. A quantidade e qualidade de seus estudos em teologia, filosofia e artes liberais são evidentes para a observação de qualquer um, e ele sobrepujou seus contemporâneos como uma autoridade em Platão e Pitágoras.

Imperador Calígula, 37 a 41 d.C. (*Museu Arqueológico, Istambul*) © Shutterstock.

5. Fílon reportou em cinco livros o que aconteceu aos judeus no reino de Caio: a insanidade do imperador, como ele se autoproclamou um deus e cometeu inumeráveis atos insolentes, o mistério dos judeus em seu tempo, a missão de Fílon em Roma representando seus compatriotas de Alexandria, como ele não recebeu senão risos e ridicularização de Caio

enquanto defendia suas leis ancestrais e como ele escapou vivo por um triz.

Josefo também relata esses detalhes em *Antiguidades*, Livro 18, conforme a seguir:

> Tendo surgido em Alexandria uma grande divergência entre os judeus e os gregos, eles mandaram, de cada lado, três embaixadores a Caio, dos quais Apio e Fílon foram os chefes. Apio acusou os judeus de várias coisas e principalmente de que não havia então um só lugar em todo o território do Império Romano onde não se houvesse construído um templo e altar em honra ao imperador e onde ele não fosse reverenciado como um deus; apenas os judeus recusavam-se a prestar-lhe aquela honra e a jurar em seu nome; a isso ele acrescentou tudo o que julgou poder irritar ainda mais a Caio. Quando Fílon, irmão de Alexandre, alabarque, que era um homem de grande mérito e assaz estimado, grande filósofo, preparava-se para responder pelos judeus, Caio mandou que ele se retirasse e ficou de tal modo irado contra ele que, se ele não tivesse obedecido prontamente, tê-lo-ia sem dúvida ofendido. Fílon, então, voltando-se para os judeus que o acompanhavam, disse-lhes: "É agora que devemos esperar, mais do que nunca, que Deus não deixe de nos ser favorável, pois o imperador está muito irritado contra nós".[3]

Até aqui citamos Josefo. O próprio Fílon, em sua obra *Embaixada a Caio*, fornece um relato detalhado do que ele fez naquele tempo. Omitirei a maior parte dele, citando apenas aqueles detalhes que demonstrarão as calamidades que logo recaíram sobre os judeus, como consequência de seus crimes contra Cristo. Fílon relata que em Roma, no tempo de Tibério, o membro mais influente da corte imperial, Sejano[4], tomou medidas para erradicar toda a raça. Enquanto isso, na Judeia, Pilatos, sob cujo governo o crime contra o Salvador foi cometido, tentou cometer atos no Templo em Jerusalém que eram contrários aos privilégios firmados com os judeus e os assediou severamente…

6. …ao passo que, após a morte de Tibério, o imperador Caio infligiu ultrajes sobre muitos, mas a maioria deles era da raça judaica. Isso pode ser visto nas palavras dele próprio [de Fílon]:

> Ora, Caio era extremamente inconstante com todos, mas, em

---

[3] *Antiguidades*, Livro 18:10, p.429.

[4] Lúcio Élio Sejano era um prefeito da Guarda Pretoriana sob Tibério e quase o derrubou em uma tentativa de golpe, que foi descoberto em 31 d.C.

especial, com a raça judaica. Ele os odiava tão ferozmente que, começando em Alexandria, tomou posse de sinagogas em cidade após cidade e as encheu com imagens e estátuas de si próprio — ao permitir que as erigissem, foi ele mesmo quem o fez — e, na Cidade Santa, tentou transformar o Templo, que ainda permanecia intocado e considerado inviolável, em um santuário a si próprio, chamando-o de "O Templo de Júpiter Manifesto, Caio, o Jovem"[5].

Em uma segunda obra, *Sobre as virtudes*, o mesmo autor fala de incontáveis atrocidades que foram impostas sobre os judeus em Alexandria durante o mesmo reinado. Josefo o confirma e também demonstra que os infortúnios que sobrevieram sobre toda a nação começaram no tempo de Pilatos e dos crimes contra o Salvador. No Livro 2 de *Guerras dos judeus*, ele assevera:

> Pilatos foi mandado por Tibério, como governador da Judeia; dias depois, à noite, fez entrar em Jerusalém umas bandeiras onde estava o retrato do imperador. Os judeus ficaram tão atônitos e irritados com isso que surgiu, três dias depois, uma grande agitação, porque eles consideravam aquele ato uma violação de suas leis, as quais proíbem expressamente em suas cidades figuras de homens e de animais.[6]

Agora, se este relato for comparado com os evangelhos, observar-se-á que não demorou muito para que o clamor deles, quando, gritando perante Pilatos, afirmaram não possuir rei, senão César (João 19:15), voltasse para os atormentar. Josefo, então, prossegue reportando outro desastre que os acometeu:

> A essa perturbação seguiu-se outra. Nós temos um tesouro sagrado a que chamamos de Corbã, e Pilatos, que então estava em Jerusalém, quis apoderar-se do dinheiro para construir aquedutos para a cidade, pois as fontes estavam muito longe, mais ou menos uns 300 estádios[7]. O povo revoltou-se de tal modo que se reuniu, de todas as partes, para protestar. Não teve

---

[5] Fílon, Embaixada a Caio 43. Ele era designado "Caio, o jovem" a fim de o diferenciar de Caio Júlio César, que também foi divinizado.

[6] *Guerras dos judeus*, Livro 2:14, p.556.

[7] Aparentemente Eusébio fez a média entre duas medições divergentes a que Josefo se refere para a distância deste aqueduto: 200 estádios em *Antiguidades*, Livro 18:9, e 400 estádios em *Guerras dos judeus*, Livro 2:14. O menor valor, 200 estádios, é mais provável e é igual a 36,8 quilômetros. O grego *stadion* media cerca de 185 metros.

ele dificuldade em compreender que assim facilmente se provocaria uma revolução; deu ordem aos soldados que tirassem as vestes militares, se disfarçassem em homens do povo e, misturando-se à multidão, os atacassem não com armas, mas a pauladas, quando eles começassem a gritar. Tudo estava assim preparado: ele deu o sinal convencionado e os soldados executaram a ordem. Muitos jovens morreram, outros foram pisoteados pela multidão, quando procuravam fugir. Tão severo castigo assustou aquela gente e a sedição terminou.[8]

O mesmo escritor mostra que inúmeras outras revoltas irromperam em Jerusalém além dessa, confirmando que, a partir de então, o facciosismo, a guerra e as conspirações mútuas nunca cessaram na cidade e em toda a Judeia até a última das cenas: o cerco de Vespasiano. Essa foi a retribuição da justiça divina sobre os judeus por seus crimes contra Cristo.

7. Também vale notar que, durante o reinado de Caio, cujos tempos estou descrevendo, diz-se que o próprio Pilatos — este da era do Salvador — caiu em tamanha desgraça que foi forçado a ser seu próprio executor e punir a si mesmo com suas próprias mãos. Aparentemente a justiça divina não retardou seu castigo por muito tempo. Aqueles que registraram acerca das Olimpíadas dos gregos e os eventos que aconteciam durante cada uma delas o relatam[9].

8. Caio ainda não havia completado quatro anos de governo quando Cláudio o sucedeu como imperador. Em seu tempo, a fome afligiu todo o mundo (conforme escritores com propósitos bastante diversos dos nossos descreveram em suas histórias)[10], assim, a profecia de Ágabo em Atos dos Apóstolos de que a fome ocorreria no mundo foi cumprida. Lucas descreve essa escassez durante o tempo de Cláudio e descreve como os cristãos de Antioquia, cada um de acordo com sua possibilidade, enviaram ajuda àqueles que estavam na Judeia

---

[8] *Guerras dos judeus*, Livro 2:14, p.556.

[9] Nenhuma fonte remanescente confirma a afirmação de Eusébio acerca do suicídio de Pilatos. Na realidade, um testemunho anterior, de Orígenes, sugere que nada de negativo aconteceu a Pilatos (*Contra Celso*, Paulus Editora, 2004). O próprio Eusébio o atribui à tradição e, em sua *Chronicon* (Crônica, em grego), cita os "historiadores romanos" em vez dos gregos como sua fonte para a mesma declaração (J. P.Migne, *Patrologia Graeca* [Paris: 1857], 19:538), demonstrando que ele teve dificuldade em documentar tal alegação.

[10] Tácito relata uma fome durante o reinado de Cláudio entre os eventos ocorridos em 51 d.C. (*Anais*, 12:43), da mesma forma que Dion Cássio (60.11). Eusébio, seguindo Atos 11:28, exagera a severidade da mesma.

por intermédio de Paulo e Barnabé (At 11:28-30). Ele prossegue dizendo:

9. "Por aquele tempo" — claramente o tempo de Cláudio —, "o rei Herodes mandou prender alguns da Igreja para os maltratar. Mandou matar à espada Tiago, irmão de João" (At 12:1-2). No Livro 7 de *Disposições*, Clemente acrescentou uma tradição interessante com relação a Tiago, afirmando que o homem que o levou à corte ficou tão tocado por seu testemunho que ele também confessou ser cristão:

> Assim, ambos foram levados juntos, e, durante o caminho, ele pediu que Tiago o perdoasse. Tiago olhou-o por um momento e disse: "Paz seja com você" e o beijou. Desse modo, ambos foram decapitados ao mesmo tempo.

Depois as Escrituras dizem que Herodes [Agripa], vendo que a execução de Tiago agradara os judeus, também prendeu Pedro colocando-o no cárcere e também o teria matado. Contudo, por intervenção divina, um anjo foi até ele naquela noite, e Pedro foi miraculosamente liberto da prisão e liberado para o ministério da pregação.

10. A justiça divina trouxe rápida retribuição ao rei por suas conspirações contra os apóstolos, conforme registrado em Atos. Herodes foi a Cesareia e lá, durante um dia de festa, adornado por magníficas vestimentas reais, ele fez um discurso enquanto parado em um estrado diante de seu trono. Todos os presentes aplaudiram sua fala como se tivesse sido pronunciada por um deus, não por um homem. Mas a Palavra inspirada reporta que um anjo do Senhor o feriu instantaneamente, e ele foi comido por vermes e morreu (Atos 12:19-23). É surpreendente como esse milagre, registrado nas divinas Escrituras, é também sustentado por Josefo em Antiguidades, Livro 19, onde ele registra essa surpreendente história nas seguintes palavras:

Estátua do Imperador Cláudio, 41 a 54 d.C. (*Museu do Vaticano*) © Shutterstock.

E, no terceiro ano de seu reinado, celebrou na cidade de Cesareia, antigamente conhecida como a torre de Estratão, jogos solenes em honra ao imperador. Todos os grandes do reino e toda a nobreza da província reuniram-se nessa festa; no segundo dia dos espetáculos, Agripa veio bem cedo, pela manhã, ao teatro, com uma veste cujo forro era de prata trabalhada com tanta arte, que, quando o sol o iluminava com os seus raios, desprendiam-se reflexos tão vivos de luz, que não se podia olhar para ele sem se sentir tomado por um respeito, misto de temor. Mesquinhos bajuladores, então, com palavras melífluas que destilam veneno mortal sobre o coração dos príncipes, começaram a dizer que até então haviam considerado o seu rei um simples homem, mas que agora viam que deviam reverenciá-lo como a um deus, rogando-lhe que se lhes mostrasse favorável, pois parecia que ele não era como os demais, de condição mortal. Agripa tolerou essa impiedade, que deveria ter castigado rigorosamente. Mas logo ele levantou os olhos e viu um anjo pairando sobre a sua cabeça[11]. Ele percebeu, imediatamente, que ele era um mensageiro de sua desgraça, tal como outrora havia sido o prenúncio de sua prosperidade. Soltou então um profundo suspiro e sentiu, ao mesmo tempo, as entranhas roídas por uma dor horrível. Voltou-se para os seus amigos e disse-lhes: "Aquele que quereis fazer acreditar que é imortal está prestes a morrer e essa necessidade inevitável não podia ser uma mais pronta convicção de vossa mentira. Mas é preciso querer tudo o que Deus quer. Eu era muito feliz, e não havia príncipe de quem eu devesse invejar a felicidade". Dizendo essas palavras, ele sentiu que as dores cresciam cada vez mais; levaram-no ao palácio, e a notícia espalhou-se imediatamente de que ele estava prestes a exalar o último suspiro. Logo todo o povo, com a cabeça coberta por um saco, segundo o costume de nossos pais, fez orações a Deus pela sua saúde, e todo o ar

---

[11] Em *Antiguidades*, Livro 19, p.453, Josefo afirma que Agripa viu, não um anjo, mas uma "coruja, por sobre sua cabeça, pousada sobre uma corda estendida no ar e lembrou-se de que aquela ave era um presságio de sua infelicidade como outrora tinha sido de sua prosperidade". Um colega de prisão de Agripa lhe disse em Capri que, quando ele visse uma coruja, ele seria libertado da prisão (o que presumidamente ocorreu), porém, uma segunda coruja seria um prenúncio de sua morte iminente. Uma vez que Josefo chama a coruja de "presságio" (*angelos* em grego, o mesmo termo usado para anjo), a falha de Eusébio em citar corretamente Josefo é menos egrégia do que parece. Esse raríssimo deslize por parte de Eusébio tem sido objeto de muitos comentários entre os eruditos.

O teatro de Cesareia reconstruído, olhando do Noroeste para o Mediterrâneo. Herodes Agripa I sofreu de convulsões repentinas antes de sua morte. © Shutterstock

ressoou com gritos e lamentações. O príncipe, que estava no quarto mais alto do palácio, vendo-os de lá prostrados em terra, não pôde reter as lágrimas; as dores, porém, continuaram por cinco dias a fio e o levaram desta vida, aos cinquenta e quatro anos e ao sétimo do seu reinado, pois reinara quatro sob o imperador Caio, nos três primeiros dos quais ele só tinha a tetrarquia que fora de Filipe, e no quarto acrescentaram-lhe a de Herodes [Antipas]; nos três anos em que reinou sob Cláudio, esse imperador deu-lhe também a Judeia, Samaria e Cesareia.[12]

Nessa e em outras questões, Josefo confirma a veracidade das divinas Escrituras de forma surpreendente. Se alguém considera que há qualquer discrepância com relação ao nome do rei, a data e os eventos demonstram que é ele mesmo. Ou o nome tenha sido trocado por erro do copista, ou o mesmo homem possuía dois nomes, como ocorre com frequência[13].

---

[12] *Antiguidades*, Livro 19:7, p.453.
[13] "Herodes" e "Agripa" seria um desses casos.

JOSEFO ACERCA DE TEUDAS

11. Novamente em Atos, durante o interrogatório dos apóstolos, Lucas apresenta Gamaliel como dizendo que Teudas havia levantado uma rebelião, declarando ser alguém importante, e que, depois que ele fora morto, todos os seus seguidores se dispersaram (5:34-36). Comparemos isso com o que Josefo diz a respeito dele:

> Quando Fado era governador da Judeia, um mago de nome Teudas persuadiu uma grande multidão de povo a tomar os próprios bens e a segui-lo até o Jordão, dizendo que era profeta e que deteria, com uma única palavra, o curso do rio e os faria passar a pé enxuto. Assim enganou a muitos. Mas Fado castigou esse impostor e, por sua loucura, a todos os que se haviam deixado enganar; mandou contra eles alguns soldados de cavalaria, que os surpreenderam, mataram uma parte deles, fizeram vários prisioneiros, Teudas inclusive, de quem cortaram a cabeça, que foi levada a Jerusalém.[14]

Logo após isso, ele também se refere à fome que ocorreu no tempo de Cláudio:

> 12. ...naquela época a carestia era tão grande, que muitos morreram de fome. A rainha [Helena], para remediar esses males, mandou comprar grande quantidade de trigo em Alexandria e figos secos na ilha de Chipre; fê-los distribuir aos pobres...[15]

Isso também corrobora o registro de Atos, que conta como os discípulos em Antioquia, cada um de acordo com suas posses, enviaram socorro aos anciãos na Judeia, por intermédio de Barnabé e Paulo (11:29-30). Esplêndidos monumentos a essa Helena são encontrados no subúrbio do que agora se chama Aelia[16]. Ela foi descrita como rainha dos adiabenianos.

SIMÃO, O MÁGICO, E PEDRO

13. Com a fé em nosso Senhor Jesus Cristo alcançando todos os povos, o inimigo da salvação planejou capturar a cidade imperial de antemão enviando Simão para lá, o qual já mencionamos

---

[14] *Antiguidades*, Livro 20:2, p.459. [N.T.: Com pequenos ajustes, conforme o original em inglês.]. Uma vez que Fado foi procurador durante os anos de 44–46 d.C., Gamaliel, falando uma década antes, não poderia ter se referido a esse Teudas, um fato que, surpreendentemente, escapou a Eusébio. Alguns críticos culpam Atos de imprecisão aqui, ao passo que eruditos conservadores assumem que Lucas estava se referindo a um Teudas anterior.

[15] *Antiguidades*, Livro 20:2, p.457.

[16] Adriano renomeou Jerusalém com Aelia Capitolina, o que provocou a rebelião judaica de Bar-Kochba em 132 d.C. O túmulo da rainha Helena dos adiabenianos, uma propriedade no alto braço do rio Tigre, ainda existe em Jerusalém.

anteriormente, e, ao auxiliá-lo em sua feitiçaria, apossou-se de muitos em Roma, desviando-os. Isso é relatado por Justino [o Mártir], um adorno à nossa fé que viveu logo em seguida aos apóstolos (a respeito de quem falarei mais adiante), que escreve o seguinte em sua *I Apologia* [Ed. Paulus, p. 42] de nossas doutrinas a Antonino [Pio]:

> ...mesmo depois da ascensão de Cristo ao Céu, os demônios levaram certos homens a dizer que eles eram deuses e estes não só não foram perseguidos por vós, mas chegastes até a decretar-lhes honras. Dessa forma, certo Simão, samaritano originário de uma aldeia chamada Giton, tendo feito, no tempo de Cláudio César, prodígios mágicos, por obra dos demônios que nele agiam em vossa cidade imperial de Roma, foi considerado deus e como deus foi por vós honrado com uma estátua, levantada junto ao rio Tibre, entre as duas pontes, com esta inscrição latina: A SIMÃO, DEUS SANTO. E quase todos os samaritanos, embora pouco numerosos nas outras nações, o adoram, considerando-o como Deus primordial. Também uma certa Helena, que naquele tempo o acompanhou em suas peregrinações e que antes estivera no prostíbulo, é chamada de primeiro pensamento nascido dele.[17]

Essa é a versão de Justino, e Irineu concorda com ele no Livro 1 de seu *Contra as Heresias* [Ed. Paulus, 2014], onde ele reúne histórias sobre Simão e seus ensinamentos desleais e sórdidos, disponíveis a qualquer interessado. De acordo com a tradição, Simão foi o autor original de todas as heresias. Desde o tempo dele até o nosso, seus seguidores, passando-se por cristãos, prostram-se diante de quadros e esculturas de Simão e Helena, adorando-os com incenso, sacrifícios e libações. Seus rituais mais secretos são tão repletos de frenesi, loucura e degradação que não podiam ser relatados em palavras escritas. Qualquer coisa que seja mais repugnante do que o crime mais vil que se possa imaginar é sobrepujado pela heresia mais repulsiva desses homens, que, banhados em imoralidades, divertem-se com mulheres degeneradas.

14. Simão é o pai de tal perversidade. No entanto, nosso Salvador inspirou os apóstolos a extinguir imediatamente as chamas do Maligno antes que elas se espalhassem, e nenhuma conspiração de Simão ou de qualquer de seus contemporâneos foi bem-sucedida naqueles dias apostólicos. Depois que

---

[17] Em latim, "Simoni deo Sancto". Uma estátua à qual Justino provavelmente se referia foi encontrada em uma ilha de Tibre em 1574, mas ela tem a inscrição SEMONI SANCO DEO, isto é, "Ao deus Semo Sancus" (uma antiga divindade sabina).

os crimes do impostor foram expostos na Judeia pelo apóstolo Pedro, Simão rapidamente fugiu do Oriente ao Ocidente, a fim de viver como desejava. Chegando em Roma, ele obteve sucesso de modo que os cidadãos erigiram sua estátua e o honraram como um deus. Entretanto, esse sucesso foi breve. Durante o reinado de Cláudio, a graciosa Providência trouxe a Roma, em seu encalço, o grande e poderoso Pedro, escolhido por seus méritos como líder dos demais apóstolos. Como um nobre capitão de Deus, ele...

15. ...proclamou o evangelho da luz e a Palavra que salva a alma. Sob essa Palavra divina, o poder de Simão foi extinto e destruído imediatamente, juntamente com ele próprio.

Os ouvintes de Pedro, não satisfeitos em apenas ouvi-lo ou com o ensinamento não escrito da mensagem divina, rogaram a Marcos, de quem temos o evangelho, que lhes deixasse um resumo escrito do ensino que lhes fora exposto verbalmente, uma vez que ele era seguidor de Pedro. Eles não pararam até que o tivessem persuadido e assim motivado o registro do que é chamado de evangelho segundo Marcos. Diz-se que o apóstolo se alegrou com o entusiasmo deles e aprovou a leitura do livro nas igrejas. Clemente cita essa história em *Disposições*, Livro 6, e o bispo Papias de Hierápolis a confirma. Ele também assevera que Pedro menciona Marcos em sua primeira epístola e que esta foi redigida em Roma, o que ambos dizem que o próprio Pedro indica quando se refere à cidade figuradamente como Babilônia nas palavras: "Aquela que se encontra na Babilônia, também eleita, manda saudações, e o mesmo faz o meu filho Marcos" (1Pe 5:13).

16. Afirma-se que Marcos foi o primeiro a ser enviado para o Egito para pregar o evangelho, escrito por ele mesmo, e que foi o primeiro a fundar igrejas em Alexandria. A quantidade de convertidos era tão grande, tanto de homens como de mulheres, e o asceticismo deles era tão extraordinário que Fílon achou apropriado descrever a sua conduta, reuniões, refeições e modo de vida.

FÍLON A RESPEITO DOS ASCETAS EGÍPCIOS

17. A tradição afirma que Fílon foi a Roma no tempo de Cláudio para conversar com Pedro, que então pregava ao povo que lá estava[18]. Isso não é improvável, visto que o escrito a que me referi claramente contém as regras da Igreja, ainda observadas em nosso tempo. Além disso, a própria descrição acurada que ele deu de nossos ascetas demonstra

---

[18] Isso é altamente duvidoso. Jerônimo vai além e afirma que Fílon se tornou cristão (*Dos homens ilustres* 11), uma reivindicação que não é apoiada pelas próprias obras de Fílon.

Vista do canto sudoeste do Fórum Romano. O Arco de Septimius Severus e a casa do Senado reconstruída são apenas visíveis através das grandes colunas do templo de Saturno em primeiro plano. Pairando sobre a Via Sacra na distância central estão as Colunas brancas do templo de Antonino e Faustina, enquanto à direita, três colunas do Templo de Castor e Pólux assentadas abaixo do Preenchimento Palatino. © Shutterstock

que ele não apenas conhecia como também acolhia e aprovava os homens apostólicos de seus dias, que eram, aparentemente, de origem hebreia. Em seu livro *Sobre a vida contemplativa dos suplicantes*, Fílon afirma que eles eram chamados de *Therapeutae* e suas mulheres de *Therapeutrides*[19]. Esse título era-lhes atribuído ou porque, como médicos, curavam e saravam a alma daqueles que vinham a eles, ou por causa de seu culto e adoração puros e sinceros ao Divino. Quer Fílon tenha inventado esse termo, quer eles realmente fossem assim chamados em função de seu título de cristãos, ainda não é consenso e não precisamos nos deter aqui.

De qualquer forma, ele enfatiza a renúncia deles por propriedades, afirmando que, quando seguiam [essa]

---

[19] "Curadores." A sugestão de Eusébio de que esses foram os primeiros cristãos monásticos não pode ser aceita, uma vez que o monasticismo ainda não havia se desenvolvido no tempo de Fílon. Esses "curadores" ou eram um exemplo do ascetismo judaico (aparentado com os essênios), ou *A vida contemplativa* não é da autoria de Fílon, mas provavelmente uma composição por um cristão apologista do fim do século terceiro em favor do monasticismo. A última sugestão justificaria a impressão de Eusébio de que eles eram cristãos, mas expõe um lapso em sua habilidade crítica. Eusébio é o primeiro escritor a mencionar essa obra.

Os apóstolos

filosofia, eles entregavam suas posses a parentes, mudavam-se para fora das muralhas e faziam sua casa em desertos e oásis reclusos, bem cientes de que a associação com aqueles com ideias diferentes seria desvantajosa e perigosa visto que eles emulavam a fé ardente dos profetas. Semelhantemente em Atos, os discípulos vendiam seus bens e colocavam os valores correspondentes aos pés dos apóstolos, para que pudessem ser distribuídos a cada um de acordo com a sua necessidade (4:34-35). Fílon continua:

> Essa raça é encontrada em muitas partes do mundo, pois aquilo que é bom deveria ser compartilhado tanto pelos gregos como pelos estrangeiros. É muito comum em cada um dos nomos egípcios e especialmente em redor de Alexandria. Os melhores homens em cada região vão como colonos ao local mais conveniente, como se fosse a terra natal para os *Therapeutae*. Esse distrito situa-se em uma colina baixa sobre o lago Mareótis, bem adequado por sua segurança e clima ameno.

Ele, então, descreve a natureza das habitações deles e fala o seguinte acerca das igrejas na região:

> Em cada casa há uma câmara sagrada chamada de "santuário ou monastério", onde celebram em particular os mistérios da vida sagrada, não levando nada para dentro exceto a Lei e os oráculos inspirados dos profetas, os hinos e qualquer coisa que amplie o conhecimento e a verdadeira religião... Todo o período desde o nascer do sol até o anoitecer é dedicado à disciplina espiritual. Eles leem as Sagradas Escrituras e interpretam alegoricamente sua filosofia ancestral, pois consideram o sentido literal como simbólico da realidade oculta sob a superfície. Também possuem escritos de autoria dos fundadores de sua seita, que usam como modelos para o método alegórico.

Isso parece ter sido dito por alguém que havia ouvido a exposição que eles faziam das Sagradas Escrituras. É provável que esses escritos fossem os evangelhos, as obras dos apóstolos e a exposição dos profetas, como na carta aos Hebreus e em várias outras epístolas de Paulo. Fílon então escreve: "Eles não apenas meditavam, mas também compunham canções e hinos a Deus em várias métricas e melodias, o que os colocava em comportamento mais solene".

O mesmo livro abrange muitos outros pontos, mas parece-me necessário selecionar aqueles que refletem as características da vida da igreja. Se alguém duvida de que isso é particular à vida evangélica e pensa que se aplica a outros igualmente, Fílon acrescenta evidência indiscutível aos justos:

> Tendo, desse modo, estabelecido o domínio próprio como um fundamento da alma, eles constroem outras virtudes sobre ele. Ninguém consome comida ou bebida antes do pôr do sol, presumindo que a filosofia merece a luz do dia, mas o corpo precisa da escuridão. Alguns negligenciam a comida por três dias em seu grande amor pelo conhecimento, ao passo que outros banqueteiam-se tão ricamente da sabedoria que se abstêm pelo dobro desse tempo e dificilmente provam comida mais de uma vez a cada seis dias.

Isso parece refletir inquestionavelmente a nossa comunhão. Se alguém ainda duvida disso, que seja convencido por exemplos ainda mais claros não encontrados em qualquer lugar senão entre os cristãos. Fílon afirma que as mulheres também eram membros desse grupo, a maioria delas virgens idosas que assim haviam permanecido, não por necessidade, como algumas sacerdotisas gregas, mas por sua própria vontade e anseio por viver com sabedoria. Ignorando os prazeres físicos, elas almejavam, não filhos mortais, mas os imortais, que somente a alma que ama a Deus pode gerar de si[20]. Ele continua explicando isso mais claramente:

> Interpretam as Sagradas Escrituras figuradamente em alegorias. Pois a Lei se assemelha a um ser vivo para eles, com preceitos literais para o corpo e significados ocultos para a alma. Essa seita foi a primeira a se concentrar neste último, encontrando nas palavras um espelho que reflete a beleza extraordinária do pensamento.

Não preciso incluir a descrição de suas reuniões, de como os homens e mulheres viviam separadamente no mesmo lugar, ou as disciplinas ainda praticadas entre nós, especialmente quando comemoramos a paixão de nosso Salvador ao nos abster de comida e passar noites inteiras em oração e estudo da Palavra de Deus. Os próprios escritos de Fílon retratam os paralelos nas noites inteiras de vigílias, disciplinas e hinos, nos quais um homem canta e os outros se unem a ele no refrão, como, em dias específicos, eles dormiam no chão sobre palha e se privavam do vinho e de carne, bebendo apenas água e temperando seu pão com sal e

---

[20] Eusébio infere que essas quase freiras haviam envelhecido dentro da igreja — uma impossibilidade, visto que, se Fílon escreveu durante o reinado de Cláudio (41–54 d.C.), o cristianismo tinha apenas entre 8 e 21 anos naquele tempo.

hortelã. Ademais, ele descreve a ordem de precedências daqueles nos ministérios da Igreja, desde o diaconato até ao supremo episcopado. Evidentemente, Fílon tinha em mente os primeiros arautos dos ensinamentos do evangelho e os costumes apostólicos passados adiante desde o princípio.

AS OBRAS DE FÍLON

18. Fílon, um profícuo escritor e um pensador abrangente, expôs os eventos em Gênesis em livros intitulados *Alegoria das Leis Sagradas*. Em seguida, ele trata das dificuldades nas Escrituras, citando-as e oferecendo soluções em livros intitulados *Problemas e Soluções em Gênesis e Êxodo*. Além desses, há tratados especiais acerca de problemas como:

Sobre a agricultura	As três virtudes Mosaicas
Sobre a bebedeira	Nomes alterados e por que foram alterados
O que a mente sóbria deseja e detesta	Sobre as alianças, I e II
Sobre a confusão de línguas	Sobre a migração
A viagem e a descoberta	Vida do sábio, ou Leis não escritas
Sobre a reunião para instrução	Gigantes ou a imutabilidade de Deus
Quem herda as coisas divinas?	Moisés sobre o divino
A divisão entre par e ímpar	A origem dos sonhos

Essas são as obras que chegaram até nós que abordam o livro de Gênesis. Sobre o Êxodo, eu conheço:

Problemas e soluções, 1–5	Leis de acordo com os Dez Mandamentos
O Tabernáculo	Sacrifício: animais e variedades
Os Dez Mandamentos	Como a lei recompensa os bons e pune os maus

Seus escritos individuais também incluem:

Sobre a Providência	Todo homem mau é um escravo
Sobre os judeus	Todo bom homem é livre
O Estadista	A vida contemplativa ou os suplicantes
Alexandre	Interpretações dos nomes hebreus

Ele foi a Roma no tempo de Caio e, mais tarde, escreveu sobre sua [de Caio] ímpia conduta, intitulando-a (com adequada ironia) de *Sobre as virtudes*. Durante o reinado de Cláudio, diz-se que ele a leu diante de todo o Senado romano, e suas palavras foram tão admiradas que lhe foi atribuído um lugar nas bibliotecas.

Naquele tempo, enquanto Paulo terminava sua jornada desde Jerusalém e arredores até o Ilírico (Rm 15:19), Cláudio expulsava os judeus de Roma. Assim, Áquila e Priscila, juntamente com outros judeus, deixaram Roma em direção à Ásia Menor e lá viveram com o apóstolo Paulo, que fortalecia as igrejas cujos fundamentos ele havia recentemente lançado, de acordo com Atos (18–19).

CALAMIDADES EM JERUSALÉM SOB CLÁUDIO E NERO

48 d.C. 19. Enquanto Cláudio ainda era imperador, um motim tão violento irrompeu em Jerusalém durante a festa da Páscoa que 30 mil pessoas pisotearam umas às outras até a morte ao redor do Templo, o que transformou o festival em um profundo lamento por toda a nação e em cada família. Josefo prossegue dizendo que Cláudio designou Agripa [II], filho de Agripa, como rei dos judeus e enviou Félix como procurador de todo o país, incluindo Samaria, Galileia e Pereia. O próprio Cláudio, após ter reinado por 13 anos e oito meses, morreu, deixando seu trono para Nero.

54 d.C.

20. Josefo relata o seguinte acerca de uma disputa entre os sacerdotes enquanto Félix era procurador da Judeia, sob Nero, no Livro 20 de *Antiguidades*:

> ...os supremos-sacerdotes iniciaram então uma luta com os sacerdotes ordinários e os chefes de Jerusalém. Todos se faziam acompanhar por soldados armados, que eram escolhidos entre os mais revoltosos e os mais obstinados. Começavam por se injuriarem mutuamente, depois passavam às pedradas, sem que nem se decidisse por separá-los; parecia que não

Jerusalém vista do Monte de Olivers, com o monte do templo em primeiro plano. A cúpula prateada à esquerda marca a Mesquita El-Aksa. A torre branca na distância entre nós e o Domo dourado da Rocha está perto do lado da cricificação de Jesus no Gólgota. © Unsplash

Os apóstolos

Uma vista através do vale de Kidron em direção ao MT. das Oliveiras em Jerusalém. A Igreja de Todas as Nações (à esquerda) marca o local tradicional do Jardim do Getsêmani. © Shutterstock

havia magistrados da cidade que tivessem o poder de impedi-los de fazer, com plena liberdade, tudo o que lhes agradava. A imprudência e a ousadia dos sumos sacerdotes foi tão longe, que eles mandavam seus homens às granjas, retirar as décimas que pertenciam aos sacerdotes, alguns dos quais, sendo mui pobres, morriam de fome; a injustiça era assim espezinhada pela violência desses facciosos.[21]

Josefo também conta a respeito de criminosos em Jerusalém que assassinavam suas vítimas em plena luz do dia, no meio da cidade. Especialmente durante os festivais, eles costumavam se misturar às multidões, esfaquear pessoas distintas com adagas disfarçadas e depois simular indignação quando elas caíam, evitando, assim, serem descobertos. O primeiro a ser assassinado por eles foi Jônatas, o sumo sacerdote, e após ele muitos outros eram mortos diariamente, mas, ainda pior, era o medo instilado uma vez que, de hora em hora, a morte era esperada.

21. Ele continua:

Um outro mal, ainda maior, perturbou também a Judeia. Um falso profeta egípcio, que era um impostor, de tal modo fascinou o povo que chegou a reunir perto de trinta mil homens; levou-os para o monte das Oliveiras, e,

---

[21] *Antiguidades*, Livro 20:6, p.454. N.T.: Algumas adequações de termos utilizados na edição em português deste livro foram feitas para a compreensão do leitor.

acompanhado por algumas pessoas que confiavam nele, marchou contra Jerusalém com o fim de expulsar os romanos, se apoderar da cidade e lá estabelecer seu trono. Mas Félix partiu contra ele com tropas romanas e um grande número de outros judeus. O combate travou-se; os que seguiam o egípcio foram dizimados e ele conseguiu escapar com o resto.[22]

Essa passagem do Livro 2 de *Guerras dos judeus* corresponde com o que é relatado sobre o egípcio em Atos, em que a tribuna militar em Jerusalém, no tempo de Félix, questiona Paulo durante o motim judeu: "Você não é, por acaso, aquele egípcio que algum tempo atrás começou uma revolta e levou quatro mil guerrilheiros para o deserto?" (At 21:38). Esses foram os eventos durante a procuradoria de Félix.

PAULO É ENVIADO A ROMA COMO PRISIONEIRO E DEPOIS ABSOLVIDO

22. Nero enviou Festo como sucessor [de Félix], e Paulo foi julgado diante dele e levado como prisioneiro a Roma. Aristarco o acompanhou, a quem Paulo chamou de seu companheiro de prisão em suas epístolas (Cl 4:10). E, neste ponto, Lucas, que escreveu os Atos dos Apóstolos, terminou sua história, afirmando que Paulo passou dois anos inteiros em Roma sob livre custódia, pregando sem impedimentos. Após se defender [com sucesso], diz-se que o apóstolo partiu novamente para o ministério da pregação e, indo uma segunda vez à mesma cidade, encontrou o cumprimento de sua tarefa no martírio. Durante seu encarceramento, ele escreveu a segunda epístola a Timóteo, mencionando tanto a sua prévia defesa quanto a sua conclusão iminente. Observe o testemunho de Paulo neste ponto:

66 d.C.

Na minha primeira defesa, ninguém foi a meu favor; todos me abandonaram. Que isto não lhes seja posto na conta! Mas o Senhor esteve ao meu lado e me revestiu de forças, para que, através de mim, a pregação fosse plenamente cumprida, e todos os gentios a ouvissem. E fui libertado da boca do leão (2 Timóteo 4:16-17).

Ele claramente testifica com essa declaração que, na primeira ocasião, para que sua missão pudesse se cumprir, foi resgatado da boca do leão, aparentemente se referindo a Nero por causa da sua ferocidade. Paulo não acrescenta as palavras "Ele me libertará da boca do leão", uma vez que ele viu, no Espírito, que sua morte estava próxima. Assim sendo, depois das palavras

---

[22] *Guerra dos judeus*, Livro 2:23, p.562.

"E fui libertado da boca do leão", ele prossegue: "O Senhor me livrará também de toda obra maligna e me levará salvo para o seu Reino celestial" (v.18), indicando seu iminente martírio. E isso ele prevê de modo ainda mais claro na mesma carta, dizendo: "…já estou sendo oferecido por libação, e o tempo da minha partida chegou" (2Tm 4:6). Em sua segunda epístola a Timóteo, Paulo afirma que somente Lucas lhe fazia companhia enquanto ele escrevia, mas que, em sua primeira defesa, nem mesmo Lucas estava presente. Portanto, provavelmente Lucas escreveu Atos dos Apóstolos nessa ocasião, tendo registrado os eventos durante todo o tempo em que esteve com Paulo. Digo isso para mostrar que o martírio de Paulo não aconteceu durante sua estada em Roma descrita por Lucas. Visto que a disposição de Nero inicialmente estava mais branda[23], era provável que a defesa da fé por Paulo fosse mais facilmente aceita. Contudo, quando ele [Nero] passou a cometer seus temerários crimes, os apóstolos foram atacados juntamente com outros.

O MARTÍRIO DE TIAGO, IRMÃO DE JESUS

23. Quando Paulo apelou a César e foi enviado a Roma por Festo, os judeus ficaram decepcionados em sua esperança de conspiração contra o apóstolo e se voltaram contra Tiago, o irmão do Senhor, a quem o trono de bispo de Jerusalém fora designado pelos apóstolos. Este é o crime que eles cometeram. Trouxeram-no para o seu meio e, na frente de toda a multidão, exigiram que ele negasse sua fé em Cristo. Porém, quando ele, contrariando todas as expectativas, confessou em alta voz e com coragem diante de todos que nosso Senhor e Salvador Jesus Cristo era o Filho de Deus, eles não toleraram mais seu testemunho, uma vez que ele era considerado por todos como o mais justo dos homens em função do patamar que ele havia atingido em filosofia e em religião. Desse modo, mataram-no, usando a anarquia como sua oportunidade de tomada de poder, pois naquele momento Festo havia morrido na Judeia, deixando a província sem governo ou procurador. A forma como Tiago morreu já foi demonstrada por uma citação anterior de Clemente, que diz que ele foi lançado abaixo do parapeito e espancado até a morte. No entanto, o registro mais preciso dele é fornecido por Hegésipo, proveniente da geração seguinte à dos apóstolos. Ele escreveu em seu Livro 5 de suas *Memórias*:

62 d.C.

> [A administração da] Igreja passou a Tiago, o irmão do Senhor,

---

[23] Até 62 d.C. — o tempo do julgamento de Paulo — realmente era. No entanto, seu conselheiro, Sêneca, aposentou-se naquele ano, e Nero ficou sob a funesta influência de Tigelino.

juntamente com os apóstolos. Ele era chamado "o Justo" por todos, desde os tempos do Senhor até aos nossos, visto que havia muitos Tiagos, mas este havia sido consagrado desde o ventre de sua mãe. Ele não bebia vinho ou licor e não comia carne. Nenhuma lâmina havia passado por sua cabeça, ele não se ungia com óleo e não tomava banho. Somente ele era permitido entrar no sanctum, pois não se vestia com lã, mas com linho. Costumava entrar no Templo sozinho e era encontrado, muitas vezes, de joelhos e implorando o perdão para o povo, de forma que seus joelhos se tornaram calejados como os de um camelo por se ajoelhar constantemente em adoração a Deus e em intercessão pelo povo. Em virtude de sua justiça superior, ele era chamado de Justo e *Oblias* — que, em grego, quer dizer "Baluarte do Povo" e "Reto" — como os profetas falam acerca dele.

Representantes das sete seitas entre o povo [judeu], as quais descrevi anteriormente (nas *Memórias*), perguntaram-lhe o que significava "a porta de Jesus", e ele replicou dizendo que Ele era o Salvador. Por esse motivo, alguns creram que Jesus era o Cristo. As seitas mencionadas acima não criam na ressurreição ou naquele que viria para recompensar cada um de acordo com suas obras. Todavia, aqueles que creram o fizeram por causa de Tiago. Então, sendo que muitos dentre os líderes creram, houve um alvoroço entre os judeus, escribas e fariseus, dizendo que toda a multidão estava em perigo de supor que Jesus era o Cristo.

Desse modo, reuniram-se e disseram a Tiago: "Nós o convocamos para conter as pessoas já que elas se desviaram para seguir a Jesus, crendo que Ele é o Cristo. Nós o intimamos a persuadir todos os que vierem para a Páscoa com respeito a Jesus, uma vez que todos confiamos em você. Nós e toda a população podemos atestar o fato de que você é reto e não aceita ninguém pela aparência apenas. Assim, convença a multidão a não errar com respeito a Jesus, visto que nós e todo o povo o respeitamos. Então, vá ao parapeito do Templo, onde poderá ser visto com clareza daquela altura e de onde suas palavras serão ouvidas por todo o povo, com todas as tribos, e gentios igualmente, que se reúnem para a Páscoa".

Assim, os escribas e fariseus fizeram Tiago postar-se no parapeito do Templo e gritaram para ele: "Ó, justo, em quem todos devemos acreditar, já que as pessoas estão se extraviando após Jesus, que foi crucificado, diga-nos o que significa 'a porta de Jesus'?". Tiago respondeu em alta voz: "Por que me perguntam sobre o Filho do Homem? Ele está assentado no Céu, à destra do Grande Poder, e virá nas nuvens do céu". Muitos foram convencidos e se alegraram com o testemunho de Tiago, clamando: "Hosana ao Filho de Davi!". Então os escribas e fariseus disseram uns aos outros: "Cometemos um péssimo erro em fornecer tal testemunho de Jesus, mas subamos e o lancemos abaixo para que o povo tenha medo e não creia nele". E clamaram: "Ó, ó, até mesmo o justo se desviou!". Isso cumpriu a profecia de Isaías: "Removamos o justo, pois ele não nos tem valor. Portanto, ele comerá do fruto de suas ações".[24]

Isto posto, subiram e lançaram o justo abaixo. Depois disseram uns aos outros: "Vamos apedrejar Tiago, o Justo", e começaram a apedrejá-lo, uma vez que a queda não o matara. Mas ele se virou e se ajoelhou, dizendo: "Imploro-te, ó Senhor Deus e Pai, perdoa-lhes: eles não sabem o que fazem". Enquanto o derrubavam a pedradas, um dos sacerdotes entre os filhos dos recabitas, sobre quem o profeta Jeremias testemunhara[25], clamou: "Parem! O que vocês estão fazendo? O justo está intercedendo por vocês". Um deles, um lavandeiro, pegou o bordão que ele usava para bater nas roupas e atingiu Tiago na cabeça. Assim foi seu martírio. Eles o enterraram no local ao lado do Templo e sua lápide permanece ali. Ele se tornou uma testemunha verdadeira tanto a judeus quanto a gentios de que Jesus é o Cristo.

Logo após isso, Vespasiano iniciou o cerco a eles.

Esse é o relato completo de Hegésipo, que está em concordância com Clemente. Tiago era um homem tão extraordinário, tão estimado por todos por sua retidão que até mesmo o mais inteligente dentre os judeus achava que essa foi a razão do cerco a Jerusalém ter seguido imediatamente o seu martírio. De fato, Josefo não hesitou em escrever:

> Essas coisas aconteceram aos judeus em retribuição por Tiago, o Justo, que era um irmão de Jesus, chamado o Cristo, pois os

---

[24] A segunda frase é de Isaías 3:10; a primeira vem da Sabedoria de Salomão, não de Isaías.

[25] Jeremias 35 quanto aos recabitas. No entanto, não há evidência de que essa tribo, adotada em Israel, poderia ter produzido sacerdotes. Epifânio substituiu Simeão, filho de Clopas, pelo recabita neste episódio (Contra as Heresias 78.14).

O Templo de Jerusalém, onde Tiago, o Justo, foi morto (modelo de M. Avi-Yonah). © Shutterstock

judeus o assassinaram apesar de sua grande justiça.²⁶

Josefo também descreveu a morte de Tiago em sua *Antiguidades*, Livro 20:

> Morrendo Festo, Nero deu o governo da Judeia a Albino… Anano, um dos de que nós falamos agora, era homem ousado e empreendedor, da seita dos saduceus, que, como dissemos, são os mais severos de todos os judeus e os mais rigorosos nos julgamentos. Ele aproveitou o tempo da morte de Festo, e que Albino ainda não tinha chegado, para reunir um conselho, diante do qual fez comparecer Tiago, irmão de Jesus, chamado Cristo, e alguns outros; acusou-os de terem desobedecido às leis e os condenou ao apedrejamento. Esse ato desagradou muito a todos os habitantes de Jerusalém, que eram piedosos e tinham verdadeiro amor pela observância de nossas leis. Mandaram secretamente pedir ao rei Agripa [II] que ordenasse a Anano nada mais fazer de semelhante, pois o que ele fizera não se podia desculpar. Alguns deles foram à presença de Albino, que então tinha partido

---

[26] Essa afirmação não se encontra em nenhum dos textos existentes de Josefo, mas é citado por Orígenes (*Contra Celso*, Paulus Editora, 2004), o que demonstra que Eusébio não inventou a passagem. Pode-se suspeitar que seja uma interpolação no texto de Josefo, que foi usada por Orígenes e Eusébio.

de Alexandria, para informá-lo do que se havia passado e dizer-lhe que Anano não podia nem devia ter reunido aquele conselho sem sua licença. Ele aceitou essas ideias e escreveu a Anano, encolerizado, ameaçando mandar castigá-lo. Agripa, por causa disto, tirou-lhe o sumo sacerdócio, que exercera somente durante quatro meses, e o deu a Jesus, filho de Daneu.[27]

Essa é a história de Tiago, a quem atribui-se a primeira das chamadas Epístolas Gerais. Para falar a verdade, sua autenticidade é questionada, uma vez que não muitos dos primeiros escritores a citaram, como também acontece com a epístola de Judas, que também está entre as sete cartas gerais. No entanto, essas duas cartas têm sido usadas regularmente, como as demais, na maioria das igrejas.

24. No oitavo ano do reinado de Nero, Aniano foi o primeiro, após o evangelista Marcos, a assumir a paróquia de Alexandria.

A PERSEGUIÇÃO PROMOVIDA POR NERO

25. Uma vez que o poder de Nero estava firmemente estabelecido, ele imergiu em vícios nefastos e armou-se contra o Deus do Universo. Descrever a sua devassidão não é parte da presente obra. Muitos já registraram com precisão os fatos acerca dele, e, a partir destes, qualquer um que deseje pode estudar sua loucura perversa e degenerada, que o levou a destruir incontáveis vidas e finalmente matar indiscriminadamente, de modo que não poupou sequer os que lhe eram mais próximos ou benquistos. Utilizando-se de vários métodos de morte, ele assassinou sua mãe, irmãos e esposa, bem como inumeráveis outros parentes próximos, como se fossem estranhos e inimigos. Apesar de tudo isso, um crime ainda precisava ser acrescentado ao seu catálogo: ele foi o primeiro imperador que se declarou inimigo da Divindade. Quanto a isso, Tertuliano de Roma trata da seguinte forma:

Cabeça do imperador Nero, 54–68 d.C., trajado como um sacerdote (*Museu de Corinto*).

---

[27] *Antiguidades*, Livro 20:8, p.465. [N.T.: Com pequenos ajustes, conforme o texto em inglês.]

Consultai vossas histórias. Verificareis que Nero foi o primeiro que atacou com seu poder imperial a seita cristã, fazendo isso, então, principalmente em Roma. Mas nós nos gloriamos de termos nossa condenação lavrada pela hostilidade de tal celerado porque quem quer que saiba quem ele foi sabe que nada a não ser uma coisa de especial valor seria objeto da condenação de Nero.[28]

Então, aconteceu que esse homem, o primeiro a ser anunciado publicamente como um inimigo de Deus, foi levado a matar os apóstolos. Relata-se que em seu reinado Paulo foi decapitado em Roma e que Pedro também foi crucificado. Os túmulos de lá, ainda chamados pelos nomes de Pedro e Paulo, confirmam o relato, o que também confirma um clérigo chamado Gaio, que viveu quando Zeferino era bispo de Roma. Em um diálogo escrito com Próculo, o líder da opinião da Frígia [os montanistas], Gaio diz o seguinte acerca dos lugares onde os restos sagrados dos apóstolos em questão foram colocados:

> Posso apontar os troféus [monumentos] dos apóstolos. Se você desejar ir ao Vaticano ou à Via Ostiense, você encontrará os troféus daqueles que fundaram essa igreja.[29]

O bispo Dionísio, de Corinto, afirma em carta escrita aos romanos que ambos foram martirizados ao mesmo tempo:

> Por seu grandioso conselho, vocês uniram o que brotou da semente que Pedro e Paulo plantaram entre os romanos e os coríntios. Pois os dois semearam em nossa Corinto e juntamente nos instruíram; na Itália, igualmente, ensinaram conjuntamente no mesmo lugar em que foram martirizados ao mesmo tempo.[30]

Essas citações podem servir para confirmar ainda mais os fatos narrados.

---

[28] *Apologético*, capítulo 5, p.43. A primeira frase neste excerto foi traduzida diretamente do latim de Tertuliano, uma vez que o tradutor de Eusébio o verteu erroneamente para o grego: "Após subjugar todo o Oriente, Nero foi especialmente cruel a toda Roma". Nero jamais subjugou o Oriente.

[29] Nem Pedro nem Paulo fundaram a igreja em Roma, que existia antes de Paulo chegar (Romanos 1:8-11). No entanto, uma vez que ambos os apóstolos foram martirizados muito cedo na história dessa igreja, compreende-se que eles logo tenham sido considerados fundadores honoráveis, por assim dizer.

[30] Quanto a Corinto, essa reivindicação dificilmente encontra apoio no Novo Testamento, que cita apenas Paulo como fundador. É duvidoso que ambos tenham sofrido martírio ao mesmo tempo em Roma.

O INÍCIO DA GUERRA DOS JUDEUS CONTRA ROMA

26. No decurso de seu detalhado registro sobre a catástrofe que sobrepujou toda a nação judaica, Josefo relata que incontáveis judeus de alto *status* foram açoitados com azorragues e crucificados por Florus, que era o procurador da Judeia quando a guerra irrompeu no décimo segundo ano do reinado de Nero. Josefo então afirma que, por toda a Síria, grandes tumultos seguiram a revolta dos judeus, que eram atacados sem misericórdia nas várias cidades como se fossem inimigos. Cadáveres não enterrados enchiam as cidades, corpos de idosos, crianças e mulheres sem qualquer coisa para cobrir a sua nudez. Toda a província estava cheia de horror indescritível. Entretanto, ainda piores do que as atrocidades do presente eram as ameaças daquelas que viriam. Esse é o relato de Josefo e essa a situação dos judeus.

66 d.C.

Tribunal onde Paulo se apresentou perante o governador romano Gálio na antiga Corinto e foi posto em liberdade (Atos 18). Ao fundo está o morro da cidadela, o Acrocorinthos. © Shutterstock

EUSÉBIO FALA ACERCA DOS APÓSTOLOS

Tendo o livro de Atos como base, Eusébio complementa de maneira agradável os relatos do Novo Testamento oferecendo material extra de Josefo, Fílon, Clemente, Tertuliano, Hegésipo e outros. O fato de apoiar-se em Josefo é confesso e compreensível, uma prática amplamente compartilhada por escritores cristãos primitivos e, provavelmente, um motivo pelo qual Josefo perdurou ao longo de séculos por meio de manuscritos recopiados enquanto os demais historiadores foram irremediavelmente esquecidos. A análoga admiração de Eusébio por Fílon é a base de sua ampla, mas malsucedida, tentativa de interpretar os ascetas egípcios como cristãos primitivos, ao passo que sua grande divagação acerca dos escritos de Fílon demonstra sua fascinação por literatura histórica — um traço subjacente a toda a sua obra.

Eusébio também se mostra um mestre em amarrar todas as pontas soltas do registro do Novo Testamento e, possivelmente, fazer um bordado a partir delas. Fundamentado na autoridade de Tertuliano, um pai da igreja ocidental, Eusébio atribui crédito aos relatórios de Pilatos a Tibério acerca de Jesus e a reação do imperador e presume o suicídio do governador. (A resposta favorável de Tibério a respeito de Jesus, no entanto, é muito duvidosa, tanto quanto a tradição do suicídio de Pilatos.) Enquanto Simão, o mágico, tem apenas um papel secundário em Atos 8, a sua carreira subsequente, moldada pelos lendários acréscimos às referências de Justino, o mártir, atinge um lúgubre ápice em Eusébio. São conferidos os destinos dos ministérios dos apóstolos, quando conhecidos, que aparecerão aqui e ali no próximo capítulo, ao passo que Atos se concentra principalmente nas empreitadas missionárias de Paulo.

No entanto, são de extrema importância os destinos de Pedro e Paulo em Roma, firmados em bases históricas muito mais sólidas, e a citação de Eusébio dos comentários do presbítero Gaio acerca de seus "troféus". Semelhantemente, o martírio de Tiago, o meio-irmão de Jesus, o primeiro bispo da igreja em Jerusalém, é relatado pelas próprias fontes (Josefo e Hegésipo) com pouquíssimas edições de Eusébio. Esses são adendos significativos ao relato do Novo Testamento.

O uso dos imperadores romanos como uma linha do tempo — a cronologia que estrutura a maior parte da *História Eclesiástica* — é sutilmente violado neste livro, uma vez que Eusébio leva o leitor até o reinado de Calígula e depois reverte para Tibério a fim de relatar os imbróglios entre os judeus e Pilatos. Entretanto, isso é somente para ilustrar o tema frequentemente expresso pelo historiador: a vingança divina que sobreveio aos judeus por terem crucificado Jesus, com cuja nota ele encerra o Livro 2. Eusébio não discute se a assim atribuída culpa coletiva tem uma base teológica adequada, e esse é um erro comum a outros escritores cristãos daquele tempo, o que só exacerbou a disputa entre a igreja e a sinagoga nos primeiros séculos da história da Igreja.

A história romana no primeiro século d.C. é cheia de matizes. Quando o grande *Augusto* morreu no ano 14, o que seria entre 18 ou 19 anos após o nascimento de Jesus, ele foi seguido por quatro sucessores na dinastia júlio-claudiana. Seu enteado *Tibério* (14–37), imperador durante o ministério público de Cristo, estava, de certa forma, ressentido por ter sido inicialmente rejeitado para esse cargo, visto que Augusto havia escolhido quatro outros para o suceder, tendo todos eles morrido antes do próprio Augusto. Todavia, uma vez tendo assumido o poder, Tibério se provou um hábil administrador, e o império prosperou. Contudo, quando ele abandonou Roma para ir à ilha de Capri, onde passou os últimos 10 anos de sua vida, a popularidade de Tibério sofreu, também motivado pelas suspeitas engendradas por uma conspiração que quase o derrubou no ano 31.

Tibério indicou Pôncio Pilatos como governador da Judeia no ano 26 e deve ter lido a respeito da crucificação de Jesus na *acta* de Pilatos (registro oficial), no ano 33. Porém essa *acta* perdeu-se, e todos os argumentos acerca dela nos registros de Eusébio, e nos subsequentes, são espúrios. Após governar por 10 anos, Pilatos foi reconvocado para Roma, mas Tibério jamais lhe concedeu audiência, pois o imperador morrera em março de 37, pouco antes do retorno de Pilatos.

O sobrinho-neto de Tibério, *Caio Calígula* (37–41), o sucedeu. Calígula era um príncipe inexperiente que começou de modo aceitável, mas logo sofreu uma doença neurológica que o tornou em um lascivo megalomaníaco. Ele ceifou muitas vidas antes de ter a sua própria extinguida por assassinato após um, felizmente, breve reinado. Muito provavelmente, Calígula foi o pior imperador na história romana, em termos das perversidades por ele praticadas mensalmente enquanto em sua posição de imperador.

O tio de Calígula, *Cláudio* (41–54), que era o imperador durante as três viagens missionárias de Paulo, sucedeu-o. Cláudio tinha uma deficiência motora, motivo pelo qual ele foi preterido quando Calígula assumiu, mas ele provou ser um governante surpreendentemente bem-sucedido. A Bretanha foi conquistada no ano 43, e a construção de estradas, aquedutos, pontes e banhos por todo o Império Romano testifica de seu sucesso como administrador. O fato de ele ter expulsado temporariamente os líderes judeus de Roma resultou em Áquila e Priscila se tornarem companheiros de Paulo em Corinto, de acordo com Atos 18:1-4. No entanto, a má sorte de Cláudio com as mulheres culminou quando sua sobrinha, Agripina, sua quarta esposa, envenenou-o com uma tigela de cogumelos contaminados, para que o filho dela o sucedesse.

Nero (54–68), filho de Agripina de um casamento anterior, tornou-se o imperador em lugar do filho do próprio Cláudio, Britânico. Nero tinha Sêneca como tutor e conselheiro — irmão de Gálio, o governador da Acaia que absolveu Paulo (Atos 18) —, o que pode explicar por que o apóstolo apelou a Nero quando aprisionado na Cesareia. Quando irrompeu o grande incêndio de Roma, no verão de 64, e Nero foi culpado por isso, ele se salvou acusando os cristãos de incêndio doloso e ordenou a punição deles. Embora essa perseguição tenha sido local, em vez de por todo o império, ela estabeleceu um mortal precedente para todas as perseguições seguintes. De alguma forma, ligado a esse fato, Pedro e Paulo foram martirizados. Dois anos depois, a grande guerra judaica teve início, e, dois anos depois dela, Nero cometeu suicídio em junho de 68, após uma rebelião das legiões e da guarda pretoriana. Ele foi o último da dinastia júlio-claudiana.

A Basílica de São Paulo fora dos muros de Roma, local presumido para o enterro de Paulo. © Shutterstock

Este obelisco de 25 metros testemunhou a primeira grande perseguição de Nero aos cristãos. Calígula o trouxe para Roma de Helipolis, no Egito, e o instalou dentro de seu hipódromo no Vale do Vaticano. Está hoje em frente à Basílica de São Pedro em Roma
© Shutterstock

LIVRO 3

MISSÕES E PERSEGUIÇÕES

DE GALBA A TRAJANO

DESTINOS E ESCRITOS APOSTÓLICOS

1. Tal era a condição dos judeus. Nesse tempo, os santos apóstolos de nosso Salvador foram dispersos por todo mundo. Tomé, de acordo com a tradição, foi designado para Pártia, André, para Cítia, e João, para Ásia, onde permaneceu até sua morte em Éfeso. Pedro aparentemente pregou aos judeus da Dispersão no Ponto, Galácia, Bitínia, Capadócia e Ásia[1]. Por fim, veio a Roma e foi crucificado, de cabeça para baixo, a seu pedido[2]. O que dizer acerca de Paulo, que proclamou o evangelho desde Jerusalém até o Ilírico, e mais tarde foi martirizado em Roma, sob Nero? Isso é especificamente afirmado por Orígenes no volume 3 de seu *Comentário em Gênesis*.

---

[1] Eusébio parece ter deduzido esses locais de 1 Pedro 1. A Ásia à qual se refere não é o continente, mas a província romana no terço oriental da Ásia Menor.

[2] Nenhum Pai da Igreja menciona esse fato antes de Orígenes (254 d.C.).

2. Após os martírios de Paulo e Pedro, o primeiro a ser indicado como bispo de Roma foi Lino. Paulo o menciona quando escreve, de Roma, a Timóteo, em sua saudação no final da epístola (2 Tm 4:21).

3. Quanto a Pedro, uma epístola chamada de sua Primeira é aceita como sua, e os Pais primitivos a citavam sem contestação em seus escritos. Contudo, não consideramos a chamada Segunda epístola [de Pedro] como canônica, embora muitos a considerem útil e a estudem juntamente com outras Escrituras. No entanto, não reconhecemos de modo algum entre os escritos católicos os Atos e o evangelho que levam seu nome [de Pedro], bem como a Pregação e o Apocalipse, que alguns consideram ser dele, uma vez que nenhum autor da Igreja, quer nos tempos primitivos, quer em nosso próprio tempo, usou o testemunho desses escritos. Durante o curso de minha narrativa, indicarei cuidadosamente quais dos autores eclesiásticos em cada período utilizou algum dos livros questionáveis, o que disseram sobre as Escrituras canônicas e aceitas e seus comentários a respeito daqueles que não são assim considerados. Estes, então, são os livros atribuídos a Pedro, dos quais eu reconheço apenas uma epístola como sendo genuína e aceita pelos Pais primitivos.

Paulo foi, obviamente, o autor de 14 cartas, embora alguns discutam acerca da epístola aos Hebreus, diante da negação da igreja romana de que ela seja obra de Paulo, e relatarei o que disseram nossos predecessores no tempo adequado. Seus assim chamados Atos não estão entre os livros autênticos. Porém, visto que o mesmo apóstolo, nas saudações ao final da carta de Romanos, refere-se a certo Hermas, o reputado autor de *O Pastor*, esse livro também tem sido rejeitado por alguns e, assim sendo, não deveria ser incluído entre os aceitos. Outros, entretanto, consideram-no indispensável, especialmente para a instrução elementar. Desse modo, ele tem sido usado na adoração pública, e o vi sendo citado por alguns dos primeiros escritores.

4. Paulo pregou aos gentios; Pedro, aos circuncisos nas cidades de províncias mencionadas anteriormente. Todavia, não é fácil determinar quantos, dentre as igrejas que eles fundaram, foram zelosos e hábeis o suficiente para se tornar pastores, a menos que notemos os inúmeros companheiros de trabalho citados por Paulo e a lista que Lucas faz dos discípulos de Paulo em Atos. Diz-se que Timóteo, por exemplo, foi o primeiro bispo nomeado à paróquia de Éfeso, bem como Tito, às igrejas em Creta.

Lucas, um antioquiano por nascimento e médico por profissão, foi colaborador de Paulo por muito tempo e também tinha uma estreita ligação com outros apóstolos. Em dois livros divinamente inspirados, o evangelho e Atos dos Apóstolos, Lucas nos deixou exemplos de cura de alma que aprendera deles. O primeiro, diz o próprio Lucas, ele escreveu com base na informação recebida daqueles que inicialmente foram testemunhas oculares e ministros da Palavra. O último foi escrito não a partir das evidências que ouvira, mas do que seus olhos testemunharam. Afirma-se que Paulo, sempre que usava a expressão "de acordo com o meu evangelho", estava, de fato, habituado a se referir ao evangelho segundo Lucas.

Dos outros seguidores de Paulo, Crescente foi enviado por ele para a Galácia (2 Tm 4:10), e Lino, que é citado em 2 Timóteo como estando com Paulo em Roma, foi o primeiro depois de Pedro a ser nomeado bispo de Roma, como declarado anteriormente. Clemente também, que se tornou o terceiro bispo de Roma, foi colaborador e combatente com Paulo, como o próprio apóstolo testifica (Fp 4:3). Além desses, Dionísio, membro do Areópago, como Lucas relata em Atos (At 17:34), tornou-se o primeiro bispo de Atenas, de acordo com outro Dionísio, pastor da paróquia em Corinto. Os detalhes cronológicos da sucessão dos apóstolos serão apresentados no devido momento.

O CERCO ROMANO A JERUSALÉM

68 d.C.

5. Após o governo de Nero, por 13 anos, os de Galba e Oto duraram um ano e meio. Depois Vespasiano, que se destacou nas campanhas contra os judeus, foi proclamado imperador enquanto ainda estava na Judeia, sendo aclamado como tal pelos exércitos que lá se encontravam[3]. Ele partiu imediatamente para Roma, confiando a seu filho, Tito, a guerra contra os judeus.

Posteriormente à ascensão de nosso Salvador, os judeus seguiram com seus crimes contra Ele, por meio de muitas conspirações contra os apóstolos. Primeiramente, apedrejaram Estêvão até a morte. Depois dele, Tiago, filho de Zebedeu e irmão de João, foi decapitado. Finalmente Tiago, o primeiro a ser nomeado como bispo de Jerusalém, morreu do modo descrito anteriormente, enquanto os demais apóstolos foram afastados da Judeia por meio de muitos conluios mortais. Contudo eles viajaram por todas as terras, ensinaram sua mensagem no poder de Cristo, que lhes havia dito: "Portanto, vão e façam discípulos de todas as nações, batizando-os em nome do Pai, do Filho e do Espírito Santo" (Mt 28:19). Enquanto isso, antes de a guerra começar, os membros da igreja em Jerusalém foram ordenados,

---

[3] Nero, que morreu em 9 de junho de 68, foi sucedido por Galba (junho de 68 a janeiro de 69), Oto (janeiro a abril), e Vitélio (abril a dezembro de 69). Por alguma razão, Eusébio omitiu Vitélio, durante cujo reino Vespasiano foi proclamado imperador em Alexandria em 1º de julho de 69.

por meio de um oráculo dado por revelação àqueles dignos dele, a deixarem a cidade e se estabelecerem em uma cidade da Pereia, chamada Péla. Migraram de Jerusalém para lá, como se, uma vez que os santos tivessem partido da capital real judaica e de toda a região da Judeia, o julgamento de Deus pudesse finalmente cair sobre os judeus em virtude de seus crimes contra Cristo e Seus apóstolos, apagando cabalmente toda aquela perversa geração.

Aqueles que desejarem podem pesquisar na história de Josefo os desastres que se abateram sobre toda a nação, especialmente como os residentes da Judeia foram levados até o limite do sofrimento; quantos milhares de homens, mulheres e crianças morreram à espada, pela fome e incontáveis outras formas de morte; quantas cidades judaicas famosas sofreram horrores sob o cerco; e, em particular, os horrores daqueles que fugiram para se refugiar em Jerusalém como uma "fortaleza inexpugnável". Podem estudar todos os detalhes de toda a guerra e como, por fim, o Abominável da Desolação, declarado pelos profetas, estabeleceu-se no próprio Templo de Deus, há muito celebrado, quando este foi terminantemente destruído pelo fogo. Entretanto, devo destacar como Josefo estimava que toda a população da Judeia — que, no tempo da Páscoa, amontoava-se em Jerusalém, como se estivessem em uma prisão — chegava a três milhões de pessoas. Era adequado que, exatamente nos mesmos dias em que eles perpetraram a paixão ao Salvador, ficassem presos dentro de um cárcere, por assim dizer, e recebessem a destruição dispensada pela justiça divina. Omitirei os desastres que eles tiveram de suportar pela espada e outros meios e relatarei apenas seus sofrimentos por fome, para que os leitores possam ver quão rapidamente a punição divina seguiu os crimes deles contra o Cristo.

Panorama de Atenas com a colina da Acrópole. © Shutterstock

6. Vejamos novamente o quinto livro de *Guerras dos judeus*, de Josefo, e observemos a tragédia ocorrida:

> Era igualmente perigoso para os ricos permanecerem [em Jerusalém], visto que, sob o pretexto de deserção, muitos eram assassinados por suas posses. Contudo, a loucura dos rebeldes aumentava com a carestia, e os terrores de ambos cresciam mais terrivelmente todos os dias. Uma vez que não havia mais cereais, os rebeldes invadiam casas e as saqueavam. Se encontrassem algo, atormentavam os ocupantes por afirmar que não possuíam nada; se não encontrassem, torturavam-nos por terem-no escondido bem demais. Os corpos dos infelizes miseráveis eram evidência suficiente sobre se o possuíam ou não. Se estivessem saudáveis, eram considerados como tendo comida suficiente; ao passo que aqueles que estivessem raquíticos eram menosprezados, pois não parecia razoável matar aqueles que logo morreriam de fome. Muitos vendiam secretamente suas propriedades por uma medida de cereais, se fossem ricos; caso fossem pobres, vendiam cevada. Assim, encerrando-se no mais interior de suas casas, alguns comiam os grãos crus, em fome extrema, enquanto outros assavam pão conforme a necessidade ou o medo ditasse. Nenhuma mesa era posta, eles agarravam a comida do fogo, sem a cozinhar, e a partiam em pedaços.
>
> Uma visão tão deplorável provocaria lágrimas enquanto os poderosos saqueavam e os fracos lamentavam. A fome é verdadeiramente a pior forma de sofrimento, e a decência é sua maior vítima. Todos os limites foram ultrapassados quando as mulheres arrancavam a comida da boca de seus maridos, os filhos de seus pais e — mais horrendamente ainda — as mães de seus bebês. E, enquanto seus amados morriam em seus braços, não havia escrúpulo em privá-los do último bocado que poderia tê-los mantido vivos. Os partidários de todos os lados os roubariam até mesmo desses bocados, pois, sempre que viam uma porta trancada, presumiam que aqueles que estavam em seu interior estivessem jantando e arrombavam as portas, correndo para dentro, e todos espremiam o tanto de comida que estivessem em suas gargantas. Os idosos eram espancados por esconderem sua comida, e as mulheres eram arrastadas pelos cabelos por terem-na escondido entre as próprias mãos. Não demonstravam compaixão pelas cãs ou pelos

infantes, mas pegavam os bebês que se agarravam a suas migalhas e os arremessam ao chão. Eram ainda mais selvagens com aqueles que previam sua chegada e engoliam a comida, como se estivessem sendo defraudados.

Em sua caça à comida, desenvolveram horrendos métodos de tortura, como a introdução das amargas ervilhacas nos genitais de suas vítimas e estacas afiadas em seus traseiros — tormentos horríveis até de mencionar — para forçar as pessoas a revelar um pão escondido ou um pequeno punhado de cevada. Não que os torturadores estivessem famintos — na verdade, a sua crueldade teria sido menos selvagem se brotasse da necessidade — mas, em vez disso, estavam exercitando sua loucura e armazenando suprimentos para o futuro. Quando alguém se arrastava à noite até as linhas [do cerco] romanas para ajuntar ervas selvagens e capim, achando que havia escapado de seus inimigos, os opressores o interceptavam e tomavam tudo o que estivesse carregando. Apesar de toda a sua imploração e apelos ao temível nome de Deus para que compartilhassem o que haviam reunido com tanto risco, não lhes era dado nada, e os que eram roubados teriam sorte se não fossem também mortos.[4]

Após alguns detalhes, Josefo continua:

Ora, incapazes de abandonar a cidade, os judeus perderam toda a esperança de sobrevivência, e a fome se tornou ainda pior, devorando casa após casa, família após família. As casas estavam cheias de mulheres e crianças destruídas, e os becos com os corpos dos velhos. Os jovens e os meninos, aumentando em fome, assombravam a praça do mercado como fantasmas e caíam mortos em seus rastros. Os enfermos não conseguiam enterrar seus parentes, ao passo que os saudáveis evitavam a tarefa devido à quantidade de mortos e por causa de seu próprio destino incerto, pois muitos caíam mortos enquanto sepultavam outros, e muitos iam à sua própria cova, mesmo que estivessem saudáveis. Não havia pranto ou lamento, visto que a fome dominava as emoções, e aqueles que morriam olhavam com olhos ressecados àqueles que

---

[4] *Guerras dos Judeus*, Livro 5:27, p.658.
N.T.: Embora o texto esteja disponível na mencionada página da obra citada, foi realizada nova tradução neste ponto, tendo em vista a diferença do trecho original em inglês e o que está na tradução existente.

estavam mortos a seu lado. Um profundo silêncio e trevas letais envolviam a cidade.

Pior estavam os salteadores que invadiam as casas, despiam as vestes dos corpos que ali jaziam e saíam rindo. Eles fustigavam os corpos com as pontas de suas espadas e até testavam o aço ao atravessá-lo nos sobreviventes. Até mesmo aqueles que imploravam o *coup de grâce*, eles abandonavam desdenhosamente à fome. Cada um deles morria fitando o Templo em vez de os partidários que os deixavam vivos. Inicialmente, estes ordenaram que os mortos fossem sepultados com financiamento público, uma vez que a fetidez era intolerável. Contudo, mais tarde, quando isso se provou impossível, eles os lançavam por cima das muralhas da cidade para os vales. Quando Tito fazia suas rondas, encontrou-os lotados de mortos, o pútrido sangue coagulado escorrendo dos corpos em decomposição, ele gemia e, levantando suas mãos, invocava Deus como testemunha de que isso não era obra de suas mãos.[5]

Tendo tecido alguns comentários, ele continua:

Deve-se, pois perdoar a minha dor, o que eu ouso dizer: se os romanos tivessem diferido castigar pelas armas tão grandes criminosos, creio que a terra se teria aberto para tragar aquela miserável cidade; ou ela teria perecido por outro dilúvio, ou teria sido destruída pelo fogo do Céu, como Gomorra, pois a abominações que ali se cometiam, e que por fim causaram a ruína de todo o povo, sobrepujavam as que obrigaram Deus a lançar seus raios vingadores sobre aquela detestável cidade.[6]

No Livro 6, escreve:

Os melhores amigos tornavam-se inimigos quando se procurava conservar a vida e se atracavam uns com os outros para obter o mínimo bocado. [...] Quando aqueles homens, aos quais restava apenas a aparência de um ser humano, viam-se enganados, sem esperança de encontrar algo com o que matar a fome, então mais se assemelhavam a cães enraivecidos; a menor coisa que lhes vinha às mãos os fazia bailar como homens embriagados. Não se contentavam de procurar uma só vez em todos os recantos da casa, mas faziam-no

---

[5] Guerras dos Judeus, Livro 5.
[6] Guerras dos Judeus, Livro 5:37, p.665.

Missões e perseguições

diversas vezes e a fome enraivecida os fazia apanhar, para saciá-la, aquilo que os animais imundos calcariam aos pés. Comiam até mesmo a sola dos sapatos, o couro dos escudos; um punhado de feno podre era vendido por quatro moedas áticas[7]. Por que falar só de coisas inanimadas, para mostrar até que ponto chegou aquela espantosa carestia, pois tenho uma prova única e sem precedentes? Nem mesmo entre os gregos nem entre as outras nações mais bárbaras, e eu não teria podido resolver-me a referi-la se não tivesse várias testemunhas e, se nos males que minha pátria sofreu, fosse isso apenas uma leve consolação suprimir-lhe a memória.

Uma mulher chamada Maria, filha de Eleazar, muito rica, tinha vindo com algumas outras à aldeia de Batechor, isto é casa de hissope, refugiar-se em Jerusalém e lá se viu cercada. Aqueles tiranos, cuja crueldade martirizava os habitantes, não se contentaram em lhe arrebatar tudo o que ela tinha levado de mais precioso, tomaram-lhe ainda por diversas vezes o que ela havia escondido para seu alimento. A dor de se ver tratada daquela maneira lançou-a em tal desespero que, depois de ter feito mil imprecações contra eles, usou de palavras ofensivas, procurando irritá-los, a fim de que a matassem; mas nem um só daqueles tigres, por vingança de tantas injúrias ou por compaixão, lhe quis usar essa graça. […] Ela arrancou o filho do próprio seio e disse-lhe: "Criança infeliz, da qual nunca se poderá chorar assaz a desgraça de ter nascido durante esta guerra, durante a carestia e no meio de diversas facções, que conspiram à porfia, para a ruína de nossa pátria, para que te haveria eu de conservar a vida? […] Não é então preferível que tu morras, para me servir de alimento, para enraivecer esses revoltosos e deixar atônita a posteridade…?" Depois de ter assim falado, ela matou o filho, cozeu-o, comeu uma parte e escondeu a outra. Aqueles ímpios, que só viviam de rapina, entraram em seguida naquela casa; tendo sentido o cheiro daquela iguaria inominável, ameaçaram matá-la, se ela não lhes mostrasse o que tinha preparado para comer. Ela respondeu que ainda lhe restava um pedaço da iguaria e mostrou-lhes os restos do corpo do próprio filho. Ainda que tivessem um coração de

---

[7] A dracma [ou moeda ática], unidade de cunhagem de prata na antiga Grécia, pesava 4,3 gramas de prata e era equivalente ao salário de um dia de um trabalhador comum.

bronze, tal espetáculo causou-lhes tanto horror que eles pareciam fora de si. Ela, porém, na exaltação que lhe causava o furor, disse-lhes, com o rosto convulsionado: "Sim, é meu próprio filho que vedes, e fui eu mesma que o matei. Podeis comê-lo, também, pois eu já comi. Sois talvez menos corajosos que uma mulher e tendes mais compaixão que uma mãe? Se vossa piedade não vos permite aceitar essa vítima, que eu vos ofereço, eu mesma acabarei de comê-lo". Aqueles homens que até então não haviam sabido o que era compaixão, retiraram-se trêmulos e, por maior que fosse a sua avidez em procurar por alimento, deixaram o resto daquela detestável iguaria à infeliz mãe. A notícia de fato tão funesto espalhou-se incontinenti por toda a cidade. O horror que todos sentiram foi o mesmo, como se cada qual tivesse cometido aquele horrível crime. Os mais torturados pela fome só desejavam morrer, quanto antes, e julgavam felizes os que já haviam morrido, antes de ter tido ciência deste fato ou ouvido narrar coisa tão execrável.[8]

AS PREDIÇÕES DE JESUS

7. Tal foi a recompensa pela culpa e impiedade dos judeus contra o Cristo de Deus. Vale acrescentar a isso a infalível predição de nosso Salvador com relação a esses mesmos fatos nesta profecia:

Ai das que estiverem grávidas e das que amamentarem naqueles dias! Orem para que a fuga de vocês não aconteça no inverno, nem no sábado. Porque nesse tempo haverá grande tribulação, como nunca houve desde o princípio do mundo até agora e nunca jamais haverá (Mateus 24:19-21).

Fazendo uma estimativa da quantidade total de vidas perdidas, o historiador [Josefo] diz que 1,1 milhão morreu pela fome e pela espada, que os rebeldes e os terroristas informaram uns acerca dos outros após a captura da cidade e foram executados, e que os jovens mais altos e belos foram salvos para o cortejo triunfal. Dentre os demais, aqueles que tinham mais de 17 anos foram enviados como prisioneiros para trabalhar no Egito, e uma quantidade ainda maior foi dividida entre as províncias para ser morta pela espada ou pelas feras nos anfiteatros. Os que eram menores de 17 anos foram vendidos como escravos, cujo número, apenas destes, totalizava 90 mil.

Tudo isso aconteceu no segundo ano do reinado de Vespasiano, de acordo com as profecias de Cristo, que

70 d.C.

---

[8] *Guerras dos judeus*, Livro 6:21, 675-6.

as previu pelo poder divino como se fossem presentes e chorou sobre elas. O santo evangelista acrescentou essas Suas [de Cristo] palavras sobre Jerusalém:

> — Ah! Se você soubesse, ainda hoje, o que é preciso para conseguir a paz! Mas isto está agora oculto aos seus olhos. Pois virão dias em que os seus inimigos cercarão você de trincheiras e apertarão o cerco por todos os lados; e vão arrasar você e matar todos os seus moradores… (Lucas 19:42-44).

Em outra ocasião, Ele afirmou:

> Porque haverá grande aflição na terra e ira contra este povo. Cairão a fio de espada e serão levados cativos para todas as nações; e, até que os tempos dos gentios se completem… (Lucas 21:23-24).

E novamente:

> — Quando, porém, vocês virem Jerusalém sitiada de exércitos, saibam que está próxima a sua devastação (Lucas 21:20).

Qualquer pessoa que compare as palavras de nosso Salvador com o restante do registro da guerra feito pelo historiador não pode deixar de ficar atônito ou confessar o caráter divino das predições do Salvador.

Estátua de Vespasiano, imperador 69–79 (Uffizi, Florença).

Com respeito ao que ocorreu a toda a nação após a paixão de nosso Salvador, quando a multidão clamou pela soltura do ladrão e homicida e pela morte do Autor da vida, não há necessidade de se acrescentar aos registros. Entretanto, seria correto adicionar os fatos que evidenciaram a graciosa Providência em postergar a destruição dos judeus por 40 anos após seu crime contra Cristo. Durante todo esse tempo, a maioria dos apóstolos — incluindo o primeiro bispo, o próprio Tiago, chamado de irmão do Senhor — ainda estavam vivos, e a sua permanência na cidade providenciou forte proteção ao lugar. Pois Deus ainda estava paciente, esperando que eles finalmente se arrependessem de seus maus atos e encontrassem perdão e salvação, mas também enviando alertas miraculosos acerca do que aconteceria se eles falhassem em se arrepender.

8. Josefo observa isso em seu sexto livro das *Guerras dos judeus*:

> Mas aquele povo infeliz tão digno de lástima, prestando fé facilmente a impostores que abusavam do nome de Deus para enganá-lo, fechava os olhos e tapava os ouvidos para não ouvir os sinais certos e os verdadeiros avisos de Deus quanto à sua ruína. [...] Um cometa, que tinha a forma de uma espada, apareceu sobre Jerusalém, durante um ano inteiro.
>
> Antes de começar a guerra, o povo reunira-se a oito de abril[9] para a festa da Páscoa e, pelas nove da noite, viu-se, durante meia hora, em redor do altar e do Templo, uma luz tão forte que se teria pensado que era dia. Os ignorantes tiveram-na como um bom augúrio, mas os instruídos e sensatos, conhecedores das coisas santas, consideraram-na como um presságio do que depois sucedeu.
>
> Durante essa mesma festa, uma vaca que era levada para ser sacrificada deu à luz a um cordeiro no meio do Templo.
>
> Pelas seis horas da tarde, a porta do Templo, que está do lado do oriente e que é de bronze e tão pesada que vinte homens mal a podem empurrar, abriu-se sozinha, embora estivesse fechada com enormes fechaduras, barras de ferro e ferrolhos, que penetravam bem fundo no chão, feito de uma só pedra. [...]
>
> Um pouco depois da festa, a vinte e sete de maio[10] aconteceu uma coisa que eu temeria relatar, de medo que a tomassem por uma fábula, se pessoas que também a viram ainda não estivessem vivas e se as desgraças que se lhe seguiram não tivessem confirmado a sua veracidade. Antes do nascer do sol viram-se no ar, em toda aquela região, carros cheios de homens armados atravessarem as nuvens e espalharem-se pelas cidades, como para cercá-las. [...]
>
> No dia da festa de Pentecoste, os sacrificadores estando à noite, no Templo interior, para o divino serviço, ouviram um ruído e logo em seguida uma voz que repetiu várias vezes: "Saiamos daqui!".

---

[9] No original, *Xanthicus* [nome do sexto mês do calendário macedônio, entre março e abril] do ano 65 ou 66 d.C.

[10] No original, *Artemisius* [outro mês do calendário macedônio correspondente ao mês de maio]. Alguns eruditos discordam da data precisa, que também poderia ser 21 de maio. Esta aparição, não testemunhada por Josefo, e sem dúvida embelezada pela releitura, foi, mesmo assim, relatada por ele de modo bastante acrítico.

Quatro anos antes do começo da guerra, quando Jerusalém gozava ainda de profunda paz e de fartura, Jesus, filho de Anano, que era então um simples camponês, tendo vindo à festa dos Tabernáculos, que se celebra todos os anos no Templo, em honra a Deus, exclamou: "Voz do lado oriente, voz do lado ocidente, voz do lado dos quatro ventos, voz contra Jerusalém e contra o templo: voz contra os recém-casados e as recém-casadas, voz contra todo o povo". Dia e noite ele corria por toda a cidade repetindo a mesma coisa. Algumas pessoas de condição, não podendo compreender essas palavras de tão mau preságio, mandaram prendê-lo e vergastá-lo; mas ele não disse uma só palavra para se defender, nem para se queixar de tão severo castigo, mas repetia sempre as mesmas coisas. Os magistrados, então, pensando, como era na verdade, que naquilo havia algo de divino, levaram-no a Albino, governador da Judeia. Ele mandou açoitá-lo até verter sangue e nem assim conseguiram arrancar-lhe um único rogo, nem uma só lágrima, mas a cada golpe que se lhe dava, ele repetia com voz queixosa e dolorida: "desgraça sobre Jerusalém!".[11]

O mesmo escritor conta uma história ainda mais surpreendente na qual ele alega que foi encontrado um oráculo, em seus escritos sagrados, que previa que um homem de sua terra governaria naquela época o mundo todo, e o próprio historiador pensou que isso se cumpria em Vespasiano. Porém, ele não reinou sobre todo o mundo, mas somente sobre aquela parte que estava sob o domínio de Roma, e o tal oráculo seria mais justificavelmente melhor aplicado a Cristo, de quem o Pai disse: "Peça, e eu lhe darei as nações por herança e as extremidades da terra por sua possessão" (Sl 2:8). E foi por meio de Seus santos apóstolos que, naquele tempo, "por toda a terra se faz ouvir a sua voz, e as suas palavras chegam até os confins do mundo" (Sl 19:4).

JOSEFO E SEUS ESCRITOS

9. Visto que Josefo proveu tanto material para esta história, seria apropriado contar sobre sua origem e ancestralidade. Ele mesmo fornece essas informações:

> Meu pai chamava-se Matias, meu nome é Josefo, sou hebreu de nascimento, sacerdote em Jerusalém. No princípio [das guerras] combati contra os

---

[11] *Guerras dos Judeus*, Livro 6:30 e 31, pp.680-81.

romanos e me tornei uma testemunha involuntária dos últimos eventos.[12]

Ele era o judeu mais famoso de seu tempo, não apenas entre seus compatriotas, mas entre os romanos igualmente, de modo que foi honrado com uma estátua erigida em Roma e com a inclusão de suas obras na biblioteca nessa cidade. Escreveu toda a história dos judeus [*Antiguidades*] em 20 livros e o relato da guerra contra os romanos, ocorrida em sua época [*Guerras dos judeus*], em sete. A última obra publicou não somente em grego, mas em seu idioma nativo, como ele mesmo testifica. Assim sendo, por essas e outras razões, ele é digno de crédito. Existem ainda dois livros seus, intitulados *Resposta de Flávio Josefo a Ápio*, no qual ele responde ao gramático Ápio, que publicara um ataque aos judeus e a outros que buscavam difamar os costumes ancestrais do povo judeu. No primeiro deles, Josefo enumera as Escrituras canônicas que formavam aquilo que é conhecido como Antigo Testamento, demonstrando quais delas são indisputáveis entre os hebreus, baseando-se em tradições antigas:

10. Não temos, pois, receio de ver entre nós um grande número de livros que se contradizem. Temos apenas vinte e dois que compreendem tudo o que se passou, e que se refere a nós, desde o começo do mundo até agora, e aos quais somos obrigados a prestar fé. Cinco são de Moisés, que refere tudo o que aconteceu até sua morte, durante perto de três mil anos e a sequência dos descendentes de Adão. Os profetas que sucederam a esse admirável legislador escreveram em treze outros livros tudo o que se passou depois de sua morte até o reinado de Artaxerxes, filho de Xerxes, rei dos persas[13]. E os outros quatro livros contêm hinos e cânticos feitos em louvor de Deus e preceitos para os costumes[14]. Escreveu-se também tudo o que se passou desde Artaxerxes até os nossos dias, mas como não se teve, como antes, uma sequência de profetas, não se lhes dá o mesmo crédito que aos outros livros[15], de que acabo de falar e pelos quais temos tal respeito que ninguém foi tão atrevido para

---

[12] *Guerras dos judeus*, Livro 1: prefácio, p.496. N.T.: O texto em português tem pequenas diferenças do original em inglês desta obra.

[13] Provavelmente a partir de Josué, desde Jó até Isaías, passando pelos profetas maiores e menores em agrupamentos por número (exemplo, 1 e 2 Samuel como um livro) ou assunto (por exemplo, Esdras e Neemias), reduzindo, assim, 30 livros a 13.

[14] Salmos, Provérbios, Eclesiastes e Cântico dos Cânticos.

[15] Provavelmente 1 e 2 Macabeus.

tentar tirar ou acrescentar, ou mesmo modificar-lhes a mínima coisa. Nós os consideramos como divinos, chamamo-los assim; fazemos profissão de observá-los inviolavelmente e morrer com alegria se for necessário, para prová-los.[16]

Ele produziu ainda outra obra de grande mérito, *A supremacia da razão*, que alguns chamam de *O martírio dos Macabeus*, visto que se relaciona com os conflitos desses hebreus citados nos livros de Macabeus, que lutaram tão bravamente em favor da adoração a Deus. E, ao final do vigésimo livro de *Antiguidades*, Josefo anuncia que havia planejado escrever quatro livros acerca das crenças judaicas quanto à natureza de Deus e sobre o porquê de a Lei permitir algumas coisas e proibir outras. Ele também escreveu outras obras, as quais menciona em seus escritos.

Por fim, creio que seja adequado citar as palavras que ele anexa ao final de *Antiguidades* para sublinhar as evidências das passagens que tomei emprestado dele. Denunciando Justo de Tiberíades de falsas alegações — este havia tentado escrever sua história no mesmo período — e trazendo muitas outras acusações contra ele, Josefo acrescenta o seguinte:

> Não compartilho do receio com relação aos meus escritos. Submeti meus livros aos próprios imperadores[17], enquanto os eventos eram ainda recentes, pois, uma vez que a verdade é primordial em meu relato, esperei receber confirmação de minha precisão e não fui decepcionado. Também entreguei minha história a muitos outros, alguns dos quais realmente tomaram parte na guerra, como o rei Agripa [II] e muitos de seus familiares. De fato, o imperador Tito estava tão cauteloso de que o público recebesse informação desses eventos apenas de meus livros, que escreveu uma ordem de próprio punho para a sua publicação, e o rei Agripa escreveu 62 cartas atestando a sua veracidade.[18]

Ele faz citação de duas dessas cartas, mas isso é o suficiente acerca de Josefo para que sigamos adiante.

A SUCESSÃO DOS BISPOS

11. Depois do martírio de Tiago e a conquista de Jerusalém, que ocorreu logo em

---

[16] Resposta de Flávio Josefo a Ápio, capítulo 2, p.712.

[17] Vespasiano e seu filho e sucessor, Tito, ambos comandantes dos exércitos romanos nas Guerras judaicas.

[18] *Vita* 65.

seguida, a tradição afirma que os apóstolos e discípulos do Senhor que ainda estavam vivos se reuniram, vindos de todas as partes, com aqueles que tinham, humanamente falando, parentesco com o Senhor, pois muitos deles ainda viviam. Todos discutiram conjuntamente quem deveria ser o sucessor de Tiago e, unanimemente, decidiram que Simeão, filho de Clopas, mencionado nos evangelhos[19], era digno do trono de bispo [em Jerusalém]. Diz-se que ele era primo de primeiro grau do Salvador, uma vez que Hegésipo relata que Clopas era irmão de José.

12. Hegésipo igualmente relata que, após a conquista de Jerusalém, Vespasiano ordenou que fosse feita uma busca por todos os descendentes de Davi, de forma que nenhum membro da casa real fosse deixado entre os judeus, o que resultou em outra grande perseguição a estes.

79 d.C. 13. Quando Vespasiano havia reinado por 10 anos, seu filho, Tito, sucedeu-o como imperador. No segundo ano de Tito, Lino, o bispo de Roma, cedeu a Anacleto o seu ofício, após tê-lo mantido por 12 anos e dois meses.

81 d.C.

14. No quarto ano de Domiciano, Aniano, o primeiro bispo da paróquia de Alexandria, morreu após completar 22 anos e foi sucedido por Abílio, que se tornou o segundo bispo.

[Este é um exemplo de muitos desse tipo de parágrafo que se seguirão, tratando da sucessão dos bispos. O leitor faria bem em lê-los rapidamente, uma vez que uma lista completa dos bispos de Jerusalém, Antioquia, Alexandria e Roma é fornecida no Apêndice 2.]

15. No décimo segundo ano do mesmo reinado, Clemente sucedeu a Anacleto, após seu bispado de 12 anos em Roma. Em Filipenses (Fp 4:3), o apóstolo o descreve como um companheiro nestas palavras: "juntamente com Clemente e com os demais cooperadores meus, cujos nomes se encontram no Livro da Vida".

16. Em nome da igreja de Roma, Clemente escreveu uma epístola reconhecida, longa e maravilhosa e a enviou à igreja em Corinto, onde houvera uma horrenda dissenção. Essa carta foi lida publicamente em muitas igrejas, tantos nos dias passados como em nossos próprios dias. É evidente, por meio do testemunho de Hegésipo, que havia uma dissenção em Corinto nos dias de Clemente.

A PERSEGUIÇÃO POR DOMICIANO E OS PARENTES DE JESUS

17. Domiciano, com terrível crueldade, matou sem julgamento muitos homens 95 d.C.

---

[19] João 19:25; talvez também Lucas 24:18.

Estátua de Tito, imperador de 79–81 (Uffizi, Florença).

em Roma que eram distintos por seus laços familiares e carreira, e, sem motivo algum, baniu muitos outros notáveis, confiscando suas propriedades. Por fim, ele se mostrou como sucessor de Nero em termos de hostilidade a Deus. Ele foi o segundo a organizar uma perseguição contra nós, embora seu pai, Vespasiano, não tivesse tais planos perversos.

18. A tradição afirma que o apóstolo e evangelista João ainda vivia nesse tempo e foi condenado a viver na ilha de Patmos por causa de seu testemunho da Palavra divina. Escrevendo acerca do número atribuído ao Anticristo [666], em Apocalipse (Ap 13:18), Ireneu diz o seguinte a respeito de João no Livro 5 de seu *Contra as Heresias* [N.T.: Ed. Paulus, p. 600]:

Se o seu nome tivesse que ser proclamado no nosso tempo, já teria sido manifestado pelo vidente do Apocalipse, porque não faz muito tempo que ele foi visto, e sim próximo aos nossos dias, no fim do reinado de Domiciano.

De fato, o ensino de nossa fé brilhou tão fulgurosamente naquele tempo que até mesmo os autores alheios à nossa crença citaram a perseguição e o martírio em suas histórias. Até mesmo indicaram precisamente o tempo, afirmando que, no décimo quinto ano de Domiciano, Flávia Domitila, sobrinha de Flávio Clemente, um dos cônsules romanos naquele ano, foi banida com muitos outros para a ilha de Ponza por professar a Cristo.[20]

96 d.C.

Cabeça de Domiciano, imperador de 81–96 (Gliptoteca, Copenhague).

---

[20] Suetônio, em *Domiciano 15*, e Dião Cássio 67.14 afirmaram que Domitila era a esposa, e não sobrinha, de Flávio Clemente. Dião acrescenta que ela também era parente de Domiciano (sobrinha) e que foi banida para Pandateria, não Ponza. Possivelmente havia duas Domitilas, um nome comum naquele clã.

19. Naquele mesmo ano, Domiciano ordenou a execução de todos os que pertenciam à linhagem de Davi, e uma antiga tradição alega que alguns hereges acusaram os descendentes de Judas — o irmão do Salvador, humanamente falando — reivindicando que eram da família de Davi e aparentados com o próprio Cristo. Hegésipo relata esse fato nos seguintes termos:

20. Sobreviventes da família do Senhor ainda havia os netos de Judas, de quem se dizia ser Seu irmão consoante a carne, e informaram acerca deles de que eram descendentes de Davi. Os *evocati*[21] os trouxeram diante de Domiciano César, que, do mesmo modo que Herodes, temia a vinda de Cristo. Domiciano perguntou-lhes se eram descendentes de Davi, e eles o admitiram. Depois lhes perguntou quantas propriedades e dinheiro possuíam, ao que responderam ter apenas nove mil denários juntos, metade pertencendo a cada um deles. E isso, disseram, não estava em forma de moeda, mas era o valor estimado de apenas 39 *plethra* de terra[22], dos quais pagavam impostos e se sustentavam por seu trabalho.

Cabeça de Flávia Domitila, esposa do sobrinho de Domiciano, Flávio Clemente (não sua sobrinha, como afirma Eusébio). Neta de Vespasiano, ela doara terras para um cemitério cristão, mas foi exilada por causa de sua conversão ao cristianismo (*Glytotek, Copenhagen*).

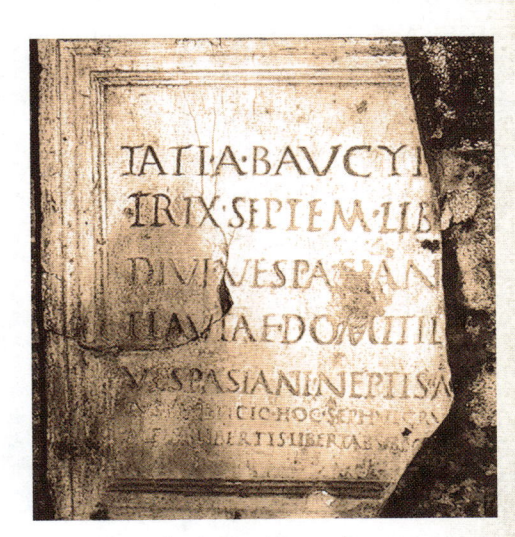

Na catacumba de Domitila, em Roma, seu nome aparece na quarta linha da lápide de mármore. Na quinta linha, ela é chamada de neptis, ou neta, de Vespasiano.

---

[21] Membros veteranos da guarda pretoriana ou das coortes urbanas em Roma, que haviam servido durante seu período, mas continuaram depois como voluntários.

[22] Cerca de 22 acres.

Depois [Hegésipo continua], como prova de sua labuta, eles mostraram os calos em suas mãos e a firmeza de seus corpos por seu trabalho incessante. Foram arguidos acerca de Cristo e Seu reino — sua natureza, origem e tempo de aparição. Os homens responderam que Seu reino não era deste mundo ou terreno, mas angelical e celestial, e que seria estabelecido no fim dos dias, quando Cristo voltará em glória para julgar os vivos e os mortos, bem como recompensar a todos por suas obras. Com isso, Domiciano não os condenou, mas, desprezando-os como pessoas simplórias, libertou-os e ordenou que a perseguição contra a Igreja cessasse. Após a libertação deles, ambos se tornaram líderes de igrejas, tanto por seu testemunho quanto por pertencerem à família do Senhor, e viveram até o tempo de Trajano devido à consequente paz. Até aqui são relatos de Hegésipo.

Tertuliano faz semelhantes afirmações sobre Domiciano:

> Uma tentativa também havia sido feita por Domiciano, que era semelhante a Nero em crueldade, mas — suponho que porque tinha alguma consciência humana — ele renunciou facilmente à tarefa iniciada, tendo sido reconvocados também os que havia exilado.[23]

Depois que Domiciano havia governado por 15 anos, foi sucedido por Nerva. Por meio de um decreto do senado romano, as honras de Domiciano foram canceladas e todos os que haviam sido banidos injustamente retornaram e tiveram suas propriedades restauradas. Nesse mesmo tempo, conforme relata a tradição cristã primitiva, o apóstolo João retornou à sua residência em Éfeso, após seu tempo de exílio na ilha. **96 d.C.**

BISPOS

21. Depois de Nerva reinar pouco mais de um ano, foi sucedido por Trajano. Em seu quinto ano, Abílio, após liderar a igreja em Alexandria por 13 anos, foi sucedido por Kedron (ou Cerdão), o terceiro depois do primeiro, Aniano. Neste tempo, Clemente ainda era o líder da igreja romana, igualmente o terceiro na sucessão dos bispos de Roma a seguir de Paulo e Pedro — sendo Lino o primeiro, e Anacleto o segundo. **98 d.C.**

22. Em Antioquia, Evódio fora o primeiro bispo, e Inácio tornava-se conhecido neste tempo como o segundo. Semelhantemente, Simeão foi o segundo depois do irmão do nosso Salvador a estar encarregado da igreja em Jerusalém.

---

[23] *Apologético*, 5, p.47. N.T.: Algumas adaptações foram feitas à tradução existente no mercado, a fim de facilitar a compreensão.

UMA NARRATIVA ACERCA DE JOÃO

23. Nesse tempo, o discípulo a quem Jesus amava — João, o apóstolo e evangelista — ainda vivia na Ásia [Menor] e liderava as igrejas dessa região, logo após seu retorno do exílio. Está confirmado, por duas testemunhas confiáveis e ortodoxas: Irineu e Clemente de Alexandria, que ele tenha vivido por tanto tempo. No Livro 2 de seu *Contra as heresias*, escreve Irineu:

> ...todos os presbíteros da Ásia que se reuniram em volta de João, o discípulo do Senhor, que ficou com eles até os tempos de Trajano, afirmam que João lhes transmitiu esta tradição.[24]

E diz o mesmo no Livro 3:

> Também a igreja de Éfeso, que foi fundada por Paulo e onde João morou até os tempos de Trajano, é testemunha verídica da tradição dos apóstolos.[25]

Em seu tratado *Quem é o homem rico que será salvo?*, Clemente acrescenta esta edificante narrativa:

> Ouçam uma história que não é apenas uma história, mas um relato verdadeiro, preservado na memória, acerca do apóstolo João. A seguir à morte do tirano, ele retornou da ilha de Patmos a Éfeso e costumava ir, quando solicitado, aos distritos gentílicos vizinhos para indicar bispos, reconciliar igrejas, ou ordenar alguém designado pelo Espírito. Ao chegar em uma cidade próxima [Esmirna], ele resolveu disputas entre os irmãos e, então, percebendo um jovem vivaz, de porte atlético e bela aparência, recomendou-o ao bispo nomeado com essas palavras:
>
> —Deixo esse rapaz sob seus cuidados, com Cristo como minha testemunha.
>
> Quando João voltou a Éfeso, o clérigo trouxe-lhe o rapaz que lhe fora confiado, a quem havia dado instrução e, por fim, batizado. Depois disso, ele relaxou sua supervisão, tendo colocado o selo do Senhor sobre ele como a perfeita garantia. No entanto, alguns jovens desocupados e dissolutos o haviam corrompido com diversões dispendiosas e o levavam quando saíam à noite para cometer ladroagem ou crimes piores. O rapaz logo se uniu a eles, como um cavalo mordendo os próprios freios, apressando-se

---

[24] Contra as Heresias, Livro 2, p.196.
[25] Contra as Heresias, Livro 3, p.252.

para fora do caminho e precipício abaixo. Renunciando à salvação, ele foi de pequenas ofensas a grandes crimes e formou, com os jovens renegados, uma gangue de bandidos, sendo ele mesmo o líder, sobrepujando a todos em violência e sangrenta crueldade.

O tempo passou, e João lhe fez nova visita. Quando terminou sua missão, João disse:

—Venha agora, bispo, devolva-me o depósito que Cristo e eu deixamos sob seus cuidados, com a igreja como testemunha.

Inicialmente, o bispo ficou estupefato, achando que estava sendo cobrado de fundos que jamais recebera. Contudo, João lhe disse:

—Estou lhe perguntando pelo jovem e sua alma.

—Ele está morto — gemeu o velho homem entre lágrimas.

—Como ele morreu?

—Ele está morto para Deus. Tornou-se vil e debochado: um fora-da-lei. Agora habita em montanhas, não na igreja, com uma gangue armada de homens semelhantes a ele.

O apóstolo rasgou suas próprias vestes, batia em sua cabeça e clamava:

—Que bom guardião eu deixei encarregado da alma de nosso irmão! Porém, traga-me um cavalo e alguém para me mostrar o caminho.

Ele cavalgou para fora da igreja, exatamente como estava. Quando chegou ao esconderijo e foi cercado pelas sentinelas dos criminosos, gritou:

—Este é o motivo de minha vinda: levem-me até seu líder!

Quando João se aproximou, e o jovem líder o reconheceu, ele se virou e fugiu envergonhado. Mas João correu atrás dele tanto quanto podia, esquecendo-se de sua idade e gritando:

—Por que você está fugindo de mim, filho, de seu próprio pai, desarmado e idoso? Tenha compaixão de mim, filho, não me tema! Prestarei contas a Cristo por você e, se necessário, alegremente sofrerei a morte e darei minha vida pela sua, do mesmo modo como o Senhor sofreu a morte por nós. Pare! Acredite! Cristo me enviou!

O jovem parou, olhou para o chão, jogou fora suas armas e pranteou amargamente. Lançando seus braços ao redor do velho João, implorou por perdão, sendo batizado uma segunda vez por suas próprias lágrimas, mas mantendo sua mão direita escondida[26]. No entanto, João,

---

[26] Como indigna de perdão por todo o derramamento de sangue que ela causara.

Fachada da Biblioteca de Celso (à esquerda) e o Portão de Mitrídates (à direita) nas ruínas da antiga Éfeso, local do último ministério de João. © Shutterstock

assegurou-lhe de que havia encontrado perdão para o rapaz no Salvador. Ele orou, ajoelhou-se e beijou aquela mão direita como estando purificada por meio do arrependimento. Depois, levou-o de volta, não o abandonou até que, pela oração, jejum e ensino, houvesse o restaurado à igreja. Um grande exemplo de verdadeiro arrependimento e regeneração, o troféu de uma ressurreição visível.

Cito esse trecho de Clemente tanto por seu valor histórico bem como para edificação.

OS ESCRITOS DE JOÃO

24. Agora, porém, permitam-me indicar os escritos inquestionáveis deste apóstolo. Seu evangelho, lido por todas as igrejas sob o sol, deve ser reconhecido antes de tudo. É compreensível que os Pais primitivos o tivessem estabelecido em quarto lugar após os outros três. Os inspirados apóstolos de Cristo haviam purificado completamente sua vida e cultivado cada virtude, no entanto, eram apenas homens de discursos simples. Embora ousados no poder do Salvador, eles não possuíam nem a habilidade nem o desejo de apresentar os ensinamentos do Mestre com destreza retórica, mas dependiam apenas da obra do Espírito de Deus por intermédio do homem. Assim, eles proclamaram o reino dos Céus a todo o mundo e pouco preocuparam-se em escrever livros. Paulo, por exemplo, que superou todos os demais em argumentação e intelecto,

escreveu apenas epístolas muito breves e, mesmo assim, tinha incontáveis coisas inefáveis a dizer, captadas enquanto estava na visão do terceiro céu e ouvindo palavras indizíveis (2Co 12:2).

Os outros pupilos de nosso Salvador tiveram experiências semelhantes — os doze apóstolos, os setenta discípulos, bem como incontáveis outros. Contudo, entre todos os que estiveram com o Senhor, apenas Mateus e João nos deixaram suas memórias, e a tradição afirma que o fizeram por necessidade. Mateus, a princípio, pregou aos hebreus e, quando planejou ir a outros também, escreveu seu evangelho em seu próprio idioma nativo para aqueles a quem deixava, e assim seus escritos preencheriam o vazio que sua partida geraria. Marcos e Lucas já haviam publicado seus evangelhos, mas diz-se que João utilizou-se apenas da palavra falada até que, finalmente, resolveu escrever pelo motivo a seguir. Os três evangelhos escritos, estando em circulação geral, também chegaram às mãos de João. Afirma-se que ele os tenha recebido com alegria e afirmado sua exatidão, mas que percebeu que faltava à narrativa apenas o registro do que Cristo havia feito no começo de Sua missão.

E isso é verdade. Os três evangelistas registraram o que o Salvador fez somente um ano após o encarceramento de João Batista e o indicaram no início de seus registros. Depois dos 40 dias de jejum e da tentação que se seguiu, Mateus fixa claramente o tempo nas palavras: "Ao ouvir que João tinha sido preso, Jesus voltou para a Galileia" (Mt 4:12). Semelhantemente, Marcos relata: "Depois de João ter sido preso, Jesus foi para a Galileia…" (Mc 1:14). Lucas, igualmente, faz um comentário similar antes de relatar as obras de Jesus ao afirmar que Herodes acrescentou mais um crime à sua lista: "mandou prender João" (Lc 3:20).

Assim sendo, diz-se que, por esse motivo, João se sentiu impelido a escrever seu próprio evangelho acerca das obras do Salvador durante o período que os primeiros evangelistas não registraram — isto é, os eventos anteriores à prisão de João Batista. Isso é indicado por suas palavras: "Jesus deu início a seus sinais" (Jo 2:11), e, mais tarde, em meio a seu relatório dos feitos de Jesus, ao mencionar que o Batista ainda estava batizando em Aenon, perto de Salim, o que ele evidencia ao acrescentar: "Pois João ainda não havia sido preso" (Jo 3:24).

Desse modo, João registra o que Cristo fez antes do aprisionamento do Batista, ao passo que os outros três contam os eventos seguintes. Uma vez compreendido isso, os evangelhos não mais pareciam discordar, pois João cobre as primeiras obras de Cristo e os demais, as últimas[27]. João, provavelmente, omitiu a genealogia de nosso

---

[27] Uma explicação imperfeita. Veja comentário ao final deste capítulo.

Salvador como homem porque ela já havia sido escrita por Mateus e por Lucas, e, portanto, começou com a proclamação de Sua divindade, visto que o Espírito divino o havia reservado a ele como superior aos demais.

Isso é o suficiente quanto à composição do evangelho de João, e a proveniência do evangelho de Marcos foi explicada anteriormente. Em seu prefácio, Lucas explica a origem de seu trabalho: uma vez que muitos haviam empreendido, precipitadamente, escrever um registro das coisas pelas quais ele foi completamente informado, sentiu-se obrigado a nos libertar dos esforços duvidosos de outros ao nos fornecer um relato acurado, baseado em sua associação a Paulo e conversas com os demais apóstolos.

A respeito dos escritos de João, além de seu evangelho, a primeira de suas epístolas tem sido aceita como autêntica desde o passado até o presente, porém as outras duas são discutidas. Quanto ao Apocalipse, as opiniões estão igualmente divididas. Os primeiros escritores serão citados mais adiante com referência a tais questões.

ESCRITOS CANÔNICOS E NÃO CANÔNICOS

25. Neste ponto é adequado que se liste os escritos do Novo Testamento aos quais nos referimos anteriormente. O santo quarteto de evangelhos vem primeiro, seguido de Atos dos Apóstolos. A seguir, as epístolas de Paulo, 1 João e 1 Pedro. O Apocalipse de João pode ser acrescentado, pois discutiremos posteriormente os argumentos quanto a essa escolha.

Esses são os livros reconhecidos. Aqueles que são discutíveis, embora conhecidos por muitos, são as epístolas chamadas de Tiago, Judas, 2 Pedro e as chamadas 2 e 3 João, obra do evangelista ou de outra pessoa com o mesmo nome.

Entre os livros espúrios estão os Atos de Paulo, o Pastor [de Hermas], o Apocalipse de Pedro, a suposta epístola de Barnabé, os chamados Ensinos dos Apóstolos [*Didaquê*], bem como o Apocalipse de João, se for adequado incluí-lo nesta lista, visto que alguns o rejeitam e outros o aceitam, conforme previamente declarado. Além desses, alguns acrescentam o evangelho de Hebreus na lista, pelo qual aqueles hebreus que aceitaram a Cristo têm um apreço especial. Todos esses seriam classificados como livros discutidos, não canônicos, mesmo que sejam familiares à maioria das igrejas, os quais listei separadamente a fim de os distinguir dos escritos que são verdadeiros, genuínos e aceitos na tradição da Igreja.

Aqueles publicados por hereges sob o nome dos apóstolos — como: os evangelhos de Pedro, Tomé, Matias e outros, ou os Atos de André, João e outros apóstolos — jamais foram citados por alguém na sucessão dos escritores da Igreja. O tipo de fraseologia usada contrasta com o estilo apostólico, e as opiniões e a força de seu conteúdo são tão dissonantes da verdadeira ortodoxia que se mostram ser adulteração de hereges. Dessa forma, não devem sequer ser reconhecidos entre os livros espúrios, mas descartados como ímpios e absurdos.

MENANDRO, O CHARLATÃO

26. Prossigamos com nossa história. Menandro sucedeu Simão, o mago, como uma segunda ferramenta do diabo e era tão perverso quanto seu antecessor. Ele também era um samaritano que, tendo sido elevado às mesmas alturas de encantamentos que seu mestre, revelou-se em pretensões ainda mais miraculosas. Afirmava ser o salvador enviado do alto para a salvação dos homens, a partir de éons invisíveis, e ensinava que ninguém, nem mesmo os anjos que fizeram o mundo, poderia sobreviver exceto se fosse resgatado por meio de suas habilidades mágicas e batismo. Esses tais receberiam eterna imortalidade nesta vida, não sendo mais mortais, mas destinados a permanecer aqui para sempre e sem idade limite. Os escritos de Irineu o registram, ao passo que Justino, também, acrescenta o seguinte ao seu relato acerca de Simão:

> Sabemos também que certo Menandro, igualmente samaritano, natural da aldeia de Carapateia, discípulo de Simão, possuído também pelos demônios, apareceu em Antioquia e enganou muitos com suas artes mágicas, chegando a persuadir seus seguidores de que jamais iriam morrer. E existe ainda alguns de sua escola que continuam crendo nele.[28]

Certamente foi por meio de incitação diabólica que tais impostores usurparam o título de cristão para difamar o grande mistério da religião por meio de mágica e para destruir os ensinamentos da Igreja sobre a imortalidade da alma e a ressurreição dos mortos. Todavia, aqueles que consideraram esses homens "salvadores" caíram da verdadeira esperança.

OS EBIONITAS, CERINTO E NICOLAU

27. Outras pessoas a quem o malévolo demônio não conseguiu fazer estremecer quanto ao plano de Deus em Cristo, ele tornou seus por meio de uma armadilha diferente. Os primeiros cristãos os chamavam de ebionitas — muito adequadamente, tendo em vista suas pobres e desprezíveis opiniões sobre Cristo[29]. Eles o consideravam [a Cristo] um homem simples, comum, nascido pelo intercurso entre um homem e

---

[28] Justino, o Mártir, *Apologia* I, p.42.

[29] O termo ebionita é derivado do termo hebraico para "o pobre".

Maria, que atingiu a retidão por intermédio de um crescimento do caráter. Observavam cada detalhe da Lei e não pensavam que seriam salvos somente pela fé em Cristo e por uma vida que correspondesse a isso.

Outros, entretanto, possuíam o mesmo título, mas escaparam da tolice absurda acima mencionada. Não negavam que o Senhor tivesse nascido de uma virgem e do Espírito Santo; no entanto, ainda assim, compartilhavam que se omitiam em confessar a Sua pré-existência como Deus, a Palavra e Sabedoria. Assim, igualmente ímpios, também eram zelosos na observação literal da Lei e achavam que as cartas do apóstolo [Paulo] deveriam ser completamente rejeitadas, chamando-o de apóstata da Lei. Usavam o chamado evangelho de Hebreus e relegavam pouco respeito aos demais. Como os primeiros, observavam o *Shabat* e todo o cerimonial judaico, mas, no Dia do Senhor, celebravam ritos como os nossos em comemoração à ressurreição do Salvador. Em função dessas práticas, portanto, eles foram apelidados de *ebionitas*, um título que indica a pobreza de sua inteligência, uma vez que esse termo quer dizer "pobre" em hebraico.

28. A tradição afirma que, nesse tempo, Cerinto fundou outra heresia. Gaio, cujas palavras citei anteriormente, escreve a respeito dele em *Diálogo*, que lhe foi atribuído:

Ademais, Cerinto, por meio de revelações supostamente escritas por um grande apóstolo, oferece-nos falsos contos de maravilhas que alegadamente lhe foram mostradas por anjos. Após a ressureição, dizia ele, o reino de Cristo será na Terra, e a humanidade que vive em Jerusalém será novamente escravizada pela luxúria e pelo prazer. Ele é inimigo das Escrituras de Deus e, em sua ansiedade por ludibriar, reivindica que as festas das bodas durarão por mil anos.

Igualmente, Dionísio, bispo de Alexandria em meu próprio tempo, comenta sobre a antiga tradição acerca do Apocalipse de João no Livro 2 de seu *Promessas*, e depois se refere a Cerinto nos seguintes termos:

> Cerinto foi o fundador da heresia cerintiana, à qual deu o nome, visto que desejava acrescentar uma nota autoritativa à sua criação. Ensinava que o reino de Cristo seria na Terra, e, enamorado de seu próprio corpo e um indivíduo inteiramente sensual, ele sonhava com um paraíso para suas próprias luxúrias, cheio de infindável glutonaria em comida, bebida e casamento, ou, como eufemismo dessas coisas, festas, sacrifícios e imolação de vítimas.

Até aqui falou Dionísio. Em seu Livro 1 de *Contra as Heresias*, Irineu falou mais a respeito de seus [de Cerinto] erros mais repugnantes e, no Livro 3, registra um incidente memorável. De acordo com Policarpo, afirma Irineu, o apóstolo João foi a um banho público certo dia para se banhar, porém, quando lá encontrou Cerinto, saltou para fora do lugar e correu pela porta, pois não poderia suportar estar sob o mesmo teto. Ele incitou seus companheiros a fazer o mesmo, clamando: "Saiamos daqui para que esse lugar não desmorone: Cerinto, o inimigo da verdade, está aqui dentro!".

29. Por esse tempo, a heresia dos nicolaítas, mencionada no Apocalipse de João (Ap 2:15), existia há pouco tempo. Eles reivindicavam que Nicolau era um dos diáconos que, juntamente com Estêvão, foi indicado pelos apóstolos para cuidar dos pobres (At 6:5). Em sua *Miscelâneas*, Livro 6, Clemente de Alexandria oferece este relato acerca dele:

> Afirma-se que esse homem tinha uma bela e jovem esposa, mas os apóstolos o acusaram de ciúme. Após a ascensão do Salvador, ele a trouxe para frente e disse que qualquer um que quisesse poderia possuí-la. Esse gesto, diz-se, resultou do mandamento "tratai a carne com desprezo". O que foi feito e dito com simplicidade, e não perversão, tornou-se promiscuidade irrestrita entre os membros dessa heresia. Contudo, eu soube que Nicolau não teve jamais relacionamento com qualquer outra mulher além de sua esposa, que suas filhas chegaram à velhice em virgindade e que seu filho permaneceu casto. Assim sendo, o fato de ele ter trazido a esposa, a quem amava zelosamente, para o meio dos apóstolos foi uma renúncia à paixão, e foi o controle dos prazeres que ele buscava que gerou a regra "tratai a carne com desprezo". Obedecendo à ordem do Salvador, ele não desejava servir dois mestres: o prazer e o Senhor. Também se diz que Matias ensinou isto: lutem contra a carne; jamais cedam aos prazeres, mas alimentem a alma por meio da fé e do conhecimento.[30]

Isso basta com relação às investidas contra a verdade feitas nesse tempo, as quais se extinguiram completamente em menos tempo do que é necessário para que sejam relatadas.

---

[30] **N.T.:** Este material ainda não está disponível em português. Mas, aos leitores que desejarem procurá-lo em inglês, o título é *Miscellanies* 3.4.25-26.

APÓSTOLOS QUE SE CASARAM

30. Em refutação àqueles que rejeitavam o casamento, Clemente lista aqueles apóstolos que contraíram matrimônio:

> Ou objetarão eles até mesmo aos apóstolos? Pois Pedro e Filipe tinham filhos, e Filipe entregou suas filhas em casamento, ao passo que o próprio Paulo não hesita, em uma de suas cartas, em citar sua esposa[31], a quem não levava consigo, a fim de facilitar seu ministério.[32]

Para citar outra narrativa interessante de Clemente sobre esse tema, no Livro 7 de seu *Miscelâneas*:

> Diz-se que, quando o bendito Pedro viu sua esposa tomada pela morte, ele se alegrou que o chamado dela tivesse chegado e ela estaria retornando para o lar. Ele a chamou pelo nome, em encorajamento e consolo: "Lembre-se do Senhor!". Assim era o casamento dos abençoados e sua perfeição em afeição.[33]

AS MORTES DE JOÃO E FILIPE

31. Já relatei quando e onde Pedro e Paulo morreram e onde seus corpos foram sepultados. O tempo da morte de João também já foi mencionado, e o lugar onde foram colocados seus restos mortais é indicado em uma carta de Policarpo, bispo de Éfeso, a Vitor, bispo de Roma. Nela, ele se refere a João, Filipe (o apóstolo) e as filhas de Filipe da seguinte forma:

> Grandes luminares repousaram na Ásia, que serão ressuscitados no último dia no advento do Senhor, quando Ele voltará em glória do Céu e convocará todos os Seus santos — como Filipe, um dos doze apóstolos, que dormiu em Hierápolis, com suas duas filhas idosas e virgens, enquanto a terceira filha viveu no Espírito Santo e descansa em Éfeso. Há também João, que se inclinou no peito do Senhor e que se tornou sacerdote usando a mitra, um mártir e mestre; ele também repousa em Éfeso.

No *Diálogo*, de Gaio, mencionado anteriormente, Proclo, com quem ele debatia, fala de modo semelhante sobre a morte de Filipe e suas filhas:

> Depois dele, as quatro filhas de Filipe, que eram profetizas,

---

[31] Em Filipenses 4:3, o grego *suzuge* (literalmente "companheiro de jugo") pode ser traduzido como "esposa" ou como "colaborador". Não é sabido se Paulo era ou não casado.

[32] 1 Coríntios 9:5. Citação de Clemente: *Miscellanies* 3.6.52ff.

[33] *Miscellanies*, 7.11.63-64.

Ruínas da Basílica de João em Éfeso, construída por Justiniano. As quatro colunas no centro marcam a suposta sepultura do apóstolo João. © Shutterstock

estavam em Hierápolis, na Ásia. O túmulo delas está lá, bem como de seu pai.

Em Atos, Lucas menciona as filhas de Filipe como vivendo com seu pai em Cesareia, na Judeia, e a elas foi outorgado o dom da profecia:

> No dia seguinte, prosseguimos para Cesareia e nos hospedamos na casa de Filipe, o evangelista, um dos sete que tinham servido na igreja em Jerusalém. Ele tinha quatro filhas solteiras que profetizavam.[34]

Esses são os fatos relativos aos apóstolos e seu tempo, conforme o sabemos, bem como de seus escritos sagrados, os livros discutidos, embora muito usados nas igrejas, e todos aqueles que são ficção. Retomemos, agora, a narrativa.

O MARTÍRIO DE SIMEÃO, BISPO DE JERUSALÉM

32. Depois de Nero e Domiciano, sob o imperador [Trajano], cujo tempo estou agora descrevendo, a tradição fala de perseguição esporádica contra nós em algumas cidades como resultado de tumultos da população. No decorrer dessa perseguição, Simeão, filho de

---

[34] Atos 21:8-9. Aqui há claramente uma confusão nessas citações entre Filipe, o apóstolo, e Filipe, o diácono.

Clopas, o segundo bispo de Jerusalém, como relatado previamente, terminou sua vida em martírio. Isso se fundamenta na autoridade de Hegésipo que, escrevendo sobre certos hereges, prossegue relatando como eles acusaram Simeão e como, após muitos dias de variadas torturas por ser cristão — para o espanto do juiz e seus assessores —, ele sofreu um fim parecido com o do Senhor. É melhor ouvir o próprio historiador:

> Alguns desses hereges acusaram Simeão[35], filho de Clopas, de ser descendente de Davi e de ser cristão. Desse modo, ele sofreu o martírio aos 120 anos, quando Trajano era imperador e Ático era o cônsul governante.[36]

O mesmo historiador assevera que os acusadores de Simeão também foram aprisionados por serem membros da casa real judaica, enquanto estes eram caçados. E pode-se concluir, com razão, que Simeão viu e ouviu o Senhor, tendo em vista a duração de sua vida e a referência nos evangelhos a Maria, esposa de Clopas, de quem ele era filho, conforme anteriormente afirmado.

Hegésipo também diz que outros descendentes de um dos irmãos do Salvador, a saber, Judas, viveram até o mesmo reinado depois de terem declarado sua fé em Cristo a Domiciano, como relatado em páginas anteriores. Escreve ele:

> Portanto, eles vieram e presidiram sobre cada igreja como testemunhas e membros da família do Senhor e, visto que havia paz completa em todas as igrejas, sobreviveram até o reinado de Trajano, quando o filho do tio do Senhor, mencionado acima como Simeão[37], filho de Clopas, foi semelhantemente acusado por sectários hereges sob as mesmas alegações diante de Ático, o governador da província. Ele foi torturado por muitos dias por ter dado seu testemunho, de forma que todos, incluindo o governador, ficaram surpresos sobre como ele suportou tudo isso aos 120 anos e foi sentenciado à crucificação.

Hegésipo prossegue dizendo que até ali a Igreja permanecera virgem, pura e não corrompida, e que todos que tentavam maculá-la espreitavam em obscuras trevas. Contudo, quando o grupo sagrado dos apóstolos e da

---

[35] Aqui escrito "Simão" no texto grego de Eusébio.

[36] Em suas *Crônicas*, Eusébio situa o martírio de Simeão entre os anos nove e dez de Trajano (107 ou 108). Não há como datar Ático.

[37] Neste trecho, também grafado "Simão" no texto grego.

geração daqueles que ouviram a sabedoria divina com seus próprios ouvidos se foram, os impiedosos erros começaram então por meio de enganos ou falsos mestres que, agora que os apóstolos haviam morrido, buscavam opor-se à verdade proclamando com falsidade o afamado conhecimento [*gnosis*].

Busto de Trajano, imperador de 98–117 (*Uffizi, Florença*).

TRAJANO SUSPENDE A CAÇA AOS CRISTÃOS

c. 112

33. Tão acirrada era a perseguição[38] contra nós em muitos lugares que Plínio, o Jovem, um dos governadores mais distintos, ficou alarmado com a quantidade de mártires, o que reportou ao imperador. Na mesma carta, mencionou que eles não faziam nada malévolo ou ilegal: meramente acordavam ao nascer do sol para cantar para Cristo, como se fosse Deus, e proibiam o adultério, o assassinato e crimes similares e, conformavam-se completamente à lei. Em resposta, Trajano emitiu um édito de que os cristãos não poderiam ser caçados, mas deveriam ser punidos quando identificados. Embora isso significasse que a ameaça de iminente perseguição fora reprimida até certo ponto, permaneceram as oportunidades àqueles que desejavam ferir-nos. Algumas vezes, as pessoas comuns, outras vezes as autoridades, desenvolviam conspirações contra nós, de forma que, mesmo que não houvesse perseguição declarada, ataques periódicos irrompiam em províncias espalhadas, e muitos dos fiéis suportaram o martírio em diversas formas. Essa informação deriva da versão latina de *Apologético* de Tertuliano, citado anteriormente, que se traduz como a seguir:

> Como, com efeito, Plínio, o Jovem, governasse a província, depois de ter condenado à morte alguns cristãos, de ter deposto de seus postos alguns outros, assustado, porém com a multidão deles, consultou então o imperador Trajano sobre o que faria do futuro, alegando ter obtido conhecimentos de sua obstinação de não sacrificar a nenhum ídolo, de suas reuniões de madrugada para cantar a Cristo, como Deus, e de sua vinculação à disciplina que lhes proibia o

---

[38] As datas adjacentes e todas as datas às margens daqui para frente são d.C.

homicídio, o adultério, a fraude, a traição e os demais crimes.

Então, Trajano respondeu por escrito que esta casta, na verdade, não deveria ser submetida a inquérito; mas que, se descobertos, deveriam ser, na verdade, punidos.[39]

A SUCESSÃO DOS BISPOS

34. No terceiro ano do reinado de Trajano, Clemente entregou o ministério dos bispos de Roma a Evaristo e partiu desta vida, depois de haver supervisionado o ensino da Palavra divina por nove anos.

35. Quando Simeão encontrou o cumprimento de sua missão [no martírio] da maneira descrita acima, certo judeu chamado Justo, um dos muitos da circuncisão que haviam crido em Cristo por aquele tempo, sucedeu-lhe ao trono de bispo de Jerusalém.

INÁCIO DE ANTIOQUIA

c. 110 36. Policarpo, que fora nomeado como bispo de Esmirna pelas testemunhas oculares e ministros do Senhor, era celebrado neste tempo na Ásia como um companheiro dos apóstolos. Seus eminentes contemporâneos eram: Pápias, bispo de Hierápolis; e Inácio, um nome ainda famoso, o segundo, após Pedro, a suceder o episcopado em Antioquia. A tradição afirma que [Inácio] foi enviado da Síria para Roma e se tornou presa para as feras por causa de seu testemunho de Cristo. Ele foi conduzido através da Ásia sob forte escolta, fortalecendo a comunidade cristã por seus sermões e encorajamento em cada cidade onde permaneceu. Alertava-os, principalmente, acerca de se manterem vigilantes quanto às heresias que estavam surgindo naquele tempo, incitando-os a se apegarem à tradição apostólica, a qual achou necessário registrar por escrito por questões de precaução. Assim sendo, enquanto estava em Esmirna, onde estava Policarpo, escreveu uma carta a Éfeso, referindo-se ao pastor deles, Onésimo; outra à igreja em Magnésia, ou Meandro, na qual se refere ao bispo Damas; outra ainda, à igreja em Trales, que estava sob a direção de Políbio, conforme ele mesmo afirma. Também escreveu à igreja em Roma, solicitando nela que os irmãos não o privassem de sua expectativa ao perguntar-lhe se ele seria livre do martírio. Para citar brevemente pequenas passagens dessas cartas:

> Desde a Síria até Roma, luto contra as feras, por terra e por mar, de noite e de dia, acorrentado a dez leopardos (um destacamento de soldados) que, se lhes fazem bem,

---

[39] *Apologético*, p.36. A carta que Plínio escreveu e a resposta de Trajano sobreviveram intactas. Embora as cartas sejam mais detalhadas do que os resumos fornecidos por Tertuliano e Eusébio, o último reportou fielmente a essência de seu conteúdo.

tornam-se piores ainda. Todavia, por seus maus tratos, eu me torno discípulo melhor, mas "nem por isso sou justificado".

Possa eu alegrar-me com as feras que me estão sendo preparadas. Desejo que elas sejam rápidas comigo. Acariciá-las-ei, para que me devorem logo, e não tenham medo, como tiveram de alguns e não ousaram tocá-los. Se, por má vontade, elas se recusarem, eu as forçarei. Perdoai-me; sei o que me convém. Agora estou começando a me tornar discípulo, que nada de visível e invisível, por inveja, me impeça de alcançar Jesus Cristo. Fogo e cruz, manadas de feras, lacerações, desmembramentos, deslocamento de ossos, mutilação de membros, trituração de todo o corpo, que os piores flagelos do diabo caiam sobre mim, com a única condição de que eu alcance Jesus Cristo.[40]

Isso ele escreveu de Esmirna. Mais tarde, em sua jornada, escreveu aos cristãos em Filadélfia quando estava em Trôade, bem como à igreja de Esmirna, principalmente a Policarpo, o líder daquela igreja. Sabendo que Policarpo era um homem apostólico, ele o recomendou ao rebanho em Antioquia como um verdadeiro pastor, pedindo que ele tivesse zeloso cuidado por ela. Em sua carta a Esmirna, cita uma fonte desconhecida com relação a Cristo:

Quanto a mim, sei e creio que, mesmo depois da ressurreição, Ele estava na sua carne. Quando veio até aos que estavam em torno de Pedro, lhes disse: "Pegai, tocai-me, e vede que não sou espírito sem corpo". E imediatamente eles o tocaram e, ao contato com sua carne e seu espírito, acreditaram.[41]

Irineu sabia de seu martírio e o cita em suas cartas:

Como disse alguém dos nossos, quando condenado às feras, por causa do testemunho que prestou a Deus: "Eu sou o trigo de Cristo, e serei moído pelos dentes das feras, para me tornar pão puro de Deus".[42]

Policarpo também menciona essas coisas em sua carta aos filipenses:

---

[40] *Padres apostólicos*, Inácio aos Romanos, parte 5, Ed. Paulus, p.105-106.

[41] *Padres apostólicos*, Inácio aos Esmirniotas, parte 3, p.116. Essa cena é obviamente baseada em Lucas 24:39, mas o grego é diferente, e Lucas não relata que Jesus tenha sido tocado.

[42] Irineu, *Contra as heresias*, livro 5, citando Inácio aos Romanos, parte 4, p.596.

Antioquia, um dos centros mais importantes do cristianismo primitivo, é agora a cidade turca de Antakya. A Igreja de Pedro, construída em uma caverna nas encostas do Monte Silpius, é a única igreja cristã sobrevivente na cidade islâmica de hoje. © Shutterstock

Portanto, eu vos exorto a todos, para que obedeçais à palavra da justiça e sejais constantes em toda a perseverança que vistes com os próprios olhos, não só nos bem-aventurados Inácio, Zózimo e Rufo, mas ainda em outros que são do vosso meio, o próprio Paulo e nos demais apóstolos. Estejam persuadidos de que nenhum desses correu em vão, mas na fé e na justiça, e que eles estão no lugar que lhes é devido junto ao Senhor, com o qual sofreram. Eles não amaram este mundo, mas aquele que morreu por nós e que Deus ressuscitou para nós [...].

Vós e Inácio escrevestes-me, para que, se alguém for para a Síria, que leve a vossa carta. Atenderei essa requisição pessoalmente, ou enviando uma outra pessoa que vos seja representante. Com essa carta, anexarei as epístolas que Inácio nos enviou, conforme solicitastes, bem como as demais que estão em minha posse. Beneficiar-vos-eis grandemente delas, pois oferecem fé, paciência e edificação.[43]

Este é o material relacionado a Inácio. Herodião o sucedeu como bispo de Antioquia.

---

[43] *Pais apostólicos*, Policarpo aos filipenses, parte 9, p.144. Nas demais N.T., há um destaque: O segundo parágrafo desta citação não consta na tradução disponível em português consultada para esse trabalho. Portanto, ela foi, por nós, traduzida do material original em inglês.

EVANGELISTAS E MISSIONÁRIOS

37. Entre os ilustres daquele tempo, estava Quadrato, que, de acordo com a tradição, tinha o dom profético como o das filhas de Filipe. Muitos outros além dele foram célebres membros do primeiro escalão na sucessão apostólica, discípulos zelosos de grandes homens, que, em toda parte, edificaram sobre os alicerces das igrejas lançados pelos apóstolos, semeando a semente salvífica por todo o mundo [conhecido]. Muitos deles, atingidos pela Palavra divina, primeiramente cumpriram a ordem do Salvador, distribuindo suas propriedades aos necessitados. Depois, abandonando suas casas, assumiram o trabalho de evangelistas, ansiosos por pregar a mensagem da fé àqueles que jamais a haviam ouvido e lhes prover com os escritos dos inspirados evangelhos. Tão logo lançavam o fundamento da fé em algum lugar estrangeiro, nomeavam outros como pastores para cuidar daqueles recém-convertidos, e depois partiam novamente para outras terras e povos. A graça e cooperação de Deus os auxiliavam, pois até aquele momento muitas maravilhas milagrosas do Espírito operavam por intermédio deles, de modo que multidões abraçavam ansiosamente a adoração ao Criador universal, logo que ouviam os sermões.

É impossível fornecer os nomes e quantidade de todos os que primeiramente sucederam os apóstolos e se tornaram pastores ou evangelistas nas igrejas ao redor do mundo. Portanto, registrei por nome apenas aqueles cuja tradição de ensinamentos apostólicos ainda sobrevive até nosso tempo.

OS ESCRITOS DE CLEMENTE

38. Tais escritos, naturalmente, incluem as cartas de Inácio, acima citadas, e a epístola de Clemente, reconhecida por todos, que escreveu em nome da igreja de Roma aos coríntios. Nela, ele reflete muitos pensamentos da epístola aos hebreus e, sem dúvida, faz citações verbais dela — provando claramente que ela não é de origem recente — e, por isso também, parece natural incluí-la entre os demais escritos do apóstolo. Pois Paulo havia escrito aos hebreus no idioma nativo deles; e alguns dizem que o evangelista Lucas, outros dizem que este mesmo Clemente, traduziu o escrito. A veracidade da última afirmação é demonstrada na semelhança de fraseologia de Clemente e Hebreus e na ausência de grande diferença em pensamento entre as duas obras.

Uma segunda epístola também é atribuída a Clemente, mas esta não era bem conhecida inicialmente, e sequer sei se os Pais primitivos a usavam. Recentemente outros tratados extensos e prolixos foram atribuídos a Clemente, com os [alegados] diálogos entre Pedro e Ápio[44], contudo não há qualquer menção a eles por parte dos primeiros

---

[44] Provavelmente as chamadas *Homilias de Clemente*, que são histórias primitivas com fins didáticos.

escritores, tampouco eles preservam a pureza da ortodoxia apostólica.

OS ESCRITOS DE PÁPIAS

39. Isso é o suficiente acerca dos escritos reconhecidos de Clemente, Inácio e Policarpo. Dos escritos de Pápias, cinco permanecem, intitulados *Exposição dos oráculos do Senhor*. Esses são mencionados por Irineu como obras do próprio Pápias:

> Eis o que Pápias, discípulo de João, amigo de Policarpo, homem venerável, atesta por escrito no seu quarto livro — existem cinco livros compostos por ele...[45]

Assim diz Irineu. Entretanto, o próprio Pápias, em seu prefácio, não reivindica, de modo algum, que tenha sido ouvinte ou testemunha ocular dos santos apóstolos, mas assevera ter aprendido a base da fé daqueles que os conheceram:

> Às interpretações, não hesitarei acrescentar tudo o que aprendi e cuidadosamente tenho lembrado dos anciãos[46], pois tenho certeza de sua veracidade. Ao contrário da maioria, não tenho prazer naqueles que falam muito, mas naqueles que ensinam a verdade. Tampouco naqueles que recitam os mandamentos de outros, porém naqueles que repetiram os mandamentos dados pelo Senhor. E sempre que apareceu alguém que fora seguidor dos anciãos, perguntei-lhes sobre as palavras deles: O que disseram André e Pedro, ou Filipe e Tomé, ou Tiago, ou João, ou Mateus ou qualquer outro dentre os discípulos do Senhor, e o que Aristião e o presbítero João, discípulos do Senhor, ainda diziam. Isso faço por não crer que a informação proveniente dos livros me ajudaria tanto quanto a palavra de uma voz viva e sobrevivente.

Deve-se perceber que Pápias, por duas vezes, inclui o nome de João: na primeira, listando-o com Pedro, Tiago, Mateus e outros apóstolos; na segunda, em outro grupo não apostólico, colocando Aristião primeiro e claramente denominando João de presbítero. Isso confirma a verdade da história de que dois homens na Ásia possuíam o mesmo nome e que há dois túmulos em Éfeso, cada um deles chamado de João, até os dias atuais. Isso é importante, tendo em vista que é provável que o segundo tenha visto o Apocalipse, tendo o nome de João, exceto se preferirmos que seja

---

[45] *Contra as Heresias*, Livro 5, p.608.

[46] O grego *presbyteroi* pode ser traduzido tanto como "anciãos" quanto "presbíteros". Tenho usado o primeiro deles na maior parte do texto, mas "João, o Presbítero" no material seguinte, uma vez que ele é normalmente apresentado assim.

o primeiro. Assim, Pápias admite que aprendera as palavras dos apóstolos vindas dos seguidores deles, contudo afirma que ele ouviu pessoalmente Aristião e João, o presbítero. Ele os cita com frequência por seus nomes e inclui a tradição deles em seus escritos.

Pápias também relata certos incidentes milagrosos e outros assuntos que chegaram até ele por meio da tradição. Também já foi mencionado que Filipe, o apóstolo, viveu em Hierápolis com suas filhas, porém deve ser dito que Pápias, tendo os conhecido, ouviu uma história estupenda sobre as filhas de Filipe. Fala ainda da ressurreição de um cadáver em seu próprio período[47] e acerca de outros milagres, envolvendo Justo, de cognome Barsabás, que bebeu veneno, mas, pela graça do Senhor, não sofreu danos. Esse é o Justo a quem os santos apóstolos nomearam, por meio de sorteio, juntamente com Matias, após a ascensão do Senhor, para substituir o traidor, Judas. De acordo com Atos: "Então propuseram dois: José, chamado Barsabás, também conhecido como Justo, e Matias" (At 1:23).

Centros mais importantes do cristianismo primitivo, citados no Novo Testamento e em Eusébio. Nos três primeiros séculos, a Ásia Menor continha o maior número de cristãos no mundo, um número drasticamente reduzido na atual Turquia, devido à ascensão do islamismo.

---

[47] A esposa de Manaém (At 13:1), de acordo com Pápias.

Pápias conta outras histórias que chegaram até ele por relatos dos que a ouviram, bem como algumas parábolas estranhas e ensinos desconhecidos acerca do Salvador, e outros relatos lendários. Entre eles, conta que, depois da ressurreição dos mortos, haverá um período de mil anos em que o reino de Cristo será estabelecido nesta Terra de forma física. Suponho que ele tenha desenvolvido essa noção por ter compreendido mal os registros apostólicos, não percebendo que eles usavam linguagem mística e simbólica, uma vez que ele era um homem de inteligência limitada, o que é evidenciado em seus livros. Por influência dele, no entanto, muitos escritores da Igreja sustentaram a mesma opinião, em função de se apoiarem em sua datação mais antiga: por exemplo, Irineu e muitos outros que adotaram a mesma interpretação.

Pápias também cita outras interpretações dos oráculos do Senhor dados por Aristião, anteriormente mencionado, ou pelo presbítero João. Com relação a Marcos, o escritor do evangelho, diz ele:

> O presbítero também costumava dizer: "Marcos se tornou o intérprete de Pedro e escreveu com precisão, mas não em ordem, tudo o que ele se lembrava das coisas que foram ditas e realizadas pelo Senhor. Pois ele não havia ouvido o Senhor ou estado entre Seus seguidores. Porém, conforme eu já afirmei, mais tarde foi um seguidor de Pedro. E este costumava ensinar-lhe conforme as demandas da ocasião, sem prover um arranjo sistemático dos ditos do Senhor. Assim sendo, Marcos não errou ao escrever algumas coisas à medida que Pedro lembrava-se delas, visto que tinha um propósito urgente: não omitir qualquer coisa que tivesse ouvido e não fazer falsas afirmações em seu registo".

Essa é a referência de Pápias a Marcos. Com respeito a Mateus, ele tinha isto a dizer:

> Mateus compilou os ditos [*logia* de Cristo] em hebraico e cada um as interpretou da melhor forma que pôde.[48]

Pápias também usou a evidência de 1 João e 1 Pedro e fornece outra história sobre uma mulher falsamente acusada de muitos pecados perante o Senhor, que está contida no evangelho de Hebreus.

Por enquanto, isso é o bastante.

---

[48] Provavelmente a intenção era o aramaico, assim como no Novo Testamento.

O cardo ou principal estrada norte-sul através das ruínas da antiga Hierápolis na Ásia Menor, onde Filipe e suas filhas estão enterrados, de acordo com Eusébio. Pápias foi bispo aqui. © Shutterstock

AS FONTES DE EUSÉBIO

Já está evidente que Eusébio tinha o hábito de citar fonte após fonte, e alguns eruditos o têm responsabilizado por juntar longas citações com poucas inserções historiográficas dele mesmo. Fosse ele um historiador moderno, essa crítica seria justificada, especialmente no Livro 3 — o presente capítulo. Contudo, muito pode ser dito em seu favor. Subsequentemente quando Eusébio registra os eventos próximos a seu próprio tempo, ele diminui essas citações e, quando trata de material contemporâneo, como na Grande Perseguição após o ano 303, ele o registra como testemunha ocular e tem menos necessidade de fontes anteriores.

Entretanto, é um fato muito feliz que Eusébio tenha citado suas fontes extensivamente, uma vez que muitas delas se perderam e não teriam perdurado, mesmo em fragmentos, se Eusébio não as tivesse incorporado à sua história. Isso não é válido para Josefo, cujas obras temos praticamente intactas, ou para algumas obras dos dois Clementes, Inácio, Policarpo, Justino, Irineu ou Tertuliano. Mas é aplicável aos importantes testemunhos de Pápias, Quadrato, Melito, Hegésipo,

Rodo, Apolinário e outros autores primitivos, bem como a importantes éditos e documentos que, de outra forma, teriam se perdido.

Os leitores contemporâneos podem se retrair diante das repetidas referências que Eusébio faz de Deus punindo os judeus com a destruição de Jerusalém por seu "crime contra Cristo". Infelizmente, essa era a opinião típica da polêmica cristã primitiva na disputa entre a igreja e a sinagoga, e Eusébio é mais contido nesse aspecto do que alguns outros cristãos de seu tempo. Se muitos dos escritores cristãos primitivos eram antissemitas, é igualmente verdade que muitos dos primitivos escritores judeus eram anticristãos, e os judeus em algumas localidades ajudaram a incitar a perseguição contra os cristãos. Isso, naturalmente, não serve para justificar os excessos e a intolerância de ambos os lados.

A preocupação de Eusébio em descobrir informações acerca do destino dos apóstolos e dos pais da Igreja Primitiva reflete adequadamente os modernos interesses em fazer o mesmo, e ele não é acrítico em seus julgamentos. Ao mesmo tempo em que apreciava a tangência de Pápias com a tradição apostólica primitiva, por exemplo, Eusébio não esconde seu desdém pelas ideias quiliásticas de Pápias. Igualmente, ele evidencia suas dúvidas quanto aos livros questionáveis no cânon, enquanto buscava ser justo com aqueles que os consideravam canônicos.

Sua tentativa de explicar por que João difere dos evangelhos sinóticos quanto à duração do ministério de Jesus — a saber, que João cobre o ministério público de Jesus antes do aprisionamento de João Batista, ao passo que os sinóticos enfocam o que aconteceu após isso — é apenas parcialmente verdadeira e insustentável como explicação suficiente. Esse é um lapso estranho de Eusébio, que normalmente era mais cuidadoso quanto à interpretação bíblica.

Os termos que Eusébio usa logo cedo na história (isto é, o "bispo de Roma", ou "de Antioquia", o "bispado em Jerusalém", a "diocese de Alexandria") são extensamente anacrônicos e refletem estágios mais tardios no desenvolvimento da hierarquia da igreja, mais próximos dos tempos de Eusébio. Clemente de Roma, por exemplo, dificilmente foi um bispo nesse sentido mais tardio, mas, em vez disso, um presbítero encarregado de comunicar os interesses da igreja romana aos crentes de Corinto.

Este Livro da *História Eclesiástica* de Eusébio é particularmente valioso por traçar a formação do cânon do Novo Testamento. Como fica evidente nestas páginas, não se chegou ao cânon por meio de qualquer decisão de qualquer concílio ecumênico primitivo. Ao contrário, foi o uso dos vários escritos do Novo Testamento em vários centros da cristandade primitiva que determinou sua eventual canonicidade. Eusébio terá muito mais a dizer sobre o desenvolvimento do cânon.

Na história romana desse período, Nero foi derrubado pelo governador romano da Espanha, *Galba* (68–69), seguido em rápida sucessão por *Oto* (69), *Vitélio* (69) e *Vespasiano* (69–79), dando origem à expressão "o ano de quatro imperadores". Vespasiano, comandante romano na guerra contra os judeus até ser chamado para a realeza, foi o fundador da dinastia flaviana, e trouxe ordem, respeito e economia de volta para o governo romano. Prático e com bom senso de humor, Vespasiano era um homem calvo de 60 anos quando ascendeu, robustecido pelo serviço em muitas fronteiras romanas e amado pelo exército. Hábil em matemática, ele conseguiu trazer equilíbrio às contas e até mesmo encontrar novas receitas de invenções suas, como o banheiro pago (chamado de *vespasiani* em Roma até os dias atuais). Suas obras públicas incluem o grande Anfiteatro Flaviano (o Coliseu) em Roma, que ele não pretendia que fosse usado para a perseguição aos cristãos, uma vez que nem ele nem seu filho, Tito, retomaram a política de Nero de supressão.

Tito (79–81), a quem Vespasiano havia deixado encarregado da guerra contra os judeus, conquistou Jerusalém no ano 70. Ele se tornou um imperador muito popular após a morte de seu pai. Tito teve um caso amoroso com a princesa judia Berenice, irmã de Agripa II (Atos 25), porém, mais tarde a abandonou por razões políticas. Logo cedo em sua administração, o monte Vesúvio entrou em erupção, inundando as cidades de Herculano e Pompeia, e seu breve reinado foi encerrado por uma febre mortal no ano 81.

Seu irmão, *Domiciano* (81–96), que sucedeu Tito, era um autocrata inferior que parece ter instigado a segunda perseguição romana aos cristãos. Esta também afetou a nobreza romana — os parentes de Domiciano, Clemente e Domitila estavam entre as vítimas — e deve ter envolvido também o Oriente, uma vez que Eusébio fala do exílio do apóstolo João em Patmos. A primeira carta de Clemente (cerca de 95 d.C.) pode bem refletir essa perseguição, que não teve continuidade após o assassinato de Domiciano no ano de 96 e o fim da dinastia de Flávio.

Depois disso, seguiram-se o que se denomina cinco bons imperadores, de 96 a 180 d.C., dos quais quatro não escolheram sucessores entre seus filhos (pois não tinham filhos), mas dentre os subordinados mais dignos que puderam encontrar. *Nerva* (96–98) era um velho jurista perspicaz que respeitava o senado e era bom para Roma. Ele adotou *Trajano* (98–117) como seu filho e sucessor, cujas conquistas na Dácia e na Mesopotâmia expandiram as fronteiras do Império Romano à sua maior extensão. A política moderada de Trajano em relação aos cristãos emergiu em sua celebrada correspondência com Plínio, o governador da Bitínia (cerca de 112 d.C.), na qual o imperador o aconselhou a não ir atrás dos cristãos, mesmo que a lei tivesse que ser aplicada no caso daqueles justamente indiciados. Ainda assim, o bispo Inácio de Antioquia foi preso e martirizado (provavelmente por volta do ano 110) em Roma sob sua administração.

O Anfiteatro Flaviano ou Coliseu ainda fica no extremo leste do Fórum Romano.
© Unsplash

Tumba de Adriano, fica a oeste do rio Tibre.
© Shutterstock

LIVRO 4

BISPOS, ESCRITOS E MARTÍRIOS

DE TRAJANO A MARCO AURÉLIO

1. Por volta do décimo segundo ano do reinado de Trajano, o bispo de Alexandria [Cerdo] partiu desta vida, e Primus o sucedeu, o quarto depois dos apóstolos. Em Roma, enquanto isso, quando Evaristo havia completado seu oitavo ano, Alexandre se tornou bispo, o quinto sucessor de Pedro e Paulo.

REVOLTAS JUDAICAS

2. Enquanto os ensinamentos do Salvador e a Igreja floresciam e cresciam dia a dia, a tragédia dos judeus se aproximava de seu ápice. No décimo oitavo ano do imperador, outra rebelião judaica irrompeu e destruiu muitos deles. Em Alexandria, no restante do Egito e especialmente em Cirene, eles se precipitaram em se rebelar contra seus concidadãos gregos e, ampliando a insurreição no ano seguinte, começaram uma guerra em ampla escala enquanto Lupo era governador do Egito. No primeiro confronto, eles derrotaram os gregos, que fugiram para Alexandria, onde capturaram ou assassinaram os judeus dessa cidade. Embora tivessem perdido seu auxílio, os judeus de Cirene

continuaram pilhando os distritos egípcios sob a liderança de Lucua[1].

O imperador enviou Márcio Turbo contra eles com exércitos por mar e por terra, incluindo a cavalaria. Ele travou incansáveis guerras contra os judeus, matando muitos deles em muitas batalhas, não apenas aqueles de Cirene, mas também do Egito que se agrupavam sob Lucua, seu líder. Suspeitando que os judeus da Mesopotâmia também atacariam as pessoas daquela localidade, o imperador ordenou que Lúsio Quieto os eliminasse dessa província. Ele organizou seus exércitos e massacrou muitos judeus de lá, pelo que o imperador o nomeou como governador da Judeia. Os autores gregos que escreveram histórias desse mesmo período registraram tais eventos de modo similar[2].

ADRIANO, QUADRADO E ARISTIDES

3. Quando Trajano havia reinado por 19 anos e meio, Aélio Adriano o sucedeu ao trono. Foi a ele que Quadrado enviou uma defesa de nossa fé, em virtude de alguns perversos estarem buscando envolver nosso povo em problemas. Muitos dos irmãos ainda possuem cópias dessa obra, como eu mesmo,

117 d.C.

uma prova clara do intelecto e ortodoxia apostólica desse autor. O extrato a seguir revela sua data primitiva:

> As obras do Salvador sempre estiveram evidentes à vista de qualquer um, pois elas eram verdadeiras: aqueles que foram curados e os que ressuscitaram dos mortos foram vistos, não apenas no momento da cura ou ressurreição, mas continuamente estavam visíveis a todos, não somente enquanto o Salvador vivia entre nós, mas também por algum tempo após Sua partida. Alguns deles, de fato, sobreviveram até nosso tempo.

Assim como Quadrado, Aristides, um homem de fé e devotado à nossa religião, deixou-nos uma defesa da fé dirigida a Adriano. Muitos ainda preservam cópias dessa obra até os dias atuais[3].

BISPOS DE ROMA, ALEXANDRIA E JERUSALÉM

4. No terceiro ano do mesmo reinado, Alexandre, bispo de Roma, morreu depois de concluir o décimo ano de seu ministério. Seu sucessor foi Xisto. Por

---

[1] Dio Cássio (68:32) o chama de Andreas.

[2] Dio Cássio e Orósio.

[3] Embora Quadrado, o primeiro apologista cristão conhecido, esteja preservado apenas no fragmento supracitado por Eusébio, a *Apologia* de Aristides, supostamente perdida, foi descoberta em forma siríaca por J. Rendel Harris, em 1889, no monte Sinai. Muitos eruditos pensam que esse tratado não foi dirigido a Adriano, mas a seu sucessor, Antonino Pio.

volta do mesmo tempo, na diocese de Alexandria, Justo sucedeu Primo, que morreu no décimo segundo ano de sua administração.

5. Não consegui encontrar nenhum registo escrito das datas dos bispos em Jerusalém — a tradição afirma que eles viveram muito pouco —, porém tenho evidência documental de que houve 15 deles até o cerco de Adriano aos judeus. Diz-se que todos eram originalmente hebreus, que haviam aceitado o conhecimento do Cristo e assim foram considerados dignos do ofício episcopal. A igreja em Jerusalém consistia inteiramente de cristãos hebreus desde os apóstolos até o cerco romano que seguiu à segunda revolta judaica. Uma vez que os bispos da circuncisão cessaram desde então, este é o momento adequado para divulgar seus nomes desde o princípio. Primeiramente foi Tiago, chamado de irmão do Senhor, e, depois dele, Simeão foi o segundo. O terceiro chamava-se Justo; o quarto, Zaqueu; o quinto, Tobias; o sexto Benjamim; o sétimo, João; o oitavo, Matias; o nono, Filipe; o décimo, Sêneca; o décimo primeiro, Justo; o décimo segundo, Levi; o décimo terceiro, Efrém; o décimo quarto, José; e o décimo quinto e último, Judas. Esses foram os bispos de Jerusalém naquele período, todos da circuncisão.

Estátua de Adriano, imperador 117–138 (*Ufizzi, Florença*)

No décimo segundo ano de Adriano, Xisto, bispo de Roma por 10 anos, foi sucedido por Telésforo, o sétimo depois dos apóstolos. Um ano e alguns meses mais tarde, Eumenes sucedeu seu antecessor, que atuou por 11 anos, na diocese de Alexandria.

A REVOLTA BAR-KOKHBA

6. Quando a rebelião judaica cresceu formidavelmente, de novo, Rufo, o governador da Judeia, recebeu auxílio militar do imperador e se movimentou sem misericórdia contra a loucura dos judeus. Ele exterminou milhares de homens, mulheres e crianças e — conforme as leis de guerra — confiscou suas terras. Naquele tempo, os judeus eram liderados por certo homem chamado Bar-Kokhba, que significa "estrela"[4],

132–135 d.C

---

[4] Literalmente "filho de uma estrela", em aramaico. A estrela era um símbolo messiânico entre os judeus (veja Nm 24:17, Mt 2:2-12). Após sua derrota, ele foi chamado de *Bar-Koziba*, "filho de um mentiroso".

Mapa em mosaico de Jerusalém depois que Adriano reconstruiu a cidade como Aelia Capitolina. O mapa, olhando para o leste, está situado no chão de uma igreja em Madaba, na Jordânia, e mostra o cardo romano com colunatas da principal rua norte-sul no centro. Uma estátua de Adriano ficava na praça semicircular dentro do Portão de Damasco, na extremidade norte (à esquerda), enquanto a igreja do Santo Spulcro se projeta para o oeste a partir do centro. © Shutterstock

um criminoso assassino que, pela força de seu nome, reivindicava ser um luminar vindo do Céu para derramar luz sobre tais sofredores, como se eles fossem escravos.

Durante o oitavo ano de Adriano, a guerra chegou ao seu auge em Bethera, uma pequena cidade muito fortificada, não distante de Jerusalém. Depois de um longo cerco, a fome e a sede levaram os rebeldes à destruição, e o instigador dessa loucura recebeu a penalidade merecida. Adriano então ordenou que toda a nação [judaica] fosse proibida de pisar em qualquer lugar perto de Jerusalém, de modo que ela jamais pudesse ser vista sequer a distância. Ariston, de Pela, conta essa história[5]. Assim, tendo a cidade sido alienada da raça judaica e com seus habitantes destruídos, ela foi colonizada por estrangeiros, e a cidade romana que mais tarde ressurgiu mudou seu nome para Aelia, em honra ao imperador Aélio Adriano. Uma vez que a Igreja agora compunha-se de gentios, o primeiro bispo a suceder aos da circuncisão foi Marcos.

---

[5] Não há remanescentes de seus escritos.

OS GNÓSTICOS

7. Como luzes reluzentes, as igrejas agora estavam iluminando o mundo, e a fé em nosso Senhor Jesus Cristo florescia em toda parte, onde o diabo — que odeia o que é bom, verdadeiro e salvador — voltava todas as suas armas contra a Igreja. Anteriormente, ele a atacara de fora, por meio das perseguições. Contudo, agora que estava impedido, recorreu a táticas internas, usando perversos impostores como corruptos agentes de destruição, assumindo o nome de nossa religião para destruir cada crente que pudesse envolver, ao passo que desviava os incrédulos do caminho que leva à salvação.

A partir de Menandro, previamente mencionado como sucessor de Simão [o mago], iniciou-se um poder serpentino com duas bocas e cabeças gêmeas que estabeleceram dois líderes hereges: Saturnino, proveniente de Antioquia, e Basílides, de Alexandria, que fundaram escolas de abominável heresia na Síria e no Egito. Saturnino ensinava amplamente a mesma heresia que Menandro, como deixa claro Irineu, mas Basílides, sob a pretensão de mistérios secretos, alargou a fantasia ao infinito ao inventar mitos monstruosos. Entre os muitos clérigos que batalhavam pela verdade e pelas crenças apostólicas, alguns também colocaram por escrito, para o benefício de seus sucessores, métodos de defesa contra tais heresias.

Dentre esses, tenho uma poderosíssima refutação a Basílides proveniente da pena de Agripa Castor, um autor famoso daquele tempo. Ao expor o engano de Basílides, ele afirma que esse homem compilou 24 livros acerca do evangelho e que nomeou como seus próprios profetas a Bar-Cabbas e Bar-Coph, além de outros imaginários, inventando nomes estrangeiros para eles a fim de impressionar os incautos. Ele ensinava que não havia perigo em comer as coisas dedicadas aos ídolos ou em livremente negar a fé em tempos de perseguição. Da mesma forma que Pitágoras, ele direcionou aqueles que vieram até ele a permanecer em silêncio por muitos anos. Castor escreve coisas semelhantes acerca de Basílides, refutando magnificamente a sua heresia.

Irineu também escreve que Carpócrates era contemporâneo desses homens, e pai de outra heresia chamada aquela dos gnósticos. Ao contrário de Basílides, que reivindicava transmitir a magia de Simão secretamente, eles o faziam abertamente, ostentando seus encantos, feitiçaria, sonhos e sessões espíritas. Ensinavam que aqueles que pretendiam se tornar iniciados em seus mistérios (ou melhor, obscenidades) deviam praticar todo tipo de obra das mais vis, pois de outro modo não poderiam evitar os "poderes cósmicos". Ao utilizar-se de tais ministros, o demônio fez escravos dentre os lastimáveis ludibriados e trouxe descrédito à Palavra divina entre os incrédulos, visto que o escândalo manchava toda a comunidade cristã. Foi principalmente devido a isso que uma suspeita maligna e blasfema a nosso respeito circulava entre os pagãos daqueles dias: de que praticávamos incesto com mães e irmãs e tomávamos parte em refeições malditas[6].

Entretanto, esse sucesso foi breve, pois a verdade se reafirmou e reluziu ainda mais intensamente à medida que o tempo passava. Embora uma heresia após a outra fosse criada, as primeiras se fragmentavam e desapareciam continuamente. Porém, a Igreja de Cristo, única verdadeira, permanecia a mesma, continuava a crescer em grandeza, irradiando sobre gregos e não gregos, igualmente, a gratuita, sóbria e pura luz do ensinamento divino para a conduta e pensamento. Sendo assim, o decorrer do tempo reprimia as difamações contra nosso ensino, de modo que ele permanecia vitorioso e supremo, e, atualmente, ninguém ousa retomar as vis calúnias de antigos inimigos contra a nossa fé.

ESCRITORES DA IGREJA DESSE PERÍODO

Ao mesmo tempo, no entanto, a Verdade implantava mais heróis para si própria, que batalhavam contra essas ímpias heresias, em forma discursiva tanto oral como escrita.

8. Entre esses, Hegésipo ficou famoso, a quem já citei quando falava da Era apostólica. Em cinco livros, escritos no estilo mais simples, ele forneceu a autêntica tradição dos sermões apostólicos. Ao escrever acerca daqueles que faziam ídolos, ele indica quando isso começou:

> Eles erigiam cenotáfios e templos a eles e ainda o fazem. Entre os quais estava Antínoo, um escravo de César Adriano, em cuja memória acontecem os Jogos Antinoenos. Ele era meu contemporâneo. Adriano até mesmo construiu uma cidade, a nomeou em homenagem a ele, indicando profetas [para cultuá-lo].[7]

Ao mesmo tempo, Justino, um amante da verdadeira filosofia, ainda estava estudando os ensinamentos gregos. Ele também indica esse período em sua *Apologia* a Antonino [Pio] nas palavras:

> Cremos que não estaria fora de lugar recordar aqui que Antínoo, que viveu nesses tempos, a quem todos, por medo, se prostraram para honrar como deus, apesar de saberem muito bem quem ele era e de onde vinha.[8]

---

[6] Uma calúnia popular contra os cristãos daquele tempo afirmava que eles matavam e comiam criancinhas.

[7] Antínoo, de Bitínia, era o amante homossexual de Adriano, que se afogou no Nilo em 130. Adriano construiu a cidade de Antinoenópolis em sua honra.

[8] *Apologia I: 29*, p.45.

Antínoo, amigo íntimo de Adriano
(*Carole Raddato from FRANKFURT, Germany*).
© Wikipedia commons

E falando da guerra contra os judeus, Justino observa:

> Com efeito, na guerra dos judeus agora terminada, Bar Kókeba, o cabeça da rebelião, mandava submeter a terríveis torturas somente os cristãos, caso estes não negassem e blasfemassem Jesus Cristo.[9]

No mesmo livro, ele mostra que sua conversão da filosofia grega à verdadeira religião não aconteceu irracionalmente, mas depois de ponderada deliberação:

> Eu mesmo, quando seguia a doutrina de Platão, ouvia as calúnias contra os cristãos. Contudo, ao ver como caminhavam intrepidamente para a morte e para tudo o que é considerado espantoso, comecei a refletir que era impossível que tais homens vivessem na maldade e no amor aos prazeres. Com efeito, que homem amante do prazer, intemperante e que considere coisa boa devorar carnes humanas poderia abraçar alegremente a morte, que vai privá-lo de seus bens, e que não procuraria antes, de todos os modos, prolongar indefinidamente a sua vida presente e esconder-se dos governantes, e menos ainda sonharia em delatar a si mesmo para ser morto?[10]

Justino também fala como Adriano recebeu uma apelação do distinto governador Serênio Graniano em favor dos cristãos, que escreveu não ser correto submetê-los à morte sem um julgamento para apaziguar o clamor popular e que ele havia enviado um edito a Minício Fundano, procônsul da Ásia, ordenando-lhe que não julgasse ninguém a menos que houvesse queixa ou acusação bem fundamentada. Justino anexa uma cópia da carta no latim original, com o seguinte como prefácio [escrito a Antonino Pio]:

> Todavia, não vos fizemos nossa súplica, nem dirigimos nossa exposição, porque Adriano o julgasse assim, mas porque estamos

---

[9] *Apologia I:31*, p.46.

[10] *Apologia II:12*, p.102-3.

persuadidos da justiça de nossas petições. Contudo, anexamos para vós uma cópia da carta de Adriano, para que vejais, segundo o seu teor, que dizemos a verdade. A cópia é a seguinte…

O autor anexa o próprio edito em latim, mas eu o traduzi para o grego, tão bem quanto possível:

125 d.C.

9. A Miníc io Fundano.

Recebi uma carta que me foi escrita por Serênio Graniano, homem distinto, a quem sucedeste. Não me parece que o assunto deva ficar sem esclarecimento, a fim de que os homens não se perturbem, nem se facilitem as malfeitorias dos delatores. Dessa forma, se os provincianos são capazes de sustentar abertamente a sua demanda contra os cristãos, de modo que respondam a ela diante do tribunal, deverão ater-se a esse procedimento e não a meras petições e gritarias. Com efeito, é muito mais conveniente que, se alguém pretende fazer uma acusação, examines tu o assunto. Em conclusão, se alguém acusa os cristãos e demonstra que realizam alguma coisa contra as leis, determina a pena, conforme a gravidade do delito. Mas, por Hércules, se a acusação é caluniosa [para ganho financeiro], castiga-o com maior severidade e cuida para que não fique impune.[11]

Esses foram os termos do édito de Adriano.

BISPOS E HEREGES

138 d.C.

10. Após 21 anos, Adriano pagou seu débito à natureza e Antonino Pio recebeu a soberania romana. Em seu primeiro ano, Telésforo partiu desta vida no décimo primeiro ano de seu ministério, e Higino tornou-se o bispo de Roma. Ireneu relata que Telésforo morreu de nobre martírio. Também declara que, durante o tempo que Higino era bispo, Valentim, fundador de sua própria heresia, e Cerdão, que introduziu o erro marcionita, eram proeminentes em Roma. Ele escreve:

11. Valentim foi a Roma no pontificado de Higino, teve o sucesso maior no de Pio e ficou aí até Aniceto. Cerdão, predecessor de Marcião, apareceu no tempo de Higino, que foi o oitavo bispo, ia muitas vezes à igreja e fazia penitência pública, mas acabou da mesma maneira: ora ensinando secretamente a sua heresia, ora fazendo novamente penitência dos erros de que era acusado, afastando-se, depois, definitivamente da comunidade dos irmãos.[12]

---

[11] *Apologia I:68*, p.84-5.

Isso vem do Livro 3 de *Contra as Heresias*. No Livro 1, ele diz o seguinte acerca de Cerdão:

> Um Cerdão qualquer tomou como ponto de partida a doutrina da seita de Simão que se estabeleceu em Roma nos tempos de Higino, nono bispo na sucessão dos apóstolos; ensinou que o Deus anunciado pela Lei e os profetas não é o Pai de nosso Senhor Jesus Cristo: o segundo é conhecido, o primeiro é incognoscível; um justo, o outro bom.
>
> Sucedeu-lhe Marcião, originário do Ponto, que ampliou a doutrina, blasfemando despudoradamente...[13]

Mui habilmente, Ireneu expôs o abismo ilimitado do erro no sistema de Valentim e a perversidade com que ele espreitava como um réptil. Também fala de um Marcos, seu contemporâneo e mestre em artes mágicas, e de suas iniciações sem sentido e seus mistérios repugnantes:

> Alguns deles imaginam um quarto nupcial e cumprem um rito místico acompanhado de invocações sobre os iniciados e afirmam que o que fazem são núpcias espirituais à semelhança das sizígias do alto. Outros os levam junto à água e ao batizá-los dizem: Em nome do Pai, desconhecido por todos, na Verdade, Mãe de todos, naquele que desceu sobre Jesus, para a união e redenção e comunicação das Potências. Outros usam palavras hebraicas para causar admiração e medo nos iniciados...[14]

Depois de ter atuado quatro anos como bispo de Roma, Higino morreu, e Pio o sucedeu. Em Alexandria, Marcos foi indicado quando Eumênio havia completado 13 anos. E quando Marcos descansou do ministério, após uma década, Celadião assumiu. Em Roma, Pio faleceu no décimo quinto ano de seu ministério e Aniceto lá presidiu. Neste tempo, Hegésipo afirma que ele se estabeleceu em Roma e lá permaneceu até o episcopado de Eleutério.

No tempo deles, Justino estava no auge de sua carreira. Sob a capa de filósofo, ele serviu como um embaixador da Palavra e lutou pela fé por meio de seus escritos. Compôs um tratado contra Marcião e disse que o herege estava vivo e era notório no tempo em que ele escrevia:

> Por fim, um tal Marcião, natural do Ponto, está agora mesmo

---

[12] *Contra as Heresias, Livro 3:4*, p.253-4.

[13] *Contra as Heresias, Livro 1:27*, p.109.

[14] *Contra as Heresias, Livro 1:21*, p.94-5.

ensinando seus seguidores a crer num Deus superior ao Criador e, com a ajuda dos demônios, fez com que muitos, pertencentes a todo tipo de homens, proferissem blasfêmias e negassem o Deus Criador do Universo, admitindo, em troca, não sabemos que outro deus, ao qual, supondo ser maior, se atribuem obras maiores do que àquele. Todos os que procedem destes, como dissemos, são chamados cristãos, da mesma forma que aqueles que não participam das mesmas doutrinas entre os *filósofos* recebem da filosofia o nome comum com que são conhecidos… nós mesmos compusemos uma obra contra todas as heresias que existiram até o presente. Se quiserdes lê-la, nós a colocaremos em vossas mãos.[15]

Cabeça de Antonino Pio, imperador 138–161 (*Louvre, Paris*).

12. Ao imperador Tito Élio Adriano Antonino Pio, César Augusto, ao seu filho Veríssimo, filósofo, e a Lúcio, filho natural do imperador filósofo, e por adoção de Pio, amante do saber, ao sacro Senado e a todo povo romano. Em prol dos homens de qualquer raça que são injustamente odiados e caluniados, eu, Justino, um deles, filho de Prisco, que o foi de Báquio, natural de Flávia Neápolis, na Síria Palestina, compus este discurso e esta súplica.[16]

JUSTINO, O MÁRTIR, E ANTONINO PIO

O mesmo Justino, após ter contendido com muito sucesso contra os gregos, dirigiu uma *Apologia* da fé ao imperador Antonino Pio e ao Senado de Roma, onde ele vivia. Nele, Justino explica quem ele era e de onde provinha:

O mesmo imperador, após petição de outros cristãos na Ásia que sofriam todos os tipos de abuso da população local, enviou o seguinte decreto ao Concílio da Ásia[17]:

---

[15] *Apologia I:26*, p.42-3.

[16] *Apologia I:1*, p.19. Flávia Neápolis é a atual Nablus, na Cisjordânia Palestina. O fato de Justino ter nascido em Samaria, adjacente à Galileia e à Judeia, acrescenta considerável autoridade às suas referências bíblicas.

[17] Este concílio provincial, com representantes das cidades do oeste da Ásia Menor, originalmente se reunia no templo de Augusto, em Roma, no Pérgamo. Mais tarde, reunia-se em Éfeso, Sardes, Esmirna e em outros lugares.

13. O imperador César Marcos Aurélio Antonino Augusto, Armênio, supremo pontífice, possuindo o poder tribuno pela décima quinta vez, cônsul pela terceira vez, ao Concílio da Ásia: Saudações!

Sei que os deuses estão igualmente todos preocupados de que homens como os tais não passem despercebidos, pois eles puniriam muito mais provavelmente àqueles que não os adorem do que vocês. Contudo, vocês os atraem a problemas ao acusá-los de ateísmo e, assim, acrescentam à sua resolução a escolha da morte aparente, em oposição à vida por causa do deus deles. Desse modo, eles se tornam vitoriosos quando sacrificam sua vida em vez de obedecer aos mandamentos de vocês. Quanto aos terremotos que aconteceram — e estão acontecendo — vocês se amedrontam cada vez que eles ocorrem e fornecem uma dolorosa comparação entre o caráter de vocês e o deles. Eles manifestam grande confiança no deus deles, ao passo que vocês negligenciam o seu e a adoração do Imortal. No entanto, quando os cristãos o adoram, vocês os perturbam e os perseguem até a morte. Em prol de tais pessoas, muitos dos antigos governadores das províncias escreveram a nosso pai divino, e ele respondeu que eles não deveriam ser incomodados a menos que parecesse que estavam conspirando contra o governo romano. Muitos reportaram acerca deles também a mim, e respondi de acordo com a opinião de meu pai. Todavia, se alguém persistir em tomar ação contra qualquer dessas pessoas [como cristãos], o acusado será absolvido da acusação mesmo que fique patente que ele é cristão, e o acusador ficará sujeito à penalidade.

Publicado em Éfeso, no Concílio da Ásia.

Melito, o distinto bispo de Sardes naquele tempo, corrobora a questão, como fica evidente pelo que ele afirma em sua *Apologia de nossa fé*, enviada ao imperador Vero[18].

POLICARPO DE ESMIRNA
14. Conforme relata Irineu, enquanto Aniceto era o líder da igreja romana, Policarpo ainda vivia e veio a Roma

---

[18] É desconhecido como Melito confirma esse fato. Alguns eruditos consideram que o édito de Antonino Pio era espúrio — não inventado por Eusébio, mas usado sem crítica por ele a partir de fontes não verificadas. Certamente há conotações da apologética cristã em algumas das expressões. Outros o consideram um documento genuíno, embora interpolado. De qualquer forma, a atitude aparentemente favorável de Antonino Pio para com os cristãos dificilmente parece consistente com a morte de alguns proeminentes mártires cristãos sob sua administração.

para debater com ele algum problema referente à data da Páscoa. O mesmo autor conta outra história acerca de Policarpo que precisa ser incluída aqui.

Do Livro 3 de Contra as Heresias, *de Ireneu*

> Podemos ainda lembrar Policarpo, que não somente foi discípulo dos apóstolos e viveu familiarmente com muitos dos que tinham visto o Senhor, mas que, pelos próprios apóstolos, foi estabelecido bispo na Ásia, na Igreja de Esmirna. Nós o vimos na nossa infância, porque teve vida longa e era muito velho quando morreu com glorioso e esplêndido martírio. Ora, ele sempre ensinou o que tinha aprendido dos apóstolos, que também a Igreja transmite e que é a única verdade. E é disso que dão testemunho todas as Igrejas da Ásia e os que até hoje sucederam a Policarpo, que foi testemunha da verdade bem mais segura e digna de confiança do que Valentim e Marcião e outros perversos doutores. É ele que, no pontificado de Aniceto, quando esteve em Roma, conseguiu reconduzir muitos destes hereges, de que falamos, ao seio da Igreja de Deus, proclamando que não tinha recebido dos apóstolos senão uma só e única verdade, aquela mesma que era transmitida pela Igreja. E há os que ouviram dele que João, o discípulo do Senhor, tendo ido, um dia, às termas de Éfeso e tendo notado Cerinto lá dentro, precipitou-se para a saída, sem tomar banho, dizendo ter medo de que as termas desmoronassem, porque no interior se encontrava Cerinto, o inimigo da verdade. O próprio Policarpo, quando Marcião, um dia, se lhe avizinhou e lhe dizia: "Prazer em conhecê-lo", respondeu: "Eu te conheço como o primogênito de Satã"; tanta era a prudência dos apóstolos e dos seus discípulos que recusavam comunicar, ainda que só com a palavra, com alguém que deturpasse a verdade, em conformidade com o que Paulo diz: "Foge do homem herege depois da primeira e da segunda correção, sabendo que está pervertido e é condenado pelo seu próprio juízo" (Tito 3:10-11). Existe também uma carta importantíssima de Policarpo aos filipenses na qual os que desejam e se importam com a sua salvação podem conhecer as características da sua fé e a pregação da verdade.[19]

---

[19] Contra as Heresias, Livro 3:3, p.251–2.

Assim diz Irineu. Policarpo, em sua carta aos filipenses, ainda existente, mencionou o citado acima e incluiu algumas citações da primeira epístola de Pedro.

161 d.C. Antonino Pio, depois de reinar por 22 anos, foi sucedido por seu filho Marcos Aurélio Vero (também chamado de Antonino), juntamente com seu irmão, Lúcio [Vero][20].

15. Neste tempo, a Ásia estava novamente perturbada por grande perseguição, e Policarpo encontrou o cumprimento de sua missão no martírio[21]. Ainda existe um relato de seu fim e tal narrativa deve ser incluída nestas páginas, um documento da igreja sobre a qual ele presidia, dirigido às comunidades vizinhas:

Estátua de Marcos Aurélio, imperador 161–180 (Louvre, Paris)

> A igreja de Deus em Esmirna à igreja de Deus em Filomélio[22] e a todos os reunidos da santa igreja católica em toda a parte. Que a misericórdia, a paz e o amor de Deus, o Pai de nosso Senhor Jesus Cristo, sejam convosco em grande medida. Estamos vos escrevendo, irmãos, para vos relatar sobre os mártires e acerca do bendito Policarpo, cujo martírio colocou um fim à perseguição.
>
> Primeiramente eles relataram o que havia acontecido com os demais mártires, descrevendo a fortaleza de espírito que demonstraram enquanto torturados, o que maravilhava os espectadores. Algumas vezes, os açoites os rasgavam até às suas veias e artérias mais interiores, revelando suas entranhas e órgãos. Em outras, eram esticados sobre conchas marinhas pontiagudas e pontas afiadas, depois eram oferecidos aos animais selvagens como alimento.

---

[20] Antonino Pio morreu em 7 de março de 161. Marcos Aurélio e Lúcio Vero, como são normalmente chamados, eram dois filhos adotivos. Seu reinado compartilhado foi suspenso quando Vero morreu em 169.

[21] Há discussão acerca da data da morte de Policarpo. Embora Eusébio a coloque durante o reinado de Marcos Aurélio (especificamente no sétimo ano, ou entre 167–8 em sua *Crônica*), há evidências em *O martírio de Policarpo* que sugerem que ela tenha ocorrido em 156, durante o reinado de Antonino, uma data preferida pela maioria dos especialistas.

[22] Uma cidade próxima a Antioquia da Pisídia. Esta carta é normalmente chamada de *O martírio de Policarpo*.

Diziam que o nobre Germânico superou o medo natural da morte pela graça de Deus. Mesmo com o procônsul tentando dissuadi-lo, implorando que ele se poupasse, pois ainda estava na primavera de sua vida, ele não hesitou em atrair o animal selvagem a si, quase forçando-o e incitando-o, para rapidamente ficar livre desta vida injusta e cruel. Durante sua morte, toda a turba ficou tão admirada com a bravura do mártir, que amava a Deus, e com a coragem dos cristãos em geral que começou a gritar em coro: "Matem os ateístas! Peguem Policarpo!". Tais gritos provocaram um grande alvoroço, e um certo Quinto, recém-chegado da Frígia, vendo os animais e as torturas perpetradas, sucumbiu e renegou a sua salvação. Ele e outros se apresentaram aos tribunais muito precipitadamente, mas foram condenados de qualquer modo, uma prova de sua ímpia tolice.

No entanto, o maravilhoso Policarpo não se perturbou pelas notícias e estava muito determinado a permanecer na cidade [Esmirna]. Contudo, quando seus amigos lhe suplicaram que fugisse, ele foi persuadido a dirigir-se a uma fazenda, não distante da cidade, onde permaneceu com outros poucos e orava ao Senhor noite e dia para que a paz pudesse ser concedida às igrejas por todo o mundo, como era praxe dele. Três noites antes de sua captura, enquanto orava, ele teve uma visão em que o travesseiro sob sua cabeça repentinamente irrompeu em chamas e foi queimado, o que ele interpretou a seus amigos predizendo que entregaria sua vida ao fogo, por amor a Cristo. Uma vez que aqueles que o caçavam eram incansáveis, o amor dos irmãos o obrigou a mudar-se para outra fazenda. Logo, os perseguidores chegaram e prenderam dois dos servos de lá, um dos quais, sob tortura, mostrou-lhes onde Policarpo se alojava. Era noite, e eles o encontraram deitado em um quarto no segundo andar. Ele poderia ter se mudado para outra casa, mas havia recusado, dizendo: "A vontade de Deus será feita". Quando ouviu que eles haviam chegado, desceu e conversou com eles de forma tão alegre e serena que eles se surpreenderam à vista de sua idade avançada e ar confiante e perguntavam-se por que havia tanta ânsia em prender um idoso com tal caráter. Ele ordenou que a mesa fosse servida e, com prazer, convidou-os para jantar, pedindo apenas por uma hora para orar sem ser incomodado. Eles lhe concederam, e Policarpo se levantou e orou, cheio da graça do Senhor, para o assombro dos presentes, muitos dos quais perturbaram-se de que um homem tão digno e piedoso estava se dirigindo à morte.

A carta [*O martírio de Policarpo*] continua assim:

Por fim, ele encerrou sua oração, após lembrar-se de todos com quem ele estivera em contato

156 d.C.

Colunata romana cercando a ágora em Esmirna, onde Policarpo foi bispo antes de seu martírio. Esmirna, atual Izmir, recebeu elogios sem reservas entre as cartas às sete igrejas de Apocalipse (1:11, 2:8-11). © Freepik

— pequenos ou grandes, famosos ou desconhecidos — e de toda a igreja católica por todo o mundo. Quando a hora de sua partida chegou, eles o sentaram sobre um jumento e o levaram para a cidade em um grande Shabat[23]. Herodes, o chefe de polícia, e seu pai, Nicetas, o encontraram e o transferiram para a sua carruagem. Sentados ao seu lado, eles tentaram convencê-lo: "Que mal há em dizer 'Senhor César' e sacrificar a ele, e, desse modo salvar-se?". Inicialmente, ele não respondeu, mas, quando persistiram, ele disse: "Não seguirei seu conselho". A persuasão foi substituída por ameaças, e eles o empurraram tão abruptamente que ele arranhou o queixo enquanto descia da carruagem. Porém, caminhou velozmente ao estádio, como se nada tivesse acontecido. Lá, o barulho era tão intenso, de modo que ninguém se ouvia.

Quando Policarpo adentrou ao estádio, uma voz do céu disse: "Seja forte e tenha hombridade, Policarpo!". Ninguém viu quem

---

[23] Um "grande *Shabat*" ocorreu quando o sábado coincidiu com uma festa do calendário judaico. Visto que há razão suficiente para aceitar a data tradicional da morte de Policarpo como sendo 23 de fevereiro, o dia aqui referido seria provavelmente a Festa do Purim.

falara, mas muitos dentre nosso povo que estavam lá ouviram a voz. À medida que se espalhava a notícia do aprisionamento de Policarpo, houve grande alvoroço.

Quando ele se aproximou, o procônsul lhe arguiu: "Tenha respeito por sua idade! Jure por César! Retrate-se e diga: "Abaixo com os ateístas!". Entretanto, Policarpo apontou para toda a multidão, suspirou, olhou para o céu e clamou: "Abaixo com os ateístas!". Todavia o governador o pressionou: "Jure e eu o libertarei. Amaldiçoe Cristo!". Mas Policarpo replicou: "Por 86 anos o tenho servido, e Ele jamais me fez mal. Como posso blasfemar contra meu Rei que me salvou?". No entanto, quando o governador persistiu: "Jure por César!", ele respondeu: "Se você supõe que eu possa fazer isso, fingindo que não sabe quem sou, ouça com atenção: Eu sou cristão. E se deseja aprender os ensinamentos do cristianismo, escolha um dia e ouvirá deles". O procônsul retrucou: "Convença o povo!". Policarpo respondeu: "Você seria a pessoa dignitária de tal discussão, pois fomos ensinados a render a honra apropriada aos governantes e autoridades estabelecidas por Deus, desde que não tenhamos de transigir. Quanto ao povo, não creio que uma defesa seja adequada". Disse o procônsul: "Tenho animais selvagens. Eu o lançarei a eles caso não mude de ideia". "Chame-os", replicou Policarpo, "pois não podemos mudar nossa ideia para um lado ou para o outro. Contudo, mudar da crueldade para a justiça é excelente". Novamente, ele contra-argumentou: "Se você não teme as feras, eu o levarei a ser consumido pelas chamas, a menos que se arrependa!". Porém, Policarpo declarou: "*Você* me ameaça com o fogo que queima por um tempo e é rapidamente extinto. Mas um fogo ao qual você desconhece aguarda os ímpios no julgamento vindouro e em punição eterna. O que você está esperando? Faça o que deseja".

Enquanto ele dizia estas e outras coisas, ele encheu-se de coragem e alegria, e seu semblante tinha tanta graça que não empalideceu com pavor diante do que lhe era dito. O procônsul ficou assombrado e enviou seu arauto ao centro do estádio para anunciar três vezes: "Policarpo confessou ser cristão!". Diante disso, toda a multidão de gentios e judeus que viviam em Esmirna ferveu em ódio e gritou o mais alto possível: "Este é o mestre da Ásia, o pai dos cristãos, o destruidor de nossos deuses, que ensina a muitos a não lhes oferecer sacrifício ou adoração!". Então, exigiram que Filipe, o asiarca, soltasse um leão sobre Policarpo. Contudo, ele disse que isso seria ilegal, uma vez que esses esportes estavam abolidos. Depois, levantou-se um grito geral de que Policarpo deveria ser queimado vivo. Na verdade, o sonho do travesseiro em chamas deveria se cumprir, e, voltando-se aos fiéis que o acompanhavam, ele disse profeticamente: "Devo ser queimado vivo".

Em curtíssimo tempo, a multidão reuniu lenha e gravetos das oficinas e banhos — como era normal, principalmente entre os judeus. Quando a pira estava pronta, ele despiu-se de suas vestes, afrouxou seu cinto e tentou tirar seus sapatos — embora ele não estivesse acostumado a isso, visto que os fiéis disputavam entre si por esse privilégio.

Quando eles estavam para o pregar à coluna da fogueira, ele disse: "Deixem-me solto, pois Aquele que me capacita a suportar as chamas também me capacitará a permanecer nelas sem me mover, mesmo sem os pregos". Assim, eles o prenderam sem o pregar, com as mãos para trás, como um nobre cordeiro de um grande rebanho, como uma oferta totalmente queimada, aceitável ao Deus Todo-poderoso.

Ele orou: "Ó Pai de Teu amado Filho, Jesus Cristo, por intermédio de quem te conhecemos, bendigo-te por este dia e esta hora, para que eu possa, com os mártires, compartilhar do cálice de Cristo para a ressurreição para a vida eterna, tanto da alma quanto do corpo, na imortalidade do Santo Espírito. Que eu possa ser recebido entre eles, hoje, como um sacrifício valioso e aceitável, de acordo com a Tua divina satisfação. Por essa razão, louvo-te por tudo, bendigo-te e te glorifico por meio do eterno Sumo Sacerdote, Jesus Cristo, Teu Filho bendito, por intermédio de quem seja a glória a ti e ao Espírito Santo, agora e nas Eras por vir. Amém".

Quando terminou, a fogueira foi acesa e grandes chamas subiram, e nós, que fomos privilegiados em testemunhar isso, vimos algo maravilhoso. O fogo assumiu a forma de uma câmara, semelhante às velas ondulantes de um navio que cercavam o corpo do mártir de dentro para fora, não como queimando sua carne, mas como o ouro e a prata sendo refinados na fornalha. Também sentimos o aroma de uma deliciosa fragrância, como o do incenso e outras ricas especiarias. Finalmente a desregrada turba, vendo que seu corpo não podia ser consumido pelo fogo, ordenou que o carrasco o executasse pela espada. Quando ele o fez, sangue jorrou e apagou o fogo, e toda a multidão ficou pasmada com a diferença entre os incrédulos e os eleitos. De fato, ele era um dos eleitos, o mais excelente mestre apostólico e profético de nosso tempo, bispo da igreja católica em Esmirna. Pois toda palavra que ele proferiu cumpriu-se e se cumprirá.

Todavia, quando o Maligno viu a grandeza de seu martírio e de sua vida inculpável, assegurou-se de que sequer pudéssemos levar seu pobre corpo, como muitos desejavam. Ele induziu Nicetas, o pai de Herodes e irmão de Alces, a pedir ao governador para que não nos cedesse seu corpo "para que eles não abandonem o crucificado e comecem a adorar este homem". Essa ideia veio por pressão dos judeus, que observavam quando o recolheríamos da fogueira, não percebendo que jamais poderíamos abandonar Cristo para adorar a qualquer outro. A Ele adoramos como o Filho de Deus, mas os mártires amamos como discípulos e imitadores do Senhor. Quando, então, o centurião viu que os judeus estavam causando tumulto, ele colocou [o corpo] no meio deles e o queimou, como era costume deles. Mais tarde, reunimos seus ossos, mais preciosos do que joias e mais refinados do que o ouro, e o colocamos em lugar apropriado. Lá, se possível, nos reuniremos em alegria e júbilo para celebrar o aniversário de seu martírio, tanto em memória daqueles que já combateram bem como para preparação daqueles que também combaterão. Esse é o relato acerca do bendito Policarpo. Incluindo aqueles de Filadélfia, ele foi o décimo segundo mártir em Esmirna. Porém somente ele é especialmente lembrado e comentado por todos, até mesmo pelos pagãos.

Assim terminou a vida do maravilhoso e apostólico Policarpo, de acordo com a carta dos cristãos de Esmirna. O mesmo documento registra outros martírios ocorridos em Esmirna no mesmo tempo. Entre eles, Metrodoro, aparentemente um ancião que seguia o erro de Marcião, foi morto na fogueira. Piônio, um célebre mártir que foi ousado em sua defesa da fé diante do povo e das autoridades, trouxe correção e consolo àqueles que haviam esmorecido ante a perseguição e encorajamento àqueles que o visitavam na prisão antes de ele ser torturado, atravessado por pregos e queimado até à morte — cujos detalhes incluí em minha primeira coleção sobre os martírios[24]. Também há biografias de outros que foram martirizados na cidade de Pérgamo, na Ásia — Carpo, Papilo e uma mulher chamada Agatonice — que encontraram glorioso cumprimento de sua missão após muitas nobres confissões de fé.

JUSTINO, O MÁRTIR

16. Em seu tempo, Justino, a quem mencionei anteriormente, depois de apresentar aos governantes também citados [Antonino Pio e seus filhos] um segundo livro em defesa de nossas doutrinas, foi adornado com o divino martírio. O filósofo Crescente, que se empenhou a fim de fazer a sua vida e a sua conduta justificarem a sua designação de um cínico[25], instigou uma conspiração contra ele, pois Justino o havia derrotado repetidamente em debates diante de uma plateia. O preeminente filósofo havia claramente predito seu próprio martírio como iminente nestas palavras encontradas em sua *Apologia*:

> Eu mesmo espero ser vítima das ciladas de algum desses demônios aludidos e ser cravado no cepo, ou pelo menos das ciladas de Crescente, esse amigo da desordem e da ostentação. Não merece o nome de filósofo um homem que, sem saber uma palavra sobre nós, nos calunia publicamente, como se nós, cristãos, fôssemos ateus e ímpios, espalhando essas calúnias para congratular-se e agradar a multidão transviada. De fato, se ele nos persegue sem ter encontrado a doutrina de Cristo, é homem absolutamente mau e que se coloca muito abaixo do próprio vulgo dos ignorantes, os quais com frequência se preservam de falar do que não entendem e, principalmente, de levantar falsos testemunhos; se leu, não entendeu a sua sublimidade; se a entendeu e age assim para ninguém suspeitar que ele é cristão, então é ainda mais miserável e mau, pois se deixa vencer pela opinião vulgar e irracional e pelo medo. Quero que saibais que, ao propor-lhe e fazer-lhe certas perguntas sobre o caso, lhe fiz ver e o convenci de que não sabe absolutamente nada. Para provar que digo a verdade, se não vos foram comunicadas as

---

[24] Pîônio realmente foi martirizado em Esmirna, mas um século mais tarde, no aniversário do martírio de Policarpo. Evidentemente, Eusébio o incluiu aqui observando o tema e não a cronologia.

[25] Referência ao Cinismo, corrente filosófica que repudiou os costumes e os valores da Grécia Antiga. Os cínicos ficaram conhecidos como aqueles que "vivem como cães", pois optavam pelo aspecto natural com ênfase nas ações e não em teorias; também depreciavam as convenções sociais e desprezavam os bens materiais, além de comportarem-se de forma obscena e descomedida publicamente. Viviam em condições consideradas degradantes para um grego.

Colunas coríntias na acrópole de Pérgamo, local de martírios da era cristã. Pérgamo é outra das sete igrejas abordadas no livro de Apocalipse (1:11, 2:12). © Shutterstock

notas de nossas discussões, estou disposto a repetir minhas perguntas e respostas e isso também seria uma façanha digna de imperadores. Mas se as minhas perguntas e respostas já tivessem chegado ao vosso conhecimento, por elas ficaria claro para vós que ele não entende nada sobre nossa religião. Se ele sabe e, a exemplo de Sócrates, como eu disse antes, não se atreve a falar por medo daqueles que o escutam, não é homem que ama o saber, mas a opinião, como quem não aprecia o dito socrático tão digno de ser apreciado...[26]

Assim fala Justino. E que ele, sem dúvida, foi enredado por Crescente e encontrou a sua satisfação, de acordo com sua profecia, é-nos dito por Taciano — um distinto em estudos gregos e memorável por seus escritos — em sua obra *Discurso contra os gregos*: "com razão, o admirável Justino disse que se assemelhavam aos bandidos". E depois prossegue:

Ao menos Crescente, que colocou o seu ninho na grande cidade, sobrepujava a todos em pederastia e não tinha outro objetivo além do dinheiro; ele que aconselhava a desprezar a morte, de tal maneira a temia, que maquinou dá-la a Justino e também a mim, como se fosse um mal, porque, pregando a verdade, ele desmascarava os filósofos como glutões e embusteiros.[27]

Essa foi a causa do martírio de Justino.

MÁRTIRES CITADOS POR JUSTINO

17. Antes de enfrentar sua própria provação, Justino menciona, em sua primeira *Apologia*, outros mártires que o precederam:

Certa mulher vivia com o seu marido, homem dissoluto, e antes de se tornar cristã, se entregara à vida licenciosa. Todavia, logo que conheceu os ensinamentos de Cristo, não só se tornou casta, como procurava também persuadir seu marido à castidade, referindo-lhe os mesmos ensinamentos e anunciando-lhe o castigo do fogo eterno preparado para os que não vivem castamente e conforme a reta razão. Ele, porém, obstinado na dissolução, com a sua conduta desanimou

---

[26] *Apologia*, Livro 2:8, p.98–9.

[27] *Discurso contra os gregos*, 18, p.22. Disponível em https://pt.calameo.com/read/0055056150ccc7cd9e5b2.

a sua mulher. Com efeito, esta considerava uma coisa ímpia continuar partilhando o leito com um homem que só procurava meios de prazer a todo custo, contra a lei da natureza e contra o que é justo, e decidiu divorciar-se. Seus parentes, todavia, a dissuadiam e a aconselhavam que tivesse ainda um pouco de paciência, com a esperança de que, algum dia, pudesse mudar o homem. Então, ela violentou-se a si mesma e esperou. O marido teve que fazer uma viagem para Alexandria e logo a mulher ficou sabendo que ele cometia lá piores excessos ainda. Depois disso, para não se tornar cúmplice de tais iniquidades e impiedades, permanecendo no matrimônio e partilhando o leito e a mesa com tal homem, ela apresentou o que entre vós se chama "libelo de repúdio" e separou-se. Então, aquele "excelente" marido, que deveria ter se alegrado pelo fato de sua mulher, antes entregue à vida fácil com escravos e diaristas, entre bebedeiras e todo tipo de maldade, ter agora deixado tudo isso e só desejar que ele também, dado às mesmas farras, pusesse fim a tudo isso, ficou, pelo contrário, despeitado por ela ter-se divorciado contra a sua vontade e a acusou diante dos tribunais, dizendo que ela era cristã. A mulher, contudo, apresentou a ti, imperador, um memorial, solicitando autorização para dispor antes de sua propriedade e responder diante dos tribunais à acusação que lhe era feita, depois que estivesse resolvida a questão dos seus bens. Tu concedeste o que ela solicitou. O que antes fora marido, não podendo, na ocasião, fazer nada contra a mulher, voltou-se contra certo Ptolomeu, que Urbico chamara do seu tribunal, por ter sido mestre dela nos ensinamentos de Cristo. Eis o ardil que ele usou. O centurião que prendera Ptolomeu era seu amigo, e ele o persuadiu para que o detivesse e lhe perguntasse apenas se era cristão. Ptolomeu, que era por caráter amante da verdade, incapaz de enganar ou dizer uma coisa por outra, confessou que era de fato cristão. E isso bastou para que o centurião o acorrentasse e o atormentasse por muito tempo no cárcere. Finalmente, quando Ptolomeu foi levado diante do tribunal de Urbico, a única pergunta que lhe fizeram foi igualmente se era cristão. De novo, consciente dos bens que devia à doutrina de Cristo, confessou o que é ensinamento da divina virtude. Com efeito, quem nega alguma coisa, seja o que for, ou a nega porque a condena ou recusa confessá-la por saber que é indigno ou alheio a ela; nada disso convém ao verdadeiro cristão. Urbico ordenou que ele fosse condenado ao suplício; mas certo Lúcio, que também era cristão, vendo um julgamento realizado tão contra toda a razão, disse a Urbico: "Por que motivo condenaste à morte um homem que ninguém provou ser adúltero, ou fornicador, ou assassino, ou ladrão, ou salteador, ou, por fim, réu de algum crime, mas que apenas confessou levar o nome de cristão? Urbico, não estás julgando de modo conveniente ao imperador Pio, nem ao filho de César, amigo do saber, nem ao sacro Senado".

Urbico não respondeu nada. Dirigiu-se a Lúcio e lhe disse: "Parece-me que também tu és cristão!".

Lúcio respondeu: "Com muita honra!". E sem mais, o prefeito deu ordem para que ele também fosse conduzido ao suplício. Lúcio declarou-lhe que até agradecia por isso, pois sabia que ia se livrar de tão perversos tiranos e que iria ao Pai e rei dos céus. Por fim, um terceiro, que sobreveio, também foi condenado à morte.[28]

A isso, Justino adequadamente acrescentou as palavras que citei acima: "Eu mesmo espero ser vítima das ciladas de algum desses demônios aludidos".

OS ESCRITOS DE JUSTINO

18. Justino nos deixou muitos tratados úteis, obra de um intelecto culto e treinado em teologia, dentre os quais recomendo os seguintes como proveitosos aos estudantes.

Apologia I, dirigido a Antonino Pio, seus filhos e ao Senado romano;

Apologia II, ao sucessor, Antonino Vero [Marco Aurélio], cujo período discuti aqui;

Discurso contra os gregos, uma extensa discussão de questões debatidas tanto por cristãos quanto por filósofos gregos, bem como uma discussão acerca dos demônios;

Uma refutação, outra resposta aos gregos;

A soberania de Deus, traçado a partir das Escrituras e de obras gregas;

Cânticos da Harpa;

Acerca da alma, que reflete suas opiniões e as opiniões dos filósofos gregos.

Ele também compôs um diálogo contra os judeus, ocorrido em Éfeso: *Diálogo contra Trifão*, um dos hebreus mais reconhecidos de seu tempo. Nele, Justino fala como a graça de Deus o guiou à fé após seus estudos filosóficos e zeloso questionamento da verdade.

---

[28] *Apologia*, Livro 2:2, p.91–3.

Descrevendo como os judeus conspiraram contra os ensinamentos de Cristo, ele acusa, igualmente, Trifão:

> ...não só não fizestes penitência de vossas más ações, mas escolhestes homens especiais de Jerusalém e os mandastes por todo o mundo, a fim de espalhar que havia aparecido uma ímpia seita de cristãos e espalharam as calúnias que todos aqueles que não vos conhecem repetem contra nós. De modo que não só sois culpados de vossa própria iniquidade, mas também da iniquidade de todos os homens...[29]

Justino também escreve que até mesmo em seu tempo os dons espirituais iluminavam a Igreja e cita o Apocalipse de João, afirmando que era obra do apóstolo. Também menciona algumas passagens dos Profetas, demonstrando, contra Trifão, que os judeus as haviam retirado das Escrituras. Muitas de suas obras permanecem e foram citadas por escritores mais antigos. No Livro 4 de sua *Contra as Heresias*, Ireneu escreve:

> E Justino diz com razão no seu tratado contra Marcião: "Não teria crido nem mesmo no Senhor se me tivesse anunciado um Deus diferente do nosso Criador".[30]

E, no Livro 5 da mesma obra:

> Foi Justino a dizer que Satanás, antes da vinda do Senhor, nunca teve a ousadia de blasfemar a Deus, porque ignorava o alcance da sua condenação...[31]

Essas obras devem encorajar os aprendizes a estudar seus escritos cuidadosamente. Tais são os fatos concernentes a Justino.

BISPOS E HEGÉSIPO

19. Quando esse reinado [de Marco Aurélio] estava em seu oitavo ano, Sotero sucedeu a Aniceto, que estava há 11 anos no ofício como bispo de Roma, e quando Celadião já havia presidido sobre Alexandria por 14 anos...

20. Agripino o sucedeu. Na igreja de Antioquia, o célebre Teófilo foi o sexto após os apóstolos. O quarto fora Cornélio, indicado após Herão, e o quinto fora Eros.

21. Entre os que floresciam na igreja neste tempo, estavam Hegésipo, a quem já mencionamos anteriormente;

---

[29] *Diálogo contra Trifão*: 17, p.136.
[30] *Contra as Heresias*, Livro 4:6, p.380.
[31] *Contra as Heresias*, Livro 5:26, p.590.

o bispo Dionísio, de Corinto; Pinito, de Creta; Filipe, Apolinário, Melito, Musano, Modesto e, acima de todos, Irineu. A ortodoxia deles e seu ardor pela tradição apostólica chegou até nós em forma escrita.

22. Hegésipo nos deixou registro completo de suas crenças em cinco livros que permanecem até hoje. Neles, ele conta sobre suas viagens a Roma e sobre encontrar a mesma doutrina entre todos os bispos nessa cidade. Após alguns comentários acerca da carta de Clemente aos coríntios, ele escreve:

> A igreja em Corinto permaneceu na verdadeira doutrina até que Primo se tornou bispo. Conversei com os coríntios em minha viagem a Roma, e fomos renovados na verdadeira doutrina. Depois de chegar a Roma, compilei a sucessão até Aniceto, cujo diácono era Eleutério. Aniceto foi sucedido por Sotero, e este, por Eleutério. Em cada sucessão, em cada cidade, a pregação corresponde à Lei, aos Profetas e ao Senhor.

O mesmo autor também descreve as origens das heresias de seu tempo:

> Após Tiago, o Justo, ter sofrido martírio como o Senhor, e pela mesma razão, Simeão, filho de Clopas, tio [de Tiago], assumiu o bispado, tendo sido recomendado por todos como primo do Senhor. Eles costumavam chamar a igreja de "virgem" porque ela não havia sido seduzida por profanidades ainda. Contudo, Tebutis, por não haver sido constituído bispo até o momento, começou a profaná-la por meio de sete heresias às quais ele pertencia. Entre eles estavam Simeão e os simonianos, Cleóbio, Dositeu e os dositeanos, Gorteu e os masboteus. Destes derivam: os menandrianitas, os marcionistas, os carpocratianos, os valentianos, os basilidianos, os satornilianos, cada um dos quais injetou sua própria opinião de maneira peculiar. A partir deles vêm os falsos cristos, os falsos profetas, os falsos apóstolos, que destroem a unidade da Igreja por seus ensinos peçonhentos contra Deus e contra Cristo.

Hegésipo também descreve as seitas que existiam entre os judeus:

> Várias opiniões entre os da circuncisão, os filhos de Israel, contra a tribo de Judá e o Messias incluíam: os essênios, os galileus, os hemerobatistas, os masboteus, os samaritanos, os saduceus e os fariseus.

Ele escreveu muito mais — já citei alguma coisa — e citou o evangelho de Hebreus, o evangelho Siríaco e, especialmente, as obras e tradição oral do idioma hebraico, o que demonstrava que era um convertido hebreu. Não apenas ele, como também Ireneu e todos os escritores primitivos costumavam chamar os Provérbios de Salomão de "Sabedoria virtuosíssima". Igualmente afirma que todos os chamados apócrifos foram criados por certos hereges de seu próprio tempo. Porém, agora devo prosseguir para outro autor.

BISPO DIONÍSIO, DE CORINTO

23. Como bispo de Corinto, Dionísio prestou inspirado serviço não apenas àqueles que estavam sob ele, mas, semelhantemente, àqueles que estavam distantes, especialmente por intermédio das epístolas gerais que ele escreveu às igrejas. Entre estas, a carta aos espartanos é de instrução ortodoxa sobre a paz e a unidade, ao passo que a epístola aos atenienses é uma chamada à fé e à vida de acordo com o evangelho — por cujo desdém ele os censura como apóstatas da Palavra, uma vez que Públio, seu bispo, fora martirizado na perseguição daquela época. Dionísio relata que, após esse martírio, Quadrato foi nomeado bispo deles e que, por meio de seu fervor, eles foram reunificados e sua fé, avivada. Também afirma que Dionísio, o areopagita, que se convertera com a pregação de Paulo, conforme registrado em Atos (At 17:34), foi o primeiro a ser nomeado bispo de Atenas. Outra epístola existente de sua autoria, endereçada aos nicomedianos, contesta a heresia de Marcião, defendendo a verdade. Ele também escreveu à igreja em Gortina e outros lugares de Creta, parabenizando Filipe, seu bispo, pela coragem da igreja nesses lugares, mas alertando-os a se preservarem contra os hereges.

Em uma carta à igreja em Amastris e aos de Ponto, ele afirma que Baquilides e Elpistes lhe imploraram para escrever, ao que ele então lhes expõe as divinas Escrituras e se refere a seu bispo, Palmas, pelo nome. Discute extensamente o casamento e o celibato e orienta que deveriam ser bem recebidos aqueles que retornavam após um lapso moral ou herético.

Outra epístola pertencente a essa lista é aos que habitavam em Knossos, na qual insta que o bispo Pinito não torne o celibato compulsório aos irmãos, mas que se recorde da fraqueza de muitos. A isso, Pinito respondeu que ele admirava Dionísio, todavia o exortava a fornecer comida mais sólida em uma carta mais sofisticada, para que eles não fossem alimentados apenas com palavras de leite e tratados como crianças, embora tivessem idade avançada. Nessa carta, a ortodoxia, a compaixão, a instrução e a percepção teológica de Pinito são bem refletidas.

Uma carta de Dionísio ao bispo Sotero e aos romanos também está preservada até hoje. Nela, ele aclama o hábito dos romanos, observado até à perseguição de nosso tempo:

Vista do sul da estrada da Licaônia para as ruínas da antiga Corinto, visitada por Paulo em sua segunda viagem missionária e onde, mais tarde, Dionísio foi bispo. A sinagoga judaica onde Paulo pregou e o *macellum*, ou mercado de carne, estavam localizados nesta rua. Ao fundo, eleva-se a cidadela da cidade, Acrocorinto. © Unsplash

Tem sido seu hábito, desde o começo, demonstrar bondade a todos os cristãos e enviar contribuições a igrejas em todas as cidades, trazendo alívio ao sofrimento dos necessitados em algumas localidades ou em minas. Isso, seu antigo costume romano, não foi apenas mantido por seu bispo Sotero, mas também aumentado por generosamente compartilhar com liberalidade entre os santos e encorajando os irmãos que vêm a Roma com palavras inspiradas e paternais.

Na mesma carta, ele se refere à carta de Clemente aos coríntios, demonstrando ser costume lê-la na igreja desde o princípio:

Lemos sua carta hoje, no dia do Senhor, e continuaremos a lê-la com frequência para nossa admoestação, como fazemos com a carta que Clemente escreveu em seu nome.

O mesmo autor diz sobre a composição de suas próprias cartas:

Quando os irmãos me solicitaram escrever cartas, eu lhes escrevi, mas os apóstolos do diabo os encheram com ervas daninhas, omitindo algumas coisas e acrescentando outras. Entretanto, o pesar os aguarda. Não surpreende, portanto, que alguns tenham distorcido até a palavra do Senhor, pois maquinam até contra escritos tão inferiores.

Bispos, escritos e martírios

Além dessas, há uma carta de Dionísio a Crisófora, uma crente muito fiel, na qual ele lhe provê alimento espiritual adequado. Esses são os fatos acerca de Dionísio.

BISPO TEÓFILO, DE ANTIOQUIA
24. Existem ainda três tratados elementares endereçados a Autólico de autoria de Teófilo, o anteriormente mencionado bispo de Antioquia, e outro intitulado *Contra a Heresia de Hermógenes*, na qual menciona o Apocalipse de João. Os hereges daquele tempo estavam tão ativos como sempre em corromper a pura semente dos ensinos apostólicos tal qual muitas ervas daninhas, e os pastores das igrejas em toda parte os afastaram das ovelhas de Cristo como animais selvagens ao alertar os irmãos e expor os hereges por meio de interrogatório público e refutação das opiniões deles por intermédio de tratados escritos. Fica claro que Teófilo se uniu à campanha contra eles por meio de sua admirável obra contra Marcião, que ainda permanece preservada. Seu sucessor como bispo de Antioquia foi Maximino, o sétimo depois dos apóstolos.

FILIPE, MODESTO E MILITÃO, DE SARDES
25. Filipe, a quem conhecemos por meio da carta de Dionísio como sendo bispo de Gortina, também escreveu um tratado admirável contra Marcião, do mesmo modo que Irineu e Modesto, excelentes em expor os erros desse homem.

26. Como contemporâneo dele, o bispo Melito, de Sardes, e o bispo Apolinário, de Hierápolis, estavam no ápice de sua fama e cada um endereçou apologias à fé ao imperador romano daquele tempo [Marcos Aurélio]. Das obras deles, chegaram à nossa atenção:

Por Melito:

Acerca da Páscoa, livros 1 e 2	*Alma e Corpo*
Acerca da vida cristã e dos profetas	*Batismo, verdade e fé*
A Igreja	*O nascimento de Cristo*
O dia do Senhor	*Um livro de profecia*
O homem fiel	*Hospitalidade*
A criação	*A chave*
A obediência da fé	*O diabo*
Os sentidos	*O Apocalipse de João*
Deus encarnado	*A Antonino*

No começo de *Acerca da Páscoa*[32], ele indica o tempo de sua composição:

Este livro foi escrito quando Servílio Paulo era procônsul da Ásia e do

---

[32] Daqui para diante, o grego *pascha* — festival pascal — é traduzido como Páscoa (para o benefício dos leitores modernos), um termo que só foi usado mais tarde na história da Igreja.

martírio de Sagaris, e quando havia grande discussão em Laodiceia a respeito do festival pascal que devia ter sido realizado naquele tempo.

Clemente de Alexandria cita esse livro em sua obra *A respeito da Páscoa*, a qual ele afirma ter escrito como consequência do livro de Melito. E, em sua petição endereçada ao imperador, Melito afirma que eles foram tratados, naquela época, da seguinte forma:

> Isso jamais havia ocorrido antes, de um grupo de pessoas religiosas estar sendo perseguido por novos decretos por toda Ásia. Informantes desavergonhados, ambicionando a propriedade de outros, tiraram vantagem dos decretos para fazer pilhagem dia e noite contra os que são inocentes... E se isso é feito sob tua ordem, está bem: um rei justo jamais teria políticas injustas, e alegremente suportaremos a honra de tal morte. Contudo, fazemos este único pedido: primeiramente informa-te da verdade sobre os autores de tais discórdias e depois julga se eles são dignos de punição e morte ou de absolvição e imunidade. Todavia, se esse novo decreto — que não seria apropriado sequer a inimigos estrangeiros — não parte de ti, apelamos ainda mais que não nos abandones a sermos pilhados por uma turba.

Depois, ele continua:

> Nossa filosofia brotou, inicialmente, em terra estrangeira, mas ela atingiu o ponto de flor perfeita entre teu povo, no grande reinado de teu ancestral, Augusto, tornando-se um portento de bem para teu império, visto que o Império Romano cresceu esplendidamente dali para frente. Felizmente, és agora seu sucessor e permanecerás assim, juntamente com teu filho [Cômodo], se protegeres a filosofia que começou em Augusto e cresceu com o império. Teus ancestrais a respeitavam, juntamente com as outras seitas, e a maior prova de que nossa fé foi para o bem naquele tempo em que o império começou tão nobremente é esta: desde o reinado de Augusto, nenhum desastre tomou o império. Pelo contrário, ocorreu tudo de esplêndido e glorioso, resposta a cada uma de nossas orações. Dentre todos os imperadores, os únicos que foram persuadidos por maus conselheiros a difamar nossos ensinos foram Nero e Domiciano, e, a partir deles, brotou a prática inexplicável de acusar falsamente os cristãos. Porém, a ignorância deles foi corrigida por teus piedosos pais, que regularmente enviavam reprimendas escritas a todos que ousassem tomar novas medidas

contra nós. Teu avô, Adriano, por exemplo, escreveu cartas a muitos e, especialmente, ao procônsul Fundano, governador da Ásia. E, enquanto estavas associado a teu pai [Antonino Pio] no governo do mundo, ele escreveu às cidades para que nenhuma nova medida fosse tomada contra nós. Entre essas, estão as cartas a Larissa, Tessalônica, Atenas e a todos os gregos. Uma vez que tens a mesma opinião acerca desse assunto, embora tenhas muito mais empatia humana e sabedoria filosófica, estamos convencidos de que farás tudo como requeremos de ti.

Essa passagem foi extraída do citado tratado. Em seu *Extratos*, o mesmo autor começa, em seu prefácio, com uma lista de escritos reconhecidos do Antigo Testamento, que merecem menção aqui:

Melito a Onésimo, seu irmão, saudações. Em seu fervor pela Palavra, você frequentemente desejou extratos da Lei e dos Profetas concernentes a nosso Salvador e a toda a nossa fé, bem como fatos precisos acerca dos antigos livros, especialmente quantos são e sua ordem. Eu estava ávido em fazê-lo para você, conhecendo seu fervor pela fé, pela Palavra e por sua salvação eterna. Assim, quando visitei o Oriente e cheguei ao lugar onde todos esses escritos eram proclamados e feitos, adquiri informação precisa sobre os livros do Antigo Testamento, que agora lhe envio:

Cinco livros de Moisés: Gênesis, Êxodo, Números, Levítico, Deuteronômio. Josué (filho de Num), Juízes, Rute, Reis (quatro livros), Crônicas (dois livros), os Salmos de Davi, os Provérbios (sabedoria) de Salomão, Eclesiastes, Cântico dos Cânticos, Jó; os profetas: Isaías, Jeremias, os Doze em um único volume, Daniel, Ezequiel, Esdras.

Peguei os extratos destes e os compilei em seis livros.

APOLINÁRIO, MUSANO, TACIANO

27. Até aqui falamos de Melito. Muitos escritos de Apolinário foram preservados, dentre os quais estes chegaram a nós: um discurso ao imperador acima mencionado [Marco Aurélio]; *Contra os gregos* (cinco livros); *A verdade* (dois livros); *Contra os judeus* (dois livros) e seus escritos contrários à heresia proveniente da Frígia, uma inovação que começava a brotar, com Montano e suas falsas profetisas iniciando sua decadência no erro.[33]

---

[33] Eusébio discutirá Montano em detalhes no próximo livro, 5:14-19.

28. Musano, já mencionado, escreveu um tratado admirável, ainda preservado, a alguns cristãos que haviam se desviado para a heresia chamada encratita, que estava apenas começando a nascer e deu vida à sua bizarra e corruptora falsa doutrina.

29. Diz-se que Taciano foi o autor de tal erro, a quem já citei anteriormente acerca do maravilhoso Justino, de quem era discípulo. Irineu afirma em seu *Contra as Heresias*, Livro 1:

> Assim, por exemplo, os que se chamam encratitas, que se inspiram em Saturnino e Marcião, proclamam a abstenção do casamento, condenando a primitiva instituição divina e acusando falsamente Aquele que fez o homem e a mulher ordenados à procriação. Introduziram o celibato dos chamados espirituais com gesto de ingratidão para com Deus, criador de todas as coisas, e negam também a salvação do primeiro homem. Esta é invenção original e atual, quando um Taciano qualquer introduziu, pela primeira vez, essa blasfêmia. Enquanto esteve na escola de Justino como ouvinte não manifestou nenhuma dessas teorias, mas, depois do martírio dele se separou da Igreja e ufanando-se da glória do mestre e julgando-se superior a todos, deu nova característica à teoria. Como os discípulos de Valentim, conta a história dos Éões invisíveis, como Marcião e Saturnino, tacha o casamento de corrupção e fornicação, e no que lhe é próprio, nega a salvação de Adão.[34]

Foi isso que Irineu escreveu naquela época. Porém, pouco mais tarde, um homem chamado Severo ampliou essa heresia, levando seus seguidores a serem conhecidos como severianos por causa dele. Eles usam a Lei, os Profetas e os Evangelhos — embora os interpretem de seu próprio modo —, mas blasfemam contra o apóstolo Paulo, rejeitando suas epístolas e até mesmo Atos dos Apóstolos. Seu antigo líder Taciano produziu, de alguma forma, uma combinação dos evangelhos e o chamou de *Diatessaron*[35], ainda preservado em alguns lugares. Dizem que ele ousou alterar algumas das palavras do apóstolo como se corrigisse seu estilo. Deixou muitos escritos, entre os quais o mais afamado é *Contra os gregos*, no qual discute a história primitiva e mostra como Moisés e os profetas hebreus precederam todos aqueles que são enaltecidos entre os gregos. Este

---

[34] *Contra as heresias*, Livro 1:28, p.111.
[35] Um termo musical grego que significa "harmonia das quatro partes". Esta é a primeira harmonia dos evangelhos conhecida.

também parece ser o melhor e mais útil de seus escritos.

BARDESANES, O SÍRIO

30. Durante o mesmo reinado, floresciam heresias na Mesopotâmia, e Bardesanes, um linguista sírio muito hábil, escreveu diálogos contra os marcionitas e outros líderes de várias doutrinas, bem como várias outras obras. Aqueles que o conheceram como um poderoso defensor da Palavra traduziram seus diálogos do siríaco para o grego. Entre eles está o muito eficaz diálogo com Antonino, *Sobre o destino*, e ele escreveu muitos outros livros em função da perseguição daquele tempo. Inicialmente, ele fora um valentiniano, contudo, mais tarde rejeitou essa escola e refutou muitas de suas fantasias, pensando que se tornara um ortodoxo. No entanto, na verdade, ele não se livrou completamente da imundície dessa antiga heresia.

Nesse tempo, Sotero, bispo de Roma morreu.

DEFENSORES E DIFAMADORES DA FÉ

Este livro de *História Eclesiástica* oferece fonte admirável de material acerca da dupla campanha que os Pais da segunda geração tiveram que deflagrar na tentativa de reparar o relacionamento Igreja-Estado, exteriormente, enquanto interiormente neutralizavam a multiforme heresia. Foi uma guerra de dois *fronts* travada corajosamente por alguns poucos que não hesitaram em dirigir suas defesas do cristianismo a ninguém menos do que aos próprios imperadores romanos. Conhecidos como os primeiros apologistas (do grego *apologia*, ou "defesa"), intelectuais como Quadrato, Aristides, Justino e Melito — mesmo correndo grande risco pessoal — lembraram aos imperadores como seus antecessores haviam modificado a política governamental de caça aos cristãos, ao mesmo tempo que nos lembram de que as perseguições aos cristãos não foram uma longa e abrangente história de horror que incluía todo o império, mas uma tortura seletiva e localizada, e uma proposta que ocorria periodicamente.

Foi a liderança cristã que sofreu mais naquele tempo, talvez como símbolos visíveis para os demais: Inácio, de Antioquia; Policarpo, de Esmirna; Justino, o mártir. A destemida determinação de Inácio e a serena nobreza de Policarpo ante uma morte horrível têm iluminado continuamente esses Pais apostólicos, e Eusébio fez bem em citar diretamente suas fontes acerca deles.

Não eram os imperadores que acusavam os cristãos, como no primeiro século, mas um indivíduo ou grupo local, um governador de província, ou, como veremos, os sacerdotes pagãos. Eusébio escolheu bem as suas fontes nesta parte, permitindo que o *ipsissima verba* dos decretos imperiais e os comentários dos vários apologistas falassem por si mesmos.

Enquanto isso, dentro da igreja (ou ligada a ela), a heresia brotava e se subdividia em seitas, seitas dentro de seitas, alardeando uma miríade de nomes. Por si só, o gnosticismo era uma insana colcha de retalhos de ensinamentos que prosperavam no clima sincretista do Império Romano. Tal ensino errôneo não parava de inflamar os escritores da igreja desse período — ou até Eusébio, após eles — e sua regra para combatê-lo era invocar variações do argumento de Ireneu de que os ensinos publicamente expostos entre as igrejas na tradição apostólica preservavam a ortodoxia, em contraposição às ideias secretas do gnosticismo ou das reivindicações extravagantes do Montanismo.

As escolas de heresia pareciam perdurar por várias gerações de cada vez mais disparates errôneos antes de elas mesmas sucumbirem. Entretanto, Eusébio falhou em mencionar um benefício importante para a Igreja advindo desses desafios hereges: eles forçaram os pensadores cristãos a concordarem a respeito de um cânon autorizado das Escrituras e de uma tradição unificadora de sua interpretação e os compeliu a ensinar e expressar as doutrinas da igreja com maior precisão e aprofundada teologia.

Quatro dos cinco bons imperadores governaram durante o período coberto pelo Livro 4 de *História Eclesiástica*. Começa durante o final do reinado de *Trajano* (98–117) e da segunda guerra judaica que irrompeu no Egito, Cirene e na Mesopotâmia (115–117), que ele subjugou pouco antes de sua morte por derrame cerebral, na Cilícia.

Adriano (117–138), seu filho adotivo e sucessor, era um homem alto, intelectual e imponente, que decidiu usar barba e, assim, estabeleceu um novo estilo para muitos imperadores subsequentes. Ele acabou com a terceira guerra judaica (a revolta de Bar-Kokhba, 132–5), que terminou com a exclusão dos judeus de Jerusalém e a reconstrução da cidade como gentílica e designada de Aelia Capitolina. O rescrito de Adriano a Fundano, governador da Ásia (cerca de 125 d.C.), continuou a política moderada de Trajano com relação aos cristãos: sua religião era ilegal, mas eles não deveriam ser perseguidos por vias ilegais. Quadrato dirigiu a ele a primeira apologia cristã. Por enfatizar a consolidação em oposição à conquista, Adriano fez retroceder algumas das fronteiras conquistadas por Trajano, porém manteve uma forte defesa do império por meio de muralhas e fortalezas. Ele viajou muito, introduziu reformas necessárias e tentou imitar o primeiro imperador romano, chamando a si próprio de Adriano Augusto. Uma dolorosa enfermidade se abateu sobre ele em 138.

O filho adotivo de Adriano, *Antonino Pio* (138–161), buscou um reinado caracterizado pela paz, prosperidade e progresso por meio de obras públicas e bem-estar social. Aristides dirigiu sua *Apologia* a esse imperador e por um bom motivo, uma vez que Antonino tinha uma personalidade atraente, de quem se diz possuir grande virtude, conforme simbolizado por seu epiteto latino *Pius*, que significa "devotado, justo, virtuoso". Todavia, na sua administração, embora não sob sua instigação, o idoso Policarpo, bispo de Esmirna, foi martirizado no estádio da cidade (contrário à afirmação de Eusébio, que o coloca sob o próximo imperador).

Marcos Aurélio (161–180), o filho adotivo e sucessor de Antonino, compartilhou o reinado com *Lúcio Vero*, até a morte deste em 169. Nobre em caráter e um filósofo estoico que escreveu *Meditações* (Ed. Edipro, 2019), Marcos Aurélio passou a maior parte de sua administração fazendo o que menos apreciava: liderando seus exércitos na fronteira do Danúbio, visto que os germânios estavam se agitando por todas as divisas do império. Apesar do estoicismo, ele não legitimou ou concedeu tolerância ao cristianismo, e o grande apologista Justino foi martirizado em Roma (cerca de 165 d.C.), enquanto Melito, de Sardes, lhe fazia petições contra as perseguições no Oriente.

Ruínas do Templo de Ártemis na antiga Sardes, onde Melito era o bispo cristão.
© Freeimages

LIVRO 5

HERÓIS OCIDENTAIS, HEREGES ORIENTAIS

DE MARCOS AURÉLIO A SEPTÍMIO SEVERO

Sotero, bispo de Roma, partiu desta vida aos 80 anos. Foi sucedido por Eleutério, o décimo segundo depois dos apóstolos, no décimo sétimo ano do imperador Antonino Vero [Marcos Aurélio]. Neste tempo, a perseguição contra nós acendeu-se, novamente e de forma mais intensa, em vários lugares. A violência das multidões nas cidades levou incontáveis mártires à glória, a julgar pelos eventos em certa província. Uma vez que o relato completo já foi escrito e incluído em *Compêndio acerca dos Mártires*, meramente descreverei o que é relevante para a presente obra. Outros historiadores limitaram seus relatos a registrar as vitórias na guerra, as proezas dos comandantes e acerca de heroicos soldados manchados de sangue dos milhares que eles assassinaram por amor ao país, à família e à propriedade. Minha narrativa, ao contrário desses, tornará indeléveis as guerras ocorridas em busca da paz de alma e dos homens que combateram corajosamente pela verdade em tais guerras, em vez de pelo país; em prol da piedade, em vez da família. É a competição dos destemidos atletas da piedade, sua perseverança nas vitórias contra os oponentes satânicos e as coroas que receberam ao final que os farão eternamente conhecidos.

177 d.C.

MÁRTIRES NA GÁLIA

1. A Gália foi o país que serviu de estádio para esses eventos. Suas capitais eram Lyon e Vienne, através das quais o rio Ródano flui abundantemente. As principais igrejas na região enviaram um documento acerca dos mártires às igrejas da Ásia Menor, de onde cito:

A Gália, atualmente França, foi o lugar de terríveis perseguições aos cristãos em Lyon e Vienne, durante o governo de Marcos Aurélio. Os restos mortais das vítimas eram jogados no rio Ródano pelos perseguidores pagãos.

Os servos de Cristo em Vienne e Lyon, na Gália, aos nossos irmãos na Ásia e na Frígia, que compartilham conosco a mesma fé e esperança de salvação: Paz, graça e glória de Deus, o Pai, e de Cristo Jesus, nosso Senhor.

Após as observações iniciais, eles começam sua narrativa conforme a seguir:

> A intensidade da pressão aqui, o terrível ódio dos pagãos contra os santos e os sofrimentos dos benditos mártires estão além da descrição ou de escritos. O Adversário, em antecipação a seu advento iminente, nos atacou com toda sua força. Usou cada meio para treinar seus seguidores contra os servos de Deus, de modo que não fomos apenas expulsos de casas, banhos e lugares de comércio, mas até mesmo proibidos de aparecer em qualquer lugar. Contudo a graça de Deus resgatou os fracos ao posicionar os fortes, pilares dentre os homens, que se arrastaram ao pleno ataque do Inimigo e sofreram cada punição enquanto se apressavam para ir a Cristo, provando, assim, que os sofrimentos do tempo presente não devem ser comparados com a glória que será revelada em nós[1].
>
> Primeiramente eles sofreram todo o tipo de abuso da turba: os gritos, os espancamentos, o serem arrastados, a pilhagem, o encarceramento, o apedrejamento e tudo que uma multidão furiosa faz contra o inimigo a quem odeia. Depois, eles foram arrastados para a praça do mercado e indiciados pela tribuna e pelas autoridades da cidade; e, quando confessavam [Cristo], eram levados à prisão para aguardar a chegada do governador. Quando eram levados diante dele e tratados cruelmente, Vécio Epagato, interveio. Ele observava todos os mandamentos do Senhor com tanta meticulosidade que, apesar de sua juventude, a sua reputação se igualava à do ancião Zacarias[2]. Cheio de amor pelo Senhor e ao próximo, e transbordando de ira ante julgamento tão disparatado contra nós, ele pediu permissão para falar em nossa defesa e mostrar como não éramos nem ateístas nem ímpios. Aqueles que estavam no tribunal o vaiaram, uma vez que ele era um homem de status social, e o governador rejeitou sua sensata solicitação, perguntando apenas: "Você é cristão?". Da

---

[1] A parte final da frase cita Romanos 8:18.

[2] O pai de João Batista (Lucas 1:5-6).

maneira mais clara possível, Vécio respondeu que era e foi, ele mesmo, unido às fileiras dos mártires. Ele era chamado de "consolador dos cristãos", porém possuía o Consolador [o Espírito Santo] em si, conforme evidenciado pelo amor com que entregou sua vida para a defesa dos irmãos, como um verdadeiro discípulo de Cristo.

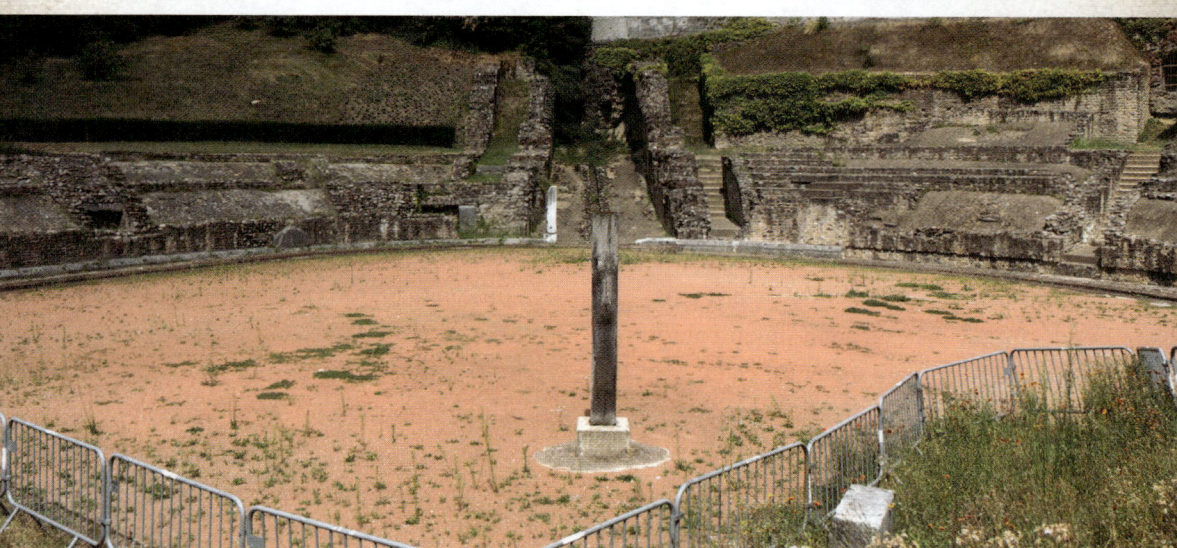

Acima: Um canto do Anfiteatro dos Três Gálios, em Lyon, onde aconteciam as terríveis perseguições da região descritas por Eusébio. © Shutterstock
Abaixo: Um poste de madeira marca o local onde estaria a antiga estaca para torturas. © Wikimedia Commons

O restante foi, então, dividido, e os primeiros mártires fizeram sua confissão de martírio de modo claro e zeloso. No entanto, outros não pareciam prontos. Tendo falhado em seu treinamento, não eram páreo para a batalha, e dez deles se provaram natimortos, causando-nos muita tristeza e restringindo o entusiasmo daqueles que ainda não haviam sido presos. Todavia, apesar das agonias, eles permaneceram com os mártires e não desertaram deles. Neste ponto, estávamos todos atormentados pela incerteza de sua confissão, não temendo o retardamento da punição, mas que nenhum deles se desviasse.

Dia após dia, os dignos continuaram a ser presos, de forma que todos os mais eficazes membros das duas igrejas estavam todos recolhidos. Alguns de nossos servos pagãos também foram apreendidos, uma vez que o governador havia decretado que todos deveriam ser processados. Enredados por Satanás e receando sofrer os tormentos que testemunhavam os santos suportarem, eles nos acusavam falsamente — incitados pelos soldados — de festivais tiestianos e de relacionamentos sexuais de Édipo[3], bem como coisas que não devemos sequer mencionar ou pensar sobre elas. Quando esses rumores se espalharam, as pessoas se voltaram contra nós como animais ferozes e, até aqueles que haviam demonstrado moderação anteriormente por sua proximidade conosco, enfureceram-se contra nós, cumprindo a afirmação do Senhor: "...chegará a hora em que todo aquele que os matar pensará que, com isso, está prestando culto a Deus" (Jo 16:2). Por fim, os santos mártires suportaram sofrimentos além de toda descrição, pois Satanás buscava extrair blasfêmias até mesmo deles.

A fúria total da turba, o governador e os soldados lançaram sobre Sancto, diácono de Vienne; sobre Maturo, um jovem, mas heroico competidor; sobre Átalo, que sempre fora um pilar entre os cristãos de Pérgamo; e sobre Blandina, por meio de quem Cristo provou que aquilo que os homens consideram desprezível, Deus considera digno de maior glória. Quando estávamos todos temerosos, e a senhora dela estava, ela mesma, enfrentando o martírio e angustiada para que não fosse

---

[3] Canibalismo e incesto. Na mitologia grega, Tiestes, sem saber, comera seus próprios filhos, e Édipo havia casado, não intencionalmente, com sua própria mãe.

incapaz, por sua fraqueza física, de confessar [Cristo], Blandina estava tão cheia de poder que aqueles que a torturavam, desde a manhã até à noite, ficaram exauridos e admitiram que haviam sido derrotados, pois não havia mais o que lhe pudessem fazer. Eles ficaram embasbacados pelo fato de ela ainda estar viva, visto que todo seu corpo estava esmagado e lacerado, e disseram que nenhuma tortura era suficiente para acabar com sua vida, menos ainda o aumento da sucessão de tais torturas. Porém, a bendita irmã, como uma nobre atleta, venceu em força enquanto confessava a fé e encontrou o consolo para seus sofrimentos ao dizer: "Sou cristã e nada de perverso aconteceu entre nós".

Sancto também suportou todas as crueldades com coragem sobre-humana. Embora os impiedosos aplicassem persistentes torturas para extrair algo de mal dele, ele resistiu com tal tenacidade, que sequer disse seu nome, raça, cidade de origem ou até mesmo se era escravo ou livre, mas respondia a cada pergunta em latim: "Sou cristão". Por isso, o governador e os torturadores estavam ávidos por dominá-lo e, quando tudo o mais falhou, eles finalmente pressionaram chapas de cobre aquecidas contra as partes mais sensíveis de seu corpo. Estas ardiam, mas ele permaneceu firme em sua confissão, recebendo refrigério da água da vida que flui de Cristo. Seu corpo foi testemunha de seu tormento: estava completamente ferido, mutilado e desprovido de sua forma humana, porém Cristo, sofrendo naquele corpo, venceu o Adversário e demonstrou que não há nada a temer onde estiver o amor do Pai e nada a ser ferido quando a glória de Cristo está presente.

Após alguns dias, os perversos novamente aplicaram as mesmas torturas ao mártir, presumindo que elas o subjugariam agora que seu corpo estava inchado e queimado — ele não conseguia suportar nem mesmo o toque da mão de alguém — ou que a sua morte por tortura aterrorizaria o restante. Contudo, nada disso aconteceu: ao contrário de tudo o que criam, o corpo dele foi envergado por essas novas torturas e reconquistou sua antiga aparência e o uso dos membros. Por meio da graça de Cristo, então, a segunda vez que foi afligido no mastro se tornou não um tormento, mas a cura.

Semelhantemente Biblida, uma daquelas que havia negado [Cristo], foi trazida pelo diabo para o tormento ao forçá-la (imaginando-a frágil e dominada) a dizer coisas más contra nós, presumindo que ele já a havia devorado e esperando amaldiçoá-la também por meio de blasfêmia. Entretanto, ela se recobrou no mastro e despertou de profundo sono, por assim dizer, relembrando do inferno por meio das punições temporais. Assim, contradisse sua blasfêmia: "Como tais pessoas poderiam comer criancinhas quando não são sequer permitidos comer o sangue de animais irracionais?". Daí para diante ela confessou ser cristã e se uniu às fileiras dos mártires.

Quando as torturas dos tiranos haviam sido vencidas por Cristo pela perseverança dos benditos santos, o diabo desenvolveu outros mecanismos: o encarceramento em meio à imundície e escuridão, distender os pés em até o quinto buraco do cepo e outras atrocidades que os furiosos carcereiros, cheios do diabo, infligiam sobre os prisioneiros. Desse modo, muitos deles foram estrangulados na prisão, enquanto outros eram torturados com tal crueldade que parecia impossível que sobrevivessem. No entanto, eles sobreviveram, privados da ajuda humana, mas fortalecidos pelo Senhor para que encorajassem os outros. Mas os jovens, recentemente presos e desacostumados à tortura, não suportaram o confinamento e morreram na prisão.

O bendito Fontino, bispo de Lyon, tinha mais de 90 anos e estava fisicamente enfraquecido. Mal podia ele respirar, mas foi fortalecido por seu fervor para o martírio. Ele foi arrastado ao tribunal por soldados, acompanhado pelas autoridades locais e com a multidão vaiando-o como se ele fosse o próprio Cristo. Ele, porém, deu nobre testemunho. Quando o governador lhe perguntou: "Quem é o Deus dos cristãos?", Fontino respondeu: "Se você for digno, saberá". Foi, então, empurrado impiedosamente, surrado por mãos e pés que não demonstravam respeito a sua idade, enquanto os que estavam mais distantes lançavam nele o que quer que tivessem à mão, todos imaginando que estavam vingando seus deuses. Ele foi lançado na prisão dias depois, mal e mal respirando e morreu dois dias depois.

Após isso ocorreu uma grande dispensação de Deus, e a misericórdia infinita de Jesus se revelou de modo raro, mas não acima da capacidade de Cristo. Aqueles que o haviam negado nas primeiras prisões foram encarcerados com os demais, apesar de sua negação, ao passo que aqueles que confessaram o que eram foram apreendidos como cristãos, sem qualquer acusação adicional, enquanto os primeiros também foram acusados como assassinos infratores e duplamente punidos. Pois o fardo dos que haviam confessado foram aliviados pela esperança das promessas de Cristo, mas os que o negaram foram atormentados por sua consciência, como era patente pelo seu semblante. Os fiéis emergiam com um sorriso jubiloso, com glória e com graça, carregando suas correntes como ornamentos e perfumados pelo doce aroma de Cristo, de modo que alguns pensavam que eles usavam algum cosmético terreno. Os outros estavam deprimidos, humilhados e desgraçados, ridicularizados pelos pagãos como covardes miseráveis. Foram acusados de assassinato e haviam perdido o nome glorioso e vivificador. Essa visão firmou o restante: aqueles que eram presos confessaram sua fé sem hesitar e ignoravam as provocações diabólicas...

Depois disso, os martírios aconteceram de forma variada, como as muitas formas e cores das flores entretecidas na coroa oferecida ao Pai. Maturo, Sancto, Blandina e Átalo foram entregues aos animais em uma exibição pública especial. Maturo e Sancto foram novamente sujeitos a todo tipo de tortura no anfiteatro, como se já não houvessem sofrido anteriormente. Foram-lhes infligidos novos açoites, foram maltratados pelos animais e tudo o que a enlouquecida turba exigia. Por fim, a cadeira de ferro, que assou seus corpos e os revestiu de odor fétido. Nem assim pararam os algozes, mas, em crescente frenesi, tentaram vencer a resistência dos mártires. Todavia, não extraíram nada mais de Sancto do que sua confissão de fé, que fizera desde o início.

Depois de seu sofrimento prolongado, eles foram enfim sacrificados, tendo servido como substitutos para as várias competições de gladiadores o dia inteiro. Blandina, no entanto, foi amarrada a um poste e oferecida como alimento a animais selvagens que foram deixados soltos. Parecia que ela estava amarrada em formato de cruz, e suas orações constantes inspiraram grandemente as vítimas que com ela estavam, que viram nela Aquele que fora crucificado, a fim de convencer todos a sofrer por Cristo para que tenham comunhão eterna com o Deus vivo. Quando nenhum dos animais a tocou, ela foi baixada do poste e colocada novamente na cela, para que fosse preservada para outra provação e sua vitória encorajasse os irmãos. Pequena, fraca e desprezada, ela havia se revestido do grande e invencível campeão: Cristo.

A turba exigiu Átalo, em alta voz, visto que ele era bem conhecido. Ele entrou no local tão preparado quanto um atleta, com consciência pura, bem treinado nas disciplinas cristãs e como uma testemunha constante da verdade. Foi conduzido ao redor do anfiteatro com uma placa diante dele na qual se lia: "Este é Átalo, o cristão". As pessoas estavam freneticamente em fúria contra ele, porém quando o governador soube que ele era romano, ordenou que fosse levado novamente à cela com os demais, acerca de quem ele havia escrito ao imperador e aguardava uma resposta.

Seu tempo de descanso não foi infrutífero. A misericórdia de Cristo foi revelada por meio de sua perseverança e, por intermédio dos vivos, os mortos estavam sendo restaurados, mártires conferindo graça sobre os que haviam falhado no martírio. Por causa deles, a maioria daqueles que havia fracassado nasceu de novo, aprendeu a confessar Cristo e foi ao tribunal para serem novamente interrogados pelo governador. Pois César [Marcos Aurélio] havia escrito que eles deveriam ser torturados até a morte, mas caso se retratassem, poderiam ser libertos. No início de um festival local, assistido por muitos pagãos, o governador os conduziu ao tribunal, fazendo um espetáculo dos bem-aventurados para a multidão. Ao interrogar-lhe de novo, ele decapitou todos os que pareciam possuir cidadania romana e enviou os demais para as feras. Cristo foi grandemente glorificado por aqueles que inicialmente o haviam negado, mas que agora o confessavam, contrariamente à expectativa dos pagãos. Eles foram interrogados individualmente com a intenção de libertá-los, porém eles confessaram e se uniram às fileiras de mártires. Também havia os intrusos, que jamais possuíram um traço de fé ou temor a Deus e blasfemavam do Caminho[4] por sua conduta — filhos da perdição —, mas todos os demais foram acrescentados à Igreja.

Enquanto eles também eram interrogados, Alexandre, um frígio de nascimento e profissional da

---

[4] Um dos primeiros títulos do cristianismo, de acordo com Atos 9:2. O grupo aqui castigado com tanto preconceito poderia bem incluir cristãos indecisos que estavam muito apavorados para renegar sua retratação.

medicina, que vivera na Gália por muitos anos e era bem conhecido por seu amor a Deus e ousadia nos discursos, esteve perante o tribunal e, por meio de gestos, incitou-os a confessar Cristo. Parecia, àqueles presentes no tribunal, que ele estava em dores de parto. Porém, a multidão, furiosa porque os que haviam negado agora confessavam, gritou que Alexandre era o responsável por isso. O governador o convocou e perguntou quem ele era. Quando respondeu "um cristão", ele [o governador] ficou irado e o condenou às feras.

No dia seguinte ele [Alexandre] entrou no anfiteatro com Átalo, a quem o governador entregou novamente aos animais, para agradar a multidão. Depois de sofrerem sob os objetos de tortura, ambos foram finalmente sacrificados. Alexandre não fez qualquer som, comunicando-se com Deus em seu coração, ao passo que Átalo, enquanto assava na cadeira de ferro com o odor fétido exalando de seu corpo, disse à multidão em latim: "Vejam! Vocês estão se alimentando de homens! Nós não comemos seres humanos tampouco cometemos qualquer crime!". Quando lhe perguntaram o nome de Deus, ele respondeu: "Deus não tem nome como os homens".

Além de todas essas coisas, no último dia dos jogos, Blandina foi trazida de novo para o anfiteatro com Pôntico, um rapaz de cerca de 15 anos. A cada dia eles haviam sido trazidos para assistir à tortura e eram incitados a jurar pelos ídolos. Furiosos por sua persistente recusa, não demonstraram qualquer simpatia pela juventude do rapaz ou respeito pela mulher, mas os sujeitaram a todas as torturas. Pôntico foi animado por sua irmã em Cristo e suportou corajosamente cada horror até entregar seu espírito. Sendo a última entre todos, a bendita Blandina, como uma nobre mãe que consolava seus filhos e os enviava triunfantemente ao Rei, regozijou-se com sua própria partida como se tivesse sido convidada a uma festa de casamento. Após os chicoteamentos, as feras e a grelha, ela foi colocada em uma rede e lançada a um touro. Indiferente às circunstâncias por sua fé em Cristo, ela foi jogada pelo animal por algum tempo antes de ser sacrificada. Os pagãos, então, admitiram que nunca antes uma mulher havia sofrido tanto por tanto tempo.

Nem mesmo isso foi suficiente para satisfazer sua crueldade maníaca. Incitados [por Satanás], eles lançaram aos cães aqueles que haviam sido estrangulados na cadeia, observando dia e noite para que eles não os domassem. Depois lançaram os restos que sobraram às feras e ao fogo, despedaçados e carbonizados, enquanto uma guarda militar vigiava as cabeças e o torso dos restantes por muitos dias, negando-lhes sepultamento. Alguns rilhavam os dentes sobre eles; outros riam e zombavam, glorificando seus ídolos por punir seus inimigos. Os mais moderados escarneciam, com pouca empatia: "Onde está o deus deles?" e "O que eles obtiveram com sua religião, que preferiram à sua própria vida?". No entanto, nós muito lamentamos por não poder sepultar seus corpos. [...]

Depois de eles ficarem expostos e serem insultados por seis dias, os corpos dos mártires foram queimados até as cinzas e varridos pelos perversos ao rio Ródano, que corre ali perto, de modo que nem mesmo um traço deles aparecesse sobre a terra. Eles o fizeram para dominar Deus e derrotar o novo nascimento dos mártires para que, conforme diziam: "Eles não tenham qualquer esperança de ressurreição pela qual eles iniciaram uma seita estrangeira, ignoraram a tortura e foram jubilando para a morte. Agora vejamos se ressuscitarão e se seu Deus os salvará".

REABILITANDO OS QUE FRACASSARAM

2. Foi isto que aconteceu às igrejas cristãs sob o citado imperador, e, a partir disso, pode-se inferir o que aconteceu em outras províncias. Acrescentaremos mais afirmações do mesmo documento, nas quais é descrita a gentil compaixão dos mártires mencionados acima:

> Estavam tão ávidos para imitar Cristo, que, em troca de toda a glória de testemunhar não apenas uma ou duas vezes, mas muitas e de voltar das feras cobertos de queimaduras, cicatrizes e ferimentos, eles não se definiam como mártires e tampouco permitiam-nos nos dirigir a eles por esse título, repreendendo com veemência quem tentasse fazê-lo. Pois jubilosamente submetiam o título de mártir a Cristo, o verdadeiro Mártir e Primogênito dentre os mortos, e lembravam-nos dos mártires que já haviam partido: "São mártires, de fato, aqueles que foram levados assim que confessaram Cristo; somos meramente humildes professos". Rogavam, em lágrimas, a seus irmãos que orassem para que eles completassem sua carreira, provando o poder do martírio por suas ações, porém recusando-se a serem chamados de mártires por temor a Deus...

Eles defenderam todos e a ninguém acusaram. Oravam por aqueles que os torturavam, como fizera Estêvão: "Senhor, não os condenes por causa deste pecado!" (At 7:60). Se ele intercedia por aqueles que o apedrejaram, quanto mais se deveria orar pelos irmãos?

Seu maior esforço era este: para que a fera se engasgasse e vomitasse aqueles que ela achava que havia engolido[5]. Eles não se vangloriavam sobre os que fracassaram, mas derramavam lágrimas em seu favor ao Pai, orando por vida, e Ele lha deu a eles. Era isso que compartilhavam com seu próximo antes de partir vitoriosamente para Deus, deixando para trás de si júbilo, paz, harmonia e amor.

Que esta citação seja suficiente a respeito do amor daqueles bem-aventurados por seus irmãos que haviam caído da graça diante do caráter desumano e implacável daqueles que, mais tarde, agiram tão cruelmente para com os membros de Cristo[6].

A REVELAÇÃO A ÁTALO, O MÁRTIR

3. O mesmo relato desses mártires inclui ainda mais uma história memorável. Certo Alcebíades, que vivia muito austeramente entre eles, recusava-se a qualquer coisa senão pão e água. Contudo, após seu primeiro combate no anfiteatro, foi revelado a Átalo que Alcebíades não agia bem ao falhar em usar o que Deus criara e ofendia os demais. Alcebíades foi persuadido e começou a comer de tudo com liberdade e agradecendo a Deus.

Nesse mesmo tempo, na Frígia, Montano, Alcebíades[7], Teódoto e seus seguidores começaram a obter fama por meio da profecia — uma vez que muitos outros dons miraculosos de Deus ainda ocorriam em várias igrejas — e levaram muitos a crer que eles também eram profetas. Quando se desenvolveu uma dissensão quanto a eles, os irmãos na Gália novamente ofereceram seus cuidados e discernimento ortodoxo acerca do assunto, anexando cartas dos mártires sendo oferecidos entre eles, cartas estas que foram compostas enquanto eles ainda estavam na prisão a seus irmãos na Ásia e na Frígia, bem como a Eleutério, então bispo de Roma, como embaixadores da paz nas igrejas.

OS MÁRTIRES RECOMENDAM IRINEU

4. Os mesmos mártires calorosamente recomendaram Irineu, um presbítero

---

[5] Isto é, que o diabo devolvesse aqueles que inicialmente haviam falhado na fé.

[6] Os donatistas, contemporâneos dos novacianos e de Eusébio, veja 6.43-46.

[7] Outro Alcebíades.

em Lyon, ao bispo de Roma, a quem acabamos de mencionar, nestas palavras:

> Mais uma vez e continuamente, Pai Eleutério, saudações em Deus. Confiamos essa carta para que nosso irmão e companheiro Irineu a levasse até o senhor. Imploramos que o tenha em alta consideração como um zeloso pela aliança em Cristo. Pois, se considerássemos que a hierarquia pudesse conferir justiça a qualquer um, primeiramente nós o recomendaríamos como presbítero, o que ele de fato é.

Preciso transcrever a lista dos mártires do documento previamente mencionado, alguns morrendo por decapitação, alguns lançados como alimento a animais selvagens, outros adormeceram nas celas, e o número de professos na fé que ainda sobreviviam naquele tempo? Qualquer um que deseje pode ler a carta completa em meu *Compêndio acerca dos mártires*, como eu mencionei anteriormente. Esses foram os acontecimentos ocorridos sob Antonino [Marcos Aurélio].

AS ORAÇÕES DOS CRISTÃOS TRAZEM CHUVA

5. Diz-se que, quando seu irmão, Marcos Aurélio César[8], batalhava contra os germânicos e sármatas, ele se viu em dificuldade porque seus soldados estavam com sede extrema. Porém, os soldados da legião melitena[9] ajoelharam-se no chão (nosso costume ao orar), na fé que os tem sustentado desde aquele tempo até o atual em embates contra seus inimigos, e se voltaram a Deus em súplica. Surpresos por essa visão, o adversário ficou ainda mais perplexo sob o raio que os levou à fuga e destruição, enquanto a chuva caía sobre o exército que orara à Divindade, refrescando a todos que estavam a ponto de morrer de sede.

Essa história também é relatada por escritores alheios à nossa fé, que registraram os tempos desses imperadores, bem como também por nossos próprios escritores. Os autores pagãos registraram o surpreendente fenômeno, embora sem o reconhecer como resultado das orações cristãs[10]. Todavia, nossos próprios escritores, como amantes da verdade, descreveram o episódio de

---

[8] Infelizmente, Eusébio por vezes se confunde com os Antoninos. Até aqui, ele se referira a Marcos Aurélio como Antonino (para diferenciá-lo de seu pai adotivo, o imperador Antonino Pio). Aqui, no entanto, ele erroneamente indica que o Antonino recém-mencionado é Lúcio Vero (coimperador com Marcos Aurélio até a morte de Vero, em 169). Entretanto, o imperador envolvido neste episódio continua sendo Marcos Aurélio.

[9] Melitene, atualmente chamada de Malatya, no leste da Capadócia, era, naquele tempo, uma fortaleza cristã.

[10] Dio Cássio atribui a maravilha a Arnulfo, um mago egípcio (71.8), enquanto Marcos Aurélio tinha a si mesmo em suas moedas como Júpiter, atacando os germânicos com raios.

modo simples e direto. Apolinário, por exemplo, afirma que dali para frente, a legião daqueles cuja oração gerou o milagre recebeu um nome apropriado do imperador e foi chamada, em latim, de "A Legião Trovejante"[11]. E em sua obra latina *Defesa da fé*, destinada ao Senado, a qual citei anteriormente, Tertuliano confirma a história com mais provas. Ele disse que as cartas de Marcos, o mais sábio dos imperadores, ainda estavam preservadas e nelas ele testificava que, quando o seu exército na Germânia estava à beira da ruína por falta de água, ele foi salvo pelas orações dos cristãos e de que o imperador ameaçou de morte a qualquer um que tentasse nos acusar. Tertuliano continua:

> Que qualidade de leis são essas que somente os ímpios e injustos, os vis, os sanguinários, os sem sentimentos, os insanos, executam contra nós? Que Trajano por muito tempo tornou nula proibindo procurar os cristãos? Que nem Adriano, embora dedicado no procurar tudo o que fosse estranho e novo, nem Vespasiano, embora fosse o subjugador dos judeus, nem Pio, nem Vero, jamais as puseram em prática?[12]

Todos têm direito a ter sua própria opinião quanto a essas questões. Devo prosseguir para outros eventos.

OS BISPOS DE ROMA

Quando Pontino encontrou seu fim entre os mártires da Gália aos 90 anos, Irineu se tornou bispo de Lyon. Foi-nos relatado que ele, em sua tenra idade, ouvira Policarpo. No Livro 3 de seu *Contra as heresias*, ele lista a sucessão dos bispos de Roma até Eleutério, período que agora relatarei, do qual Irineu também escreveu:

177 d.C.

> 6. Os bem-aventurados apóstolos que fundaram e edificaram a Igreja transmitiram o governo episcopal a Lino, o Lino que Paulo lembra na carta a Timóteo (2Tm 4:21). Lino teve como sucessor Anacleto. Depois dele, em terceiro lugar, depois dos apóstolos, coube o episcopado a Clemente, que vira os próprios apóstolos e estivera em relação com eles, que ainda guardava viva em seus ouvidos a pregação deles e diante dos olhos, a tradição. E não era o único, porque nos seus dias viviam ainda muitos que foram instruídos pelos apóstolos. No pontificado de

---

[11] A legião XII *Fulminata* ("Os Doze Trovejantes") já havia sido enviada por Tito para guardar um entroncamento do Eufrates em Melitene, na Capadócia, em 70 d.C.; o erro aqui, portanto, foi de Apolinário e não de Eusébio.

[12] *Apologética*, 5.

Clemente surgiram divergências graves entre os irmãos de Corinto. Então a Igreja de Roma enviou aos coríntios uma carta importantíssima para reuni-los na paz, reavivar-lhes a fé e reconfirmar a tradição que há pouco tempo tinham recebido dos apóstolos…

A este Clemente sucedeu a Evaristo; a Evaristo, Alexandre; em seguida, sexto depois dos apóstolos foi Sisto; depois dele, Telésforo, que fechou a vida com gloriosíssimo martírio; em seguida, Higino; depois, Pio; depois dele, Aniceto. A Aniceto sucedeu Sóter e, presentemente, Eleutério, em décimo segundo lugar na sucessão apostólica, detém o pontificado. Com esta ordem e sucessão chegou até nós, na Igreja, a tradição apostólica e a pregação da verdade.[13]

OS PODERES MIRACULOSOS CONTINUAM

7. Irineu relata esses fatos em cinco livros intitulados *Refutação e derrocada do falsamente chamado conhecimento*, no segundo livro dentre os quais ele mostra que as demonstrações do divino e miraculoso poder continuavam em algumas igrejas até seu tempo:

Está tão longe deles[14] o pensamento de ressuscitar os mortos — como o fez o Senhor e como o fizeram os apóstolos pela oração e como, em caso de necessidade, aconteceu mais de uma vez, toda a Igreja local pedindo fraternalmente com jejuns e orações, voltou o espírito do morto e foi concedida às orações dos santos a vida do homem…[15]

Se ainda disserem que o Salvador fez tais coisas somente na aparência, lhes apresentaremos os escritos dos profetas e, servindo-nos deles, lhes mostraremos que tudo foi realizado exatamente como foi predito; e que somente Ele é o Filho de Deus. Eis por que em Seu nome os seus verdadeiros discípulos, depois de ter recebido dele a graça, agem para o bem dos outros homens, conforme o dom que cada um recebeu dele: alguns expulsam os demônios, com tanta certeza e verdade, que, muitas vezes, os que foram libertos destes espíritos maus creram e entraram na Igreja; outros têm o conhecimento do futuro, visões e oráculos proféticos; outros impõem as mãos sobre os doentes e lhes restituem a saúde; e como dissemos, também alguns mortos

---

[13] *Contra as heresias*, Livro 3:3, p.250.

[14] Dos seguidores de Simão e de Carpócrates.

[15] *Contra as heresias*, Livro 2:31, p.231.

ressuscitaram e ficaram conosco por muitos anos. E que mais? Não é possível dizer o número de carismas que, no mundo inteiro, a Igreja recebeu de Deus, no nome de Jesus Cristo, crucificado sob Pôncio Pilatos e que distribui todos os dias em prol dos homens, a ninguém enganando e não exigindo dinheiro de ninguém: porque, como de graça recebeu de Deus, de graça distribui.[16]

Em outro lugar, diz o mesmo autor:

...ouvimos muitos irmãos na Igreja, que possuem o carisma profético e que, pelo Espírito, falam em todas as línguas, revelam as coisas escondidas dos homens, para sua utilidade e expõem os mistérios de Deus.[17]

Assim, uma variedade de dons continuaram entre aqueles considerados dignos até o tempo no qual eu falo.

IRINEU ACERCA DAS SAGRADAS ESCRITURAS

8. No início desta obra, prometi citar as tradições dos primeiros anciãos e historiadores da igreja com relação às Escrituras canônicas. Um deles foi Irineu, que escreveu o seguinte com relação aos evangelhos:

> Assim, Mateus publicou entre os judeus, na língua deles, o escrito dos Evangelhos, quando Pedro e Paulo evangelizavam em Roma e aí fundavam a Igreja. Depois da morte deles, também Marcos, o discípulo e intérprete de Pedro, nos transmitiu por escrito o que Pedro anunciava. Por sua parte, Lucas, o companheiro de Paulo, punha num livro o Evangelho pregado por ele. E depois, João, o discípulo do Senhor, aquele que recostara a cabeça ao peito dele, também publicou o seu Evangelho, quando morava em Éfeso, na Ásia.[18]

Essas são declarações de Irineu, feitas no Livro 3 da referida obra. No Livro 5, ele diz o seguinte acerca do Apocalipse de João e do número do nome do Anticristo:[19]

> Sendo essa a situação, visto que este número se encontra em todos os manuscritos mais antigos e

---

[16] *Contra as heresias*, Livro 2:32, p.235.

[17] *Contra as heresias*, Livro 5:6, p.530.

[18] *Contra as heresias*, Livro 3:1, p.247.

[19] O número da "besta", de acordo com Apocalipse 13:18, é 666. As letras do alfabeto eram usadas como números em grego, e 666 parece referir-se a Nero ou Domiciano na Igreja Primitiva.

cuidados, é atestado pelos que viram João com seus próprios olhos e, racionalmente, o número do nome da besta, contado à maneira dos gregos, somando o valor das letras... Mas não nos arriscaremos em declarar peremptoriamente que terá este nome, bem sabendo que se o seu nome tivesse que ser proclamado no nosso tempo, já teria sido manifestado pelo vidente do Apocalipse, porque não faz muito tempo que ele foi visto, e sim próximo aos nossos dias, no fim do reinado de Domiciano.[20]

Ele também menciona 1 João, extraindo dela muitas citações e, semelhantemente, de 1 Pedro. E ele não apenas conhecia, mas também citava *O Pastor*: "Bem se expressou o escrito que diz: 'Antes de tudo, crê que existe um só Deus que criou, harmonizou e fez existir todas as coisas etc.'"[21]. Igualmente parafraseou da *Sabedoria de Salomão*: "A visão de Deus causa a incorruptibilidade, e a incorruptibilidade produz o estar junto de Deus"[22].

Semelhantemente menciona um incógnito presbítero apostólico nas Escrituras e, com frequência, cita os escritos de Justino, o mártir, e de Inácio, prometendo refutar Marcião baseando-se nas obras dele mesmo. Com respeito à Septuaginta, escreve:

Foi, portanto, Deus que se fez homem, o próprio Senhor que nos salvou, Ele próprio que nos deu o sinal da Virgem. Por isso não é verdadeira a interpretação de alguns que ousam traduzir assim a Escritura: "Eis que uma moça conceberá e dará à luz um filho", como fizeram Teodocião de Éfeso e Áquila do Ponto, ambos prosélitos judeus, seguidos pelos ebionitas, que dizem que Jesus nasceu de José...

Antes que os romanos estabelecessem o seu império, quando os macedônios mantinham ainda a Ásia em seu poder, Ptolomeu, filho de Lago[23], que havia fundado em Alexandria uma biblioteca, desejava enriquecê-la com os escritos de todos os homens, pediu aos judeus de Jerusalém uma tradução, em grego, das suas Escrituras. Eles, então, que ainda estavam submetidos aos macedônios, enviaram a

---

[20] *Contra as heresias*, Livro 5:30, p.600.

[21] *Contra as heresias*, Livro 4:20, p.428.

[22] *Contra as heresias*, Livro 4:38, p.506.

[23] Ptolomeu I, normalmente chamado Sóter, foi o pai de Ptolomeu II Filadelfo, a quem se refere essa passagem.

Ptolomeu setenta anciãos, os mais competentes nas Escrituras e no conhecimento das duas línguas, para executar o trabalho que desejava. Ele, para os pôr à prova e mais, por medo de que concordassem entre si em falsear a verdade das Escrituras, na sua tradução, fê-los separar uns dos outros e mandou que todos traduzissem toda a Escritura; e fez assim com todos os livros.

Quando se reuniram com Ptolomeu e confrontaram entre si as suas traduções, Deus foi glorificado e as Escrituras foram reconhecidas verdadeiramente divinas, porque todos, do início ao fim, exprimiram as mesmas coisas com as mesmas palavras, de forma que também os pagãos presentes reconheceram que as Escrituras foram traduzidas sob a inspiração de Deus. Aliás, não é de se admirar que Deus tenha agido desta forma; deve-se lembrar que, destruídas as Escrituras durante a escravidão do povo sob Nabucodonosor, quando os judeus voltaram à sua terra (depois de setenta anos, no tempo de Artaxerxes, rei dos persas), Deus inspirou Esdras, sacerdote da tribo de Levi, a reconstruir de memória todas as palavras dos profetas anteriores e restituir ao povo a Lei dada por Moisés.[24]

Quanto a Ireneu, isso é o bastante.

PANTENO DE ALEXANDRIA

9. Quando Antonino [Marcos Aurélio] havia governado por 19 anos, Cômodo tornou-se o soberano. Em seu primeiro ano, Juliano foi indicado como bispo de Alexandria, enquanto Agripino completara 12 anos de ministério.

180 d.C.

Estátua de Commodus, imperador 180-192, vestido como Hércules © Shutterstock

10. Nesse tempo, Panteno, reconhecido por sua instrução, estava encarregado da escola dos crentes em Alexandria. Essa academia tem permanecido até nosso tempo, e ouvi que é supervisionada por

---

[24] *Contra as heresias*, Livro 3:21, 342-3. Essa tradição não é bíblica, e o objetivo de apresentar a Septuaginta nesse debate referente a Isaías 7:14 é que a Septuaginta traduz o hebraico como parthenos em grego, ou "virgem", em vez de "moça", o que Eusébio deveria ter explicado.

homens de altos intelecto e zelo espiritual. Porém, Panteno era um dos mestres e filósofos estoicos mais distintos de seu tempo. Dizem que ele era tão entusiasta pela Palavra divina, que foi enviado a pregar o evangelho de Cristo aos povos do Oriente e chegou até a Índia. Lá descobriu que o evangelho de Mateus já o precedera entre alguns que vieram a conhecer a Cristo. Bartolomeu, um dos apóstolos, havia pregado a eles e lhes deixara o relato de Mateus em hebraico, que fora preservado até aquele tempo. Depois de muitas realizações, Panteno finalmente se tornou o diretor da escola em Alexandria, onde revelou os tesouros da divina doutrina tanto em forma oral quanto escrita.

CLEMENTE DE ALEXANDRIA

11. Em seu tempo, Clemente, que possuía o mesmo nome que o pupilo dos apóstolos e antigo líder da igreja romana, tornou-se proeminente em Alexandria por seu estudo das Sagradas Escrituras. Em seu livro *Disposições*, menciona Panteno por nome como seu professor e parece aludir a ele no Livro 1 de *Miscelâneas*. É deste modo que fala a respeito dos mais distintos membros da sucessão apostólica a quem ele havia se unido:

> Este não é um escrito destinado a impressionar, mas anotações preservadas para minha velhice, um tratamento para o esquecimento e meramente um esboço daquelas palavras claras e vitais que tive o privilégio de ouvir de homens benditos e extraordinários. Dentre eles, um, Jônico, estava na Grécia; um segundo, na Itália; um terceiro, no Líbano; o quarto do Egito. Outros estavam no Oriente, um deles era assírio; outro, na Palestina, de origem hebraica. Quando conheci o último — que era o primeiro em termos de competência — encontrei descanso ao persegui-lo em suas pegadas ao Egito. Esses homens preservaram a autêntica tradição dos bem-aventurados ensinos diretamente de Pedro, Tiago, João e Paulo, os santos apóstolos, tendo os filhos os recebido de seus pais (mais poucos deles se comparavam aos pais). Pela graça de Deus, estes chegaram até mim, para depósito dessas sementes antigas e apostólicas.[25]

BISPOS DE JERUSALÉM

12. Em seu tempo, Narciso era bispo da igreja em Jerusalém, ainda muito célebre, o décimo quinto na sucessão após o cerco dos judeus sob Adriano. Dali para frente, a igreja lá era composta de gentios, em vez de judeus cristãos, e o

---

[25] *Miscelâneas*, 1.1.11.

primeiro bispo gentio foi Marcos, conforme assinalado anteriormente. Depois dele os registros locais mostram como bispos: Cassiano, sucedido por Públio, depois Máximo, Juliano, Caio, outro Juliano, Capito, Valente, Doliguiano e, por fim, Narciso, o 13.º após os apóstolos em sucessão regular[26].

RODÃO *VERSUS* MARCIÃO

13. No mesmo tempo, Rodão, um asiático, era aluno de Taciano em Roma, e escreveu vários livros, um em particular destinado à heresia de Marcião. Ele relata que essa heresia havia se dividido em grupos dissidentes naquela era, e, descrevendo o cisma, refuta os falsos ensinamentos forjados em cada um desses grupos:

> Por isso, eles não concordam uns com os outros, mas mantêm opiniões irreconciliáveis. Um dos que pertence a esses rebanhos, chamado Apeles, é tido em alta conta por seu modo de vida e velhice. Ele admitia haver uma Fonte do ser, mas afirma que as profecias partem de um espírito hostil, confiando nas palavras de uma menina endemoninhada chamada Filomena. Outros, como o próprio líder, Marcião, introduzem duas Fontes, como o fazem Potito e Basílico, que seguiram o lobo proveniente do Ponto ao fracassar em descobrir a divisão das coisas[27] e ao voltar-se a uma solução simples anunciando as duas Fontes, com escassas evidências. Outros ainda mergulhavam em erro ainda pior, presumindo não apenas duas, mas até mesmo três Naturezas. Seu líder era Sineros, de acordo com os membros dessa escola.

O mesmo autor [Rodão] também diz que ele conversara com Apeles:

> Quando tivemos uma discussão com o velho Apeles, suas muitas falsas afirmações eram evidentes. Assim, ele afirmou que não era necessário discutir acerca de doutrina, mas que cada um deveria manter suas próprias crenças: aqueles que colocavam sua esperança no Crucificado seriam salvos, se continuassem nas boas obras. Como eu disse previamente, o mais obscuro de seus ensinamentos era em relação a Deus, pois afirmava uma Fonte única, como em nossa doutrina.

---

[26] Eusébio afirma que Narciso foi o décimo quinto, mas lista apenas 13 nomes aqui. Em sua *Crônica*, os nomes de Máximo II e Antonino vêm após o de Capito.

[27] Marcião era proveniente de Sinope, no Ponto. A "divisão das coisas [entre bem e mal]" refere-se a sua falha em encontrar uma resposta ao problema do mal.

Após definir toda a doutrina de Apeles, Rodão continua:

> Quando eu lhe disse: "Qual sua evidência para uma Fonte única, por favor, explique?", ele respondeu que as profecias eram inconsistentes, falsas e se contradiziam umas às outras. Quanto à Fonte única, ele afirmou que não sabia, mas que meramente se inclinava a essa opinião. Depois, assim que o pressionei a dizer a verdade, ele jurou que ele o cria ao reivindicar que não sabia como um Deus não criado era um, mas que cria desse modo. Ri, condenando-o, uma vez que ele se chamava de mestre, embora não soubesse como confirmar o que ensinava.

Falando a Calistião na mesma obra, Rodão diz que ele fora discípulo de Taciano em Roma, e que Taciano era autor do livro acerca de *Problemas*, no qual registrava o que era incerto e obscuro nas divinas Escrituras, ao que o próprio Rodão prometeu fornecer respostas. Uma dissertação de sua autoria sobre o *Hexaemeron*[28] também existe até os dias atuais. A respeito de Apeles, ele afirmava incontáveis impiedades contra a lei mosaica e blasfemava as palavras divinas em muitos livros, em um esforço para as refutar e destruir, ou assim pensava que faria.

OS FALSOS PROFETAS E AS DIVISÕES

14. O inimigo da Igreja de Deus não deixou qualquer ação contra a humanidade sem teste e levantou uma nova safra de heresias para ameaçar a Igreja. Alguns desses sectários deslizavam como víboras venenosas por toda Ásia e Frígia, vangloriando-se de que Montano era o Paráclito e que suas seguidoras, Priscila e Maximila, eram profetizas.

15. Outras brotavam em Roma, lideradas por Florino, um presbítero excomungado, bem como o decaído Blasto. Eles afastaram muitos da igreja e os atraíam a suas próprias opiniões, cada um tentando distorcer a verdade de sua própria forma.

MONTANO E A HERESIA DA FRÍGIA

16. Contra a heresia da Frígia, o Poder que defende a verdade levantou uma arma forte e invencível em Apolinário de Hierápolis, já mencionado, e muitos outros eruditos daquele tempo, que nos deixaram amplas fontes para escrevermos a história. Um deles, no início de seu tratado contra esses hereges, diz que também debatera oralmente com eles e descreve em seu prefácio:

---

[28] Os seis dias [da criação].

Por muito tempo, meu querido Arvício Marcelo, você tem me pedido para escrever um tratado contra uma seita liderada por Milcíades[29], mas relutei até esse momento, não por inabilidade para refutar o erro e afirmar a verdade, mas por preocupação de que alguns possam pensar que eu estaria acrescentando palavras ao Novo Testamento do evangelho, ao qual, ninguém que viva de acordo com ele, pode adicionar ou subtrair nada. Contudo, vim a Ancira, na Galácia, e descobri que a igreja local estava dividida por esse novo devaneio — não uma profecia, como eles a consideram, mas, pelo contrário, falsa profecia, como provarei. Tanto quanto pude, falei à igreja por muitos dias acerca dessas pessoas e contestei seu argumentos com a ajuda do Senhor. A igreja se alegrou e foi fortalecida na verdade. Nossos oponentes, porém, foram derrotados até o momento. Assim, os presbíteros locais me solicitaram para lhes deixar um resumo do que eu havia dito contra os adversários da verdade quando Zótico, de Otrus, nosso colega presbítero, também estava presente. Embora eu não o tenha feito, prometi escrever daqui, segundo a vontade do Senhor, e o enviar a eles em breve.

Depois de comentários semelhantes, ele continua relatando o caso dessa heresia desta forma:

Sua recente divisão herética começou enquanto Grato era procônsul da Síria. No vilarejo de Ardabau, na Mísia, região da Frígia, um novo convertido chamado Montano, cuja ilimitada ambição foi lenha para o Adversário, tornou-se obcecado e, em frenesi, caiu em transe. Começou a delirar, tagarelar e falar sem sentido, profetizando contrariamente à tradição e ao costume que a Igreja tem desde o começo. Daqueles que ouviram suas afirmações degeneradas, alguns ficaram irados, considerando-o possesso por um demônio e um espírito de engano ao perturbar a população. Eles o censuraram e tentaram impedir seu palavrório, relembrando-se da distinção do Senhor e Suas advertências de se preservar contra os falsos profetas. No entanto, outros, como se exaltados pelo Espírito Santo e um dom de profecia — e cheios de não pouca presunção — esqueceram-se dos avisos do Senhor e acolheram um

---

[29] Um líder dos montanistas em Pentápolis, no mar Negro.

espírito que ameaçava e ludibriava a mente, desencaminhando as pessoas que assim estavam enganadas por ele, de modo que não podia ser silenciado. Por meio de algum artifício maléfico, o Diabo arruinou os desobedientes e, inflamando as mentes já amortecidas à verdadeira fé, levantou duas outras mulheres[30], a quem ele infundiu com um espírito espúrio de modo que elas balbuciavam enlouquecidamente, de forma anormal e grotesca, como Montano. Esse espírito avolumava a cabeça dos afetados com bárbaras promessas ou, algumas vezes, a fim de parecer crítico, condenava-os. Porém, poucos dos frígios foram enganados. Os crentes na Ásia reuniram-se muitas vezes em muitos lugares para investigar as falas recentes, declarando-as sacrilégio e rejeitando a heresia. E quando o espírito arrogante da falsa profecia os instruía a blasfemar contra toda a Igreja por todo o mundo, eles [os montanistas], por fim, foram excomungados e expelidos da igreja.

Depois desse relato de abertura, ele continua a refutar o erro deles por toda a sua obras. No Livro 2, ele diz isto sobre o fim deles:

Uma vez que eles nos chamam de "assassinos de profetas" por não termos recebido os seu profetas tagarelas (a quem, dizem eles, o Senhor prometeu enviar), que eles nos respondam diante de Deus. Alguma vez algum desses que falavam, começando com Montano e as mulheres, foi perseguido pelos judeus ou morto pelos perversos? Nem um. Algum deles foi preso e crucificado por causa do Nome? Sem dúvida, nem um. Alguma das mulheres foi açoitada nas sinagogas judaicas ou apedrejadas? Nunca, em lugar algum. Diz-se que Montano e Maximila tiveram morte diferente, um espírito destruidor da mente levou cada um deles ao suicídio, como Judas, o traidor. Semelhantemente, de acordo com um relatório geral, Teódoto — aquele extraordinário companheiro, o primeiro administrador, por assim dizer, da "profecia" deles — foi certa vez elevado ao Céu, mas em um transe comprometeu-se com um espírito de engano e desabou no chão, morrendo miseravelmente. De certo modo, é isso que eles dizem ter acontecido. No entanto, uma vez que nós mesmos não o testemunhamos, Montano e

---

[30] Maximila e Prisca, ou Priscila. A Frígia era o centro do culto extático de Cibele, e Montano, de acordo com uma tradição, fora sacerdote em Cibele.

Teódoto, bem como as mulheres mencionadas podem, ou não, ter assim morrido.

Mais adiante ele diz que os santos bispos daquele tempo tentaram argumentar com o espírito que estava em Maximila, mas foram impedidos por outros que evidentemente cooperavam com esse espírito:

> O espírito que fala por intermédio de Maximila, de acordo com Astério Orbano, não deveria dizer: "Sou afastado como um lobo das ovelhas. Não sou lobo, sou palavra, e espírito e poder". Porém, que o poder do espírito seja provado diante daqueles que estavam presentes para testá-lo e com ele dialogar enquanto ele falava — distintos homens e bispos: Zótico, do vilarejo de Comana, e Juliano, de Apameia, que foram amordaçados por Temisão e seu grupo, para que o falso espírito que enganava o povo não pudesse ser refutado.

Após refutar as falsas profecias de Maximila, ele indicou o tempo em que estava escrevendo e também expõe suas falsas predições de guerras e revoluções futuras:

> Não está ainda claro que essa é outra mentira? Já faz mais de 13 anos que essa mulher morreu, e nem uma guerra local ou geral irrompeu no mundo. Em vez disso, há paz contínua pela misericórdia de Deus, até mesmo para os cristãos.[31]

Isso é do Livro 2. Também fornecerei uma breve citação do Livro 3, na qual ele responde àqueles [os montanistas], que se vangloriavam de terem tido muitos mártires:

> Quando todos os argumentos deles haviam sido refutados e ficaram sem qualquer resposta, tentaram se refugiar nos mártires, reivindicando que tiveram muitos deles como prova do que é alegadamente seu espírito profético. Nada poderia estar mais distante da verdade! Algumas das demais heresias têm incontáveis mártires, mas não os aceitamos por esse motivo ou admitimos que eles têm a verdade. Os marcionistas (assim chamados pela heresia de Marcião) indicam inumeráveis mártires por Cristo, mas eles não confessam o próprio Cristo... Portanto, sempre que um dos membros da igreja chamados ao martírio pela verdadeira fé

---

[31] Nenhuma grande guerra ocorreu no reinado de Cômodo (180–192) ou nos primeiros anos de Septímio Severo (até aproximadamente 197).

encontram um dos pretensos mártires da heresia frígia, eles se apartam deles e não se aproximam até que tenham seu final, uma vez que não reconhecem o espírito em Montano e nas mulheres. Que isso é verdade e que ocorreu em nosso tempo na Apameia, no Meandro, fica claro por meio dos casos daqueles que foram martirizados com Caio e Alexandre de Eumênia.

MILCÍADES *VERSUS* OS MONTANISTAS

17. Nessa obra ele também cita Milcíades como um autor que igualmente havia escrito um tratado contra tal heresia. Depois de citar alguns de seus ditos, ele continua: "Isso resume o que descobri em um de seus escritos atacando a obra de nosso irmão Milcíades[32], na qual ele mostra que um profeta não precisa falar extaticamente". Ademais, ele fornece uma lista daqueles que eram profetas no Novo Testamento e inclui certos Amia e Quadrato:

> Entretanto, o pseudoprofeta fala em êxtase, sem embaraço ou temor. Ele começa com a intencional ignorância, mas termina com a não intencional loucura. Eles não conseguem mostrar que qualquer profeta, quer do Antigo como do Novo Testamentos, foi inspirado dessa forma — nem Ágabo, ou Judas, ou Silas, ou as filhas de Filipe, ou Amia (na Filadélfia) ou Quadrato, ou qualquer dos outros que não pertence ao seu grupo… Visto que, se as mulheres montanistas sucedessem Quadrato ou Amia no dom profético, que eles digam quem, dentre eles, sucedeu os seguidores de Montano e das mulheres, pois o dom profético deveria continuar em toda a igreja até a vinda final, de acordo com o apóstolo. Eles, contudo, não conseguem apontar para um sequer, vendo que este é o décimo quarto ano após a morte de Maximila.

O Milcíades a quem ele se refere também nos deixou memoriais de seu zelo pela Palavra divina nos tratados que escreveu contra os gentios e contra os judeus, bem como sua *Apologia* de sua filosofia endereçada aos governantes seculares.

APOLÔNIO *VERSUS* OS MONTANISTAS

18. Quando a heresia da Frígia ainda florescia nessa região, um escritor da igreja, chamado Apolônio, escreveu uma refutação provando que as

---

[32] O texto de Eusébio tem "Alcebíades" em vez de "Milcíades". A maioria dos estudiosos entende que Eusébio pretendia se referir ao último. Uma vez que ambos os nomes eram igualmente de líderes gregos, esse erro é provável.

"profecias" deles eram falsas e expondo o estilo de vida dos hereges. Ouçam suas palavras acerca de Montano.

> As suas obras e ensinamentos demonstram o caráter de seu novo mestre. Ele lhes ensinou a anulação do casamento, prescreveu o jejum, trocou os nomes das pequenas cidades de Pepuza e Timião para Jerusalém, a fim de que as pessoas de todas as partes lá se reunissem, indicou agentes para coletar dinheiro e donativos a título de "ofertas", atribuiu salário àqueles que pregavam a sua mensagem, para que ela pudesse prosperar por meio da glutonaria.

Assim ele fala de Montano, pouco mais adiante, ele diz o seguinte a respeito das profetizas:

> Assim sendo, demonstramos que essas primeiras profetizas abandonaram seus maridos a partir do momento em que foram cheias do espírito. Que grande mentira é, então, que eles a chamem de Priscila, a virgem!

Depois prossegue:

> Toda a Escritura não proíbe que o profeta aceite donativos e dinheiro? Então, quando vejo que uma profetiza recebeu ouro, prata e roupas caras, como posso falhar em condená-la?

Mais à frente, ele diz o seguinte com relação a um de seus seguidores:

> O avarento Temisão falhou em levantar o estandarte da confissão e trocou o aprisionamento por grande riqueza. Embora isso deveria tê-lo humilhado, ele se gabava do martírio e, imitando os apóstolos, ousou escrever uma "epístola geral" àqueles com fé melhor do que a sua, recomendando que contendessem [pela verdade], mas usando palavras vazias enquanto blasfemava contra o Senhor, contra os apóstolos e contra a santa Igreja.

Novamente, escreve sobre outro daqueles a quem honravam como mártires:

> Como um exemplo, que a profetiza nos fale acerca de Alexandre, que a si mesmo se chama de mártir e é reverenciado por muitos, com quem ela compartilha refeições. Não necessitamos mencionar seus roubos e outros crimes pelos quais foi punido porque eles estão arquivados nos registros do ofício. Quem perdoa os pecados a quem? O profeta perdoa os assaltos do mártir ou o mártir perdoa a

ganância do profeta? O Senhor disse: "Não levem prata, ouro ou duas túnicas"[33]; esses dois, porém, fazem o oposto ao adquirir essas coisas proibidas. Os profetas e mártires deles, arrancam-nos não apenas dos ricos, mas igualmente dos pobres, dos órfãos e das viúvas. Se tiverem coragem, que eles parem e discutam a questão, para que, se condenados, eles possam, ao menos, refrear-se de futuras transgressões, pois "pelo fruto se conhece a árvore" (Mt 12:33), e os frutos desses profetas devem ser testados.

Quanto a Alexandre, ele foi julgado por Emílio Fontino, o procônsul de Éfeso, não por causa do Nome, mas por seus descarados roubos e por um registro de condenações. Ele, então, enganou os fiéis por meio de um falso apelo ao nome do Senhor e recebeu sua liberdade, mas a própria diocese dele não o recebeu porque ele era ladrão. Aqueles que desejam aprender sobre sua história podem consultar os arquivos públicos da Ásia. O profeta que viveu com ele durante muitos anos não o conhecia, no entanto eu o expus, bem como ao caráter do "profeta". Posso fazer o mesmo no caso de muitos outros: que eles se exponham, se tiverem coragem.

Em outra parte do livro, ele diz acerca de seus aclamados "profetas":

> Se eles negarem que seus profetas têm recebido donativos, que admitam que, se condenados, eles não são profetas, e posso fornecer provas incontáveis disso. Mas o fruto de um profeta deve ser testado. Digam-me: um profeta pinta seu cabelo? Usa lápis em seus olhos? Ele ama sotaques? Faz apostas ou joga dados? Empresta dinheiro? Que eles declarem se tais coisas são ou não certas, e lhes mostrarei que elas têm acontecido em seu meio.

No mesmo livro, Apolônio diz que, quando ele estava escrevendo, já havia se passado 40 anos desde o tempo em que Montano assumira sua falsa prática profética. Também diz que, enquanto Maximila fingia profetizar em Pepuza, Zótico tentou opor-se ao espírito dentro dela, mas foi impedido pelos que a apoiavam. Semelhantemente, menciona que certo Traseas[34] estava entre os mártires daquela época. Ademais, diz, embasando-se na tradição, que o Salvador ordenara Seus apóstolos a não partirem de Jerusalém por 12 anos. Também menciona o Apocalipse de João e conta como, por poder divino,

---

[33] Um resumo de Mateus 10:9-10.
[34] Bispo de Eumênia, que será mencionado em 5.24.

um morto foi ressuscitado em Éfeso pelo próprio João. Em outras passagens ele também demonstrou o erro dessa heresia de modo poderoso. Até aqui basta sobre Apolônio.

SERAPIÃO *VERSUS* OS MONTANISTAS

19. Serapião, de quem se diz ter sido bispo de Antioquia neste tempo, após Maximino, mencionou as obras de Apolinário contra essa mesma heresia. Serapião se refere a ele em sua carta a Cárico e Pôncio, na qual também refuta a mesma heresia e acrescenta:

> A fim de que você saiba que a chamada nova profecia dessa falsa organização é detestada por toda a irmandade por todo o mundo, estou lhe enviando os escritos de Cláudio Apolinário, bispo de Hierápolis, um bendito memorável.

Nessa carta de Serapião são preservadas as assinaturas de vários bispos, um dos quais subscreveu: "Eu, Aurélio Quirino, um mártir, oro por seu bem-estar". Outro escreveu da seguinte forma:

> Eu, Aélio Públio Júlio, bispo de Debelte, uma colônia na Trácia. Pelo Deus que vive no Céu, o bendito Sotas em Aquiales quis expulsar o demônio de Priscila, mas os hipócritas não lhe permitiram.

As assinaturas de muitos outros bispos que compartilhavam sua opinião também estão preservadas nesse documento.

IRINEU E OS CISMÁTICOS

20. Irineu escreveu várias epístolas opondo-se àqueles que distorciam as firmes instituições da igreja em Roma. Uma delas, endereçada a Blasto, intitulada *Sobre o cisma*, outra a Florino, chamada *Acerca da soberania* ou *Deus não é o autor do mal*, uma opinião que Florino parecia defender. E quando este último parecia enredado pelo delírio valentiniano, Irineu compôs *O ogdoad*[35], no qual também mostra que ele mesmo fazia parte da sucessão apostólica. No final de sua obra, encontro uma nota virtuosa, que não posso resistir de incluir aqui.

> Se você copiar este livreto, conjuro-o pelo Senhor Jesus Cristo e por Seu glorioso advento quando Ele virá para julgar os vivos e os mortos, que compare suas transcrição e a corrija cautelosamente a partir desta cópia, e que também inclua essa solene comissão em sua cópia.

---

[35] "Sobre o número oito", uma vez que alguns gnósticos retratavam Deus como óctuplo.

Ásia Menor, onde o montanismo ("a heresia da Frígia") se originou na segunda metade do século 2. De seu centro, na Frígia, no centro-oeste do que hoje é a Turquia, o montanismo se espalhou para o ocidente até Cartago, onde conquistou um convertido estratégico em Tertuliano. Os seguidores de Montano foram excomungados pelos bispos da Ásia Menor sob a liderança de Apolinário (cerca de 177 d.C.), porém o movimento continuou até que Justiniano o baniu no século 6. Os montanistas da Frígia, então, trancaram-se em suas igrejas e atearam fogo neles mesmos.

Que estas palavras nos lembrem da escrupulosa exatidão daqueles verdadeiros santos de outrora. Na carta a Florino, supracitada, Irineu de novo se refere a sua associação a Policarpo:

> Essas opiniões, Florino, não refletem juízo saudável — e expresso-me com brandura. Elas estão em desacordo com a Igreja e entregam aqueles que as seguem à maior perversidade. Nem mesmo os hereges fora da Igreja sequer ousam proclamá-las. Aqueles que nos precederam, os presbíteros que acompanharam os apóstolos, não lhe entregaram opiniões como essas. Quando eu ainda era menino, vi você na Ásia Menor com Policarpo, época em que você possuía status elevado na corte imperial e desejava conquistar o favor dele. Lembro de eventos daqueles dias mais claramente do que daqueles que aconteceram recentemente — o que aprendemos na infância se apega à mente e cresce com ela — de modo que posso ver o local onde o bem-aventurado Policarpo sentava e conversava, suas idas e vindas, seu caráter, sua aparência, seus discursos à multidões e como ele relatava seus debates com João e com outros que haviam visto o Senhor. Ele se lembrava

das palavras deles, o que diziam a respeito do Senhor, Seus milagres e ensinamentos — coisas que Policarpo ouvira diretamente das testemunhas oculares da Palavra da vida e as contava em completa harmonia com as Escrituras. Ouvi essas coisas atentamente naquele tempo e, pela misericórdia de Deus, não as anotei em papel, mas em meu coração. Pela graça divina, reflito acerca delas continuamente e, com Deus como testemunha, se aquele presbítero bendito e apostólico tivesse ouvido qualquer dessas opiniões, ele teria tampado os ouvidos e clamado, como era sua característica: "Ó bom Deus, por que me preservaste até aqui para que eu tivesse de sofrer isso?". Teria fugido de onde quer que estivesse sentado ou de pé ao ouvir tais palavras. Isso é claro pelas cartas que enviou quer às igrejas vizinhas para fortalecê-las ou a algum irmão para o aconselhar ou exortar.

O MARTÍRIO DE APOLÔNIO

21. Durante esse mesmo período do reinado de Cômodo, nossas circunstâncias melhoraram e, pela graça de Deus, a paz chegou às igrejas em todo mundo. A palavra de salvação começou a inclinar cada raça à adoração devotada ao Deus do Universo, incluindo as famílias e os parentes de muitos em Roma que se destacavam por sua riqueza ou pela origem de sua família. O demônio que odeia o bem e inveja, como lhe é natural, achou que isso era insuportável e, mais uma vez, se despojou para a batalha, inventando vários estratagemas para nos destruir. Em Roma, arrastou Apolônio, um homem aclamado entre os fiéis daquela era por seu conhecimento e filosofia, para o tribunal, induzindo um de seus servos a acusá-lo. Todavia o maldito trouxe o caso no tempo errado, pois, por decreto imperial, não era permitido manter vivos os informantes deste tipo de assunto. Quebraram-lhe as pernas imediatamente por uma sentença do juiz, Perênio. No entanto, o mártir muito amado por Deus, quando o juiz apelou para que ele se defendesse diante do Senado, fez uma defesa muito eloquente da fé diante de todos eles e encontrou seu cumprimento de carreira por meio da decapitação, visto que, por decreto do senado e de uma antiga lei, ainda em vigor, não poderia haver veredito diferente no caso daqueles que fossem trazidos ao tribunal e se recusassem a mudar suas opiniões. A palavras de Apolônio em resposta ao interrogatório de Perênio e sua defesa perante o Senado podem ser encontradas no registro que compilei acerca dos primeiros mártires.

A SUCESSÃO DE BISPOS

22. No décimo ano do reinado de Cômodo, Vitor sucedeu a Eleutério após 13 anos como bispo [de Roma].

189 d.C.

No mesmo ano, quando Juliano havia completado seu décimo ano, Demétrio foi indicado bispo de Alexandria e, concomitantemente, o célebre Serapião, já mencionado, foi o bispo de Antioquia como o oitavo após os apóstolos. Teófilo administrava em Cesareia na Palestina, e Narciso, anteriormente citado, ainda era o encarregado da diocese de Jerusalém. Outros contemporâneos incluem: Baquilo, bispo de Corinto, e Policrato, bispo de Éfeso. Embora houvesse muitos outros proeminentes nessa época, listei apenas aqueles cuja ortodoxia está preservada para nós em seus escritos.

A CONTROVÉRSIA ACERCA DA PÁSCOA

23. Nesse tempo, irrompeu não pequena controvérsia, uma vez que todas as dioceses asiáticas pensavam que o festival pascal do Senhor deveria ser observado, de acordo com uma antiga tradição, no décimo quarto dia da lua, dia em que os judeus eram ordenados a sacrificar um cordeiro. Nesse dia, era necessário encerrar o jejum, não importando qual dia da semana fosse. Nas igrejas nas demais áreas do mundo, contudo, não era costume celebrar dessa forma, uma vez que, de acordo com a tradição apostólica, eles mantinham a perspectiva que ainda prevalece: o jejum termina apenas no dia da ressurreição de nosso Salvador [domingo][36]. Houve sínodos e conferências em relação a esse assunto, e todos foram a favor de formular um decreto para a Igreja por intermédio de cartas enviadas a todos, afirmando que o mistério da ressurreição do Senhor dentre os mortos jamais deveria ser celebrado em outro dia, senão no domingo, e somente então deveríamos observar o fim do jejum. Ainda existe uma carta daqueles que compareceram à conferência na Palestina, presidida pelos bispos Teófilo, de Cesareia, e Narciso, de Jerusalém, bem como daqueles que estiveram presentes em um conclave semelhante em Roma acerca da mesma questão, com Vitor como bispo. Há outros bispos do Ponto, sobre quem Palmas presidiu como o líder; da Gália, onde Ireneu foi o presidente; de Osroena e das cidades próximas; de Baquilo, bispo de Corinto, e muito outros que expressaram o mesmo parecer, unificando a opinião, e deram o mesmo voto.

24. Entretanto, os bispos na Ásia que insistiram no costume que lhes fora ensinado há muito tempo, foram liderados por Policrato, cuja carta a Vitor e à igreja romana explica a tradição que ele recebera nos seguintes termos:

---

[36] Por essa razão, a discussão era entre o uso asiático de uma data absoluta — o décimo quarto do mês lunar do Ano Novo, Nisã, de acordo com Êxodo 12:6 (em qualquer dia da semana que ele acontecesse) — e um dia absoluto, favorecido por todo o restante dos cristãos, a saber, domingo.

Assim, mantivemos a data precisa, sem acrescentar e nem tirar. Grandes luminares adormeceram na Ásia, que ressuscitarão novamente no último dia, no advento do Senhor quando Ele vier em glória do Céu e convocará todos os Seus santos — como Filipe, um dos doze apóstolos, que dormiu em Hierápolis com duas de suas filhas em idade avançada, ao passo que a terceira viveu no Espírito Santo e repousa em Éfeso. Há também João, que se inclinou sobre o peito do Senhor e que se tornou sacerdote, vestindo a mitra, um mártir e mestre. Também ele descansa em Éfeso. Depois, há Policarpo, em Esmirna, bispo e mártir, e Traseas, bispo e mártir da Eumênia, que repousa em Esmirna. Preciso mencionar Sagaris, bispo e mártir, que dormiu em Laodiceia, ou do bendito Papirio, ou Melitão, o eunuco, que viveu integralmente no Espírito Santo e descansa em Sardes, aguardando o chamado do Céu quando ele se levantará dentre os mortos? Todos esses mantinham o décimo quarto dia do mês como o começo do festival pascal, sem variação e de acordo com o evangelho. Igualmente eu, Policrato, o menor entre vocês, vivo na tradição dos meus afins, alguns dos quais eu segui. Sete entre eles eram bispos e eu sou o oitavo, e meus parentes sempre mantiveram o dia quando o povo descartava o fermento. Portanto, meus irmãos, eu, que já vivi 65 anos no Senhor e consultei com irmãos de todas as partes do mundo e também tenho estudado as Sagradas Escrituras, não temo ameaças, pois homens superiores a mim disseram: "É mais importante obedecer a Deus do que aos homens" (At 5:29).

Quanto aos bispos que estavam com ele na ocasião em que escreveu e que compartilhavam sua opinião, diz:

Eu poderia citar os bispos que estão comigo e a quem convoquei por solicitação de vocês. Mas se eu escrever seus nomes, haverá muitos. Embora eles vejam minha fragilidade, aprovam essa carta, sabendo que meu cabelo não está branco em vão, mas que sempre vivi em Cristo Jesus.

Diante disso, Vitor, que presidia Roma, tentou cortar imediatamente da unidade comum, tratando como heterodoxas todas as dioceses asiáticas, bem como as igrejas vizinhas, e os ridicularizou em cartas anunciando a excomunhão absoluta de todos os irmãos de lá. Porém, nem todos os bispos se agradaram disso e requereram que, em vez disso, ele buscasse a paz, a unidade e o amor ao próximo. Suas palavras, incisivamente repreendendo Vitor, ainda estão preservadas. Entre eles estava Irineu, que escreveu em nome dos cristãos que supervisionava na Gália. Mesmo sustentando que o mistério da ressurreição do Senhor fosse celebrado apenas no Dia do Senhor, ele, todavia, insta para que Vitor não excomungue igrejas do Senhor inteiras por seguirem uma antiga tradição. Depois ele prossegue:

> Uma vez que a disputa não é apenas acerca de um dia, mas, semelhantemente, da prática do jejum. Alguns pensam que devem jejuar por um dia, outros por dois, outros ainda mais, e alguns consideram um período de 40 horas como seu "dia"[37]. Tais variações na observância não começaram em nosso tempo, mas muito antes, no tempo de nossos antecessores, que parecem ter desconsiderado a exatidão em nome da simplicidade em estabelecer prática futura. Ainda assim, eles viveram em paz uns com os outros, bem como nós, e o desacordo com respeito ao jejum afirma nosso acordo na fé.

Acrescenta a isso uma narrativa histórica que posso adequadamente citar:

> Entre estes também estavam presbíteros anteriores a Soter, que lideraram a igreja sobre a qual você agora preside — quero dizer, Aniceto, Pio, Telésforo e Xisto. Eles mesmos e seus seguidores não observavam dessa maneira[38], e, mesmo assim viviam em paz com aqueles que chegavam de dioceses que o praticavam, embora essa prática fosse mais ofensiva àqueles que não a observavam. Ninguém foi rejeitado por esse motivo, mas os presbíteros que os antecederam e que não a observavam enviavam a eucaristia àqueles que pertenciam às dioceses que a cumpriam. E, quando o bem-aventurado Policarpo visitou Roma no tempo de Aniceto, embora tivessem pequenos desacordos também em outros assuntos, fizeram a paz imediatamente, não desejando discutir sobre isso. Aniceto não conseguiu persuadir Policarpo a não o observar, uma vez que ele sempre o fizera na companhia de João, discípulo de nosso Senhor,

---

[37] Quarenta horas marcavam o intervalo tradicional entre a morte de Jesus, às 15h na Sexta-feira da Paixão, e Sua ressurreição — às 7h, neste cálculo —, no domingo. Ainda é objeto de debate se essa tradição teria dado origem ao período quaresmal de 40 dias de jejum antes da Páscoa ou se teria sido, mais provavelmente, em congruência com o jejum de 40 dias de Jesus no deserto.

[38] O jejum, de acordo com aqueles que estavam na Ásia e o observavam em 14 de Nisã, era algumas vezes chamado de Quartodecimano.

e os demais apóstolos a quem ele conheceu. Tampouco Policarpo persuadiu Aniceto a acompanhá-lo nessa prática, pois o último afirmou estar comprometido à observância dos presbíteros que o precederam. Contudo, eles comungaram juntos, e na igreja, Aniceto cedeu a consagração da eucaristia a Policarpo, um ato óbvio de respeito. Eles se separaram em paz, e a paz em toda a Igreja foi mantida tanto pelos que sustentavam essa prática como por aqueles que não.

Irineu, cujo caráter combinava com o seu nome[39], como um pacificador, negociou essa questão pela paz na Igreja. Ele não escreveu apenas a Vitor, mas também a muitos líderes de igrejas debatendo o assunto.

25. Os bispos da Palestina mencionados acima, Narciso e Teófilo, juntamente com os bispos Cassio, de Tiro, e Claro, de Ptolemaida, bem como aqueles que se reuniram com eles, escreveram extensamente a respeito da tradição pascal que haviam recebido da sucessão apostólica e concluíram com o seguinte:

Procurem enviar cópias de nossas cartas a todas as dioceses, para que não fujamos à nossa responsabilidade com aqueles que enganam sua alma tão facilmente. Indicamos a vocês que em Alexandria eles também celebram no mesmo dia que nós, pois trocamos correspondência para nos assegurar de que celebremos o dia santo no mesmo tempo.

AS OBRAS DE IRINEU E DE SEUS CONTEMPORÂNEOS

26. Além das cartas e livros de Irineu previamente mencionados, ainda é preservado um tratado muito conciso e convincente contra os gregos intitulado *Sobre o conhecimento*. Outro, dedicado a um cristão de nome Marciano, é *Demonstração da pregação apostólica* (Ed. Paulus, 2014), bem como um livreto contendo vários discursos nos quais ele cita a epístola aos Hebreus e a chamada Sabedoria de Salomão. Essas são as obras de Irineu que chegaram ao meu conhecimento.

Quando Cômodo morreu depois de reinar por 13 anos, Pertinax foi imperador por pouco menos de seis meses e foi sucedido por [Septímio] Severo. **192/3 d.C**

27. Muitas obras de clérigos daquele tempo ainda são amplamente preservadas, e eu mesmo as li. Entre elas incluem-se: *Sobre o apóstolo*, de Heráclito; da autoria de Máximo acerca

---

[39] Irineu significa "pacífico" em grego.

do problema muito debatido entre os hereges, *A origem do mal* e *A criação da matéria*; de Cândido a respeito do *Hexameron*; de Ápio sobre o mesmo assunto; uma de Sexto sobre *A ressurreição*; um tratado por Arabiano; e muitos outros cujas datas e história são desconhecidas. Finalmente, há vários outros escritos ortodoxos, como fica claro por sua interpretação das Escrituras, mas os autores não são explicitados e permanecem incógnitos.

A HERESIA DE ARTEMÃO E TEÓDOTO

28. Um tratado da autoria de um destes contra a heresia de Artemão, que Paulo de Samósata tem buscado renovar em meu próprio tempo, aplica-se ao período histórico em discussão. Ele refuta essa heresia, que afirma que o Salvador era meramente humano, como uma inovação recente, visto que aqueles que a introduziram tentaram torná-la respeitável ao afirmar que é antiga. Após muitos argumentos contra sua falsidade blasfema, o tratado continua:

> Eles afirmam que seus antecessores e os próprios apóstolos ensinavam o que eles ensinam e que o verdadeiro ensino foi preservado até o tempo de Vitor, o décimo terceiro bispo de Roma depois de Pedro, mas que a verdade foi pervertida a partir do tempo de seu sucessor, Zeferino. As reivindicações deles poderiam ser críveis se as divinas Escrituras não se opusessem a elas. E escritores cristãos anteriores a Vitor também defendiam a verdade contra os pagãos e os hereges de seu tempo — quero dizer as obras de Justino, Milcíades, Taciano, Clemente e muitos mais, em que Cristo é tratado como Deus. Pois, quem desconhece os livros de Irineu, Melitão e outros que proclamaram Cristo como Deus e homem, ou todos os salmos e hinos que cantam Cristo como a Palavra de Deus, considerando-o Deus? Como é possível que os antecessores de Vitor poderiam ter pregado como essas pessoas afirmam, se esse entendimento da Igreja é proclamado por tantos anos? Não se envergonham eles de caluniar Vitor desse modo quando sabem bem que ele excomungou Teódoto, o sapateiro, o pai dessa apostasia que nega a Deus, quando ele inicialmente disse que Cristo era meramente humano? Se a atitude de Vitor com relação a eles fosse como ensina sua heresia, como ele poderia ter expulsado Teódoto, o inventor dela?

Esses foram os acontecimentos da época de Vitor. Zeferino o sucedeu após ele ter exercido o ofício por 10 anos, por volta do ano décimo de Severo. O autor do livro acerca da mencionada heresia acrescenta outro incidente ocorrido no tempo de Zeferino:

> Houve algo que aconteceu em meu tempo que, creio, teria servido como um alerta aos habitantes de Sodoma, caso tivesse lá ocorrido. Certo confessor chamado Natálio foi desviado por Asclepiodoto, e um segundo, que era banqueiro, por Teódoto. Ambos eram discípulos de Teódoto, o sapateiro, o primeiro excomungado por Vitor por seu modo de pensar, ou melhor, de não pensar. Eles persuadiram Natálio a ser nomeado bispo desta heresia, com um salário de 150 denários por mês. Depois de se unir a eles, Natálio foi muitas vezes advertido pelo Senhor em visões, pois nosso Deus misericordioso não queria que alguém que já fora testemunha de Seus próprios sofrimentos morresse fora da Igreja. Após prestar pouca atenção às visões, uma vez que estava enredado por sua fama entre eles e pela ganância, que arruína a muitos, ele foi finalmente açoitado uma noite inteira por santos anjos e sofreu consideravelmente. Pela manhã, ele se vestiu de pano de saco e cinzas e se apressou, em lágrimas, a se apresentar ao bispo Zeferino, rolando aos pés tanto de clérigos quanto de leigos. Embora implorasse por misericórdia e demonstrasse os açoites que recebera, somente depois de muito relutância ele foi readmitido à comunhão.

A isso, eu acrescentaria outra citação sobre as mesmas pessoas, pelo mesmo autor:

> Eles não têm temido corromper as divinas Escrituras, têm anulado o governo da antiga fé, não têm conhecido a Cristo, ignoram as Escrituras, mas buscam pela lógica para apoiar seu ateísmo. Se alguém os desafia com uma passagem das Escrituras, eles a examinam para ver se podem torná-la um silogismo conjuntivo ou disjuntivo. Abandonando as Sagradas Escrituras de Deus, estudam "geometria" [mensuração da Terra], pois pertencem à Terra e falam dela e não conhecem Aquele que vem do alto. Alguns estudam a geometria de Euclides e reverenciam Aristóteles e Teofrasto, e alguns quase adoram Galieno. Ao utilizar-se da arte dos incrédulos para sua heresia, corrompem a fé simples das Escrituras e afirmam tê-la corrigido.
>
> Que não os estou difamando, entenderá qualquer um que comparar seus escritos, que estão em grande desacordo, visto que aqueles que seguem Asclepíades

não concordam com os de Teódoto. Muitos manuscritos estão disponíveis porque seus discípulos fizeram, zelosamente, cópias de seus textos "corrigidos" — embora sejam na realidade corrompidos. Estes tampouco concordam com os textos de Hermófilo, ao passo que os de Apoloníado não são sequer consistentes entre si, diferindo as primeiras cópias da mais antigas, sujeitas a corrupção ainda maior. Essa impudência dificilmente passaria despercebida pelos copistas, que, ou não creem que as Escrituras foram inspiradas pelo Espírito Santo e são incrédulos, ou se consideram mais sábios que o Espírito Santo e são possessos. Não podem negar seu crime: as cópias estão em sua própria caligrafia, não receberam, de seus mestres, as Escrituras nessa condição e não podem produzir originais daquilo que fizeram cópias. Alguns até mesmo acharam desnecessário fazer emendas ao texto, mas simplesmente rejeitaram a Lei e os Profetas, usando um ensinamento malévolo e ímpio, a fim de mergulharem nas maiores profundezas da destruição.

Isso basta quanto a esses assuntos.

AS AGONIAS E AS DISCUSSÕES CRISTÃS

Há um enfoque Ocidental mais forte neste livro de *História Eclesiástica* do que em qualquer outro devido ao compreensível detalhamento de Eusébio da terrível perseguição em Lyon, no que é hoje a França. É normalmente aceito que os primeiros cristãos foram martirizados principalmente em Roma, mas isso está longe de ser verdade. Dentro do Império Romano, menos cristãos foram perseguidos em Roma e na Itália do que nas províncias do norte da África — especialmente no Egito — bem como na Palestina, na Síria e na Ásia Menor. Quanto à Gália, as aterradoras cenas no anfiteatro de Lyon foram igualadas apenas aos horrores no estádio de Alexandria. Atualmente é até difícil imaginar a desumanidade bestial, que incluía proeminentemente mulheres e crianças valentes, ocorrida nesses dérbis de destruição humana. Mas qualquer sociedade que sentisse prazer nos combates entre gladiadores, simulasse batalhas navais genuinamente sangrentas, e se divertisse com prisioneiros lutando contra animais selvagens teria achado os estranhos membros de uma seita, como os cristãos, um jogo justo para o entretenimento cívico.

Também é amplamente presumido que a maioria dos primeiros mártires cristãos enfrentaram a morte heroicamente em vez de negar sua fé. Isso não apenas seria dificilmente possível, sendo realista, devido à fraqueza humana, mas Eusébio demonstra de forma bem honesta que não era assim que ocorria. Tendo em vista sua predileção por registrar a "gloriosa história" de como a Igreja militante conquistou o triunfo final, a sua menção daqueles que ficaram suficientemente aterrorizados para abandonar a fé diante do tormento e da morte é não apenas crível, mas louvável. No entanto, o número daqueles que foram de fato fiéis até a morte e sua coragem genuinamente heroica nas garras do horror é tão surpreendente hoje quanto o foi naquele tempo. Com isso em mente, talvez Eusébio possa ser perdoado por suas entediantes expressões repetitivas como "ele completou a carreira", "ela conquistou o triunfo" ou "ele recebeu a coroa da vitória".

Durante as muitas décadas em que a Igreja não esteve em perseguição generalizada, seu crescimento e sucesso foram temperados por desafios internos. Como Eusébio relatará no Livro 6, havia os cismáticos rigoristas em Roma, que desejavam excluir da Igreja aqueles que falharam com sua fé quando sob coação. O Livro 5 discutiu a "heresia da Frígia", dos montanistas, que claramente eram carismáticos milenistas daquele tempo, tolerando a glossolalia extática. Como demonstram essas páginas, a maioria das polarizações entre conservadores e liberais, extremos teológicos e até heresias internas (e exteriores) do cristianismo de nossos dias foram prenunciadas 18 séculos atrás. Os milenistas e amilenistas, os carismáticos e não carismáticos caracterizam as igrejas atuais tanto quanto a do passado.

Em 1952, um debate se acalorou com relação a *Revised Standard Version* (RSV) da Bíblia [em inglês], que traduzia Isaías 7:14 como: "eis que uma jovem [em vez de "virgem", como estava na versão *King James Version* (KJV)] conceberá e dará à luz um filho e lhe chamará Emanuel". Evidentemente esse debate tem simplesmente 1800 anos. Como uma heresia declarada, o gnosticismo se reflete nas atuais teologias ultrafeministas que advogam a adoração a Sofia juntamente com Deus, ou em lugar dele. Até mesmo o debate do segundo século acerca da data certa para celebrar a Páscoa ainda divide o cristianismo ocidental e oriental. Algumas coisas nunca mudam.

Na história imperial romana, os três ou quatro últimos anos da administração de *Marcos Aurélio* testemunharam as terríveis perseguições na Gália, em Vienne e Lungdunum (Lyon) em 177 d.C., que abriram o Livro 5, assim como em Cílio, na África (cerca de 180 d.C.). Essas perseguições foram locais, não se espalhando pelo império, e instigadas por turbas furiosas. Ainda assim, o imperador não impediu o martírio de Justino na própria Roma e, quando o governador da Gália lhe pediu por uma decisão com relação aos cristãos de lá, Marcos Aurélio respondeu em linguagem semelhante à de Trajano: aqueles que a renegassem deveriam ser libertos, ao passo que, aqueles que persistissem deveriam ser condenados às feras ou, se fossem cidadãos romanos, ser decapitados. Marcos Aurélio estava mais preocupado com as fronteiras do Danúbio e com a praga que havia infectado o império, o que provavelmente causara sua própria morte em Vindobona (Viena) em 180 d.C.

Cômodo (180–192), o inútil filho de Marcos Aurélio, parece ter sido um degenerado e escravo do prazer, embora Eusébio admita que durante seu reinado "nossas circunstâncias melhoraram e, pela graça de Deus, a paz chegou às igrejas por toda parte" (5.21). O hedonismo e a extravagância desse imperador provavelmente o distraíram e ele foi finalmente estrangulado até a morte por seu professor de luta no último dia de 192 d.C.

Rifando o trono imperial, a guarda romana instalou e depois matou *Pertinax* e, depois dele, *Dídio Juliano*, ambos em 193 d.C. As legiões do Danúbio agora declararam seu comandante *Septímio Severo* (193–211), que fundou a dinastia Severiana. Nascido em Léptis Magna, no Norte da África (próximo a Trípoli), o bem instruído Severo melhorou as condições das províncias e restringiu a Guarda Pretoriana. Suas reformas fiscais, legislativas e militares reforçaram o Estado. Eusébio conclui o Livro 5 por volta do nono ano do reinado de Severo (cerca de 202 d.C.).

Busto de Septímio Severo, imperador 193–211 d.C.
(*Louvre, Paris*)

O arco triunfal de Septímio Severo. Fica perto do final da Via Sacra no Fórum Romano, logo à esquerda da casa do Senado reconstruída.
© Shutterstock

LIVRO 6

ORÍGENES E AS ATROCIDADES EM ALEXANDRIA

DE SEPTÍMIO SEVERO ATÉ DÉCIO

203 d.C.

1. Quando Septímio Severo incitava perseguição contra as igrejas, os defensores da piedade alcançaram gloriosos martírios em toda parte, mas, especialmente, em Alexandria. Os defensores de Deus foram conduzidos para lá, como se para um gigantesco estádio, vindos de todo o Egito e de Tebaida e, ao suportar todo tipo de torturas e morte, foram cingidos com as coroas dedicadas a Deus. Entre eles, estava Leônidas, conhecido como o pai de Orígenes, que foi decapitado, deixando para trás seu jovem filho, um rapaz afinado com a Palavra divina desde muito cedo.

2. A história de sua vida preencheria um livro inteiro. No entanto, aqui, eu a resumirei o máximo possível, apresentando fatos extraídos de suas cartas e das lembranças de seus amigos sobreviventes.

A JUVENTUDE DE ORÍGENES

A história de Orígenes precisa ser contada desde o berço. No décimo ano de Severo, quando Laeto era governador do

Egito e Demétrio havia recebido recentemente o episcopado após Juliano, as chamas da perseguição se tornaram um ardente incêndio, e uma incontável multidão recebeu a coroa do martírio. Tal paixão pelo martírio tomou conta de Orígenes, ainda menino, de tal forma que ele cortejava o perigo e mergulhava em conflitos. De fato, ele chegou a ficar a um fio de encerrar seus dias, se não fosse a divina providência que atuou por meio de sua mãe, para o bem da humanidade. Primeiramente, ela tentou por palavras, implorando-lhe que poupasse os sentimentos maternos; mas, ao saber que seu pai havia sido lançado na prisão, Orígenes foi tomado por um anelo pelo martírio. Percebendo que ele estava mais determinado do que nunca, ela escondeu todas as roupas dele, forçando-o, assim, a permanecer em casa. Com uma intensidade que não podia ser calada, incomum à sua idade, Orígenes enviou uma carta a seu pai impelindo-o ao martírio, na qual aconselhava: "Não mude de ideia por causa de nós!".

Esse primeiro exemplo da perspicácia e devoção juvenil de Orígenes a Deus reflete seu firme alicerce na fé, baseado no estudo das divinas Escrituras desde sua infância. Seu pai insistia para que ele não dedicasse tempo ao currículo comum até que tivesse dominado os estudos sagrados a cada dia, por meio da memorização e repetição. Sem perder o entusiasmo, o menino estudava excessivamente e não se satisfazia em ler as palavras sagradas em um sentido simples e literal, mas buscava algo mais, e, mesmo em tenra idade, procurava por interpretações mais profundas, preocupando seu pai com perguntas acerca do sentido profundo das inspiradas Escrituras. Seu pai fingia repreendê-lo, aconselhando-o a não pesquisar além da capacidade de sua idade ou por qualquer sentido além do óbvio, porém, secretamente, alegrava-se e agradecia a Deus por tê-lo achado digno de ser pai de um filho como aquele. Diz-se que ele, muitas vezes, se reclinava sobre o menino adormecido e beijava seu peito em reverência, como se ali contivesse um espírito divino, considerando-se abençoado em sua promissora descendência.

Contudo, pela ocasião do martírio de seu pai, Orígenes ficou desamparado juntamente com sua mãe e seis irmãos mais novos, não tendo ainda completado 17 anos. A propriedade de seu pai foi confiscada para o tesouro imperial, o que deixou a família desprovida do básico necessário para a vida. No entanto, pela providência divina, ele foi recebido na casa de uma senhora muito rica e distinta que, contudo, era devota de um dos notáveis hereges de Alexandria naquele tempo. A senhora o manteve [o herege] em seu lar como um filho adotado (ele era de Antioquia por nascimento) e concedeu-lhe favor especial. Mesmo que o jovem Orígenes não pudesse evitar se associar a ele, deixou provas evidentes de sua própria ortodoxia na fé. Multidões de hereges, dentre nosso próprio povo também, se reuniam para ouvir Paulo (este era seu nome), atraídos por sua retórica; Orígenes, porém, jamais foi persuadido a unir-se a ele em oração, conservando as regras da Igreja desde a infância e detestando (em suas próprias palavras) todos os ensinos heréticos. Seu pai havia nutrido seu progresso em estudos seculares e, após a sua morte, Orígenes empenhou-se nas humanidades com tal entusiasmo que logo desfrutou de alto padrão de vida, apesar de sua juventude.

3. Enquanto ele se aplicava ao ensino, uma vez que não havia instrutores catequéticos em Alexandria (todos haviam fugido da ameaça da perseguição), alguns pagãos se aproximaram dele para ouvir da Palavra de Deus. O primeiro deles foi Plutarco, cuja nobre vida foi adornada com o martírio; o segundo foi Héraclas, irmão de Plutarco, um exemplo notável de uma vida disciplinada e filosófica, que se tornou bispo de Alexandria depois de Demétrio. Orígenes tinha 18 anos quando se tornou o líder da escola catequética[1] e se tornou proeminente durante as perseguições sob Áquila, governador de Alexandria, por sua zelosa assistência a todos os santos mártires, conhecidos ou não. Orígenes estava com eles não apenas na prisão ou no tribunal, até a sentença final, mas, até mesmo quando estavam sendo conduzidos à morte, ele corajosamente se aproximava deles e os beijava com ousadia. Com frequência, a multidão ao redor chegava muito perto de o apedrejar, mas a interferência da destra de Deus promovia suas extraordinárias fugas.

A mesma graça celestial o protegia continuamente em outras ocasiões quando conspirações o alvejavam por seu destemido entusiasmo pela Palavra de Cristo. A guerra dos incrédulos contra ele era tão grande que foram colocados soldados ao redor de sua casa por causa da quantidade de pessoas que ele instruía na fé sagrada. Dia a dia, a perseguição que o mirava acalorava-se cada vez mais, de modo que não havia mais lugar para ele na cidade. Orígenes mudava-se de casa em casa, pressionado de todos os lados em represália por seus muitos convertidos, visto que sua conduta refletia sua genuína filosofia de modo surpreendente. Suas obras eram coerentes com suas palavras, e suas palavras com as suas obras, conforme dizem; isso explica o porquê, sob a mão de Deus, que ele levou tantos a compartilharem de seu entusiasmo.

Demétrio, um prelado da Igreja, havia confiado a escola catequética apenas a ele. Contudo, quando mais estudantes se passaram a se amontoar ao seu redor, ele [Orígenes] decidiu que ensinar literatura não estava de acordo com o

---

[1] O equivalente ao Ensino Fundamental do 6º ao 9º ano, no qual acontecia a instrução secular e religiosa ao mesmo tempo.

estudo teológico; assim, rompeu com o ensino de literatura como um obstáculo inútil aos estudos sagrados. Então, para que não ficasse dependente da assistência de outros, ele abriu mão de todos os volumes de literatura antiga, que tanto prezava, satisfazendo-se quando o comprador lhe pagava seis óbolos por dia.

Por muitos anos, ele continuou vivendo a vida de filósofo, desprezando todos os estímulos às paixões da mocidade e se disciplinando com árduas tarefas diariamente, porém passando a maior parte da noite estudando as divinas Escrituras. Algumas vezes jejuava, outras, restringia seu tempo de sono — dormia sempre no chão, nunca em uma cama. Acima de tudo, ele sentia que deveria guardar os ditos do Salvador, que incitara-nos a não possuir duas capas, usar sapatos ou nos preocupar com o futuro. Ao suportar frio, nudez e extrema pobreza, ele aturdia seus preocupados seguidores, que lhe imploravam para que compartilhasse de suas posses. Todavia ele não cedia: diz-se que, por muitos anos, ele caminhou descalço, absteve-se do vinho e de tudo, exceto da comida necessária, de modo que realmente arriscava sua saúde.

Ao demonstrar sua vida filosófica dessa maneira, ele inspirava muitos de seus alunos a um entusiasmo semelhante, de modo que prevaleceu sobre alguns pagãos, eruditos e filósofos incrédulos, que creram na divina Palavra, eram conspícuos ante a presente perseguição e até mesmo foram presos e cumpriram seu martírio.

ALUNOS MÁRTIRES

4. O primeiro deles foi Plutarco, a quem mencionei anteriormente. Enquanto ele [Plutarco] era levado à morte, Orígenes o acompanhava até o fim e, novamente, quase foi morto por seus concidadãos por ser o responsável pela morte de Plutarco. Contudo, foi, outra vez, salvo pela vontade de Deus. O segundo aluno de Orígenes a ser martirizado foi Sereno, que provou sua fé por meio do fogo. Heráclides, da mesma escola, foi o terceiro mártir, e Herão, o quarto. O primeiro deles era ainda um catecúmeno, o último batizado há pouco tempo. Ambos foram decapitados. Além desses, um quinto membro da mesma escola foi proclamado defensor da piedade: outro Sereno, que, após suportar torturas, foi decapitado. Entre as mulheres, Heraís, ainda sob instrução para o batismo, recebeu, em vez disso, "o batismo de fogo", conforme o próprio Orígenes afirma, e assim teve sua vida interrompida.

5. O sétimo foi Basílides, que levou consigo a famosa Potamiena para a execução. O enaltecimento dessa mulher ainda ressoa até os dias de hoje entre seu povo. Por sua beleza física e mental estarem em flor, ela teve de lutar continuamente contra homens apaixonados em defesa de sua castidade e virgindade, que estavam acima de qualquer

reprimenda. Após sofrer torturas terríveis demais para serem descritas, ela e sua mãe, Marcela, foram consumidas pelo fogo. Diz-se que Áquila, o juiz, infligiu torturas horrendas sobre todo o corpo dela e, por fim, a ameaçou de lhe entregar aos gladiadores para ser violada. Quando lhe perguntou qual era a sua decisão, ela pensou brevemente e deu uma resposta que ofendeu a religião deles. Foi sentenciada no mesmo instante, e um soldado chamado Basílides a conduziu para a execução. Contudo, enquanto a multidão tentava assediá-la e insultá-la com obscenidades, ele os empurrava e afastava, demonstrando piedade extrema e bondade para com a moça. Ela aceitou sua compaixão e o encorajou, prometendo pedir a seu Senhor em favor dele depois de partir e antes que ela pudesse lhe recompensar por tudo o que ele fizera em seu favor. Tendo dito isso, ela suportou seu fim com nobreza quando o alcatrão fervente foi derramado vagarosamente, gota a gota, sobre várias partes de seu corpo, desde a cabeça até os pés. Essa foi a luta vencida por essa esplêndida moça.

Fundada por Alexandre, o Grande, a cidade de Alexandria era a capital do Egito e seu principal porto durante todo o período coberto pela história de Eusébio. A cidade foi construída em uma faixa lateral de terra separando o Lago Mareótis do Mediterrâneo. Um dique que saía da ilha de Faros dividia sua costa em portos orientais e ocidental. O hipódromo, ou pista de corrida, abaixo na parte central do mapa, testemunhou horrendas perseguições contra os cristãos.

Orígenes e as atrocidades em Alexandria

Não muito depois disso, um soldado companheiro de Basílides lhe pediu, por alguma razão, que ele fizesse um juramento, mas ele afirmou que jurar era-lhe terminantemente proibido como cristão, confessando-o abertamente. Inicialmente, pensaram que ele estivesse brincando, mas, quando continuou a afirmá-lo, eles o levaram diante do juiz, que o enviou à prisão quando confirmou suas crenças. Seus irmãos em Deus o visitavam e perguntavam a razão para essa inclinação repentina e incrível, e conta-se que ele afirmou que, três dias após o martírio de Potamiena, ela lhe apareceu durante à noite, envolveu sua cabeça com uma coroa e lhe disse que havia intercedido a Deus em favor dele, que obtivera seu pedido e que logo ela o levaria para si. Ao ouvi-lo, os irmãos lhe conferiram o selo do Senhor [no batismo] e, no dia seguinte, ele deu um nobre testemunho pelo Senhor e foi decapitado. Dizem que, em Alexandria, muitos outros vieram a Cristo repentinamente neste tempo, porque Potamiena lhes apareceu em sonho e os convidou à fé.

CLEMENTE DE ALEXANDRIA E JUDAS

6. Panteno foi sucedido por Clemente, que dirigiu a escola de Alexandria por tempo suficiente para ter Orígenes como pupilo. Quando escreveu o seu *Stromata* (*Miscelânia* ou *Seleções*), Clemente preparou uma tabela cronológica no Volume 1, descrevendo suas datas tendo a morte de Cômodo como base.[2] Assim, ficou claro que ele escreveu sua obra sob o governo de [Septímio] Severo, o período que agora descrevo.

7. Semelhantemente neste tempo, Judas, outro autor, compôs um tratado sobre as 70 semanas do livro de Daniel, encerrando seu registro no décimo ano do reinado de Severo. Ele também cria que a tão discutida chegada do Anticristo estava próxima — um reflexo de o quão grandemente a perseguição daquela era perturbava a mente de muitos.

A ORQUIECTOMIA DE ORÍGENES

8. Enquanto Orígenes ensinava em Alexandria nesse tempo, ele fez algo que ofereceu prova suficiente de sua mente jovem e imatura, mas, igualmente, de sua fé e autocontrole. Ele tomou o dito "há outros que se fizeram eunucos, por causa do Reino dos Céus" (Mt 19:12) em sentido muito literal e absurdo, demonstrando-se zeloso por cumprir as palavras do Salvador e para afastar toda a calúnia da parte dos incrédulos (pois, apesar de sua juventude, ele falava copiosamente sobre as questões religiosas tanto diante de mulheres quanto de homens). Desse

---

[2] 31 de dezembro, 192. *Stromata* 1.21.

modo, cumpriu as palavras do Salvador, buscando fazê-lo sem ser percebido por seus alunos. Porém, por mais que quisesse, não conseguiu esconder tal feito. Demétrio soube disso mais tarde, uma vez que ele presidia sobre a comunidade naquele local. Ficou atônito com o ato precipitado de Orígenes, mas aprovou o entusiasmo genuíno de sua fé, disse-lhe para ter coragem e o instou a que se aplicasse com mais fervor do que nunca à obra da instrução.

Essa foi a atitude de Demétrio na ocasião. Contudo, não muito mais tarde, quando viu Orígenes próspero, grandioso e estimado por todos, ele foi tomado pela fraqueza humana e tentou retratar tal feito como ultrajante para os bispos ao redor do mundo — exatamente quando os bispos de Cesareia e Jerusalém, os mais distintos da Palestina, consideravam-no digno das mais altas honras e o ordenaram como presbítero. Então, contra essa fama universal, Demétrio, sem que tivesse qualquer outro motivo para o acusar, difamou-o barbaramente pelo que fizera há muito tempo, enquanto jovem, e teve a audácia de incluir em suas acusações aqueles que o elevaram ao presbitério.

Isso aconteceu pouco depois. No período de que estamos tratando, Orígenes estava ocupado com a sagrada instrução em Alexandria para todos os que vinham a ele dia ou noite, dedicando integralmente todo o seu tempo aos estudos sagrados e aos seus alunos.

211 d.C.

BISPOS NARCISO E ALEXANDRE

Quando Severo havia governado por 18 anos, foi sucedido por seu filho Antonino [Caracala]. Neste ínterim, Alexandre (um daqueles que bravamente confessaram a fé durante a perseguição e foram preservado pela providência divina) foi considerado digno do episcopado em Jerusalém, conforme relatado previamente. Seu predecessor, Narciso, ainda estava vivo.[3]

9. Entre os milagres relatados que foram realizados por Narciso, conforme o que transmitiram os irmãos da comunidade em sucessão, estão os que registro a seguir. Certa vez, durante uma grande vigília noturna de Páscoa, a congregação ficou profundamente perturbada quando os diáconos ficaram sem azeite. Nisto, Narciso disse àqueles que seguravam as lâmpadas para trazer-lhe água. Feito isso, ele orou sobre a água e derramou-a nas lâmpadas com fé absoluta no Senhor. Quando o fez, contrário a qualquer razão, mas por divino poder, a água foi transformada em azeite. Desde então até hoje, muitos dos irmãos presentes lá mantiveram uma pequena porção desse azeite como prova de tal maravilha.

---

[3] Veja 6.10-11.

Aqui está outra história interessante acerca dele. Certos miseráveis abjetos, invejando sua energia e honestidade e temerosos de que seriam levados a julgamento por suas más obras, tentaram impedir isso desenvolvendo uma conspiração e disseminando vis calúnias contra ele. Assim, a fim de convencer seus ouvintes, eles apoiaram suas acusações com juramentos. Um deles jurou: "[Se isso não for verdade], que eu seja destruído por fogo!"; outro: "Que meu corpo seja tomado por uma terrível enfermidade!"; o terceiro: "Que eu fique cego!". Porém, por mais que jurassem, nenhum dos fiéis prestou qualquer atenção a eles, uma vez que a integridade de Narciso e seu estilo de vida virtuoso eram conhecidos por todos. Ainda assim, ele não podia tolerar suas odiosas alegações, e, além disso, há muito havia optado pela vida filosófica. Desse modo, partiu da comunidade daquela igreja e passou muitos anos se escondendo nos desertos e em cavernas. No entanto, o grande olho da Justiça não estava passivo diante desses eventos, e logo trouxe sobre aqueles ímpios que juraram falsamente as maldições com as quais haviam se vinculado. O primeiro queimou até a morte, com toda a sua família, quando algo tão minúsculo quanto uma fagulha parece ter incendiado a casa na qual estava. O corpo do segundo ficou coberto, desde a cabeça até os pés, com a enfermidade que havia se prescrito como penalidade, ao passo que o terceiro, vendo o destino dos outros dois e temendo o julgamento de Deus, confessou publicamente sua parte na conspiração. Em seu remorso, todavia, ele derramou tantas lágrimas que ambos os olhos ficaram prejudicados. Essa foi a punição que esses três homens receberam devido às mentiras que proferiram.

Busto de Caracala, imperador 211–17 (*Louvre, Paris*).

10. Visto que Narciso havia partido e ninguém sabia onde ele estava, os líderes das igrejas vizinhas indicaram um novo bispo, chamado Dio. Depois de pouco tempo, ele foi sucedido por Germanião, e este, por Gordios. No tempo deste último, Narciso surgiu do nada, como se tivesse sido restaurado à vida, e foi, novamente, chamado pelos irmãos para presidir, pois todos o admiravam ainda mais por sua vida filosófica

e especialmente pelo juízo por meio do qual Deus o vingara.

11. Quando ele atingiu idade tão avançada que não podia mais ministrar, o anteriormente mencionado Alexandre,[4] neste ínterim bispo de outra comunidade, foi chamado pela providência divina para um ministério conjunto com Narciso por intermédio de uma revelação noturna. Respondendo a ela como se fosse um oráculo, ele viajou de seu episcopado na Capadócia até Jerusalém para lá adorar e visitar os locais [sagrados]. As pessoas o acolheram cordialmente e não o deixaram voltar, pois um de seus devotos também havia recebido uma revelação à noite, de que deveria sair dos portões e receber o homem que Deus já havia escolhido para ser seu bispo. Depois de fazerem isso, eles o compeliram a permanecer, contando com o consentimento geral dos bispos das redondezas. O próprio Alexandre, em uma carta endereçada aos antinoítas,[5] que ainda possuo em mãos, menciona Narciso como compartilhando com ele o episcopado, usando estas palavras no encerramento:

> Narciso, que aqui manteve o ofício de bispo antes de mim e que agora tem 116 anos, meu associado na adoração pública, os saúda e insta, do mesmo modo que eu, para que pensem concordemente.

SERAPIÃO DE ANTIOQUIA

Quando Serapião repousou, foi sucedido como bispo de Antioquia por Asclepíades, que confessou [seu Senhor] corajosamente ante a perseguição. Alexandre menciona sua nomeação também em uma carta aos cristãos de Antioquia:

> Alexandre, servo e prisioneiro de Jesus Cristo, à bendita igreja de Antioquia, saudações no Senhor. Ele tornou minhas cadeias leves e fáceis de suportar quando eu soube, por ocasião de meu aprisionamento, que, por divina providência, Asclepíades, cuja grande fé o torna mais qualificado, foi confiado com o episcopado de sua santa igreja em Antioquia.

Esta carta foi entregue por Clemente [de Alexandria], como é demonstrado no encerramento da mesma:

> Envio-lhes esta carta, queridos irmãos, por mãos de Clemente, o bendito presbítero, acerca de

---

[4] Veja 6.8.

[5] Aqueles que viviam em Antinópolis, parte oriental do Nilo, uma cidade fundada por Adriano em honra a seu preferido, Antínoo, que se afogara nesse rio.

quem vocês já ouviram e agora conhecerão. Pela providência do Mestre, ele tanto fortaleceu como aumentou nossa igreja durante sua presença aqui.

12. Embora seja possível que existam outros escritos de Serapião, tenho apenas aqueles endereçados a Domnus, que, durante a perseguição, retrocedera da fé à inútil adoração judaica, e aqueles para os clérigos Pôncio e Cáricos, bem como cartas para outras pessoas e um tratado intitulado *Acerca do chamado evangelho de Pedro*. Ele o escreveu para refutar as falsificações neste documento, que seduzia alguns na comunidade de Rossos com ensinamentos heterodoxos. Uma passagem desta obra ilustra sua atitude com relação ao livro:

> Caros irmãos, nós recebemos tanto Pedro quanto os demais apóstolos como se a Cristo, mas rejeitamos os escritos falsamente atribuídos a eles. Quando eu os visitei, presumi que todos haviam aderido à fé verdadeira. Assim, em vez de expor o "evangelho" que alegam ser de Pedro, eu disse: "Se esta é a única coisa que parece engendrar ideias duvidosas entre vocês, então leiam-na". Mas, uma vez que agora eu soube que eles foram envolvidos por alguma heresia, esforçar-me-ei para visitá-los novamente. Então me aguardem em breve, irmãos. A heresia de Marcião era óbvia para mim, embora ele se contradissesse em não saber do que falava. Outros estudaram esse "evangelho", a saber, os sucessores daqueles que o produziram, a quem chamo de docetistas,[6] pois suas ideias refletem os ensinos dos tais. Li todo o livro e concluí que a maior parte dele concorda com o genuíno ensino do Salvador, mas alguns acréscimos [espúrios] são abaixo alistados para seu benefício.

CLEMENTE DE ALEXANDRIA

13. Dos escritos de Clemente, tenho ao todo oito livros do *Stromata*, que ele intitulou *As miscelâneas de Tito Flávio Clemente acerca do conhecimento da verdadeira filosofia*. Há outros oito volumes de *Disposições*, no qual cita Panteno como seu mestre e explica suas interpretações das Escrituras bem como as tradicionais. Ele também escreveu *Exortações aos gregos*, três livros intitulados *Pedagogo*, *O rico que encontra salvação*, um tratado de título *O festival pascal*, os discursos *Sobre o jejum* e *Sobre a calúnia*, a *Exortação à perseverança para o recém-batizado*, e um livro intitulado *Cânon Eclesiástico* ou

---

[6] Do grego *dokein*, "parecer", o termo foi aplicado àqueles que afirmavam que o Filho de Deus parecia ter uma natureza física, mas, na realidade, não a possuía.

Contra os judaizantes, que ele dedicou a Alexandre, o bispo supracitado.

No *Stromata*, ele produziu uma colcha de retalhos sobre as Escrituras divinas e tudo o que considerava útil dentre os escritos gregos. Menciona opiniões de gregos e não gregos juntamente e até mesmo corrige os falsos pontos de vista dos heresiarcas enquanto fornece um extenso contexto histórico, a fim de nos entregar uma obra de grande erudição. Também acrescenta preceitos dos filósofos a essa mistura, assim, mais do que justificando o título da obra (*Stromata* significa *miscelâneas*). Também incluiu evidências dos escritos discutíveis: a Sabedoria de Salomão; a Sabedoria de Jesus, filho de Siriac; a epístola aos Hebreus, e aquelas de Barnabé, Clemente e Judas. Ele menciona o *Contra os gregos*, de Taciano, bem como Cassiano, que também escreveu uma cronologia, e ainda Fílon, Aristóbulo, Josefo, Demétrio e Eupolemo, escritores judeus cujas obras mostram que Moisés e a raça judaica têm origens mais antigas do que a dos gregos. No Livro 1 de sua obra, ele reivindica que quase era sucessor dos apóstolos e promete escrever um comentário sobre Gênesis.

Em seu livro *O festival pascal*, afirma que amigos insistiram que ele registrasse por escrito as tradições que ouvira dos antigos anciãos para o benefício das recentes gerações. Menciona Melitão, Ireneu e outros, de quem cita afirmações.

14. Em *Disposições*, fornece breves explicações de todas as Escrituras canônicas, incluindo até mesmo os escritos questionados, isto é, a epístola de Judas e outras epístolas católicas, a epístola de Barnabé e o chamado Apocalipse de Pedro. Atribui a epístola aos Hebreus a Paulo, mas diz que foi escrita em hebraico para os hebreus e, depois, cuidadosamente traduzida por Lucas para os gregos. Por isso a tradução tem o mesmo estilo e colorido de Atos. [O prefatório] "Paulo, o apóstolo" foi naturalmente omitido, como diz Clemente:

> Ao escrever aos hebreus, que tinham preconceitos contra ele e dele suspeitavam, Paulo sabiamente não os ofendeu no início ao acrescentar seu nome... Como dizia o bendito presbítero,[7] uma vez que o Senhor, o Apóstolo do Todo-poderoso, foi enviado aos hebreus, Paulo, que era enviado aos gentios, evita, com modéstia, se denominar apóstolo aos hebreus, tanto em deferência ao Senhor quanto porque, como apóstolo aos gentios, ele estava fora de seu território ao escrever a hebreus.

---

[7] Provavelmente Panteno, o primeiro líder da escola catequética em Alexandria e professor de Clemente.

Nos mesmos livros, Clemente incluiu uma tradição dos mais antigos anciãos com relação à ordem dos evangelhos, a saber, que aqueles que possuem genealogia foram os primeiros escritos e que Marcos se originou em seguida. Quando, pelo Espírito, Pedro havia publicamente proclamado o evangelho em Roma, seus muitos ouvintes estimularam Marcos, como um daqueles que o seguira por anos e lembrava o que fora dito, que colocasse tudo por escrito. Assim ele fez e distribuiu cópias a todos que solicitavam. Quando Pedro soube disso, ele não fez objeção e tampouco o promoveu. Por fim, João, ciente dos detalhes externos que haviam sido registrados nos evangelhos, foi instado por seus discípulos e divinamente movido pelo Espírito a compor um evangelho espiritual.

Em uma carta a Orígenes, Alexandre, mencionado anteriormente,[8] refere-se a Clemente e a Panteno da seguinte forma:

> É vontade de Deus que a amizade que herdamos de nossos antecessores permaneça inviolada e seja aquecida, além de mais duradoura. Pois conhecemos bem aqueles pais que nos precederam e a quem logo nos uniremos: Panteno, meu verdadeiramente abençoado mestre, e o santo Clemente, meu mestre e ajudador, e outros como ele. Por meio deles eu vim a conhecer você, o melhor em tudo e meu mestre e irmão.

A ERUDIÇÃO DE ORÍGENES SOBRE AS ESCRITURAS

Quando Zeferino liderava a igreja romana, Adamâncio (este também era o nome de Orígenes) afirma que visitou Roma "para ver a igreja mais antiga dos romanos". Após um breve tempo lá, ele voltou a Alexandria e, entusiasticamente, retomou o ensino, com o bispo Dionísio incitando-o, até mesmo implorando, que ele continuasse ajudando os irmãos nessa tarefa.

15. Mas ele não teve a chance de estudar profundamente teologia ou de examinar as traduções dos sagrados escritos, uma vez que tinha grupo após grupo de alunos se aglomerando em seu salão de aulas desde a manhã até à noite e não lhe dando tempo de respirar. Assim, ele os dividiu, escolhendo Héraclas, dentre os estudantes, um homem de fervor teológico igualmente hábil em filosofia secular, e compartilhou com ele a tarefa de ensinar. As aulas introdutórias para os iniciantes foram destinadas a Héraclas, ao passo que os avançados eram reservados a Orígenes.

---

[8] Veja 6.8, 10-11.

16. A análise de Orígenes dos livros divinos era tão meticulosa que ele até dominou o hebraico e obteve um texto original nessa língua que ainda circulava entre os judeus. Ele também procurou outras traduções dos escritos sagrados além da Septuaginta, e, além das versões mais comuns de Áquila, Símaco e Teodocião, descobriu outras que haviam se perdido, trazendo-as à luz. Uma vez que não tinha ideia de quem as escrevera, ele simplesmente afirmou que havia encontrado uma delas em Nicópolis, perto de Actium, e as outras em um lugar próximo. Em sua *Hexapla*[9] dos Salmos, depois de quatro edições conhecidas, ele acrescentou uma quinta, sexta e sétima traduções a essas. Disse que uma destas foi encontrada em um vaso em Jericó, durante o reinado de Antonino [Caracala], o filho de Severo. Incluiu todas elas em um volume, colocando-as em colunas paralelas adjacentes perto do texto hebraico, produzindo assim a *Hexapla*, como ficou chamada. Inseriu as versões de Áquila, Símaco e Teodocião junto com a Septuaginta em uma obra à parte, a *Tetrapla*.

17. Dentre esses tradutores, Símaco era um ebionita. Os seguidores dessa heresia afirmavam que Cristo era filho de José e Maria e o consideravam apenas

Um modelo de uma jarra usada para os pergaminhos do Mar Morto contra um fundo desfocado do pergaminho de Isaías
© Shutterstock

---

[9] Assim intitulada porque foi arranjada em seis colunas, a transliteração grega do hebraico, bem como as versões de Teodocião.

[10] Veja 3.27.

assim iluminado, ele aceitou as doutrinas ortodoxas da Igreja. Visto que Orígenes era conhecido por toda parte, muitas pessoas instruídas vinham testar sua habilidade na literatura sagrada. Vários hereges e muitos dos mais proeminentes filósofos também prestavam cuidadosa atenção a ele, aprendendo não apenas teologia, mas — no caso de alunos dotados — igualmente filosofia secular. Ele lhes ensinava geometria, aritmética e outras matérias introdu[...] e depois os conduzia a diferen[...] [...]mas filosóficos, discutindo e [...] cada um, de forma que até [...] gregos o consideravam um [...]ofo. Orígenes estimulava [...]nte os menos dotados a [...]Es[...]rias elementares como [...]mesn[...] para estudarem as [...]filosófic[...]sma razão que ele [...] studos seculares e [...]al importância.

OPINIÕES DE ORÍGENES

19. Filósofos con[...] temunhas de seu su[...] [...]os são testemunham e o mencionam com[...] seus tratados. Alguma[...] quesito cam suas obras a Orígenes[...]cia em metem a ele para que sejam [...]edi- Assim, há Porfírio,[11] que se fi[...]ub- Sicília, em meu próprio tempo, [...]

nos atacar, tentou difamar as Sagradas Escrituras e seus intérpretes. Como ele não conseguia levantar qualquer acusação flagrante contra nossa doutrina, voltou-se, por falta de argumento, a zombar e difamar seus intérpretes, especialmente Orígenes. Diz Porfírio que o conheceu como um jovem e tenta caluniá-lo, porém, sem que perceba, acaba por elogiá-lo no processo. Fala a verdade quando precisa, mente quando acha que pode se livrar. Algumas vezes, acusa Orígenes como um cristão, outras descreve seu compromisso com os estudos filosóficos. Ouçam suas próprias palavras:

> Ao tentar encontrar uma explicação para os absurdos das Escrituras judaicas em vez de renunciar a elas, alguns recorreram a interpretações que não podem ser harmonizadas com as das Escrituras, não oferecendo uma defesa do bizarro original tanto quanto uma pomposa lisonja aos intérpretes. Eles se vangloriam de que as afirmações perfeitamente claras de Moisés são "enigmas", exaltando-as como oráculos repletos de mistérios ocultos e iludindo as habilidades críticas por sua vaidade... Essa metodologia ridícula deve ser atribuída a um

---

[11] Filósofo neoplatonista (232–c.305) que escreve[...] livros atacando os cristãos e foi respondido pelo próprio Eusébio.

homem que conheci quando eu ainda era bem jovem, que tinha — como se diz — uma grande reputação devido aos escritos que deixou após si. Quero dizer Orígenes, que é conhecido entre os mestres desse tipo de ensinamentos. Ele foi aluno de Amônio,[12] o filósofo mais celebrado de nosso tempo. Quanto à ampla gama de conhecimento, Orígenes devia muito a seu mestre, contudo, quanto ao modo de vida, ele tomou o sentido oposto. Amônio foi educado como cristão por seus pais, mas, quando começou a estudar filosofia, logo se voltou a um estilo de vida cumpridor de leis. Orígenes, no entanto, um grego instruído em pensamento grego, mergulhou de cabeça nas tolices estrangeiras, imerso nas quais ele se gabava de si mesmo e de suas habilidades acadêmicas. Seu modo de vida era cristão e contrário à lei, mas, em suas perspectivas de realidades exteriores e divindade, bancava o grego, colocando um viés grego em fábulas estrangeiras. Pois ele sempre se associava a Platão e estava familiarizado com as obras de Numênio, Crônio, Apolófanes, Longino, Moderato, Nicômaco e com os proeminentes pitagóricos. Igualmente, usava livros de Queremão, o estóico, e Cornuto, nos quais aprendia o [método] alegórico de interpretação, como utilizados nos mistérios gregos, e os aplicava às Escrituras judaicas.

Essas eram as afirmações de Porfírio no terceiro livro de seu tratado contra os cristãos. Embora ele diga a verdade acerca dos ensinamentos e da erudição de Orígenes, é óbvio que mente — os oponentes ao cristianismo farão qualquer coisa — quando diz que ele veio dos gregos e que Amônio se desviara da reverência a Deus para o paganismo. Orígenes se apegara firmemente ao cristianismo ensinado por seus pais, conforme descrito anteriormente, e a inspirada filosofia de Amônio permaneceu pura e inalterada até o fim de sua vida.[13] Seus afamados escritos dão testemunha disso, como, por exemplo, *A harmonia de Moisés e Jesus* e todas as outras obras em posse dos conhecedores.

Que isso prove o erro da calúnia a Orígenes e seu grande domínio dos estudos gregos, acerca dos quais escreve o seguinte, defendendo-se daqueles que criticavam seu zelo:

---

[12] Amônio Sacas (c.175–252), um filósofo alexandrino que ensinou a Plotino, sendo ambos considerados fundadores do neoplatonismo. Amônio intencionalmente não deixou escritos.

[13] Ou Eusébio está enganado aqui — Amônio Sacas não era cristão no fim de sua vida —, ou pode estar se referindo a outro Amônio Sacas, que era cristão, tendo em vista a obra citada.

Quando fiquei completamente absorto na Palavra, espalharam-se falatórios acerca de minhas habilidades, o que atraiu tanto os hereges quanto aqueles familiarizados com os estudos gregos, especialmente a filosofia. Assim sendo, pensei em averiguar as opiniões dos hereges bem como as reivindicações dos filósofos de que falam a verdade. Nisso, segui o exemplo de Panteno — um erudito nessas questões e que ajudou a muitos antes de mim, inclusive a Héraclas, agora presbítero em Alexandria; quando eu comecei a frequentar suas palestras, ele havia sido aluno de um professor de filosofia por cinco anos. Por causa deste mestre, Panteno trocou as vestes normais pelo manto dos filósofos, o qual usa até estes dias quando se dedica à literatura grega.

Neste tempo, enquanto vivia em Alexandria, um dos militares entregou cartas do governante da Arábia ao bispo Demétrio e ao governador do Egito, pedindo-lhes que enviassem Orígenes, tão logo quanto possível, para que se reunissem. Ele visitou a Arábia, de fato, completou sua missão e retornou a Alexandria. Algum tempo depois, a violência irrompeu na cidade,[14] de forma que ele partiu de Alexandria em segredo, indo para a Palestina e se fixando em Cesareia. Lá, os bispos pediram que ele desse prédicas públicas na igreja a respeito das Sagradas Escrituras, embora ele ainda não tivesse sido ordenado como presbítero. Isso fica evidente pelo que os bispos Alexandre, de Jerusalém, e Teoctisto, de Cesareia, escreveram sobre Demétrio, em defesa própria:

> Em sua carta, ele afirmou que era sem precedentes e inédito que leigos pregassem na presença de bispos, o que claramente não é verdade. Onde quer que as pessoas estejam qualificadas para assistir um irmão [clérigo], elas são convidadas pelos bispos a pregar ao povo, como, por exemplo, Evelpis, em Laranda, por Neão; Paulino, em Icônio, por Celso; e Teodoro, em Sínada, por Ático — nossos abençoados irmãos bispos. Em outros lugares, isso provavelmente também acontece, sem que o saibamos.

Essa foi a honra concedida a Orígenes enquanto ainda jovem, não apenas por seus compatriotas, mas até mesmo por bispos em terras estrangeiras. Contudo, quando Demétrio enviou uma carta reconvocando-o, os diáconos na igreja o instaram a um rápido retorno, [e] ele voltou, retomando seu trabalho com o típico entusiasmo.

---

[14] Provavelmente o massacre dos alexandrinos por Caracala em 215.

ESCRITOS, BISPOS E IMPERADORES

20. Durante esse período surgiram muitos clérigos eruditos cuja correspondência está preservada e facilmente acessível na biblioteca em Aélia,[15] fundada por Alexandre, que era o responsável pela igreja nessa localidade. Foi ali que eu mesmo consegui reunir material para este livro.

Dentre esses clérigos, Berilo, bispo dos árabes em Bostra, deixou-nos tanto cartas como composições admiráveis, do mesmo modo que Hipólito, que também administrava outra igreja em outro lugar. Também possuo um diálogo que Caio, um homem muito instruído, publicou em Roma durante o período de Zeferino, em resposta a Proclo, o líder da heresia provinda da Frígia. Nesta, enquanto refreia a impudência de seus oponentes em desenvolver novas escrituras, ele menciona apenas 13 epístolas do santo apóstolo [Paulo], sem incluir a de Hebreus com as demais, pois até hoje alguns em Roma não consideram essa epístola como sendo desse apóstolo.

21. Quando Antonino [Caracala] havia reinado por sete anos e seis meses, ele foi sucedido por Macrino. Depois deste reinar por um ano, outro Antonino [Elagábalo] recebeu o governo de Roma. Em seu primeiro ano, Zeferino, bispo de Roma, partiu desta vida depois de 18 anos de ministério. Ele foi seguido por Calisto por cinco anos, que deixou o ofício a Urbano.

217 d.C.

Depois disso, Alexandre [Severo] sucedeu a Antonino como imperador, quando este havia permanecido no posto por apenas quatro anos. No mesmo período, Fileto sucedeu Asclepíades na igreja de Antioquia.

222 d.C.

A mãe do imperador, [Júlia] Mameia, era uma mulher muito religiosa e, quando a fama de Orígenes se disseminara longe o suficiente para chegar aos seus ouvidos, ela ficou determinada a conseguir uma entrevista com ele e testar sua universalmente estimada destreza teológica. Mameia estava em Antioquia nesse tempo e enviou uma escolta militar para trazê-lo até ela.

Imperador Alexandre Severo 222–235 (*Capitoline Museums*). © Wikimedia Commons

---

[15] Jerusalém; veja 4.6.

Orígenes a visitou por algum tempo, mostrando-lhe muitas coisas que redundaram em glória ao Senhor e virtude do ensino divino. Depois, ele se apressou a voltar para suas tarefas costumeiras.

22. Nesse mesmo tempo, Hipólito escreveu, entre tantas obras, *A celebração pascal*, uma cronologia oferecendo um ciclo de 16 anos de datas para a Páscoa, usando o primeiro ano do imperador Alexandre [Severo] como base. De seus demais escritos, os seguintes chegaram-me à mão: *O Hexameron,*[16] *O que se seguiu ao Hexameron, Contra Marcião, Cântico, Partes de Ezequiel, A celebração pascal* e *Contra todas as heresias*. Muitas outras podem provavelmente ser encontradas em outros lugares.

OS COMENTÁRIOS DE ORÍGENES EM ALEXANDRIA

23. Nesse tempo, Orígenes começou a trabalhar em seus *Comentários sobre as Sagradas Escrituras*, estimulado por Ambrósio, que não somente o instigava, como também o provia abundantemente com todo o necessário. Quando ele ditava, havia mais de sete estenógrafos à disposição para se revezarem em intervalos determinados e muitos copistas, bem como moças habilidosas em caligrafia — todos generosamente concedidos por Ambrósio. Seu grande entusiasmo pela teologia era o estímulo mais poderoso para a composição dos *Comentários* por Orígenes.

Enquanto isso, Ponciano sucedeu a Urbano, que fora bispo de Roma por oito anos, e Zebeno a Fileto, em Antioquia. No tempo deles, Orígenes viajou à Grécia, via Palestina, devido à urgência nos assuntos da Igreja, e, em Cesareia, foi ordenado presbítero pelos bispos de lá. Isso fez dele o centro de uma controvérsia, pela qual as decisões das autoridades eclesiásticas sobre a questão e suas outras realizações teológicas (no auge de sua carreira) receberam tratamento separado, sobre o qual já falei em minha Defesa a Orígenes, Livro 2.

Busto de Júlia Mameia, mãe de Alexandre Severo, que se reuniu com Orígenes enquanto ela estava em Antioquia (*Louvre, Paris*).
© Wikimedia Commons

---

[16] No grego, "os seis dias" [da criação].

24. No sexto livro de seu *Comentário sobre João*, Orígenes observa que compôs os primeiros cinco enquanto ainda estava em Alexandria, mas dentre toda essa obra, apenas 22 volumes me chegaram às mãos. E, no nono dos 12 livros, em seu *Comentário sobre Gênesis*, ele afirma ter escrito não apenas os primeiros oito em Alexandria, mas também seu *Comentários sobre os Salmos 1–25* e *Lamentações*, dos quais possuo cinco livros. Neles, menciona seu *Acerca da Ressurreição*, uma obra em dois livros. Ademais, escreveu seu *Primeiros princípios* antes de partir de Alexandria e foi autor de 10 livros das *Miscelâneas* na mesma cidade, durante o reinado de Alexandre, conforme ele mesmo escreve no prefácio.

25. Ao comentar o Salmo 1, Orígenes fornece uma lista de livros no Antigo Testamento, como a seguir:

> Há vinte e dois livros canônicos, de acordo com a tradição hebraica, a mesma quantidade que as letras do alfabeto deles. São eles:
> - Gênesis (como o chamamos, mas Bereshit pelos hebreus, que é a palavra inicial para "No princípio")
> - Êxodo (*Ouele smoth*, isto é, "Estes são os nomes")
> - Levítico (*Ouikkra*, "E ele chamou")
> - Números (*Ammes phekodeim*[17])
> - Deuteronômio (*Elle addebareim*, "Estas são as palavras")
> - Jesus, filho de Navé (*Yehoshua ben Nun*)
> - Juízes–Rute (*Sophetim*,[18] formando um único livro entre os hebreus)
> - 1 e 2 Reis (*Samuel*, "O chamado de Deus", um livro único para eles)
> - 3 e 4 Reis (*Quammelch David*, "O reino de Davi", um único volume)
> - 1 e 2 Crônicas (*Dabre iamin*, "Palavras dos dias", um livro)
> - 1 e 2 Esdras (*Ezra*, "Ajudador", um livro)
> - O livro de Salmos (*Sphar thellim*)
> - Provérbios de Salomão (*Meloth*)
> - Eclesiastes (*Koelth*)
> - Cântico dos Cânticos (não Cânticos dos Cânticos, como alguns supõem: *Sir assirim*)
> - Isaías (*Iessia*)
> - Jeremias, Lamentações e A Carta (*Jeremias*, um livro)
> - Daniel (*Daniel*)
> - Ezequiel (*Ezekiel*)
> - Jó (*Job*)
> - Ester (*Esther*)

---

[17] "Sobre os homens convocados", uma tradução não fornecida por Eusébio.

[18] "Juízes", em hebraico.

Separado desta lista está Macabeus (*Sar Beth sabanai el*)

No início de seu *Comentário sobre Mateus*, enquanto defendia o cânon da Igreja, ele testifica de que conhece apenas quatro evangelhos:

> Aprendi, por meio da tradição, que apenas quatro evangelhos são inquestionáveis na Igreja de Deus. O primeiro foi escrito por Mateus, que era cobrador de impostos, depois, um discípulo de Jesus Cristo, e o publicou em hebraico para os crentes judeus. O segundo foi por Marcos, que o escreveu seguindo as diretivas de Pedro, a quem esse apóstolo também reconheceu como seu filho em sua epístola: "Aquela que se encontra na Babilônia, também eleita, manda saudações, e o mesmo faz o meu filho Marcos" (1Pe 5:13). O terceiro é de autoria de Lucas, que escreveu o evangelho elogiado por Paulo e destinado aos crentes gentios. Após todos eles, veio o de João.

No Livro 5 de seu *Comentário sobre João*, Orígenes diz o seguinte acerca das epístolas dos apóstolos:

> Paulo, o ministro da nova aliança, que proclamou o evangelho de Jerusalém até o Ilírico, não escreveu a todas as igrejas a quem havia ensinado e, mesmo a essas a quem ele escreveu, enviou apenas poucas palavras. E Pedro, sobre quem a Igreja de Cristo é edificada, deixou uma epístola autêntica e, possivelmente, uma segunda, que é questionada. Preciso dizer algo sobre João, que se reclinou sobre o peito de Jesus? Ele deixou um evangelho, afirmando poder escrever tanta coisa que o próprio mundo não poderia conter (Jo 21:25). Também escreveu o Apocalipse, mas foi-lhe ordenado que não escrevesse as palavras dos sete trovões (Ap 10:3-4). Também deixou uma epístola, bem breve, e, possivelmente, uma segunda e uma terceira, embora essas sejam questionadas, e ambas, juntas, não possuam cem frases.

Em suas *Homilias sobre a epístola de Hebreus*, ele comenta o seguinte:

> A fraseologia em Hebreus não tem a modesta qualidade que o próprio apóstolo admite (2Co 11:6), e sua sintaxe é em melhor grego. No entanto, o conteúdo da epístola é excelente e nada inferior aos escritos autênticos do apóstolo... Se eu me aventurasse em dar minha opinião, diria que os pensamentos são os do apóstolo, mas o estilo e construção refletem

alguém que se lembrava dos ensinos do apóstolo e os interpretava. Se alguma igreja, então, considera essa epístola como tendo a autoria de Paulo, ela deve ser elogiada, uma vez que os homens do passado tiveram boas razões para transmiti-la como sendo dele. Mas apenas Deus sabe quem escreveu a epístola. As tradições que chegaram a nós afirmam que pode ter sido Clemente, bispo de Roma, ou Lucas, o mesmo que escreveu o evangelho e Atos.

ORÍGENES E OS BISPOS

26. No décimo ano do reinado de Alexandre, Orígenes se mudou de Alexandria para Cesareia, deixando a Héraclas a escola catequética. Não muito depois, Demétrio, bispo de Alexandria, morreu depois de 43 anos no ofício. Foi seguido por Héraclas. **232 d.C.**

27. Nesse tempo, Firmiliano, bispo de Cesareia, na Capadócia, tinha tanta estima por Orígenes que o convidava para auxiliar as igrejas em sua região ou viajava, ele mesmo, para a Judeia para passar um tempo juntos, a fim de aprimorar sua teologia. Semelhantemente, Alexandre, líder da igreja em Jerusalém, e Teoctisto, de Cesareia, continuavam considerando-o como seu próprio mestre, deixando a seu cuidado a tarefa de interpretar as divinas Escrituras e outros aspectos da instrução da igreja.

PERSEGUIÇÃO SOB MAXIMINO TRÁCIO

28. Depois de reinar por 13 anos, o imperador romano Alexandre [Severo] morreu e foi sucedido por Maximino [o Trácio]. Hostil à casa de Alexandre, uma vez que ela se compunha, em sua maior parte, de cristãos, ele iniciou uma perseguição e ordenou que apenas os líderes da igreja fossem sentenciados à morte, por serem os responsáveis pelo ensinamento do evangelho. Foi então que Orígenes escreveu o seu livro *Sobre o martírio*, dedicando o tratado a Ambrósio e a Protocteto, um presbítero em Cesareia, os quais suportaram sofrimento extraordinário na perseguição, mas confessaram nobremente sua fé por todos os três anos de reinado de Maximino. Orígenes anotou esse intervalo de tempo em seu *Comentário sobre João*, seção 22. **235 d.C.**

Busto de Maximino o Trácio, imperador 235—238 (*Capitoline Museums*). © Wikimedia Commons

FABIANO E A POMBA

238 d.C. 29. Gordiano foi o sucessor de Maximino como imperador romano, e Ponciano, bispo de Roma por seis anos, foi seguido por Antero; este, após um mês, foi sucedido por Fabiano. Diz-se que Fabiano havia vindo com outros do interior para visitar Roma e chegou ao ofício por meio de um milagre da graça divina. Quando os irmãos haviam todos se reunido para eleger o sucessor de Antero, muitos homens notáveis foram levados em conta pela maioria, mas ninguém considerava Fabiano, que estava presente. Contudo, repentinamente, dizem, uma pomba voou do alto e pousou em sua cabeça, como quando o Espírito Santo, em forma de uma pomba, desceu sobre o Salvador. Nisto, como se por divina inspiração, toda a assembleia gritou com entusiasmo unânime: "Ele é digno!", e, sem mais delongas, levaram-no, colocando-o no trono do bispo.

Nesse ínterim, Zebeno, bispo de Antioquia, partiu dessa vida, sendo sucedido por Bábilas. E, em Alexandria, onde Héraclas sucedera a Demétrio, um dos alunos de Orígenes, Dionísio, foi o próximo a dirigir a escola catequética.

OUTROS ALUNOS DE ORÍGENES

30. Enquanto Orígenes ensinava em Cesareia, muitos alunos, tanto locais quanto de vários países estrangeiros, estudaram sob sua supervisão. O mais notáveis entre eles foram Teodoro (que é ninguém menos do que o aclamado bispo de meu tempo, também chamado de Gregório)[19] e seu irmão, Atenodoro. Ambos eram grandemente interessados em estudos gregos e romanos, mas Orígenes instilou neles o amor pela filosofia e os convenceu a trocar suas antigas paixões pelos estudos teológicos. Eles prosseguiram com Orígenes por cinco anos e fizeram tanto progresso em teologia que, embora tão jovens, foram eleitos bispos das igrejas no Ponto.

JÚLIO AFRICANO

31. Nessa ocasião, [Júlio] Africano, autor dos livros intitulados *Cesti*,[20] era outro proeminente escritor. Ainda é preservada uma carta que ele endereçou a Orígenes, na qual sugere que a história de Susana, no livro de Daniel, é espúria. Orígenes enviou-lhe uma resposta completa. Além dessa, uma obra em cinco volumes chamada *Cronografia* também está preservada, um texto de grande precisão. Nela, Africano afirma que viajou a Alexandria em virtude da grande fama de Héraclas, que, após eminente erudição em filosofia e estudos seculares, havia se tornado bispo, como falei previamente. Outra de suas cartas ainda

---

[19] Era comumente conhecido como Gregório Taumaturgo ("realizador de milagres"), embora Eusébio não use esse epíteto. Ele morreu em cerca de 270 d.C. quando Eusébio ainda era menino. Mais detalhes acerca de Gregório será encontrado em 7.14, 28.

[20] "Cintos entretecidos", indicando o caráter variado da obra.

existentes, dirigida a Aristides, trata da presumida inconsistência entre as genealogias de Cristo encontradas em Mateus e Lucas. Ele mostra claramente a harmonia entre os evangelistas, o que incluí no Livro 1 desta presente obra.

COMENTÁRIOS DE ORÍGENES EM CESAREIA

32. Enquanto isso, Orígenes estava escrevendo seus *Comentários sobre Isaías* e *sobre Ezequiel*. Do primeiro, 30 volumes sobre a terceira seção de Isaías chegaram às minhas mãos, até a visão das bestas no deserto (Is 30:6); daquele sobre Ezequiel, tenho os únicos 25 que ele escreveu. Durante uma visita a Atenas, ele terminou o *Comentário sobre Ezequiel*, bem como os cinco livros *Sobre o Cântico dos Cânticos*, e depois, ao retornar para Cesareia, completou a tarefa em 10 volumes ao todo. Mas aqui não é lugar para listar todas as suas obras, o que seria um projeto por si só. Já incluí tal catálogo em meu livro *Vida de Panfílio*, o santo mártir de meus dias, no qual citei a lista das obras de Orígenes e de outros escritores eclesiásticos, que ele possuía em sua biblioteca, a fim de mostrar o seu entusiasmo por teologia.

O ERRO DE BERILO

33. Berilo, o supracitado bispo de Bostra, na Arábia, perverteu a doutrina da Igreja introduzindo opiniões alheias à fé, ousando reivindicar que nosso Salvador e Senhor não era preexistente à Sua vida entre os homens e não tinha divindade em si mesmo, além da habitação interior do Pai. Assim sendo, muitos bispos questionaram e debateram com ele até que Orígenes e muitos outros foram convidados à discussão. Após conversar com o homem para entender suas ideias, Orígenes corrigiu o que era não ortodoxo e, por meio da argumentação, restaurou-o às suas firmes convicções anteriores. Ainda existem os registros de Berilo e do sínodo que ele ocasionou, os quais contêm as perguntas de Orígenes, as discussões em Bostra e tudo o que aconteceu. Há muitas outras tradições a respeito de Orígenes, mas as informações mais importantes podem ser reunidas do livro *Defesa a Orígenes*, que o santo mártir Panfílio e eu escrevemos conjuntamente em resposta à censura dos críticos.

FILIPE: UM IMPERADOR CRISTÃO?

34. Após seis anos como imperador romano, Gordiano morreu, e Filipe [o árabe] o sucedeu. Diz-se que ele era cristão e desejava se unir aos crentes nas orações da igreja no dia da última vigília da Páscoa. Porém, o prelado do tempo não o autorizou entrar até que confessasse publicamente e se unisse àqueles que foram julgados como pecadores e estavam ocupando o lugar [na igreja] para os penitentes. De outra forma, caso não fizesse assim, jamais

244 d.C.

seria aceito devido às muitas acusações contra ele. É dito que ele obedeceu prontamente, demonstrando, por suas ações, o quanto estava genuína e piedosamente disposto ao temor a Deus.[21]

35. No terceiro ano de Filipe, Héraclas partiu desta vida depois de ter presidido as igrejas de Alexandria por 16 anos. Dionísio o substituiu no ofício de bispo.

ESCRITOS PRODUZIDOS NA MATURIDADE DE ORÍGENES

36. À medida que a fé crescia e nossa doutrina era proclamada ampla e ousadamente, afirma-se que Orígenes, agora com mais de 60 anos, finalmente autorizou que suas preleções fossem registradas por estenógrafos, embora nunca tenha permitido tal ação antes. Durante este período, ele escreveu oito tratados para refutar o ataque contra nós desferido por Celso, um epicurista, intitulado *A palavra verdadeira*,[22] bem como os 25 tomos de seu *Comentários sobre Mateus* e seu *Comentário sobre os doze profetas [menores]*, dos quais possuo apenas 25. Ainda há, preservada, uma carta de sua autoria para o imperador Filipe, e outra para a esposa [de Filipe], Severa, além de várias outras cartas. Reuni todas quanto possível de fontes aleatórias e armazenei mais de uma centena delas em caixas de rolos separadas para prevenir que sejam novamente dispersadas. Com relação à sua ortodoxia, ele também escreveu ao bispo Fabiano, de Roma, e aos líderes de muitas outras igrejas. Tudo isso está explicado no Livro 6 de minha *Defesa a Orígenes*.

Busto de Filipe, o árabe, imperador, 244–49 d.C. (*Museu do Vaticano*). © Wikimedia Commons

O ERRO ÁRABE, A HERESIA ELQUESAÍTA

37. Na Arábia, novamente, foi introduzida uma doutrina distante da verdade, afirmando que a alma humana morre e se deteriora juntamente com nosso

---

[21] A relação de Filipe com o cristianismo é discutida no comentário seguinte a este capítulo.

[22] Ou *O verdadeiro discurso* ou *Doutrina* (*logos* é um dos termos mais elásticos em grego). A resposta de Orígenes a essa importante e primitiva polêmica pagã contra o cristianismo é normalmente denominada de *Contra Celso*, e é a partir desta que a maior parte da obra de Celso pode ser reconstruída. Embora Eusébio chame Celso de epicurista, ele era mais provavelmente um platonista.

corpo na morte, mas voltará à vida com ele na ressurreição. Quando um grande sínodo foi convocado, Orígenes foi de novo convidado. Ele abriu um debate público acerca do assunto e apresentou argumentos tão fortes que mudou a perspectiva daqueles que dantes haviam se desviado.

38. Também nesse tempo, outro conceito corrupto se originou na heresia elquesaíta, que terminou tão logo começou. Em um discurso público sobre o Salmo 82, Orígenes se refere a ela nos seguintes termos:

> Recentemente, certo homem tem defendido uma opinião herética e ímpia, dos chamados elquesaítas, que entrou em choque com a Igreja. Apresentarei os erros deles para seu benefício para que ela não os seduza. Ela rejeita porções de cada livro nas Escrituras, usando cada parte do Antigo Testamento e dos evangelhos, mas rejeitando completamente o apóstolo [Paulo]. Afirma que negar [a verdade] não tem importância e que uma pessoa sensível sob coação a negará com sua boca, mas não com o coração. Também produzem um livro que dizem ter caído do Céu, e todos os que o ouvirem, o lerem e crerem receberão perdão dos pecados — um perdão diferente daquele conquistado para nós por Cristo.

A PERSEGUIÇÃO SOB DÉCIO

39. Décio sucedeu a Filipe, depois de este ter reinado por sete anos. Por sua hostilidade a Filipe, ele deu início a uma perseguição contra as igrejas, durante a qual Fabiano cumpriu sua carreira no martírio em Roma e foi sucedido por Cornélio, como bispo.

249 d.C.

Na Palestina, o bispo Alexandre, de Jerusalém, apareceu novamente no tribunal do governador em Cesareia, confessando ousadamente sua fé uma segunda vez e foi aprisionado, mesmo estando coroado com as cãs da velhice avançada. Após seu glorioso testemunho, ele adormeceu na prisão e Mazabanes foi nomeado seu sucessor no bispado de Jerusalém. Quando Bábilas partiu desta vida na prisão em Antioquia, assim como Alexandre, Fábio se tornou o líder da igreja naquela localidade.

Nessa perseguição, o malévolo demônio atacou Orígenes, de modo especial, com todos os armamentos de seu arsenal, levando-o a suportar as cadeias e a tortura pela Palavra de Cristo, enquanto ele estava em grilhões no fundo da masmorra. Dia após dia, suas pernas eram esticadas até o quarto buraco das estacas, mas ele suportou corajosamente as ameaças do fogo e cada novo tormento desenvolvido por seus inimigos. A forma como tudo isso terminou quando o juiz tentou, bravamente, evitar sentenciá-lo à morte e suas últimas mensagens para nós, tão cheias de ajuda para os necessitados de consolação, estão registradas fielmente e em detalhes em suas muitas cartas.[23]

Busto de Décio, imperador, 249–51, que desencadeou uma perseguição sistemática aos cristãos (*Gliptoteca de Munique*).
© José Luiz Bernardes Ribeiro

A LIBERTAÇÃO DO BISPO DIONÍSIO NO EGITO

40. O que ocorreu a Dionísio é citado em sua carta contra Germano, na qual ele se refere a si mesmo desta forma:

> Também falo diante de Deus, e Ele sabe se minto: não escapei por minha própria iniciativa sem a interferência de Deus. Mesmo antes disso, quando a perseguição sob Décio foi anunciada, Sabino imediatamente enviou um *frumentarius*[24] para me caçar, e por quatro dias o esperei em minha casa. Embora ele vasculhasse cada canto onde pensava que eu estivesse me escondendo — estradas, rios, campos —, foi ferido de cegueira e não encontrou a casa. Nunca imaginou que eu, seu alvo, estivesse em casa! Depois de dias, quando Deus me ordenou sair, e tornou isso miraculosamente possível, muitos dos irmãos, os rapazes e eu partimos juntos. É evidente que isso foi por ação da divina providência pelo que aconteceu a seguir, quando nós talvez nos tornamos úteis para alguns.

Após algumas observações, ele conta o que lhe aconteceu seguidamente à fuga:

> Perto do pôr do sol, fomos capturados por soldados e levados a Taposíris, porém, pela providência, aconteceu de Timóteo estar ausente e não ser pego. Mais tarde, ele chegou e encontrou a casa vazia, exceto por servos que a guardavam, e foi informado que havíamos

---

[23] Orígenes sobreviveu ao aprisionamento, mas morreu vários anos depois, em virtude dos efeitos de sua tortura, e foi sepultado em Tiro (c. 254 d.C.).

[24] Aurélio Ápio Sabino foi pretor do Egito em 249–50 d.C. Os *frumentarii* eram centuriões provinciais que tinham responsabilidades tanto de comissários quanto de polícia. O bispo Germano acusou Dionísio de covardia por ter escapado da perseguição, veja 7.11.

sido levados presos. Enquanto Timóteo fugia, uma pessoa do vilarejo o encontrou e perguntou qual a razão da sua pressa. Aquele homem estava a caminho de uma festa de casamento, um evento que duraria a noite toda naquela área e, quando soube da verdade, informou aos demais convidados à mesa. Todos se levantaram em massa, correndo o mais rápido que puderam, e irromperam onde estávamos, gritando de tal forma que os soldados que nos vigiavam fugiram no mesmo instante. Quando se aproximaram de nós, deitados em colchões não forrados, inicialmente pensei que fossem salteadores vindos para saquear e permaneci na cama. Nu, com exceção de minha camisa de linho, ofereci-lhes o restante das minhas roupas, que estavam ali perto. Entretanto, eles me disseram para me levantar e fugir. Então percebi por que motivo haviam vindo e lhes implorei que nos deixassem e fossem embora ou, se quisessem nos conferir favor, que se antecipassem a nossos captores e cortassem, eles mesmos, a minha cabeça. Enquanto eu gritava desse modo, eles me empurraram com força, como bem sabem os que me acompanhavam, mas eu lutei jogando-me no chão. Então, agarraram minhas mãos e pés e me arrastaram para fora, seguidos por aqueles que testemunharam tudo isso: Caio, Fausto, Pedro e Paulo, que me ergueram e me carregaram para fora do vilarejo, colocaram-me sobre o dorso sem sela de um jumento e me levaram embora.

Isso disse Dionísio acerca de si mesmo.

OS MÁRTIRES DE ALEXANDRIA
41. Em uma carta ao bispo Fábio, de Antioquia, ele dá o seguinte relato a respeito daqueles que sofreram o martírio em Alexandria, sob Décio:

A perseguição contra nós não começou com o édito imperial, mas o precedeu em um ano. Quem quer que tenha sido o profeta e o criador dos males desta cidade, ele incitou as massas de pagãos contra nós, agitando as chamas de suas superstições até que foram convencidos de que ter sede por nosso sangue era a única forma de religião verdadeira.

Primeiramente, cercaram um senhor idoso chamado Metras e lhe ordenaram que blasfemasse. Quando ele se recusou, eles o espancaram com clavas, perfuraram seu rosto e olhos com caniços afiados, levaram-no à periferia e o apedrejaram até à morte. Depois, levaram uma cristã chamada Quinta ao templo dos ídolos e tentaram obrigá-la a adorar. Quando ela rejeitou em aversão, eles amarraram seus pés e a arrastaram pela cidade sobre o pavimento acidentado, espancando-a enquanto ela era ferida pelas grandes pedras, e a apedrejaram até à morte no mesmo local. Depois, todos se apressaram até um grupo de casas dos piedosos e atacaram, pilharam, e saquearam seus próprios vizinhos, roubando os pertences mais valiosos e queimando nas ruas os mais baratos e feitos de madeira, fazendo a cidade parecer como se tivesse sido tomada por inimigos. Os irmãos gradualmente se renderam e, alegremente, suportaram a pilhagem de seus bens. Desconheço que qualquer um deles tenha negado o Senhor, com uma única possível exceção.

Também apreenderam aquela maravilhosa senhora virgem, Apolônia, quebraram todos os seus dentes, construíram uma pira em frente à cidade e ameaçaram queimá-la viva se ela se recusasse a se unir a eles em suas blasfêmias. Ela pediu por um breve tempo, e, quando a libertaram, ela vigorosamente pulou na fogueira e queimou até à morte. Capturaram Serapião em sua casa. Quebraram seus braços e pernas por meio de severa tortura e o lançaram de cabeça para baixo do andar de cima.

Nenhum caminho, estrada ou beco poderia ser usado de dia ou de noite: em todos os lugares, havia gritos de que qualquer um que não se unisse ao coro da blasfêmia deveria ser arrastado e queimado. Esse estado das coisas continuou duradouro e intenso, mas a discórdia e a guerra civil se voltaram contra esses malditos, virando contra eles a fúria que alvejavam em nós. Por um breve período, pudemos respirar de novo, uma vez que eles não tinham tempo de descarregar sua ira contra nós. Contudo, logo vieram as notícias da mudança no reinado que fora mais bondoso para conosco,[25] e pressentimos a ameaça de punição. O édito, de fato, chegou, quase como predito por nosso Senhor em Suas temerosas palavras: "para enganar, se possível, os próprios eleitos" (Mt 24:24). Todos nos encolhemos em terror. Alguns dos mais conhecidos se apresentaram por temor, outros, em posições públicas, o fizeram por razões profissionais, e outros foram arrastados por observadores. Chamados nominalmente, eles se aproximaram dos sacrifícios

---

[25] O reinado de Filipe, o árabe.

impuros e ímpios, alguns pálidos e tremendo, não como se fossem apresentar o sacrifício, mas ser eles mesmos sacrificados como vítimas dos ídolos, provocando zombaria da multidão que os cercava, e ficou óbvio que eram covardes completos, com medo de morrer e de fazer o sacrifício. No entanto, outros correram com vigor para os altares, como se para demonstrar que jamais haviam sido cristãos. Com relação aos tais, o Senhor havia verdadeiramente previsto que seriam salvos apenas com dificuldade.[26] Quanto aos demais, alguns seguiram um ou o outro desses grupos, ao passo que outros fugiram. Alguns foram capturados e presos, dentre os quais alguns, após longo encarceramento, renunciaram à sua fé antes mesmo de comparecerem à corte, enquanto outros suportaram a tortura por algum tempo antes de cederem.

Os firmes e benditos pilares do Senhor, contudo, fortalecidos por Ele e recebendo poder e perseverança na proporção de sua fé vigorosa, provaram-se ser magníficos mártires de Seu reino. Entre esses, o primeiro foi Juliano, que não conseguia manter-se de pé ou andar por causa do problema de gota. Ele foi carregado até ao tribunal por dois homens, um dos quais imediatamente negou [a fé]. O outro, de nome Cronião e sobrenome Eunus, confessou o Senhor do mesmo modo que o próprio Juliano. Foram colocados sobre camelos e espancados enquanto eram levados por toda a cidade que, como você sabe, é grande, e finalmente queimados com cal viva diante do populacho. Um soldado, que estava por perto enquanto eles eram levados, protestou contra os insultos da multidão, a qual lhe respondeu em fúria. Besas, aquele nobre guerreiro de Deus, foi levado a julgamento e, tendo combatido heroicamente na grande guerra da fé, foi decapitado. Outro homem, proveniente da Líbia e fiel ao seu nome, Macário, e aos "Bem-aventurados",[27] resistiu a todos os esforços do juiz em fazê-lo negar [a fé] e foi queimado vivo. Depois desses, Epímaco e Alexandre, tendo suportado longo aprisionamento e agonias sem fim das raspilhas e dos chicotes, foram destruídos com cal viva.

Com eles havia quatro mulheres. Amonarião, uma

---

[26] Aludindo a Mateus 19:33.

[27] "Bem-aventurado" em grego é *makar*, que, em sua forma plural, é a primeira palavra de cada uma das bem-aventuranças (Mateus 5:3-11).

virgem santa, embora torturada por longo tempo e selvagemente pelo juiz por deixar claro, de antemão, que jamais pronunciaria as coisas que ele lhe ordenara dizer, foi fiel à sua promessa e levada a morrer. As outras incluíam Mercúria, uma idosa elegante, e Denise (ou Dionísia), mãe de muitos filhos, mas igualmente devotada ao Senhor. Quando o govenador ficou envergonhado por torturá-las, sem resultados, e ser derrotado por mulheres, elas foram condenadas à morte pela espada sem mais torturas, pois Amonarião, a primeira entre elas, as havia suportado sobre si mesma.

Heron, Ater, Isidoro, todos egípcios, e com eles um rapaz de cerca de 15 anos, chamado Dióscoro, foram denunciados. [O juiz] primeiramente tentou induzir o rapaz por meio de palavras, como um alvo fácil, então, tentou forçá-lo com torturas, como alguém que indubitavelmente seria domado. Porém, Dióscoro não lhe obedeceu ou cedeu. Os outros foram selvagemente rasgados aos pedaços e, quando sobreviveram, também foram levados às chamas. Dióscoro, todavia, resistiu tão bem em público e respondeu tão sabiamente às perguntas no privado, que o juiz o deixou ir, dizendo que lhe permitia um período para reconsiderar, em virtude de sua idade.

Nemesião, outro egípcio, foi falsamente acusado de se associar a salteadores. Depois de se inocentar de tais acusações absurdas diante do centurião, foi denunciado como cristão e trazido acorrentado diante do governador. Com flagrante injustiça, ele ordenou duas vezes mais torturas e açoites a serem infligidos a ele do que aos ladrões e o queimou no meio deles, honrando-o, assim, com a semelhança a Cristo.

Um grupo de soldados, Amão, Zenão, Ptolomeu, Ingenes, juntamente com um idoso, Teófilo, estavam diante do tribunal. Quando um homem julgado como cristão estava a ponto de negar [Cristo], eles rangiam os dentes, encaravam-no e gesticulavam para ele. Enquanto todos se voltavam para eles, antes que alguém pudesse apreendê-los, eles correram para o banco dos réus e disseram que eram cristãos. O governador e seus assessores ficaram aterrorizados, ao passo que os acusados estavam cheios de coragem para enfrentar os sofrimentos futuros. Orgulhosos de seu testemunho, marcharam para fora da corte em triunfo.

42. Muitos outros nas cidades e vilarejos foram despedaçados pelos

pagãos. Que um exemplo aqui seja suficiente. Isquirião era um agente de um dos governantes, que lhe ordenou que sacrificasse. Quando ele se recusou, foi insultado e, quando se firmou em sua recusa, foi insultado ainda mais. Quando, ainda assim, persistiu, o governante pegou uma longa estaca, enterrou-a entre seus órgãos vitais e o matou.

Preciso mencionar as multidões que vagavam pelos desertos e montanhas morrendo de fome, sede, frio, doenças, por meio de ladrões e animais selvagens? Os sobreviventes honram aqueles que foram escolhidos para serem vitoriosos. Como um exemplo, Queremão, o idoso bispo de Nilópolis, fugiu com sua esposa para as montanhas da Arábia. Ele nunca retornou, e, apesar de buscas cuidadosas, os irmãos não os encontraram nem os seus restos mortais. Muitos foram escravizados pelos bárbaros sarracenos naquela área, alguns dos quais foram resgatados por preço muito alto, outros até o dia de hoje ainda não o foram…

Assim, até mesmo os mártires dentre nós, que agora são assessores de Cristo e compartilham de Sua autoridade, assumiram a causa de seus irmãos decaídos, acusados de sacrificar. Sua conversão e arrependimento, julgam aceitáveis a Ele, que não tem prazer na morte do pecador, mas, antes, em seu arrependimento. Eles os receberam e readmitiram na congregação como "espectadores", outorgando-lhes comunhão nas orações e refeições. Qual, então, é seu conselho nessa questão, irmãos? O que deveríamos fazer? Compartilharemos da opinião deles e trataremos misericordiosamente com aqueles de quem tiveram compaixão? Ou consideraremos sua decisão como injusta e derrubaremos sua prática?

A HERESIA DOS NOVACIANOS

43. O fato de Dionísio levantar a questão daqueles que se provaram fracos no tempo da perseguição foi muito apropriado, uma vez que Novato [novacianos],[28] um presbítero, nutria desprezo por eles, por considerar que não tinham mais salvação, nem sequer se fizessem tudo o que é exigido em confissão e conversão genuínas. Ele se tornou o líder de uma seita nova cujos membros orgulhosamente se intitulavam "os puros". Em resposta a isso, um grande sínodo foi convocado em Roma, assistido por 60 bispos e um número ainda maior

---

[28] Assim chamados pela maioria dos escritores gregos, mas intitulados novacianus pelos latinos. Ele fundou a seita novacionista. Havia, de fato, um Novato, outro homem ainda, que era presbítero em Cartago, que concordava com os novacionistas.

de presbíteros e diáconos, enquanto nas províncias o clero local considerava, separadamente, o que deveria ser feito. Foi decretado unanimemente que Novato, seus arrogantes companheiros e todos os que apoiavam seu ódio e desumanidade aos irmãos deveriam ser considerados excomungados, mas aqueles irmãos que haviam fraquejado deveriam ser tratados e restaurados com o remédio do arrependimento.

Tenho em mãos uma carta do bispo Cornélio, de Roma, ao bispo Fábio, de Antioquia, reportando sobre o sínodo de Roma e as decisões tomadas pelos demais na Itália, África e nas regiões adjacentes; e outra, em latim, de autoria de Cipriano e seus associados na África, claramente concordando que aqueles que haviam sofrido nos julgamentos deveriam ser ajudados e que era adequado que o líder da heresia fosse excomungado da igreja católica, bem como todos os que se desviaram com ele. Anexo a essas, há outra carta de Cornélio acerca das decisões do sínodo e uma terceira sobre a conduta de Novato, a qual cito. Cornélio escreve o seguinte ao retratar o caráter de Novato para Fábio:

> Você deveria saber que, por muito tempo, esse espantoso companheiro vem perseguindo o ofício de bispo, escondendo sua insana tolice sob a reivindicação de que os confessores o apoiavam no começo. Máximo, um dos presbíteros, e Urbano — ambos tendo conquistado duas vezes o mais elevado renome ao confessar a fé —, bem como Sidônio e Celerino, cuja fé fortalecia sua fraqueza física para suportar torturas de todo tipo e assim triunfar sobre o Adversário, o observavam. Percebendo a sua duplicidade, perjúrio, falsidades, sua insociabilidade e "amizade" dissimulada, retornaram à santa Igreja. Expuseram, na presença de alguns bispos, muitos presbíteros e leigos, todos os artifícios que ele havia escondido, pranteando, em arrependimento, por terem abandonado a Igreja sob a influência dessa fera traiçoeira e maliciosa...
>
> Que extraordinária transformação veio sobre ele em pouco tempo, querido irmão! Essa pessoa espantosa, que fizera terríveis juramentos de que não buscaria o ofício de bispo, de repente surgiu como bispo *ex machina*. Esse defensor do dogma da Igreja, ao tentar abrir o caminho do episcopado, que não lhe fora conferido pelas autoridades, escolheu dois associados que renunciaram à sua própria salvação e os enviou a uma parte remota da Itália para enganar três bispos não instruídos e de mente simples de lá. Ele os

incitou a vir rapidamente para Roma para se unirem a outros bispos em mediar a dissenção que havia se desenvolvido. Quando eles chegaram, eram muito ingênuos para lidar com os estratagemas dos patifes e foram detidos por homens tão disruptivos quanto o próprio Novato, e estes os embebedaram. Na décima hora,[29] quando estavam enjoados com os efeitos da bebida, ele os forçou a torná-lo bispo por meio de uma fraudulenta e inválida imposição de mãos. Logo após isso, um dos bispos retornou à igreja, confessando seu erro em lágrimas. Nós o readmitimos como leigo, uma vez que todos os leigos presentes intercederam por ele. Quanto aos outros dois, nós os substituímos com sucessores.

Esse "defensor do evangelho" não sabia que só pode haver um bispo na igreja católica, na qual, conforme ele mesmo bem o sabia, há 46 presbíteros, sete diáconos, sete subdiáconos, 42 acólitos, 52 exorcistas, leitores, guardas de portas, e mais de 500 viúvas e pessoas em sofrimento — todos apoiados pela graça e amor do Mestre. Contudo, nem esse grandioso e necessário número de pessoas, crescente pela providência divina, nem os incontáveis leigos conseguiram dissuadi-lo de tal insanidade e religá-lo à Igreja…

Por que ele aspirava ao episcopado? Era porque havia sido criado na Igreja e lutado perigosos conflitos em favor dela? De modo algum! Foi Satanás que o aguilhoou à fé, enquanto entrava nele e o possuía por tempo considerável. Quando os exorcistas tentaram curá-lo, ele adoeceu gravemente, e, visto que se pensava que estava à beira da morte, recebeu o batismo por efusão[30] enquanto estava acamado — se realmente se pode dizer que esse homem o recebeu. Após recuperado, não recebeu as demais ministrações da Igreja ou o selo pelo bispo. Faltando-lhe isso, como poderia receber o Espírito Santo?…

No tempo da perseguição, por covardia e amor à vida, ele negou que fosse um presbítero. Quando os diáconos o impeliram a sair da sala na qual se trancara, a fim de ajudar seus irmãos que estavam em perigo, como deveria um presbítero, ele saiu às pressas, declarando que não desejava mais ser presbítero, uma vez que apegara-se a uma filosofia diferente…

---

[29] Cerca de quatro horas da tarde.
[30] Derramando água sobre a cabeça, em vez da imersão.

Esse homem estarrecedor abandonou a Igreja de Deus, na qual fora consagrado como presbítero por meio do favor do bispo. Todo o clero e muitos leigos objetaram que alguém que tivesse sido batizado na cama por efusão, devido à enfermidade, não poderia ser ordenado, assim, o bispo pediu permissão para ordenar apenas esse homem.

Então, acrescenta algo mais, a pior transgressão desse homem:

Quando ele apresenta as ofertas e distribui [os sacramentos] a cada um, ele os coloca [dentro das mãos deles], depois as fecha com suas próprias mãos e não os deixa enquanto os infelizes não proferem o seguinte juramento, em vez da bênção: "Juro, pelo sangue e corpo de nosso Senhor Jesus Cristo, que jamais o abandonarei e me voltarei a Cornélio". E o pobre homem não pode ingeri-los até que invoque sobre si uma maldição e, em vez de dizer "amém" ao receber o pão, fala: "Não voltarei a Cornélio"…

No entanto, agora ele está sendo abandonado e desolado à medida que os irmãos desertam dele diariamente e retornam à Igreja. Igualmente Moisés, o bendito mártir que recentemente deu um testemunho maravilhoso entre nós, enquanto estava vivo, viu a insana arrogância dele e rompeu toda a comunhão com ele e com cinco presbíteros que, como ele, haviam se retirado da Igreja.

No encerramento da carta, ele listou os bispos reunidos em Roma que condenaram a tolice de Novato, fornecendo seus nomes e os locais onde estavam. Aqueles que não estavam em Roma, mas que concordaram, por escrito, com a decisão dos acima mencionados também são citados, bem como as cidades de onde escreveram. Tudo isso foi o que Cornélio escreveu para informar Fábio, bispo de Antioquia.

DIONÍSIO, ACERCA DO ARREPENDIMENTO

44. Quando esse mesmo Fábio estava se inclinando discretamente em direção ao cisma [novacionista], Dionísio, de Alexandria, escreveu-lhe proficuamente a respeito do arrependimento e descreveu os sofrimentos dos recentes mártires em Alexandria. Incluiu o surpreendente relato a seguir:

Entre nós havia um velho crente chamado Serapião, que viveu de modo inculpável a maior parte de sua vida, mas que fraquejou no tribunal. Ele implorou repetidamente [por perdão], mas ninguém o ouvia: ele havia feito o sacrifício. Ficou enfermo e inconsciente por três dias. Contudo, no quarto dia, ele reagiu e chamou seu neto ao lado de sua cama. "Filho, por quanto tempo você pretende me manter vivo?", perguntou. "Deixe que eu parta logo. Vá e chame um dos presbíteros". Depois disso, ele ficou novamente emudecido. O rapaz correu para trazer um presbítero, mas era noite e o presbítero estava doente, não podendo ir. Entretanto, visto que eu havia emitido instruções de que os moribundos deveriam ser absolvidos, caso assim o desejassem — especialmente se o tivessem buscado anteriormente —, para que pudessem partir em esperança, ele deu ao rapazinho uma porção da eucaristia, dizendo-lhe que o embebesse e fizesse cair, gota a gota, na boca do idoso. Quando o menino retornou, Serapião reviveu e disse: "É você, filho? O presbítero não pôde vir, mas você deve fazer o que ele lhe disse rapidamente e me deixar partir". O neto embebeu [o pão] e o pingou na boca do avô que, após engolir uma pequena porção, morreu. Não foi ele evidentemente mantido vivo para que recebesse libertação, e, tendo seu pecado apagado, pudesse ser reconhecido por todas as suas boas obras?

OUTRAS CARTAS DE DIONÍSIO

45. Agora vejamos o tipo de cartas que Dionísio escreveu a Novato quando este estava perturbando a irmandade em Roma. Novato culpava sua deserção e cisma pela coação de alguns irmãos:

> Dionísio, ao irmão Novato, saudações. Se você foi levado a fazê-lo contra a sua vontade, como afirma, então, pode prová-lo ao recuar voluntariamente. As pessoas devem suportar qualquer coisa em vez de dividir a Igreja de Deus, e penso que o martírio a fim de prevenir o cisma é mais glorioso do que aquele para evitar a idolatria. Pois, no caso do último, a pessoa é martirizada apenas em favor de sua alma, enquanto o primeiro, em favor de toda a Igreja. Se você fosse capaz, mesmo agora, de persuadir ou compelir os irmãos à unidade, sua recuperação seria maior do que a sua queda, que será desconsiderada em louvor à recuperação. Contudo, se não lhe ouvirem e você ficar sem ação, imploro que salve sua própria alma. Oro para que você vá bem e se apegue à paz do Senhor.

46. Dionísio também escreveu aos egípcios uma carta *Acerca do arrependimento*, na qual expressa seu ponto de vista a respeito dos que haviam caído, citando níveis de culpa. Enviou uma

carta pessoal, ainda preservada, sobre o mesmo assunto ao bispo Cólon, de Hermópolis, e outra admoestando seu próprio rebanho em Alexandria. Outras cartas existentes incluem aquela escrita a Orígenes sobre o martírio. Aos cristãos de Laodiceia, cujo bispo era Telmidres, e aos da Armênia, cujo bispo era Meruzanes, igualmente escreveu sobre o arrependimento. Além desses, escreveu a Cornélio, de Roma, depois de receber sua carta contra Novato. Nela, Dionísio indica que fora convidado pelo bispo Heleno, de Tarso, na Cilícia, além de outros — Firmiliano, da Capadócia, e Teoctisto, na Palestina — a comparecer ao sínodo em Antioquia, onde alguns tentavam fortalecer o cisma de Novato. Soube que Fábio havia adormecido, como escreveu mais adiante, e que Demetriano fora nomeado bispo de Antioquia em lugar dele. Também se referindo ao bispo de Jerusalém, escreveu: "Alexandre, aquele homem maravilhoso, foi levado à prisão, mas, agora, entrou em seu bem-aventurado descanso".

Além dessa, há outra carta existente de Dionísio aos romanos, entregue por Hipólito. A eles, escreveu outra carta, *Acerca da paz*, e uma terceira, *Acerca do arrependimento*, e outra ainda aos confessores de lá enquanto eles ainda apoiavam as opiniões de Novato. Após o retorno deles à Igreja, receberam ainda mais duas. Escreveu muitas outras também, deixando uma pitoresca recompensa àqueles que, ainda hoje, estudam seus escritos.

Um leão se prepara para atacar um grupo de cristãos orando na arena romana, que têm em volta de si mártires amarrados às estacas, alguns dos quais em chamas. Pintura *A última oração dos mártires cristãos*, por Jean-Léon Gérôme, 1883 (*Galeria de arte The Walters, Baltimore*).

OS HORIZONTES DE EUSÉBIO

No Livro 6, o mais longo de Eusébio, ele se concentra em Orígenes com muito mais detalhes do que devota a qualquer outro em sua história. Não é difícil descobrir suas razões. Além do grande respeito teológico que tributa a uma das mentes mais brilhantes nos três primeiros séculos do cristianismo, ele e seu adorado preceptor, Panfílio, não poderiam ver seu mestre sob ataque doutrinário e, assim, escreveram o *Defesa a Orígenes*, que também se estendeu à sua *História Eclesiástica*. Ademais, como bispo de Cesareia, Eusébio era algo como um sucessor geográfico a Orígenes, que passara a última parte de sua carreira em Cesareia, em parte reunindo a grande biblioteca de onde Eusébio, mais tarde, extrairia muito de seu material, conforme ele mesmo indica.

Fica óbvio que Eusébio favorece o mundo mediterrânico oriental em vez do ocidental, e o cristianismo grego em detrimento do latino. Embora tenha citado Tertuliano em livros anteriores, fala pouco acerca dele ou de outros pais da Igreja latinos. Aparentemente, não sabia nada a respeito do martírio de Perpétua, Felicita e suas companheiras, no anfiteatro de Cartago em 203. Para ser justo, ele cita os mártires apostólicos e a sucessão de bispos em Roma e dedica muita atenção à perseguição em Lyon, em Gaules, e à heresia novacionista na Itália. Sua história é igualmente delimitada ao redor dos reinados dos imperadores romanos. Contudo, os horizontes mais frequentes nestas páginas são o Egito, a Palestina, a Síria e a Ásia Menor, áreas mais familiares a Eusébio. O Oriente também viu as piores perseguições em todo o império, com o Egito sendo a pior de todas. Infelizmente, o "teorético" Oriente também foi lar dos maiores pensadores e teólogos da história primitiva da Igreja, embora Tertuliano, e mais tarde Agostinho além de outros, no "prático" Ocidente certamente contribuiriam com sua parte na doutrina e pensamento da Igreja.

Seria *Septímio Severo* (193–211) o responsável pelos bolsões mundiais de implacável perseguição que irromperam esporadicamente no final de sua administração, época em que começa o Livro 6? Eusébio evidentemente cria que sim, em vista de suas palavras introdutórias: "Quando Severo incitava perseguição contra as igrejas...". Estranhamente, muitos historiadores duvidam disso, e a dedicada cobertura deles à sua administração com frequência falha em mencionar a atitude de Severo em relação aos cristãos. Porém, outro antigo autor, Aélio Espartano, afirma, em sua *História Augusta*, que Severo "proibia a conversão ao judaísmo sob pesadas penalidades e igualmente lançou sanções semelhantes no caso dos cristãos" (*Severo* 17.1). Nesse tempo, os principais instigadores da perseguição continuavam a ser as turbas locais, e talvez Severo estivesse respondendo a relatórios acerca de tais rompantes de forma mais rígida do que a de Trajano ou Marcos Aurélio. Depois de uma campanha contra os escoceses, ele morreu em York, na Bretanha, em 211.

Caracala (211–17), filho e sucessor de Severo, terminou em uma feroz rivalidade com seu irmão, Geta, esfaqueando-o até à morte enquanto este estava nos braços de sua mãe. O restante de seu governo foi mais como de um estadista. Conferiu cidadania romana a todos os habitantes livres do império e tentou fazer paz com o inimigo crônico de Roma, os partos. As ruínas dos colossais banhos que ele construiu no final da Via Ápia, em Roma, são usadas para apresentações de ópera até o presente. Durante a campanha no Leste, Caracala foi assassinado por Macrino, prefeito pretoriano.

Macrino (217–18) tentou legitimar sua usurpação por meio da conquista de glória militar contra os partos. Em vez disso, eles o derrotaram, depois que ele fora capturado e morto por tropas leais à dinastia de Severo, que seria agora restaurada.

Heliogábalo (281–22), de quem se dizia ser filho natural de Caracala (na realidade, seu primo em segundo grau), fora sumo sacerdote de Elagábalo, o deus sírio do Sol. Chegou a Roma ainda na adolescência vestindo seda, um colar de pérolas e tendo as bochechas pintadas de vermelho. Um tipo grotescamente pitoresco, semelhantemente a Calígula, ele tentou fazer o deus Elagábalo supremo em Roma, mas sua conduta estúpida e depravada e sua rendição total à devassidão levou sua avó e tia a planejarem seu assassinato enquanto ele se escondia em uma latrina.

Alexandre Severo (222–35), seu primo e sucessor, trouxe a sobriedade de volta ao governo romano. Consultou o senado, reduziu impostos, aumentou as obras públicas e estabeleceu o sistema universal de escola primária por todo o império. Ademais, desde a época de Septímio Severo parece que um período de paz havia descido sobre a cristandade. Em sua contribuição para a *História Augusta*, Lamprídio afirma que, sob Alexandre Severo, "foi permitido aos cristãos existirem" (*Severo Alexandre*, 22.4). Eusébio escreve que sua religiosa mãe, Júlia Mameia, convidou Orígenes a Antioquia para uma entrevista (6.21) e inclusive que a casa do imperador se "compunha, em sua maior parte, de cristãos" (6.28), certamente um exagero. Enquanto estava na fronteira germânica, no entanto, as legiões de Alexandre se amotinaram e mataram tanto ele quando sua mãe, findando a dinastia de Severo em 235.

Isso também marcou o início de um período terrível para o império romano, então dividido durante meio século de guerra civil. Entre os anos 235 e 284 (a ascensão de Diocleciano), houve 20 imperadores, muitos dos quais reinaram por apenas meses antes de serem assassinados. A seguir está a lista mais comum:

Máximo Traciano (235–238)	Emiliano (253)	Floriano (276)
Gordiano I e II (238)	Valeriano (253–260)	Probo (276–282)
Balbino e Pupieno (238)	Galieno (253–268)	Caro (282–283)
Gordiano III (238–244)	Cláudio II (268–270)	Carino (283–285)
Décio (249–251)	Aureliano (270–275)	Numeriano (283–284)
Galo (251–253)	Tácito (275–276)	

Todavia, até mesmo essa lista é errônea, uma vez que inclui apenas aqueles 20 imperadores reconhecidos pelo senado, a maioria dos quais possuía rivais apoiados por fortes exércitos, que frequentemente controlavam boa parte do império. Obviamente, não será possível prover sequer minibiografias a essa lista desconcertante, mas muitos serão escolhidos, sob cujos governos ocorreram fatos importantes em relação ao cristianismo. O Livro 6 de Eusébio conclui com dois deles.

Filipe, o árabe (244–49) era um *sheik* da Jordânia que se tornou prefeito pretoriano e liderou um motim bem-sucedido contra Gordiano III. Ele não apenas se casara com uma esposa cristã, Otacília Severa, mas recordamos que Eusébio fez uma afirmação admirável: "Diz-se que ele era cristão e desejava se unir aos crentes nas orações da igreja" (6.34). Se isso é verdade, então Filipe, e não Constantino, seria o primeiro imperador cristão. Porém, é duvidoso que Filipe tenha se convertido. As expressões usadas por Eusébio, "diz-se" ou "não há motivos para que se creia", acrescentam uma nota de alerta e, com Roma celebrando seu centésimo décimo segundo aniversário durante a sua administração, irromperiam perturbações caso o imperador tornasse público o seu cristianismo. Com o islamismo chegando em apenas 400 anos no futuro, os árabes daquele tempo poderiam ter se convertido ao cristianismo e, uma vez que o imperador seguinte perseguiu as igrejas, "por ódio a Filipe", de acordo com Eusébio, podemos, no mínimo, pressupor uma atitude benigna para com a cristandade por parte de Filipe. Ele foi morto perto de Verona em 249, tentando abafar uma rebelião liderada por Décio.

Décio (249–51) introduziu uma mudança drástica na política romana com respeito aos cristãos. O que até aqui eram perseguições esporádicas e localizadas da igreja agora se tornam sistemáticas, um empreendimento de todo o império, no qual Décio buscava apreender os cristãos de cidade em cidade, distrito a distrito, quadra a quadra e de casa em casa, em uma rede de arrasto imperial. Por compartilhar com outros pagãos da crença que os cristãos eram os responsáveis pelo tumulto no império, Décio sentiu que apenas um retorno aos deuses tradicionais e ao culto ao imperador reviveriam Roma. Seu édito ordenava que todos os cidadãos realizassem um ato de adoração na presença dos comissários — quase sempre não mais do que lançar uma pitada de incenso em uma lâmpada votiva, queimando em frente ao busto do imperador — recebendo, após isso, um certificado (*libellus*) de que haviam sacrificado. Prisão, escravidão e morte aguardavam aqueles que se recusavam.

Os cristãos reagiram de quatro maneiras: alguns fugiram ou se esconderam nas catacumbas e outros lugares; outros, que cederam ante a pressão e "sacrificaram", eram chamados de *lapsi*, "os que haviam fraquejado"; ainda alguns que tinham amigos no governo e certificados escritos para si, mesmo que não houvessem sacrificado, eram chamados de *libellatici*, "os do certificado"; e os incrivelmente corajosos fiéis, que se recusavam a sacrificar, eram chamados "confessores" enquanto estavam na prisão, mas de "mártires", ou "testemunhas", depois de torturados e mortos.

Este era o pano de fundo político para os horrores em Alexandria e em Cesareia retratados por Eusébio. Apenas o breve reinado de Décio e sua morte fortuita no campo de batalha impediram que seu plano drástico fosse realizado em extensão ainda maior.

Símbolos cristãos desenhados dentro das catacumbas de São Sebastião, em Roma. Da esquerda para a direita: a âncora, simbolizando esperança e segurança; o peixe, um acróstico grego para "Jesus Cristo é o Filho de Deus e Salvador"; e o *Chi-Ro*, uma sobreposição das duas primeiras letras para "Cristo" em grego.

LIVRO 7

DIONÍSIO E A DISSIDÊNCIA

DE GALO A DIOCLECIANO

As cartas de Dionísio, o grande bispo de Alexandria, novamente me assistirão na tarefa de escrever o Livro 7. Começarei meu registro com elas como ponto de partida.

A TOLICE DE GALO

251 d.C. 1. Antes de Décio completar dois anos de reinado, ele e seus filhos foram mortos, sendo sucedido por Galo. Foi por esse tempo que Orígenes morreu aos 69 anos.[1] Ao escrever a Hermamão, Dionísio diz o seguinte em relação a Galo:

> Galo fracassou em perceber o erro de Décio ou em evitar o que causou a sua queda e tropeçou na mesma pedra, mesmo tendo seus olhos abertos. Quando seu reino estava prosperando e as coisas indo a seu gosto, ele expulsou os santos que oravam a Deus por sua paz e saúde. Ao bani-los, então, baniu igualmente as orações deles a seu favor.

O REBATISMO DE ANTIGOS HEREGES; O SABELIANISMO

2. Na cidade de Roma, quando Cornélio fora bispo por cerca de três anos, Lúcio

---

[1] Décio foi morto em 251. Orígenes morreu em cerca de 254, durante o reinado de Valeriano.

foi escolhido como seu sucessor. Porém, depois de servir por menos de oito meses, ele morreu, passando o ofício a Estêvão. Para ele, Dionísio escreveu a primeira de suas cartas sobre o batismo, uma controvérsia considerável que surgira quanto à necessidade de purificação por meio do [re]batismo daqueles que haviam se afastado de qualquer heresia. Em tais casos, prevalecia um antigo costume de que apenas a oração e a imposição de mãos seriam suficientes.

3. Contudo, Cipriano, pastor da diocese de Cartago, foi o primeiro de seu tempo a insistir que deveriam ser readmitidos apenas após a purificação pelo batismo. Estêvão, no entanto, achava errado trazer qualquer inovação contrária à tradição estabelecida desde o começo e ficou muito irado.

4. Assim, Dionísio escreveu-lhe uma extensa carta acerca do assunto, em cujo encerramento demonstrou que, tendo a perseguição sido mitigada, as igrejas de toda parte haviam rejeitado a inovação de Novato e retomado a paz entre si. Ele escreveu do seguinte modo:

> 5. Todas as igrejas anteriormente divididas no Oriente e em outras partes, meu irmão, estão reunidas, e todos os seus prelados estão em concordância, jubilando diante da surpreendente chegada da paz: Demétrio, em Antioquia; Teoctiso, em Cesareia; Mazabanes, em Aélia; Marino, em Tiro (uma vez que Alexandre adormecera); Heliodoro, em Laodiceia (visto que Telimidro entrara no descanso); Heleno, em Tarso, e todas as igrejas da Cilícia, Firmiliano e toda a Capadócia. Cito apenas os bispos mais proeminentes para evitar tornar minha carta muito extensa e entediante. Igualmente, toda a Síria e a Arábia, as quais você ajuda continuamente e às quais escreveu, bem como a Mesopotâmia, Ponto e Bitínia — resumindo, todos se regozijam em toda parte, louvando a Deus pela concordância e amor fraternal.

Quando Estêvão havia cumprido seu ministério por dois anos, Sisto [II] o sucedeu. Dionísio escreveu-lhe uma segunda carta acerca do batismo, indicando os pontos de vista sustentados por Estêvão e outros bispos, e falando da seguinte maneira sobre Estêvão.

> Ele havia escrito anteriormente em relação a Heleno, Firmiliano e a todos os da Cilícia, Capadócia, Galácia e das províncias adjacentes de que não teria comunhão com eles no futuro porque eles rebatizavam hereges. Considere o quão séria é essa questão. Os maiores sínodos de bispos emitiram decisões de que aqueles que vêm das heresias sejam

primeiramente instruídos, depois lavados e purificados novamente da imundície do antigo fermento. Assim, escrevi-lhe apelando quanto a essa questão. [...] Também escrevi a meus amados companheiros presbíteros Dionísio e Filemom, que previamente compartilhavam as posições de Estêvão e me escreveram a esse respeito.

6. Na mesma carta, ele se refere aos hereges sabelianos[2] como sendo numerosos em seu tempo:

> A doutrina que agora emana de Ptoleimada, em Pentápole, é ímpia, uma clara blasfêmia contra o Deus Todo-Poderoso, Pai de nosso Senhor Jesus Cristo; uma flagrante incredulidade em Seu Filho unigênito, o Primogênito da criação, a Palavra feita homem; e uma indiferença ao Espírito Santo. Quando me vieram os primeiros documentos e irmãos dispostos a debater o assunto, de ambos os lados, escrevi cartas da melhor forma possível, com a ajuda de Deus, tratando da questão de um modo didático. Estou lhe enviando cópias delas.

DIONÍSIO SOBRE OUTROS HEREGES

7. Em sua terceira carta sobre o batismo, Dionísio escreve o seguinte ao presbítero romano, Filemom:

> Eu mesmo tenho lido os escritos e ensinos dos hereges, poluindo minha alma por um pouco com suas abomináveis noções, embora obtenha este benefício: fui capaz de refutá-las para mim mesmo e vim a detestá-las ainda mais. De fato, um dos irmãos, um presbítero, tentou me dissuadir a chafurdar na lama da perversidade deles, a fim de que eu não prejudicasse a minha própria alma. Ele estava certo, mas uma visão de Deus me fortaleceu e uma voz ordenou: "Leia tudo o que lhe vier às mãos, uma vez que você tem capacidade de examinar tudo, uma característica que lhe trouxe à fé". Aceitei a visão, pois ela estava em concordância com o preceito apostólico dirigido àqueles que são mais fortes: "Sejam hábeis cambistas".[3]

---

[2] Sabélio, que foi condenado em Roma por Calisto (c. 220 d.C.), ensinava que o Pai, o Filho e o Espírito Santo eram meramente nomes para os vários modos pelos quais o Deus único se revelava em Suas obras. Também eram chamados Monarquianos modalistas e Patripassianos ("o Pai sofreu").

[3] Amplamente citado pelos Pais da Igreja, esse *agraphon* pode ter sido proferido por Jesus ou Paulo.

Então, comentando sobre todas essas heresias, ele continua dizendo:

> Essa é a regra e prática que recebi de nosso bendito papa,[4] Héraclas. Aqueles que abandonaram as heresias, enquanto ainda eram considerados membros das congregações, embora com a acusação de terem aprendido de mestres heterodoxos, ele os expulsou da igreja e ensurdeceu-se a todos os seus apelos até que declarassem publicamente tudo o que haviam ouvido de seus adversários. Depois, foram readmitidos sem exigir que fossem rebatizados, pois haviam recebido previamente o santo [batismo] por meio dele.

Depois de longa discussão da questão, ele acrescenta:

> Os africanos não introduziram essa prática. Muito antes, nos dias dos bispos que me precederam, as igrejas e sínodos mais populosos, Icônio e Sínada, além de muitos outros lugares, adotaram esse curso de ação. Eu não ousaria revogar sua decisão e os mergulhar em contendas e controvérsias. "Não mudem os marcos de divisa do seu próximo, que os antigos fixaram" (Dt 19:14).

Sua quarta carta a respeito do batismo foi escrita a Dionísio de Roma, que havia sido ordenado presbítero e logo se tornaria bispo. Nela, Dionísio de Alexandria elogia sua instrução e caráter admirável, enquanto fala acerca de Novato:

> 8. Tenho ressentimentos contra Novato por uma boa razão: ele dividiu a igreja, seduziu os irmãos à profanação e blasfêmia, introduziu ensinamentos ímpios sobre Deus e falsamente calunia nosso misericordioso Senhor Jesus Cristo como sendo implacável. Ademais, ele despreza o santo batismo, revoga a fé e a confissão que a precede e bane completamente o Espírito Santo, quando ainda tínhamos esperança de que ele permanecesse ou até mesmo voltasse.

9. Sua quinta carta foi escrita a Sisto [II], bispo de Roma, na qual levanta muitas acusações contra os hereges e relata este incidente:

> Na verdade, meu irmão, preciso de seu conselho com relação a um problema que estou enfrentando, pois temo estar errado. Um membro fiel da congregação antes

---

[4] Ao usar o termo grego e latino *papa* para seu predecessor, Dionísio fornece o exemplo mais primitivo de que o bispo de Alexandria era referido como papa.

de minha eleição (e, creio, antes da nomeação do bendito Héraclas) foi a um batismo recente no qual ouviu as perguntas e respostas. Ele veio a mim em lágrimas, caiu aos meus pés e confessou que o batismo que havia recebido dos hereges não era como o nosso, uma vez que era cheio de profanidades e blasfêmias. Seu coração, disse ele, estava partido e sequer ousava erguer seus olhos a Deus depois de haver começado com palavras e obras tão ímpias. Então, implorou para receber essa santa purificação, aceitação e graça [do rebatismo]. Não ousei fazer isso, dizendo-lhe que sua longa comunhão conosco era suficiente. Ele ouvira as orações eucarísticas e se unira a nós no Amém; estivera ao lado da mesa e recebera os elementos em suas mãos, participando do corpo e sangue de nosso Senhor por muito tempo. Desse modo, não pude reconstruí-lo desde o começo. Instei que fosse corajoso e participasse das coisas santas com fé firme e esperança confiante. Contudo, ele continua a lamentar e a estremecer ao se aproximar da mesa e, embora convidado, ele mal pode se unir aos "espectadores" nas orações.

Além das cartas acima mencionadas, ele e sua diocese escreveram sobre o batismo a Sisto e à igreja em Roma, na qual discute o assunto amplamente. Ainda é preservada uma de suas cartas a Dionísio de Roma, em que trata de Luciano.

A PERSEGUIÇÃO SOB VALERIANO

10. Antes do governo de Galo e seus associados completar dois anos, eles foram destituídos em favor de Valeriano e seu filho Galieno. Em sua carta a Hermamão, Dionísio dá a seguinte descrição:

253 d.C.

> João diz em Apocalipse: "Foi-lhe dada uma boca que proferia arrogâncias e blasfêmias e foi-lhe dada autoridade para agir durante quarenta e dois meses".[5] Ambos os aspectos de Valeriano são surpreendentes. Sua conduta inicial era moderada e amigável ao povo de Deus: nenhum imperador antes dele esteve tão inclinado a eles em bondade, nem mesmo aqueles de quem se diz terem sido cristãos, quanto Valeriano; ele claramente os recebia em amizade próxima no começo. Na verdade, ele encheu todo o seu palácio

---

[5] Em Apocalipse 13:5, essa menção se refere "à besta".

com pessoas piedosas, tornando-o uma igreja de Deus. Todavia, o mestre e líder da assembleia dos mágicos egípcios [Macriano] o persuadiu a perseguir e matar homens puros e santos como se fossem rivais que impediam seus abjetos encantamentos (pois eles eram e são capazes de afastar os malévolos demônios simplesmente por sua palavra e respirar). Semelhantemente, ele o encorajou a realizar ritos ímpios, abomináveis artifícios e sacrifícios agourentos, como cortar a garganta de meninos e rasgar os órgãos vitais de bebês recém-nascidos, como se retalhar a criação de Deus pudesse lhes trazer felicidade. [...]

Quando Macriano era o administrador das contas imperiais, ele não demonstrou mente lógica ou católica. Caiu sob a maldição profética: "Ai dos que profetizam de seu próprio coração, e que nada veem",[6] pois não entendia a universalidade da Providência ou do julgamento daquele que é antes de tudo, por meio de tudo e acima de tudo. Assim sendo, tornou-se inimigo de Sua Igreja católica, alienou-se da misericórdia de Deus e se baniu para tão longe quanto possível de sua própria salvação, fazendo jus ao seu nome.[7] [...] Coagido por Macriano nesse caminho, Valeriano ficou sujeito a insultos e abusos, conforme foi dito a Isaías: "Como estes escolheram os seus próprios caminhos, e a sua alma tem prazer nas suas abominações, assim eu lhes escolherei o castigo e farei vir sobre eles o que eles temem" (Is 66:3-4).

Louco para tornar-se imperador, mas impossibilitado de adornar seu corpo aleijado com as vestes imperiais,[8] [Macriano] promoveu seus dois filhos, que desse modo herdaram os pecados de seu pai, cumprindo a profecia: "visito a iniquidade dos pais nos filhos até a terceira e quarta geração daqueles que me odeiam" (Êx 20:5). Ao incutir sua própria ambição maldosa, embora fracassada, na mente de seus filhos, trouxe sobre eles sua perversidade e ódio a Deus.

11. Com relação à perseguição que se levantou ferozmente em seu tempo, o que Dionísio e seus associados tiveram de suportar devido à sua devoção a Deus fica evidente em seu longo escrito

---

[6] Versão da Septuaginta para Ezequiel 13:3.

[7] *Makros* é "afastado" em grego. Este parágrafo também brinca com o termo *católico*.

[8] Macriano era coxo.

contra Germano, um bispo contemporâneo que tentava difamá-lo:

> Arrisco passar por tolo e estúpido ao ser forçado a relatar a maravilhosa bondade divina a mim, mas, uma vez que "É bom manter oculto o segredo do rei; porém é justo revelar e publicar as obras de Deus",[9] responderei ao ataque de Germano. Não compareci diante de Emiliano[10] sozinho, mas acompanhado por meu companheiro, o presbítero Máximo, e dos diáconos Fausto, Eusébio e Queremão, bem como de um dos irmãos de Roma. Emiliano não abriu com as palavras "Não realizem assembleias", pois isso seria inútil a alguém que estava indo diretamente à raiz do problema. Em vez disso, ordenou-me que abandonasse o cristianismo, presumindo que, se eu mudasse, o restante me seguiria. No entanto, respondi: "É mais importante obedecer a Deus do que aos homens" (At 5:29), que adoro ao único Deus e a nenhum outro, e jamais deixaria de ser cristão. À vista disso, ele nos mandou partir para um vilarejo próximo ao deserto, chamado Quefro. Porém, permita-me citar do registro oficial:
>
> Quando Dionísio, Fausto, Máximo e Queremão foram trazidos ao tribunal, Emiliano, o governador da região, disse: "Falei-lhes da generosidade que nossos senhores [Valeriano e Galieno] lhes demonstraram — a oportunidade de liberdade se fizessem o que é natural e adorassem os deuses que preservam o reinado deles e abandonassem aquilo que não é natural. O que vocês dizem disso? Duvido que serão ingratos à sua bondade, uma vez que eles os advertem para seu próprio bem".
>
> *Dionísio*: Nem todos os homens adoram todos os deuses, mas cada um àquele que considera como divindade. Nós adoramos ao único Deus e Criador de todas as coisas, que confiou o império aos Seus amados Augustos, Valeriano e Galeno, e oramos a Ele para que o governo deles permaneça inabalável.
>
> *Emiliano*, agindo como governador: Quem os impede de adorar a esse Deus — se é que Ele é um Deus — juntamente com os deuses naturais? É-lhes ordenado que adorem a deuses, e deuses conhecidos por todos.
>
> *Dionísio*: Não adoramos a ninguém mais.

---

[9] Tobias 12:7 (Bíblia de Jerusalém).
[10] O vice-prefeito do Egito em 258.

Emiliano: Vejo que vocês são tanto ingratos quanto insensíveis à indulgência de nossos Augustos. Portanto, não permanecerão nesta cidade, mas partirão para um lugar chamado Quefro, na Líbia, um local que escolhi por ordens dos Augustos. Sob nenhuma hipótese você ou os demais serão permitidos realizar assembleias ou entrar nos chamados cemitérios.[11] Se qualquer pessoa falhar em ir ao local designado ou for encontrado participando de qualquer reunião, colocará a si mesmo em perigo, pois serão observados. Vão agora, então, ao lugar indicado.

Embora eu estivesse enfermo, ele me apressou a partir sem conceder sequer um dia de misericórdia. Que tempo teria eu, então, para convocar ou não uma assembleia? […] Mesmo assim, não nos refreamos de nos reunir com o Senhor abertamente, mas tentei ao máximo convocar aqueles que estavam na cidade [Alexandria] como se estivesse com eles "fisicamente ausente, mas presente em espírito" (1Co 5:3). Em Quefro foi formada uma grande igreja, alguns vindo conosco da cidade, outros se unindo a nós do restante do Egito. E lá Deus abriu-nos uma porta para a Palavra (Cl 4:3). Inicialmente fomos perseguidos e apedrejados, mas logo alguns dos pagãos abandonaram seus ídolos e se voltaram a Deus. Por nosso intermédio, a Palavra foi semeada entre eles pela primeira vez, e parece que foi por isso que Deus nos exilou em seu meio e nos fez voltar quando terminamos nossa missão.

Emiliano planejou nos realocar para o que ele achava que seriam os lugares mais inóspitos e mais líbios, assim ordenou [aos cristãos espalhados] que se reunissem no distrito de Mareótis, designando vilarejos para os vários grupos. Ele nos colocou perto da estrada, de modo que seríamos os primeiros a serem presos. Aparentemente estava planejando desse modo para que todos fôssemos presas fáceis, a qualquer momento que ele decidisse nos capturar. Quanto a mim, quando me disseram para partir para Quefro, eu não tinha ideia de sua localização e mal ouvira esse nome antes. Ainda assim, parti em bom espírito e não criei problemas. Contudo, quando fui ordenado a me mudar para o distrito Colutio, fiquei contrariado e muito irado. Embora esses locais fossem

---

[11] *Koimeterion* em grego significa "dormitório", um termo usado somente por cristãos, que muitas vezes se reuniam nos túmulos dos mártires.

melhor conhecidos por mim, ouvi que não havia irmão ou pessoas respeitáveis lá, onde, além de tudo, os salteadores atacavam os viajantes. Porém, tomei coragem quando os irmãos me lembraram de que era mais perto [de Alexandria] e de que, embora Quefro nos trouxesse muita associação com os irmãos do Egito (de modo que nossa congregação atraiu uma área mais ampla), agora estaríamos mais perto dos que nos eram mais próximos e queridos. Eles viriam e ficariam à noite, e, da mesma forma como nas localidades mais distantes, haveria assembleias. E assim foi.

Depois de mais observações sobre suas façanhas, ele retoma assim:

Germano se vangloria das muitas confissões de fé e muitas coisas que teve de suportar — todos eles podem ser alistados em meu caso: sentenças, confiscos, proscrições, saque de bens, perda de privilégios, desdém pela glória e louvor mundanos. Ou do reverso por parte do governador e da câmara: ameaças, gritos, perigos, perseguições, exílio, angústia e aflições de todo tipo — todos os quais me ocorreram sob os governos de Décio e Sabino, e que ainda acontecem sob Emiliano. Entretanto, onde aparece Germano? O que foi dito a seu respeito? Mas devo abandonar a grande tolice na qual caí por causa de Germano, e assim omitirei mais detalhes para os irmãos que já os conhecem.

Em uma carta a Domécio e Dídimo, ele novamente menciona eventos acerca da perseguição:

É desnecessário citar nosso povo, uma vez que é numeroso e desconhecido a vocês. Saibam apenas que homens e mulheres, meninos e patriarcas, meninas e senhoras, soldados e civis, de todas as raças e idades, alguns sofreram açoite e fogueiras, outros a espada — todos venceram na luta e receberam sua coroa. Para outros, um longo tempo não foi suficiente para os apresentar aceitáveis ao Senhor, como, aparentemente, em meu próprio caso até o momento. Tenho sido protelado até o tempo adequado conhecido por Aquele que disse: "No tempo aceitável escutei você e no dia da salvação eu o socorri" (2Co 6:2; Is 49:8). Agora, uma vez que vocês perguntam a nosso respeito, já ouviram, naturalmente, que, quando estávamos sendo levados como prisioneiros por um centurião e magistrados, com seus soldados e servos — Caio, Fausto, Pedro, Paulo e eu —, um bando provindo de Mareótis nos arrastou à força quando nos recusamos a segui-los. E agora somente Caio, Pedro e eu, afastados dos demais irmãos, estamos confinados em um local solitário e ermo na Líbia, a três dias de distância de Paretônio. [...]

Na cidade, os presbíteros Máximo, Dióscoro, Demétrio e Lúcio foram ao subterrâneo para visitar os irmãos em segredo. Os bem conhecidos Faustino e Áquila estão vagando pelo Egito. Os diáconos que sobreviveram aos que morreram na ilha são Fausto, Eusébio, Queremão — o Eusébio a quem Deus deu poder para ajudar os confessores que estavam na prisão e a realizar a arriscada tarefa de sepultar os corpos dos benditos mártires. Pois, ainda agora, o governador continua a infligir morte cruel a alguns que lhe são trazidos, enquanto tortura a outros até despedaçá-los ou os deixa definhar na prisão, negando-lhes qualquer visita e em prontidão para capturar qualquer um que apareça. Porém, por meio da perseverança dos irmãos, Deus dá descanso àqueles que estão sob dura pressão.

Deve ser observado que Eusébio, o diácono, foi logo nomeado bispo de Laodiceia na Síria, enquanto o presbítero Máximo sucedeu ao próprio Dionísio em Alexandria. No final de uma vida longa, no entanto, Fausto, que nobremente confessara a fé à semelhança de Dionísio, encontrou o cumprimento de seus dias no martírio por decapitação durante a perseguição de nossos próprios dias.

MARTÍRIOS EM CESAREIA

12. Durante a perseguição de Valeriano, três proeminentes confessores de Cristo em Cesareia, na Palestina, também foram coroados com o martírio ao se tornarem alimento para as feras selvagens: Prisco, Maloco e Alexandre. Diz-se que esses homens, que viviam no interior, se autoacusaram de indiferença e indolência: em vez de se apressarem a conquistar a coroa do martírio, desdenharam os prêmios disponíveis de então. Todavia, depois de discutirem sobre isso, partiram para Cesareia, apareceram diante do juiz e encontraram o fim anteriormente descrito. Afirma-se que, além desses, uma mulher da mesma cidade suportou uma provação semelhante, mas pertencia à seita de Marcião.

GALIANO DÁ FIM À PERSEGUIÇÃO

13. No entanto, não muito tempo depois, Valeriano foi escravizado pelos bárbaros.[12] Seu filho, agora o único

260 d.C.

---

[12] O persa Shapur I invadiu Antioquia e levou Valeriano preso em 260 d.C.

imperador, governou com mais prudência e imediatamente pôs fim à perseguição contra nós por meio de um édito com estas palavras:

> O imperador César Públio Licínio Galiano, Pio, Afortunado, Augusto a Dionísio, Pinnas e Demétrio, e aos demais bispos. Ordenei que o benefício de minha magnanimidade seja proclamado por todo o mundo. Eles [os não cristãos] devem sair de todos os locais de adoração [cristã], e, portanto, vocês também podem usar as provisões deste decreto contra qualquer um que os importunar. Isso, sua liberdade de ação, há muito foi concedida por mim, e, assim sendo, Aurélio Quirino, meu ministro chefe, executará essa minha ordenança.

Esse édito foi traduzido do latim para que houvesse maior clareza. Existe outra ordem do mesmo imperador a outros bispos, permitindo-lhes recuperar os locais dos cemitérios, como eles são chamados.

14. Nesse tempo, Sisto [II] ainda liderava a igreja romana; Demetriano, na sequência de Fábio, a igreja em Antioquia; Firmiliano em Cesareia, na Capadócia; e Gregório e seu irmão, Atenodoro, alunos de Orígenes, as igrejas do Ponto. Em Cesareia, na Palestina, após a morte de Teoctisto, Domno se tornou bispo, o qual durou pouco tempo e foi sucedido por Teocteno, nosso contemporâneo. Este também veio da escola de Orígenes. E, em Jerusalém, quando Mansabanes partira para o descanso, Himeneu ocupou seu trono, o distinto homem que tem liderado por muitos anos até meu próprio tempo.

MARINO E ASTÍRIO EM CESAREIA

15. As igrejas de toda parte desfrutavam de paz em seu tempo. Em Cesareia, na Palestina, no entanto, Marino, honrado com a mais alta patente no exército e também proeminente por nascimento e riqueza, foi decapitado por seu testemunho de Cristo da forma que narro a seguir. A vara da videira é uma marca de honra entre os romanos, e aqueles que a conquistam se tornam centuriões. Um posto ficou vago, e Marino seria o próximo por ordem de prioridade. Mas, quando ele estava a ponto de receber tal honra, outro dirigiu-se ao tribunal e afirmou que Marino não era qualificado, por leis antigas, para compartilhar qualquer posição romana uma vez que era cristão e não sacrificara aos imperadores. Assim, o ofício ficou com o acusador. Aqueus, o juiz, primeiramente perguntou quais eram as opiniões de Marino e, quando viu que ele confessava firmemente seu cristianismo, concedeu-lhe três horas para reconsiderar.

Lápide do centurião romano Marcus Favonius Facilis, descoberto em Colchester, Inglaterra. Ele segura uma haste de videira na mão direita, assim como descrito por Eusébio no caso de Marino em Cesaréia (*Udimu*). © Wikimedia Commons

"Então, fique firme", disse-lhe Teotecno, "apegue-se a Deus. Com a Sua força, que você possa obter aquilo que escolheu. Vá em paz". Enquanto ele retornava, um arauto anunciou que havia expirado o tempo e o convocou ao tribunal. De pé diante do juiz, ele demonstrou grande fervor pela fé. Foi imediatamente levado para a execução e assim encontrou o cumprimento de sua missão.

16. Lá [em Cesareia], Astírio também é lembrado por sua ousadia agradável a Deus. Membro do senado romano e favorecido pelos imperadores, ele era bem conhecido por sua família e afluência. Estava presente quando o mártir cumpriu seu tempo e, carregando seus restos mortais, vestiu-lhes com uma esplêndida e dispendiosa capa e lhe concedeu um rico — e adequado — sepultamento. Muitas outras histórias sobre esse homem são contadas por seus amigos, que sobreviveram até meu tempo, como o seguinte episódio miraculoso.

Quando ele saiu do tribunal, Teotecno, o bispo local, tomou-o pela mão e o levou à igreja. Uma vez em seu interior, Teotecno o colocou diante do altar e, erguendo seu manto, apontou para a espada em sua bainha. Depois trouxe o livro do divino evangelho, colocou-o diante dele e perguntou qual dos dois ele preferia.

Sem hesitar, Marino estendeu sua mão direita e pegou o livro divino.

17. Em Cesareia de Filipe, que os fenícios chamam de Paneas, ao sopé da montanha chamada Paneion, há fontes que são as nascentes do Jordão. Diziam que, quando uma vítima era lançada nelas durante certo festival, ela desaparecia milagrosamente sob o poderio do diabo — um fenômeno considerado como uma maravilha pelos observadores. Certo dia, Astírio estava no local enquanto isso acontecia e, ao ver o assombro da

Santuários gravados na encosta de um penhasco em Cesaréia de Filipe, em Israel.
© Shutterstock

multidão quanto ao assunto, teve compaixão deles devido ao seu engano; olhando para o céu, pediu a Deus, por meio de Cristo, que esmagasse o demônio que ludibriava as pessoas e pusesse fim à mentira. Depois de orar, afirma-se que o sacrifício logo boiou na superfície da fonte. Assim, o milagre deles logo cessou, e nenhum prodígio aconteceu naquele lugar novamente.

A ESTÁTUA DE JESUS

18. Uma vez que mencionei essa cidade, eu não deveria omitir uma história que também deveria ser registrada para aqueles que vierem depois de nós. Alguns dizem que a mulher hemorrágica que foi curada por nosso Salvador, como sabemos por meio dos santos evangelhos (Mc 5:24-34), provinha daqui. A casa dela foi indicada como sendo fora da cidade, e lindos memoriais da bênção do Salvador ainda permaneciam lá. Em frente a eles, havia outro do mesmo material: a imagem de um homem de pé, vestido em uma bela capa dupla e estendendo sua mão em direção à mulher. Perto da base do monumento, crescia uma erva exótica que subia até a orla da capa dupla de bronze e servia como um antídoto para todo tipo de enfermidade. Diz-se que tal estátua lembrava as feições de Jesus e ainda existe em meu tempo — eu a vi com meus próprios olhos

quando fui à cidade.[13] Não surpreende que esses gentios, que há muito tempo foram abençoados por nosso Salvador, fizessem tais coisas, visto que eu também já testemunhei imagens de Seus apóstolos igualmente — Pedro e Paulo — e, de fato, do próprio Cristo, preservadas em pinturas coloridas. E deve-se esperar por isso, pois os gentios costumeiramente os honram como salvadores dessa forma explícita.

O TRONO DO BISPO TIAGO

19. O trono de Tiago (o primeiro a receber do Salvador e dos apóstolos o episcopado da igreja de Jerusalém e que era chamado de irmão de Cristo, como mostram os livros divinos) está preservado até o presente. Os irmãos que sucederam naquele local mostram, pela honra que lhe conferem, a reverência com que homens santos, amados por Deus, eram e ainda são considerados por homens da antiguidade bem como de nosso tempo.

CONTENDAS E PRAGAS EM ALEXANDRIA

20. Além das cartas já citadas, Dionísio também compôs as "cartas festivais", nas quais escreve solenemente com relação à celebração pascal. Uma delas é endereçada a Flávio, outra a Domécio e a Dídimo, nas quais ele fornece uma regra baseada em um ciclo de oito anos, provando que a Páscoa não deveria ser comemorada em qualquer tempo senão no equinócio vernal. Também escreveu outra carta para os colegas presbíteros em Alexandria e a outros — todas escritas enquanto a perseguição ocorria.

21. Quando a paz foi efetivamente estabelecida, ele voltou a Alexandria. Contudo, quando irromperam novas facções contenciosas, ficou-lhe impossível manter a supervisão sobre todos os irmãos na cidade por estarem divididos em dois grupos hostis. Então, Dionísio se comunicou com eles via carta enviada de Alexandria, durante a Páscoa, como se estivesse em cidade estrangeira. Depois disso, ele escreveu outra carta festival para Hierax, bispo do Egito, na qual fala a respeito do divisionismo alexandrino nos seguintes termos:

> Não surpreende que eu ache difícil comunicar-me até mesmo por carta, uma vez que não consigo conversar ou meditar até comigo mesmo. Certamente, devo escrever aos irmãos que são da mesma família, igreja e mentalidade que

---

[13] O imperador oriental, Maximino Daia, destruiu essa estátua logo em seguida, em 305 d.C., de acordo com a *Introdução Geral Elementar*, de Eusébio. Porém, os historiadores posteriores Sozomen (*História Eclesiástica* 5.21) e Filostórgio (*História Eclesiástica* 7.3) afirmam que tenha sido Juliano, o apóstata. Embora qualquer um dos imperadores pudesse se encaixar aqui, a prioridade fica com Eusébio.

a minha, mas parece não haver meios de entregá-las. Seria mais fácil dirigir-me não apenas a um país estrangeiro, mas viajar do Oriente a Ocidente do que conseguir transitar de Alexandria a Alexandria. A rua que corta o centro da cidade é mais difícil de ser percorrida do que o grande deserto sem veredas por onde Israel caminhou por duas gerações! Nossos portos espelham o mar que se dividiu para eles, mas afogou os egípcios, pois os assassinatos que nele ocorrem lembram o que aconteceu no mar Vermelho. E o [rio] Nilo, que atravessa a cidade, em certo momento, pareceu mais seco do que os desertos de Israel, mas, em outro, inundou tanto ruas quando plantações, ameaçando um dilúvio como aquele do tempo de Noé. E está sempre poluído com sangue, assassinatos e afogamentos, como quando se tornou em sangue e fedia para Faraó, por intermédio da mão de Moisés. Tais são as vis exalações vindas da terra, do mar, dos rios e das brumas dos portos, que provêm do descarregamento de corpos apodrecendo até seus elementos componentes que se misturam ao orvalho. As pessoas estão intrigadas quanto à fonte das constantes epidemias, das sérias doenças e da variedade de mortes, ou quanto ao porquê desta cidade imensa estar sendo despovoada.[14] Antigamente, a população que tinha entre 40 e 70 anos superava em número àquela que agora tem entre 14 e 80 anos, de acordo com o registro para a distribuição pública da ração de alimentos; e aqueles que pareciam mais jovens atualmente são considerados iguais em idade aos mais velhos de antes. Apesar da diminuição da raça humana, eles não demonstram preocupação enquanto se aproxima a sua extinção.

22. Depois disso, quando a guerra foi seguida pela epidemia e a Páscoa se aproximava, ele escreveu novamente aos irmãos acerca de tal calamidade:

> Este é, dificilmente, um tempo para celebração. Infelizmente! Tudo é lamento e pranto por aqueles que morreram e que estão morrendo dia a dia. Está acontecendo agora como ocorreu com os primogênitos egípcios: não há uma casa sem um falecido, e quem dera fosse apenas um!
>
> Muitas coisas terríveis nos aconteceram antes disso. Primeiramente, fomos expulsos, perseguidos e mortos, mas mantivemos nossa celebração

---

[14] Em 250, surgiu uma praga que infectou o Império Romano pelos 15 anos seguintes.

mesmo assim, e todo lugar onde éramos maltratados se tornou para nós um local para celebrar, quer fosse no campo, no deserto, em navio, pousadas ou na prisão. Entretanto, o melhor festival de todos foi mantido pelos mártires, que se banquetearam no Céu. Depois disso, a guerra e a fome se abateram sobre nós bem como sobre os pagãos. Apenas nós tivemos de suportar os ferimentos que eles nos infligiam, embora nos beneficiássemos daquilo que sofriam uns pelas mãos dos outros, e, mais uma vez, encontramos nossa alegria na paz de Cristo, concedida apenas a nós. Porém, depois de um tempo muito breve, a doença nos acometeu, o que foi mais terrível para eles do que qualquer terror, "a única coisa que se provou pior do que aquilo que se previa", conforme declarou um dos historiadores deles.[15] No entanto, para nós, isso não foi senão uma disciplina e uma prova não pior do que as demais provações, pois não escapamos dela, embora tivesse atingido os pagãos com mais severidade. [...]

A maioria de nossos irmãos demonstrou amor e lealdade em não se poupar enquanto ajudavam uns aos outros, cuidando dos enfermos sem se preocupar com o perigo e alegremente partindo desta vida com eles depois de serem infectados pela sua doença. Muitos que trataram da saúde dos outros perderam sua vida desse modo (alguns presbíteros, diáconos e leigos), uma forma de morte baseada na fé firme e na piedade que parece, de toda forma, semelhante ao martírio. Eles também pegavam os corpos dos santos, fechavam seus olhos e bocas e os carregavam nos ombros. Abraçavam-nos, banhavam-nos e os vestiam em veste fúnebres e, logo, recebiam eles próprios os mesmos serviços.

Os pagãos eram exatamente o oposto. Afastavam aqueles que tinham os primeiros sinais da enfermidade e fugiam de seus queridos. Até mesmo os lançavam semimortos nas estradas e tratavam os corpos não sepultados como rejeitados, na esperança de evitar a praga da morte, da qual, apesar de todos os seus esforços, era difícil escapar.

Depois dessa carta, quando a paz foi restaurada na cidade, ele novamente enviou uma carta festival aos irmãos no Egito e outras a seguiram. Estão preservadas uma carta que escreveu sobre o *Shabat* e outra acerca de treinamento.

---

[15] Tucídides, em *Guerra do Peloponeso*, 2.64, descrevendo a praga de Atenas.

Pôr do sol no Nilo em Luxor, no Alto Egito, um claro contraste com a condição do rio descrita pelo bispo Dionísio de Alexandria. © Shutterstock

O SUCESSO DE GALIENO

Em uma carta a Hermamão e aos irmãos do Egito, Dionísio fala bastante sobre a perversidade de Décio e de seus sucessores e menciona a paz sob o governo de Galieno.

23. Após incitar um de seus imperadores e atacar o outro, ele[16] desapareceu de repente juntamente com toda a sua família, e Galieno foi proclamado e reconhecido por todos. Ele era um imperador ao mesmo tempo antigo e novo: foi imperador antes deles e veio depois deles. Do mesmo modo que os raios do Sol são bloqueados por uma nuvem apenas para reaparecer após ela ser removida ou dissolvida, Galieno é exatamente como era antes, ao passo que Macriano, depois de tentar se apropriar do poder imperial de Galieno, não existe mais. E a monarquia, tendo expulsado sua antiga perversidade, agora prospera em toda parte.

Em seguida a isso, ele também indica o tempo quando a escreveu:

Ao examinar a duração dos vários reinados, percebi que os [imperadores] perversos, que uma vez foram conhecidos, foram rapidamente esquecidos,

Um busto de Galieno, imperador 253-268, um contraste agradável e culto de muitos de seus predecessores e sucessores. Sua esposa era cristã e ele mostrou tolerância para com a fé (*Sergey Sosnovskiy*). © Wikimedia Commons

enquanto aquele que tem mais reverência e amor por Deus está agora encerrando seu nono ano, no qual poderemos, de fato, celebrar o festival.

O CISMA DE NEPOS

24. Além de todas essas cartas, ele compôs dois tratados, *Acerca das promessas*, ocasionados por Nepos, um bispo no Egito, que ensinava que as promessas feitas aos santos nas sagradas Escrituras deveriam ser interpretadas de modo mais judaico e que haveria um tipo de milênio de indulgência corporal nesta

---

[16] Macriano, que incitou Valeriano a perseguir os cristãos e tentou substituir Galieno. Ele e seu filho foram, mais tarde, mortos em batalha.

Terra. Pensando em embasar sua opinião peculiar a respeito do Apocalipse de João, ele escreveu um livro sobre o assunto intitulado *A refutação dos alegoristas*.[17] Dionísio lhe respondeu nos livros *Acerca das promessas*, no primeiro dos quais explica sua opinião sobre essa doutrina e, no segundo, trata a respeito do Apocalipse de João, referindo-se a Nepos desta maneira:

> Eles se apoiam fortemente em um tratado da autoria de Nepos como sendo prova indisputável de que o reino de Cristo será sobre a Terra. Ora, no geral, eu endosso e amo Nepos por sua fé e por seu trabalho, seu estudo das Escrituras e sua esplêndida hinódia, que ainda alegra os irmãos, e o respeito completamente, especialmente agora que ele partiu para seu descanso. Mas a verdade é primordial, e deve-se honrar o que é correto e criticar o que parece sem fundamento. Se [Nepos] estivesse agora presente e aventando suas opiniões verbalmente, e não por escrito, apenas uma conversa seria necessária — perguntas e respostas para persuadir nossos oponentes. No entanto, um livro foi publicado e considerado convincente por alguns, enquanto certos mestres, desprezando as Escrituras, fazem afirmações altivas em favor desse tratado como se fosse um grande e secreto mistério. Não permitem que nossos irmãos mais simples tenham pensamentos elevados e nobres sobre a gloriosa epifania de nosso Senhor ou sobre nossa própria ressurreição dos mortos, quando seremos como Ele, mas os persuadem a esperar no reino de Deus pelo que é trivial, mortal e semelhante ao presente. Assim, não temos opção, senão debater sobre nosso irmão Nepos como se ele estivesse presente. [...]
>
> Quando cheguei em Arsinoé, onde, como vocês sabem, seu ensino fora prevalente por muito tempo e causador de cismas e separações de igrejas inteiras, convoquei uma reunião dos presbíteros e mestres das congregações do vilarejo (e qualquer irmão que desejasse comparecer) e lhes pedi que expusessem a questão em público. Quando me trouxeram esse livro como um tipo de fortaleza invencível, sentei-me com eles por três dias seguidos, desde a manhã até a noite, criticando o que tinha sido escrito. Ao fazê-lo, fiquei muito impressionado pela firmeza, sinceridade, lógica e inteligência dos irmãos enquanto

---

[17] Isto é, aqueles que se opunham, como Dionísio, a uma interpretação literal de Apocalipse.

discutíamos metodologicamente e sem restrições as dificuldades e os pontos em que concordávamos. Recusamo-nos a nos apegar cegamente a opiniões anteriores ou evitar problemas, mas tentamos nosso máximo para lidar com tais assuntos e dominá-los. Nem ficamos envergonhados de mudar nossas opiniões, se convencidos, mas, honestamente e confiando em Deus, aceitamos o que quer que fosse provado pelas Sagradas Escrituras. No final, Coraquião, o originador desse ensinamento, concordou e prometeu, na presença de todos os irmãos, que não mais se apegaria a ele, ou o debateria, mencionaria ou ensinaria, visto que estava convencido pelos contra-argumentos. Quanto aos demais, alguns se alegraram com a conferência e com a concordância alcançada.

O Apocalipse de João

25. Mais adiante, ele diz isto a respeito do Apocalipse de João:

> Alguns de nossos predecessores rejeitavam totalmente o livro, criticando-o capítulo a capítulo como ininteligível, ilógico e seu título como falso. Dizem que não é nem de João ou tampouco um "apocalipse" de qualquer modo, pois está velado por sua espessa cortina de incompreensibilidade, e seu autor não era um apóstolo ou um santo, sequer um membro da igreja, mas Cerinto, aquele que fundou a seita que leva seu nome e desejava acrescentar à sua falsificação um nome que demandasse respeito. Dizem que ele ensinava esta doutrina: o reino de Cristo seria sobre a Terra e ofereceria os desejos de seus sonhos, isto é, glutonaria sem fim e prazeres sexuais em banquetes, bacanais, celebrações de casamento, ou (o que ele pensava serem nomes mais respeitáveis) festivais, sacrifícios e imolações.
>
> Eu, todavia, não ousaria rejeitar o livro, visto que muitos irmãos lhe têm estima, mas, uma vez que meu intelecto não pode julgar adequadamente, sustento que sua interpretação é um maravilhoso mistério. Não o compreendo, mas suspeito que as palavras tenham um sentido mais profundo. Apoiando-me mais na fé do que na razão, concluí que eles são elevados demais para a minha compreensão. Não rejeito o que falho em entender, mas fico, em vez disso, abismado de ter falhado em compreender.

Após examinar todo o Apocalipse e provar que ele não pode ser entendido em sentido literal, ele prossegue:

Ao completar sua profecia, o profeta abençoa todos aqueles que a observaram, incluindo ele mesmo: "Eis que venho sem demora. Bem-aventurado aquele que guarda as palavras da profecia deste livro. Eu, João, sou quem ouviu e viu estas coisas…" (Ap 22:7-8). Portanto, não negarei que ele se chamava João e que esse livro foi escrito por um João — algum escritor santo e inspirado. Mas não concordo que tenha sido o apóstolo, o filho de Zebedeu, irmão de Tiago, o escritor do evangelho segundo João e da epístola geral. A partir do caráter deles e do estilo e formato [de Apocalipse], concluo que o autor não seja o mesmo. Pois o evangelista jamais se nomeia, quer no evangelho, quer na epístola, sequer em primeira ou terceira pessoa, enquanto o autor de Apocalipse anuncia a si próprio no começo: "Revelação de Jesus Cristo, que [...] enviando por intermédio do seu anjo, notificou ao seu servo João" (Ap 1:1-2). Depois escreve uma carta: "João, às sete igrejas que se encontram na Ásia, graça e paz a vós outros…" (Ap 1:4). Ao passo que o evangelista não escreveu seu nome sequer no começo da epístola geral, mas começou com o mistério da revelação divina: "O que era desde o princípio, o que temos ouvido, o que temos visto com os nossos próprios olhos…" (1Jo 1:1). Nem mesmo na segunda ou terceira epístolas existentes de João, ainda que sejam breves, João é mencionado: ele é meramente o anônimo "presbítero". Contudo, esse escritor não ficou satisfeito em mencionar seu nome uma vez e continua seu relato citando-se novamente: "Eu, João, irmão vosso e companheiro [...], achei-me na ilha chamada Patmos…" (Ap 1:9). E, até mesmo no encerramento, diz: "Bem-aventurado aquele que guarda as palavras da profecia deste livro. Eu, João, sou quem ouviu e viu estas coisas…" (Ap 22:7-8).

Que o escritor fosse João é crível, mas qual João? Ele não diz, como no evangelho, que era discípulo amado pelo Senhor, aquele que se reclinou sobre Seu peito, o irmão de Tiago, a testemunha ocular do Senhor. Se quisesse se identificar, certamente teria usado um desses epítetos. Mas não menciona qualquer deles, referindo-se meramente a si próprio como nosso irmão, companheiro, testemunha de Jesus e abençoado com as revelações. Muitos assumem o nome de João em amor e admiração pelo apóstolo, tanto quanto os nomes de Paulo e Pedro são comuns para os filhos dos que creem. Em Atos, há outro João cujo sobrenome é Marcos, a quem Barnabé e Paulo levaram consigo. Foi ele o escritor? Dificilmente, uma vez que ele não foi para a Ásia com eles, como dizem as Escrituras: "E, navegando de Pafos, Paulo e seus companheiros dirigiram-se a Perge da Panfília. João, porém, apartando-se deles, voltou para Jerusalém" (At 13:13). Penso que havia outro João na Ásia, uma vez que se afirma ter havido dois túmulos com um "João" em Éfeso.

Os conceitos, palavras e sintaxe mostram dois escritores diferentes. Há plena harmonia entre o evangelho e a epístola, e eles têm inícios parecidos. Um diz: "No princípio era o Verbo" (Jo 1:1); o outro, "O que era desde o princípio". O primeiro afirma: "E o Verbo se fez carne e habitou entre nós" (Jo 1:14). O outro diz o mesmo em palavras ligeiramente diferentes: "o que temos ouvido, o que temos visto com os nossos próprios olhos, o que contemplamos, e as nossas mãos apalparam, com respeito ao Verbo da vida" (1Jo 1:1). Esse prelúdio visa àqueles que negavam que nosso Senhor tivesse vindo em corpo. O leitor cuidadoso encontrará [palavras e expressões] comuns em ambos: a vida, a luz, voltar-se das trevas, verdade, graça, alegria, carne e sangue do Senhor, julgamento, perdão de pecados, o amor de Deus por nós, o mandamento de nos amar mutuamente, observar todos os mandamentos, convencer o mundo, o diabo, o Anticristo, a promessa do Espírito Santo, a adoção de filhos de Deus, fé, e o Pai e o Filho em toda a sua extensão. Resumindo: o evangelho e a epístola têm as mesmas características.

O Apocalipse, porém, é completamente diferente desses escritos e raramente tem uma sílaba em comum com eles, por assim dizer. Tampouco a epístola ou o evangelho contém qualquer conceito do Apocalipse, enquanto Paulo em suas epístolas traz alusões a revelações que ele não registrou.

Igualmente o estilo mostra diferença. O evangelho e a epístola não apenas são escritos em grego sem erro, mas também em elevada habilidade com o grego em dicção, lógica e sintaxe. Não ocorrem termos bárbaros, solecismo ou vulgaridades, pois seu autor aparentemente possuía, pela graça do Senhor, o dom do conhecimento e do discurso. Não negarei que o outro testemunhou revelações e recebeu profecia, mas seu estilo e uso do grego é impreciso, e ele usa expressões bárbaras e ocasionais solecismos. Não há necessidade de citá-los agora, uma vez que não falo em zombaria — de modo algum —, mas somente para provar a falta de semelhança entre os escritos.

CARTAS DE DIONÍSIO

26. Há, igualmente, muitas outras cartas de Dionísio, como, por exemplo, aquelas a Amon, bispo de Bernice, contra Sabélio, e as dirigidas a Telésforo, Eufranor, Amon novamente e Euporos. Também escreveu quatro livros sobre o mesmo assunto a seu homônimo em Roma. Tenho muitas outras cartas e livros dele, como aqueles acerca da natureza para seu filho, Timóteo, e uma sobre as tentações, dedicada a Eufranor. Ao escrever para Basílides, bispo de Pentápole, entre outras cartas, ele diz que havia composto um comentário sobre o começo de Eclesiastes. Isso é tudo sobre Dionísio. Prossigamos para a nossa própria geração.

PAULO DE SAMÓSATA

27. Quando Sisto [II] havia sido o encarregado pela igreja romana por 11 anos,[18] foi sucedido por Dionísio, homônimo do bispo de Alexandria. Depois, também quando Demetriano partira desta vida em Antioquia, Paulo de Samósata recebeu o episcopado. Pelo fato de ele ter uma visão rebaixada de Cristo, contrária ao ensino da Igreja, considerando-o como um homem comum, Dionísio de Alexandria foi convidado a comparecer ao sínodo.[19] Justificando-se por sua idade e debilidade, ele postergou sua presença e enviou uma carta sobre o assunto em questão. Contudo, outros pastores se apressaram em direção a Antioquia, vindos de todas as direções, para tratar desse destruidor do rebanho de Cristo.

O SÍNODO DE ANTIOQUIA

28. Os mais eminentes entre estes eram Firmiliano, bispo de Cesareia, na Capadócia; os irmãos Gregório e Atenodoro, pastores no Ponto; Heleno, [bispo] de Tarso; Nicomas, de Icônio; Himeneu, de Jerusalém; Teotecno, da vizinha Cesareia; e Máximo, que era o líder em Bostra com distinção. Muitos mais se reuniram em Antioquia para esse propósito, bem como presbíteros e diáconos, porém esses eram os mais notáveis. Durante os debates e questionamentos levantados nas muitas sessões, os partidários de Samósata tentaram esconder ou disfarçar sua heterodoxia, enquanto outros tentaram seu melhor para desvendar e exibir sua blasfêmia herética contra Cristo.

Nesse tempo, o décimo segundo ano de Galieno, Dionísio morreu, tendo

264 d.C

---

[18] Na realidade, 11 meses. Sisto II foi bispo de setembro de 257 a agosto de 258.

[19] Em Antioquia, que abriu o inquérito acera dos ensinos de Paulo.

presidido como bispo de Alexandria por 17 anos. Seu sucessor foi Máximo. Depois de 15 anos como imperador, Galieno foi sucedido por Cláudio [Gótico], que conferiu o governo a Aureliano, após seu segundo ano.

268 d.C.

270 d.C.

A EXCOMUNHÃO DE PAULO

29. Durante seu reinado, um último sínodo, com um amplo número de bispos, foi organizado. O líder da heresia em Antioquia foi exposto, condenado por sua heterodoxia e excomungado da igreja católica por todo o mundo. O maior responsável por desmascará-lo foi Malquião, o instruído líder da escola de retórica grega em Antioquia e presbítero daquela comunidade por sua fé absoluta em Cristo. Seus debates com Paulo foram anotados por estenógrafos, os quais estão preservados até os dias atuais, e ele, sozinho, foi capaz de expor aquele ardiloso enganador.

30. Os pastores reunidos unanimemente esboçaram uma única carta ao bispo Dionísio de Roma e a Máximo de Alexandria, enviando-a para todas as províncias. Nela, eles relataram a respeito de seu zeloso esforço, da heterodoxia de Paulo, de seus debates com ele e fizeram um resumo de sua vida e conduta, nas seguintes palavras:

> Aos nossos amados irmãos no Senhor, Dionísio, Máximo e a todos os nossos companheiros de episcopado, presbíteros e diáconos por todo o mundo e a toda a igreja católica — Heleno, Himeneu, Teófilo, Teotecno, Máximo, Proclo, Nicomas, Aeliano, Paulo, Bolano, Protógene, Hierax, Êutico, Teodoro, Malquião, Lúcio e todos os nossos membros, saudações. [...]
>
> Convidamos ainda mais bispos de terras distantes para vir e curar esse ensino mortal, como, por exemplo, Dionísio de Alexandria e Firmiliano da Capadócia, ambos de bendita memória. O primeiro escreveu a toda a comunidade de Antioquia, exceto ao líder da heresia por considerá-lo indigno de correspondência pessoal. Anexamos aqui uma cópia. Porém, Firmiliano compareceu duas vezes e condenou as novas ideias, como muitos outros testemunharam. Contudo, quando Paulo prometeu mudar, Firmiliano adiou [os procedimentos], esperando que a questão se acalmasse sem qualquer ofensa à Palavra — embora tenha sido enganado por aquele que negava seu Deus, seu Senhor e a fé que anteriormente sustentava. Firmiliano ficou novamente a ponto de vir a Antioquia — agora ciente da maldade profana deste homem — e chegou até Tarso. Mas, enquanto nos reuníamos e aguardávamos por sua chegada, ele chegou ao fim de sua vida.

Eles prosseguem descrevendo o modo de vida [de Paulo]:

> Uma vez que ele abandonou o cânon e se voltou a doutrinas falsas e bastardas, não precisamos julgar a conduta de alguém fora da Igreja. Anteriormente desprovido, sem haver recebido de seus pais herança ou adquirido algo por sua habilidade e ocupação, ele agora possui imensa riqueza por meio de obras ilegais, de saquear igrejas e chantagear os irmãos. Privando os feridos de seus direitos, ele promete ajudá-los — em troca de dinheiro — apenas para quebrar sua palavra e faz dinheiro fácil por meio daqueles enredados em processos legais, que desejam comprar o alívio daqueles que os assediam, presumindo que a piedade significa lucro. Extremamente ambicioso e arrogante, ele se reveste de honras mundanas e quer ser chamado de *ducenarius*,[20] em vez de bispo, e desfila pelas praças do mercado lendo ou ditando cartas, enquanto anda a passos largos em público, cercado por grande segurança. Como resultado, a fé é desacreditada e abominada devido a sua vaidade e ao seu orgulho arrogante.
>
> Esse charlatão faz grande exibições nas assembleias das igrejas para confundir as almas simples, enquanto se assenta no estrado e trono elevado que fez para si próprio — quão inadequado para um discípulo de Cristo! — ou no *secretum*[21] que inventou, imitando os líderes deste mundo. Bate em sua coxa e sapateia no estrado. Alguns não aplaudem ou abanam seus lenços, como em um teatro, nem gritam e pulam (como fazem os homens e mulheres desordeiros que são seus partidários), mas preferem ouvir em ordeira reverência, como se estivessem na casa de Deus. Destes, ele zomba e os insulta. Faz vulgares ataques públicos contra os intérpretes da Palavra que partiram desta vida, enquanto se vangloria de si mesmo, como se fosse um sofista ou um saltimbanco, em vez de bispo.
>
> Baniu todos os hinos ao nosso Senhor Jesus Cristo como se fossem composições recentes, embora instrua as mulheres a cantarem hinos a ele mesmo no meio da igreja no grande dia da Páscoa, os quais alguém estremeceria ao ouvir! Essa é a condição que ele também permite que bispos e presbíteros bajuladores de distritos e cidades

---

[20] Um procurador com um grande salário de 200.000 sestércios por ano.

[21] A câmara privada de um juiz ou magistrado.

vizinhos incluam em seus sermões. Não confessará que o Filho de Deus desceu do Céu (o que será documentado a seguir em muitas notas anexadas, especialmente em que ele afirma que Jesus Cristo vem "de baixo"), embora aqueles que lhe cantam hinos e louvores reivindicam que seu ímpio mestre é um anjo vindo do Céu. Ele não apenas não impede tais palavras, mas, em sua arrogância, está presente quando elas são ditas.

E o que dizer de suas "noivas espirituais", como são chamadas pelos de Antioquia, e as dos seus presbíteros e diáconos? Paulo se une a eles em disfarçar isso e seus outros pecados incuráveis, de modo que, estando em dívida com ele, esses homens ficam por demais aterrorizados para o acusarem de seus crimes por palavra ou atos. Ele inclusive os enriqueceu, assegurando assim sua lealdade e admiração. No entanto, nós sabemos, amados, que o bispo e todos os sacerdotes devem estabelecer, diante do povo, o exemplo em todas as boas obras, do mesmo modo como estamos cientes de quantos caíram ao buscar "noivas espirituais" para si próprios, enquanto outros são suspeitos de também o fazerem.

Ainda que admitamos que [Paulo] não pratica atos licenciosos, ele deveria, no mínimo, ter evitado a suspeita que se levanta de tais práticas para que não desvie alguns ao imitarem-no. Como poderia ele reprovar alguém ou aconselhá-lo a não mais andar com uma mulher, a fim de que não caia, como está escrito, quando ele já dispensou uma e agora possui duas belas jovens vivendo com ele, a quem leva a todos os lugares, em uma vida de luxúria e excesso? Apesar de todos gemerem e pranteareem por isso em secreto, têm muito medo de sua tirania e poder, a ponto de não o acusarem. Contudo, como dissemos anteriormente, uma pessoa somente pode ser considerada responsável por essas coisas se tiver uma mentalidade católica, como alguém de nosso meio. Porém, para alguém que caricaturou o mistério e exibiu a execrável heresia de Artemas[22] — e por que não mencionar seu pai? —, desse tal não nos sentimos na obrigação de requerer uma prestação de contas. [...]

Visto que ele se opõe a Deus e se recusa a se submeter, somos compelidos a excomungá-lo e a nomear outro bispo para a igreja católica no lugar dele.

---

[22] Em 5.28 Eusébio o chama de Artemão.

Pela providência divina, temos certeza, [escolhemos] Domno, filho do bendito Demetriano, que antes presidira sobre a mesma comunidade com distinção. Ele está adornado com todas as excelentes qualidades requeridas de um bispo, e lhes informamos [dessa nomeação], para que possam escrever-lhe e receber cartas [estabelecendo] comunhão com ele. Mas deixem que esse companheiro [Paulo] escreva a Artemas e que o partido dele tenha comunhão entre si.

Quando Paulo havia perdido sua ortodoxia, bem como seu episcopado, Domno assumiu o ministério em Antioquia, conforme o que afirmei. Todavia, Paulo se recusou categoricamente a entregar a posse do prédio da igreja. Então, foi feito um apelo ao imperador Aureliano, que transmitiu a decisão muito justa na questão: ordenou que o prédio fosse destinado àqueles com quem os bispos da religião na Itália e Roma se correspondessem por escrito. O homem em questão foi adequadamente expulso da igreja da forma mais humilhante por uma autoridade secular.

Essa era a disposição de Aureliano para conosco naquele tempo. Porém, à medida que seu reino se estendeu, sua atitude mudou, e ele agora estava sendo pressionado por certos conselheiros a instituir a perseguição contra nós, o que provocou comentários por toda parte. Mas, exatamente quando ele estava prestes a assinar os decretos contra nós, a justiça divina apreendeu suas mãos, por assim dizer, para frustrar seus planos — uma clara evidência de que os governantes desta vida jamais acharão fácil atacar as igrejas de Cristo, a menos que a mão que nos defende o permita como julgamento divino para nos punir e reformar em tempos propícios. De qualquer maneira, quando Aureliano havia governado por seis anos, foi sucedido por Probo,[23] que reinou por tempo semelhante e foi seguido por Caro e seus filhos, Carino e Numeriano. Quando estes, por sua vez, governaram por três anos, o governo foi para Diocleciano e àqueles que ele trouxe consigo. Foi sob o governo deles que ocorreu a perseguição e a destruição de igrejas de meu próprio tempo. Pouco antes disso, o bispo Dionísio de Roma, após nove anos, foi sucedido por Félix.

276 d.C.

284 d.C.

A HERESIA DOS MANIQUEÍSTAS

31. Então, um louco cujo nome [Manes] se reflete em sua demoníaca heresia estava se armando com devaneios mentais, uma vez que Satanás, o adversário de Deus, o promovera para a destruição de muitos. Um homem de estilo de

---

[23] Tácito e Floriano governaram brevemente entre Aureliano e Probo, de 275 a 276.

vida bárbaro, conforme revelavam suas maneiras e discurso, e demoníaco e louco por natureza, agiu de acordo com tudo isso ao tentar se passar por Cristo. Certa vez, ele se autoproclamou o Paracleto — o próprio Espírito Santo — um demente convencido de que realmente o era; em outra, escolheu 12 discípulos, como fez Cristo, para serem seus associados em suas ideias modernas. Costurando falsas e ímpias doutrinas que havia recolhido de incontáveis e extintas heresias, ele contaminou nosso mundo com o veneno mortal importado da Pérsia. Dele deriva o nome maniqueísta, ainda muito em voga. Tais eram, então, as bases para seu pretenso conhecimento.

CLÉRIGOS CONTEMPORÂNEOS

32. Félix, líder da igreja romana por cinco anos, foi seguido por Eutiquiano. Este permaneceu por menos de dez meses, e Caio, meu contemporâneo, o sucedeu por quase 15 anos. Seu sucessor foi Marcelino, que caiu vítima de perseguição.

Em Antioquia, em seu tempo, o episcopado passou de Domno para Timeu, a quem meu contemporâneo Cirilo seguiu. Durante esse tempo, conheci Doroteu, um instruído presbítero em Antioquia. Em seu fervor teológico, ele dominou o hebraico tão plenamente que podia ler e compreender as Escrituras hebraicas e também estava familiarizado com as artes liberais e com a educação grega elementar. No entanto, era, por natureza, um eunuco desde o nascimento. O próprio imperador, considerando isso um milagre, estendeu a ele sua amizade e o nomeou diretor do trabalho de tinturaria púrpura em Tiro. Ouvi-o fazer uma exposição convincente das Escrituras na igreja.

Depois de Cirilo, Tirano tornou-se bispo em Antioquia e, em seus dias, o ataque às igrejas atingiu seu auge.

Em Laodiceia, Eusébio, um nativo de Alexandria, seguiu a Sócrates como bispo. O motivo para essa mudança era a questão de Paulo, pela qual Eusébio teve de vir à Síria, onde zelosos teólogos o impediram de retornar para casa. Ele era um dos melhores exemplos de piedade entre nós, como é evidente pelas citações anteriores que eu fiz de Dionísio. Anatólio foi seu sucessor, um bom homem após outro. Igualmente alexandrino por nascimento, ele se classifica em primeiro lugar entre os nossos contemporâneos mais distintos por sua instrução, estudos seculares, atingindo o ápice em aritmética, geometria, astronomia e outras ciências, lógica, física e retórica. Por essa razão, os cidadãos de lá lhe pediram que fundasse a Escola de Tradição Aristotélica em Alexandria. Suas incontáveis proezas durante o cerco de Pirucheum,[24] em Alexandria,

---

[24] Ou Bruchium, o setor grego de Alexandria.

estão registradas — um privilégio extraordinário entre os oficiais. Citarei apenas uma delas.

Quando os sitiados ficaram sem trigo, de modo que a fome agora era pior do que o inimigo no lado de fora, [Anatólio] desenvolveu o seguinte esquema. A outra parte da cidade, que lutava ao lado do Império Romano, não estava cercada. Eusébio, que havia ido para a Síria, estava aqui e conquistara tão elevada reputação que ela chegou até mesmo ao general romano. Quando Anatólio o informou acerca dos que morriam de fome durante o cerco, ele pediu um grande favor ao comandante romano: uma concessão de imunidade para os desertores do inimigo. Ao saber que isso fora aprovado, Anatólio convocou um concílio dos alexandrinos e, primeiramente, pediu que eles estendessem a mão direita da amizade aos romanos. Ficando eles irados com essa proposta, ele replicou: "Não achei que vocês negariam se permitíssemos que aqueles que nos são inúteis — idosos e criancinhas — partissem. Por que manter conosco essas pessoas que estão a ponto de morrer? Por que permitir que os mutilados e mancos morram de fome quando precisamos racionar o trigo para os homens e jovens que defendem a cidade?".

Com esses argumentos, ele persuadiu a assembleia. Todos aqueles que não eram necessários ao exército foram permitidos partir, e ele conseguiu salvar quase todos os sitiados. Planejou para que os que pertenciam à Igreja fossem os primeiros a escapar e, depois, o restante da cidade, independentemente de sua idade, não apenas aqueles especificados no voto, mas um grande número de outros que fingiam fazer parte daqueles grupos. Disfarçados em vestes femininas, partiram pelos portões à noite, de acordo com o plano dele, e correram em direção ao exército romano. Lá, Eusébio os acolheu e, como um pai e médico, deu terno cuidado às vítimas do cerco. Esses foram os dois pastores que sucessivamente serviram à igreja em Laodiceia. Por divina providência, partiram de Alexandria depois que a guerra aqui chegou. Anatólio não escreveu muitas obras, mas o suficiente delas chegou a nós e nos revelam sua grande eloquência e instrução. Nelas, ele apresenta suas opiniões especialmente acerca do festival pascal, das quais cito:

Dos Cânons de Anatólio acerca do Festival Pascal
No começo do ciclo de 19 anos, ocorreu a lua nova do primeiro mês do primeiro ano — 26 de Phamenoth, de acordo com os egípcios; 22 de Distro, para os macedônios; ou, como diriam os romanos, 11 antes da calendas de abril [21 de março]. Nesse dia, o Sol já está no quarto dia do primeiro signo do zodíaco. Esse primeiro dos doze signos é

equinocial: o início dos meses e o ponto inicial do curso planetário. No entanto, o décimo segundo signo anterior é o último dos meses e o final do circuito planetário. Assim sendo, aqueles que colocam o primeiro mês nele e calculam o festival pascal adequadamente no décimo quarto dia cometem um erro extremo (não apenas eu faço essa reivindicação, mas é também fato conhecido aos judeus antes mesmo de Cristo e é cuidadosamente observado por eles, como testemunham Fílon, Josefo, Museu e os dois Agatóbulos, célebres como mestres de Aristóbulo, o Grande; ele foi um dos Setenta que traduziu as Escrituras hebraicas para Ptolomeu Filadelfo e seu pai, e dedicou-lhes os comentários sobre a lei Mosaica).

Ao tratar com os problemas relacionados a Êxodo, esses escritores dizem que todos deveriam sacrificar a Páscoa depois do equinócio vernal, no meio do primeiro mês, e que isso ocorre quando o Sol passa pelo primeiro signo do ciclo solar (ou zodiacal). Aristóbulo acrescenta que não apenas o Sol, mas igualmente a Lua deveriam estar passando pelo signo equinocial. Há dois signos desse tipo, um na primavera e outro no outono, diametralmente opostos um ao outro, e o dia da Páscoa é o décimo quarto do mês após o pôr do sol, de modo que a Lua estará diametralmente em oposição ao Sol, como no caso das luas novas. Por isso, o Sol estará no signo do equinócio vernal e a Lua, necessariamente, no outonal. Conheço muitos de seus demais argumentos, pelos quais demonstram que os festivais da Páscoa e do Pão Asmo deveriam sempre ocorrer depois do equinócio. Porém, não requererei tais provas daqueles sobre quem o véu da Lei de Moisés foi removido para que contemplem a Cristo, como por um espelho. O fato de o primeiro mês entre os hebreus ser simultâneo ao equinócio também é demonstrado no livro de Enoque.[25]

[Anatólio] também nos deixou uma *Introdução à aritmética* em dez partes, bem como estudos sobre divindade. O bispo Teotecno de Cesareia, na Palestina, primeiramente o consagrou como bispo, pretendendo ser seu próprio sucessor após sua morte, e, de fato, ambos presidiram sobre a mesma igreja por curto tempo. Entretanto, quando ele foi convocado ao sínodo de

---

[25] 1 Enoque 72:6, 9ss; conforme Judas 14.

Antioquia, aquele que tratou de Paulo, e enquanto passava por Laodiceia, ele foi retido pelos irmãos de lá, depois que Eusébio dormira.

LÍDERES EM LAODICEIA, CESAREIA, JERUSALÉM E ALEXANDRIA

Quando Anatólio também partiu desta vida, Estevão se tornou bispo naquele local, o último antes da perseguição. Apesar de ele ser amplamente respeitado por seu conhecimento de filosofia e estudos seculares, não era igualmente devotado à fé divina, como ficou provado pela perseguição que o expôs mais como um hipócrita covarde do que um verdadeiro filósofo. Porém, a igreja e suas atividades não foram prejudicadas por causa dele; foram resgatados pelo único a quem Deus mesmo escolhera como bispo daquela comunidade: Teódoto, cujas obras fazem jus ao seu nome.[26] Embora ele tivesse atingido o primeiro lugar na ciência de curar o corpo, não ficava para trás em nada na cura da alma por causa de sua bondade, sinceridade e simpatia genuína por todos os que buscavam a sua ajuda. Ele também dedicou muito empenho ao estudo de teologia.

Em Cesareia, na Palestina, Teotecno, depois de um vigoroso episcopado, foi sucedido por Agápio, o qual trabalhou com dedicação pelo bem-estar de seu povo e cuidou dos pobres com generosidade. Em seu tempo, vim a conhecer Pânfilo, um homem muito eloquente e filósofo genuíno, que se tornou presbítero daquela comunidade. Retratar seus antecedentes e caráter seria um empreendimento grandioso, mas os detalhes de sua vida, a escola que fundou, suas provações e confissões de fé durante a perseguição e sua coroa final do martírio já cobri separadamente em uma obra especial dedicada a ele. Certamente era um homem admirável naquela cidade.

Dois de meus excepcionais contemporâneos foram Piério, presbítero em Alexandria, e Melécio, bispo das igrejas do Ponto. O primeiro era conhecido por sua vida de total pobreza e sua instrução filosófica. Exibia as profundezas da teologia e era hábil em sua homilia. Melécio (os instruídos costumavam chamá-lo de *Mellifluous*, o mel da Ática) era um erudito universal. Extraordinariamente dotado em oratória, incomparável em erudição e o mais habilitado em ramos da literatura, como se concluiria ao encontrá-lo apenas uma vez; também se destacava na virtude. Durante a perseguição, notei que ele foi procurado por toda a Palestina por sete anos.

Na igreja de Jerusalém, Zabdas seguiu a Himeneu como bispo. Depois de pouco tempo, ele adormeceu, e Hermon, o último dos bispos até a perseguição de meus dias, assumiu o trono

---

[26] Teódoto significa "dádiva de Deus" em grego.

Dionísio e a dissidência

apostólico preservado naquela localidade até o dia de hoje.

Em Alexandria, Máximo, bispo por 18 anos depois de Dionísio, foi seguido por Teonas. Em seu tempo, Aquilas se tornou presbítero concomitantemente com Piério e era muito admirado. A escola da fé sagrada lhe fora confiada, uma vez que demonstrava habilidade extraordinária como filósofo e um caráter congruente com o evangelho. Quando Teonas havia se empenhado grandemente por 19 anos, Pedro o sucedeu como bispo de Alexandria e foi igualmente admirado por 12 anos. Ele guiara a igreja por menos de três anos antes da perseguição e passou o restante de sua vida em severa disciplina e cuidado evidente pelo bem das igrejas. Como consequência, foi decapitado no nono ano da perseguição e, assim, adornado com a coroa do martírio.

Nestes livros, completei o assunto das sucessões desde o nascimento de nosso Salvador até à destruição de nossos locais de adoração, um registro que cobre 305 anos. Agora, para informar àqueles que nos sucederem, relatarei a natureza e a extensão das provações de meus próprios dias, da parte daqueles que combateram pela verdadeira fé com tanta hombridade.

As paredes Aurelianas ao longo da avenida de Porta Ardeatina em Roma.
© Shutterstock

DIONÍSIO DE ALEXANDRIA

Muito do material deste capítulo vem das cartas do bispo Dionísio de Alexandria, frequentemente chamado de Dionísio, o Grande, a quem Eusébio muito admirava e a quem dedica o segundo maior espaço de sua *História Eclesiástica*. Como será relembrado, essas cartas abrangiam tudo, desde a questão do rebatismo para os hereges penitentes até à controvérsia da Páscoa. Foram escritas em um clima de intermitentes perseguições no Egito, onde a discórdia civil foi exacerbada por uma terrível epidemia que varreu Alexandria, reivindicando mais vítimas do que a repressão religiosa. Dionísio aparece como um bispo — no verdadeiro sentido de pastor — com um grande coração e atitude generosa para com os penitentes.

A fim de se precaver, Eusébio empresta seções demais da correspondência de Dionísio para usá-las em sua história, pelos padrões atuais de historiografia, mas não é culpado do plágio, visto que sempre atribui a autoria em suas citações. E se não fosse por seu empréstimo, não teríamos tantas fontes primárias importantes hoje em dia, pois a maior parte dos documentos existentes de Dionísio foi preservada somente por meio de Eusébio e Atanásio.

As cartas de Dionísio revelam a vida da igreja de seus dias em detalhes fascinantes. Ele era, igualmente, um bom crítico erudito, como se evidencia por sua lúcida discussão da autoria de Apocalipse. Até seu tempo, o último livro do Novo Testamento era normalmente considerado como obra do apóstolo João, porém Dionísio a atribui convincentemente a outro João da Ásia Menor, que é a visão prevalente da maioria dos estudiosos do Novo Testamento atualmente, e pelas mesmas razões apresentadas por Dionísio.

O Livro 7 também descreve dois materiais de grande interesse: a estátua de Jesus em Cesareia de Filipe e o trono do bispo de Seu meio-irmão Tiago, em Jerusalém. A menção do primeiro e de pinturas dos apóstolos é especialmente significativa, visto que o segundo mandamento contra a adoração de imagens de escultura de qualquer tipo arruinou a arte entre os judeus, ao passo que os cristãos gentios não se sentiram igualmente restritos com relação às imagens, desde que elas não fossem adoradas. De acordo com isso, a estátua de bronze de Jesus poderia ter sido, de fato, fabricada em um centro gentílico como Cesareia de Filipe, e Eusébio afirma que ele mesmo a viu. Isso também explicará por que todas as estátuas ou bustos de seres humanos usados neste livro são de gentios (especialmente imperadores) e nenhuma de judeus.

A perversão do ofício de bispo no caso de Paulo de Samósata apenas continua a triste sucessão daqueles clérigos corrompidos quer em sua moral, quer na doutrina (ou, normalmente, em ambas), cujo progenitor parece ter sido Simão, o mágico. Novaciano provara ser outro exemplo flagrante desse desvio, e Paulo estava na linhagem que se apresenta hoje em dia entre muitos dos decaídos apóstolos televisivos.

Na arena política romana, o restante dos efêmeros "imperadores do exército" é coberto no Livro 7. *Galo* (251–53) manteve alguma pressão sobre a cristandade ao exilar certos líderes. Eusébio menciona a declaração de Dionísio de que Galo "expeliu os santos que oravam a Deus por sua paz e saúde. Ao bani-los, então, baniu igualmente as orações deles a seu favor" (7.1). Entre eles estava o bispo Cornélio de Roma, mas não há evidência de que Galo tenha retomado uma perseguição geral da Igreja. Tanto ele quanto seu sucessor, *Emiliano* (253), foram assassinados por legionários amotinados.

Valeriano (253–60) e seu filho *Galieno* (253–68) se tornaram coimperadores, administrando as partes oriental e ocidental do Império Romano respectivamente. Seu reinado conjunto foi cheio de crises: as tribos germânicas e góticas estavam penetrando nas fronteiras romanas dos rios Reno e Danúbio como nunca antes; no Oriente Próximo, uma Pérsia reavivada sob Shapur I se movia em direção à Síria; piratas infestavam as rotas marítimas do Mediterrâneo, e bandidos, as estradas. Como se não bastasse tudo isso, irrompeu-se uma praga no Egito que se espalhou por todo o império pelos 15 anos seguintes. As cartas de Dionísio contam vividamente acerca dos desastres naturais em Alexandria. Em Roma, porém, em pouco tempo as pessoas também estavam morrendo à taxa de 5.000 por dia.

Valeriano provou ser um mau general contra os persas e, em junho de 260, foi capturado por eles: a primeira vez que um imperador romano fora levado como prisioneiro. Um relevo em rocha, perto de Persépolis, ainda mostra Valeriano ajoelhado e acorrentado diante de um vitorioso Shapur montado em seu cavalo, e ele morreu pouco depois em vergonhoso cativeiro. Os cristãos, no entanto, pouco lamentaram. Mais cedo na história, Valeriano, que inicialmente fora amigável à Igreja, reverteu o curso e renovou a sua perseguição com vingança. Eusébio descreve o papel nefasto do mago Macriano em seduzir Valeriano a uma quase adoração ao diabo. Novamente, os principais alvos foram os líderes da Igreja, como o bispo Sisto de Roma e Cipriano de Cartago.

Galieno, que assumiu o controle total do império depois da morte de seu pai, saiu-se muito melhor contra os inimigos de Roma, tanto no Oriente quanto no

Ocidente. Ele reformou as legiões e melhorou sua estratégia de batalha, mas também era um homem inteligente e culto, lembrando muito a Adriano. Sua esposa, a imperatriz Salonina, era cristã, e o próprio Galieno, embora não convertido, reverteu a política de perseguição implementada por seu pai e publicou um édito de tolerância — o primeiro na história romana — ordenando a restauração de todas as propriedades da Igreja, o que Eusébio cita em 7.13.

Após 15 anos bem-sucedidos — um recorde neste tempo atribulado —, Galieno foi traiçoeiramente assassinado por seus oficiais da Ilíria, que colocaram um dos seus como imperador: Cláudio II (268–70). Chamado "Gótico" por sua vitória sobre os godos, Cláudio morreu dois anos depois em virtude da praga.

Aureliano (270–75), outro ilírico, tomou seu lugar. Ele cessou as invasões germânicas na Itália, embora tenha rendido a Dácia aos godos, e capturou Zenóbia, a rainha rebelde de Palmira. Tendo restaurado a fronteira dos rios Reno e Danúbio, estabilizou a economia e tentou conter a inflação. Também construiu a famosa Muralha Aureliana ao redor de Roma, que tinha 19 quilômetros de comprimento e 3,5 metros de altura, partes da qual ainda permanecem de pé atualmente. Quanto à sua política religiosa, ele promoveu Sol Invicto como deus supremo do Universo, mas foi suficientemente tolerante ao cristianismo, de forma que a Igreja pôde apelar a ele contra Paulo de Samósata e receber uma decisão favorável. Contudo, mais tarde, Aureliano mudou sua política e planejou uma renovada perseguição contra os cristãos, mas foi assassinado em um complô armado por seu secretário.

Seguiu-se uma fila de imperadores transitórios assentando-se no trono e logo sendo mortos: *Tácito* (275–76), escolhido pelo senado, e o restante de ilíricos escolhidos pelo exército: Floriano (276), *Probo* (276–82), *Caro* (282–83), *Carino* (283–85) e *Numeriano* (283–84).

Um último ilírico, Diocleciano (284–305), tornou-se um dos mais hábeis imperadores do terceiro século, o homem que fez cessar as guerras civis romanas. Quanto à Igreja, contudo, ele também foi um dos mais devastadores, como veremos a seguir.

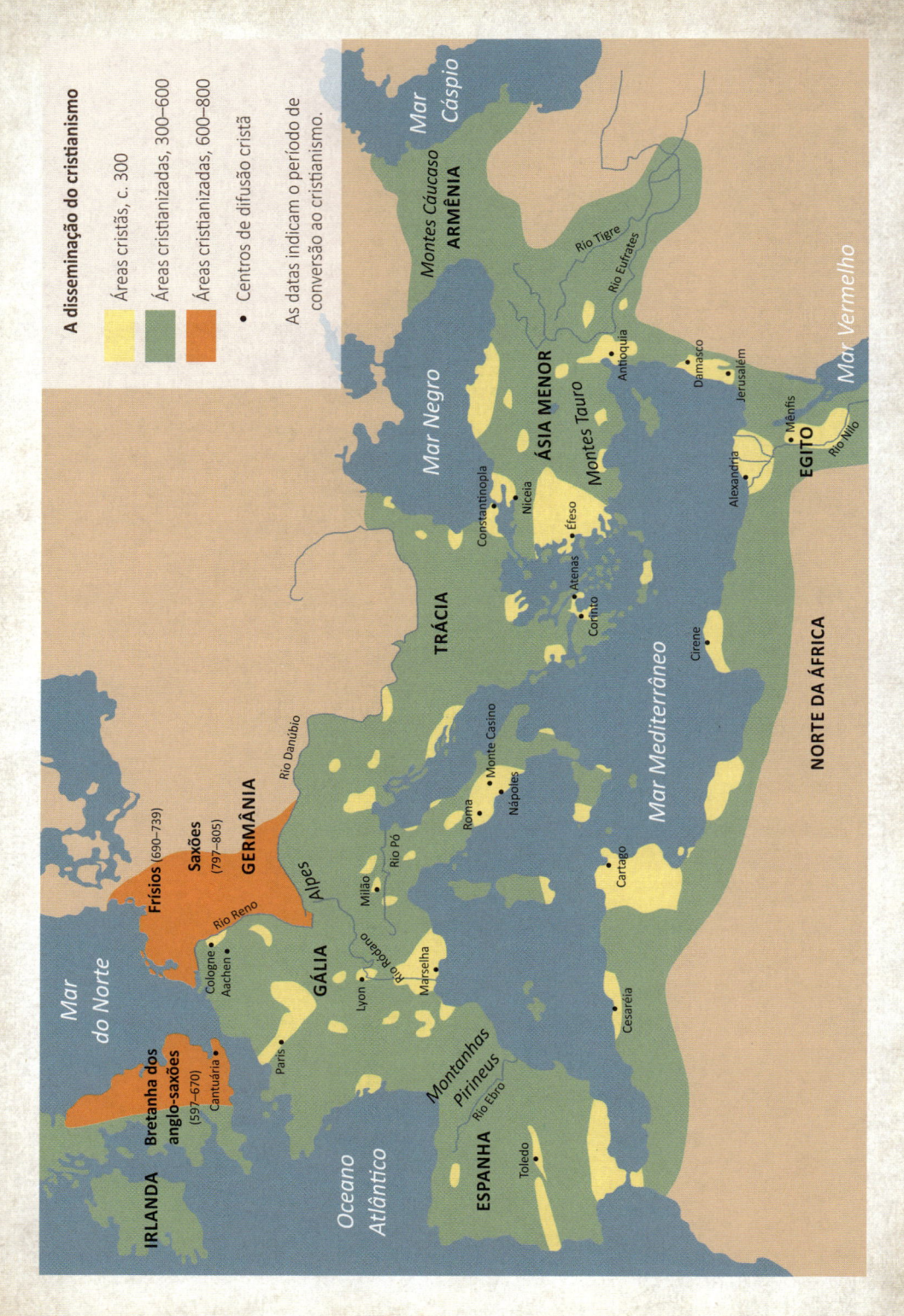

A disseminação do cristianismo

- Áreas cristãs, c. 300
- Áreas cristianizadas, 300–600
- Áreas cristianizadas, 600–800
- Centros de difusão cristã

As datas indicam o período de conversão ao cristianismo.

Locais e regiões identificados no mapa:

- Mar do Norte, Oceano Atlântico, Mar Mediterrâneo, Mar Negro, Mar Cáspio, Mar Vermelho
- IRLANDA
- Bretanha dos anglo-saxões (597–670) — Cantuária
- Frísios (690–739)
- Saxões (797–805)
- GERMÂNIA — Cologne, Aachen, Rio Reno
- GÁLIA — Paris, Lyon, Marselha, Rio Ródano
- Alpes, Milão, Rio Pó
- ESPANHA — Toledo, Rio Ebro, Montanhas Pirineus
- Roma, Monte Casino, Nápoles
- Cesaréia, Cartago, Cirene
- NORTE DA ÁFRICA
- TRÁCIA — Constantinopla, Niceia
- ÁSIA MENOR — Éfeso, Atenas, Corinto, Montes Tauro
- Antioquia, Damasco, Jerusalém
- ARMÉNIA — Montes Cáucaso
- Rio Tigre, Rio Eufrates
- EGITO — Alexandria, Mênfis, Rio Nilo
- Rio Danúbio

Eusébio

LIVRO 8

A GRANDE PERSEGUIÇÃO

DE DIOCLECIANO A GALÉRIO

Depois de cobrir a sucessão dos apóstolos em sete livros, é de suma importância para as futuras gerações que eu trate cuidadosamente, neste oitavo, dos acontecimentos de meu próprio tempo.

O CRESCIMENTO DO CRISTIANISMO

1. Antes da perseguição em meu próprio tempo, a mensagem de reverência a Deus entregue por Cristo ao mundo foi adornada de honra e liberdade por todos os homens, tanto gregos como não gregos. Os governantes concediam favores a nosso povo e até mesmo nos permitiam governar províncias, ao mesmo tempo que nos liberavam da agonizante questão do sacrifício [pagão]. Nos palácios imperiais, os imperadores permitiam que membros de sua própria casa — esposas, filhos e servos — praticassem a fé abertamente, conferindo a homens, como o leal Doroteu e o celebrado Gorgônio, maiores favores do que a seus colegas de serviço ou até mesmo a oficiais. Todos os governadores honravam os líderes das igrejas, grandes reuniões aconteciam em cada cidade e congregações adoravam em novos e espaçosos templos, que substituíam os antigos. Tudo isso progredia dia a dia, a mão divina protegia Seu povo da inveja ou de conspirações pelo tempo que se mostravam dignos.

Contudo, a maior liberdade trouxe consigo a arrogância e a indolência. Começamos a invejar e atacar uns aos outros, fazendo guerra contra nós mesmos com armas forjadas por palavras. Líderes de igreja atacavam outros líderes de igreja, e leigos formavam facções contra leigos, enquanto indescritível hipocrisia e dissimulação atingiam seus malignos limites. Finalmente, tendo as assembleias ainda lotadas, o julgamento divino, acompanhado de sua costumeira misericórdia, começou a intervir gradualmente e a perseguição começou com nossos irmãos do exército. Em nossa cegueira, no entanto, não nos esforçamos para aplacar a divindade, mas, como ateus, presumimos que nosso modo de agir passava despercebido e prosseguimos de uma maldade à outra. Aqueles que deveriam ser pastores, sem qualquer restrição imposta pelo temor a Deus, discutiam veementemente uns com os outros e só acrescentavam ameaças, ciúmes e ódio à contenda, reivindicando freneticamente o poder tirânico que anelavam. Foi então que o Senhor, em Sua ira, humilhou a filha de Sião, nas palavras de Jeremias, e despejou do Céu a glória de Israel (Lm 2:1-2). E, conforme foi previsto nos Salmos, Ele renunciou à aliança com Seu servo e profanou as premissas de Seu santuário — por meio da destruição de igrejas —, exaltando a mão direita dos inimigos de Seus servos, não os assistindo na batalha e cobrindo-os de vergonha.[1]

A DESTRUIÇÃO DE IGREJAS

2. Tudo isso cumpriu-se em meu tempo, quando testemunhei com meus próprios olhos todas as casas de adoração sendo demolidas até seu alicerce, as inspiradas e Sagradas Escrituras submetidas às chamas no meio de praças públicas, e os pastores de igrejas vergonhosamente se escondendo de um lugar para outro, ou presos e expostos ao ridículo por seus inimigos. Porém, não descreverei seus malditos infortúnios ou registrarei suas discussões e desumanidade mútua antes da perseguição. Falarei apenas do suficiente para justificar o julgamento divino.

Cabeça de Diocleciano, imperador de 284–305, que foi descoberta na Nicomédia, onde instalou a sua capital (*Museu Arqueológico, Istambul*).

---

[1] Aqui, Eusébio adapta o Salmo 89:39-45 com liberdade, e eu o resumi.

Sequer mencionarei qualquer coisa a respeito daqueles que fizeram naufragar a sua salvação durante a perseguição e, de livre vontade, se arremessaram às profundezas do mar. Em vez disso, incluirei em minha história apenas aquelas coisas das quais tanto nós mesmos quanto as gerações futuras possamos nos beneficiar. Assim sendo, procederemos a descrever as sagradas provações dos mártires da divina Palavra.

303 d.C. Em março do décimo nono ano do reinado de Diocleciano, quando o festival da paixão do Salvador [Páscoa] se aproximava, foi anunciado um édito imperial por toda parte, ordenando que as igrejas fossem demolidas e as Escrituras, destruídas pelo fogo. Qualquer [cristão] que ocupasse altas posições as perderia, enquanto aqueles familiares e servos que continuassem a professar o cristianismo seriam encarcerados. Esse foi o primeiro decreto contra nós. Entretanto, logo outros éditos apareceram ordenando que os presidentes das igrejas em toda parte fossem lançados ao cárcere e depois forçados a oferecer sacrifício, por meio de todos os tipos de estratagemas.

PROVAÇÕES E MÁRTIRES

3. Assim, foi nesse período que muitos líderes de igreja suportaram heroicamente terríveis tormentos, enquanto incontáveis outros sucumbiram ao primeiro ataque, visto que a covardia havia entorpecido a alma deles. Quanto ao restante, cada um ficou sujeito a uma série de várias torturas: um foi impiedosamente açoitado, outro colocado no cavalete e esfolado até a morte. As pessoas emergiam desses suplícios de formas diferentes: um homem foi forçado aos repugnantes e profanos sacrifícios e depois dispensado como se os houvesse feito, quando, na realidade, não havia. Outro, que sequer se aproximou de tal abominação, mas do qual disseram que havia sacrificado, partiu em silêncio diante de tal mentira. Outro ainda, semimorto, foi descartado como um corpo sem vida; ao passo que outro, mesmo tendo sacrificado voluntariamente, foi arrastado por longa distância por seus pés. Outro ainda gritou a plenos pulmões de que não havia sacrificado e que jamais o faria; enquanto alguém proclamou que era cristão e se gloriou no nome do Salvador. Esses foram silenciados por um grande grupo de soldados, que lhes bateram na boca e espancaram a face. O alvo primordial dos inimigos da piedade era parecer ter cumprido seu propósito.

Todavia tais métodos falhavam contra os santos mártires. Como eu poderia descrevê-los adequadamente?

4. Incontáveis deles demonstravam maravilhoso entusiasmo pela adoração ao Deus do Universo, não apenas quando irrompeu a perseguição contra nós, mas muito antes disso, quando tínhamos paz. Durante o período após

[os imperadores] Décio e Valeriano, aquele que recebera autoridade[2] fez tentativas secretas contra as igrejas, mas estava agora, como se vê, despertando de um profundo sono. Primeiramente, golpeou aqueles que estavam nos acampamentos militares, pensando que, se vencesse ali, o restante seria facilmente derrotado. Ora, inumeráveis soldados ficaram alegres em se tornar civis para que não tivessem que renunciar à sua reverência ao Criador. O comandante-geral, quem quer que fosse,[3] primeiramente começou perseguindo os soldados separando-os e permitindo-lhes escolher conformar-se e manter a sua posição, ou desobedecer ao édito e serem demovidos dela. Muitos soldados do reino de Cristo escolheram confessá-lo, sem hesitação, em vez de se apegar à sua glória e prosperidade aparentes. Dentre eles, alguns poucos aqui e ali já estavam recebendo não apenas a perda da honra, mas a própria morte em troca de sua leal devoção, pois, em tal momento, o instigador da conspiração arriscava apenas raros derramamentos de sangue, aparentemente temendo o número de crentes e hesitando declarar guerra contra todos eles de uma só vez. Contudo, dado que havia completado sua preparação, não há palavras adequadas para descrever a quantidade ou a nobreza dos mártires de Deus, segundo testemunhado pelas pessoas em cada cidade da região.

OS PRIMEIROS MÁRTIRES DA ÁSIA MENOR

5. Quando o édito contra as igrejas foi publicado na Nicomédia e fixado em um local público, um distinto homem[4] ficou tão tocado por sua vibrante fé que o pegou e rasgou-o em pedaços — isso apesar da presença de dois imperadores [Diocleciano e Galério] na mesma cidade. Porém, ele foi apenas o primeiro daqueles que se destacaram naquele tempo, sofrendo as consequências de tal ato de ousadia e de uma alegre confiança até o seu último suspiro.

6. Entre todos aqueles que foram enaltecidos por sua virtude e coragem igualmente entre os gregos e não gregos, ninguém se destacou mais do que Doroteu e os servos imperiais como ele. Esse grupo havia sido altamente honrado por seus mestres, que os tratavam com não menos afeição do que a seus próprios filhos. Porém, eles consideraram o sofrimento e a morte, em suas muitas formas, como riquezas maiores do que a fama terrena e o luxo.

---

[2] Possivelmente Satanás, mas, provavelmente, Galério, um pagão fanático que se tornou o *César*, ou vice-imperador de Diocleciano no Oriente, e o induziu a começar a perseguir os cristãos.

[3] Ventúrio, conforme Eusébio escreveu em sua *Crônica*.

[4] Êutio, que foi martirizado em Nicomédia em 24 de fevereiro de 303, o dia em que o édito foi emitido.

Permitam um exemplo ilustrar o que aconteceu aos demais.

Sob o reinado dos governantes mencionados anteriormente, certo homem foi trazido a um local público e ordenado a que sacrificasse. Quando ele se recusou a fazê-lo, foi içado nu e açoitado com chicotes até que cedesse. Como isso falhou em convencê-lo, eles misturaram sal com vinagre e jogaram sobre as lacerações de seu corpo onde os ossos já se mostravam. Quando o homem também desprezou tais agonias, uma brasa acesa foi colocada e o restante de seu corpo foi assado pelo fogo como se fosse carne para consumo — não todo de uma vez, para que ele não encontrasse rápida libertação, mas pouco a pouco. Ainda assim, ele se apegou firmemente a seu propósito e expirou em triunfo em meio às suas torturas. Esse foi o martírio de um dos servidores imperiais, que era verdadeiramente digno de seu nome: Pedro.

O martírio de outros não foi inferior, porém, a limitação de espaço neste livro permite-me apenas registrar que Doroteu e Gorgônio, além de muitos outros que serviam na casa imperial, partiram desta vida por vias de estrangulamento após uma série de provações.

Nesse tempo, Antimo, que presidia sobre a igreja na Nicomédia, sustentou o testemunho de Cristo e foi decapitado. Muitos mártires o seguiram, pois houve um incêndio no palácio de Nicomédia — não sei o porquê — e espalhou-se um falso rumor de que nosso povo era o responsável. Famílias e grupos inteiros foram despedaçados pela espada por ordem imperial, enquanto outros encontraram seu fim pelo fogo, homens e mulheres que saltavam para as piras com entusiasmo divino. Os executores amarraram muitos outros e os atiraram dos barcos ao mar. Quanto aos servidores imperiais já enterrados com as devidas honras, seus corpos foram exumados e igualmente lançados ao mar, sob a ideia absurda de que, de outro modo, seus corpos seriam adorados como deuses!

Esses foram os acontecimentos em Nicomédia no começo da perseguição. Contudo quando, logo depois disso, foram feitas tentativas de derrubar o império em Melitene e na Síria,[5] um decreto imperial ordenou que os líderes das igrejas fossem acorrentados e encarcerados, resultando em um espetáculo de difícil descrição. São incontáveis os que foram encarcerados em todos os lugares. As celas preparadas para assassinos e ladrões de túmulos estavam agora lotadas de bispos, presbíteros e diáconos, leitores e exorcistas, de maneira que não havia mais espaço para criminosos.

---

[5] Melitene era a capital da província romana da Armênia Menor. Essa tentativa de revolta não está registrada em qualquer outro lugar.

O imperador romano Diocleciano estabeleceu a capital para a metade oriental do império em Nicomédia, que atualmente é a cidade turca de Izmit, localizada a cerca de 85 quilômetros entre o leste e sudeste de Istambul. A grande perseguição aos cristãos começou ali em março de 303. Ao sudoeste de Nicomédia, em Niceia, Constantino convocou o grande conselho que, em 325, formulou o Credo Niceno. A Calcedônia foi o local de outro grande concílio eclesiástico em 451, que afirmou as naturezas divina e humana de Cristo.

O primeiro decreto foi seguido por outros, de acordo com os quais os aprisionados deveriam ser libertos se sacrificassem, mas mutilados por constante tortura caso se recusassem a fazê-lo. Ora, novamente, como poderia alguém enumerar a multidão de mártires em cada província, especialmente aquelas que se situam nas regiões da África, Mauritânia, Tebaida e Egito? Nesse tempo, alguns saíram do Egito para outras cidades e províncias, onde se sobressaíram no martírio.

MÁRTIRES NA FENÍCIA

7. Conhecemos aqueles que foram luminares na Palestina e aqueles em Tiro na Fenícia. Quem não se espantaria ao vê-los, diante dos incontáveis açoites e da perseverança demonstrada por esses grandes defensores da piedade; diante das disputas com as feras devoradoras de carne humana subsequentes às chicotadas, quando eram atacados por leopardos, todos os tipos de ursos, selvagens javalis, touros incitados por varas de ferro, e diante da incrível coragem dessas nobres pessoas ao enfrentar cada uma dessas feras?

Eu mesmo estava lá enquanto isso acontecia e vi o poder divino de nosso Salvador Jesus Cristo, o objeto do testemunho deles, claramente presente e se revelando aos mártires: os devoradores

Anfiteatro romano, escavações arqueológicas na antiga cidade de Cesaréia ou Cesaréia Marítima, Israel, que testemunharam a perseguição aos cristãos. © Shutterstock

de homens não ousavam tocar ou sequer se aproximar, por algum tempo, daqueles que eram amados de Deus, mas atacavam aqueles que os incitavam de fora. Os santos vencedores, embora nus e balançando suas mãos para atrair os animais, como lhes fora ordenado que fizessem, eram deixados intocados. Ou, quando as feras se apressavam em sua direção, paravam, como se por poder divino, e se recolhiam. Isso ocorreu por longo tempo, surpreendendo os espectadores, e, quando a primeira fera nada fazia, uma segunda e uma terceira eram soltas contra aquele único mártir.

A destemida coragem desses santos diante de tais provações e a firme tenacidade em corpos jovens eram surpreendentes. Pôde-se ver um jovem, ainda com menos de 20 anos, acorrentado, seus braços abertos em forma de cruz e sua mente tranquila, prazerosamente orando à Divindade. Enquanto ursos e panteras respirando fúria e morte quase o tocavam, ele não se encolhia um centímetro que fosse. Então, por um poder divino e misterioso, a boca dessas feras era, aparentemente, amordaçada, e elas se afastavam novamente. Semelhantemente, também viram-se outros, cinco ao todo, lançados a um touro enlouquecido. Quando outros se aproximavam do perímetro, ele os arremessava ao ar com seus chifres e os mutilava, deixando-os para serem recolhidos semimortos. Porém, quando corria em direção aos indefesos mártires, não conseguia sequer se aproximar deles, embora escavasse com suas patas e movimentasse seus chifres para frente e para trás. Incitado pelas varas de ferro a uma terrível ira, era arrastado para trás pela divina providência e outras feras tinham de ser soltas contra os mártires no lugar do inofensivo touro. Por fim, depois de uma horrenda variedade de ataques por esses animais, todos foram despedaçados pela espada e, em vez de serem enterrados, foram lançados às ondas do mar.

A grande perseguição

Relevo em pedra calcária de um leopardo atacando um gladiador em um anfiteatro romano (à esquerda), enquanto alguém incita um leão a atacar (à direita) ao mesmo tempo em que a vítima cai no chão (*Museu Nacional, Roma*).

MÁRTIRES NO EGITO

8. Esses foram os sofrimentos dos egípcios que contenderam tão gloriosamente pela fé em Tiro. Entretanto, aqueles que foram martirizados em sua própria terra também são admiráveis: incontáveis homens, mulheres e crianças, que desdenharam dessa vida efêmera, suportando uma variedade de mortes por amor aos ensinamentos de nosso Salvador. Alguns deles foram esfolados, colocados em cavaletes, impiedosamente açoitados e torturados de modo terrível de descrever e, finalmente, entregues às chamas ou afogados no mar. Outros corajosamente expuseram seus pescoços para os carrascos ou morreram por tortura ou fome. De novo, alguns foram crucificados como normalmente são os criminosos, ao passo que outros foram pregados, com ainda mais crueldade, em posição oposta — de cabeça para baixo — e mantidos vivos até que morressem de fome na cruz.

9. As ultrajantes agonias suportadas pelos mártires da área de Tebaida, no entanto, superam todas as descrições. Seus corpos inteiros eram dilacerados por cacos de cerâmica em formato de garras até que eles expirassem. As

mulheres eram amarradas por um dos pés e fortemente balançadas no ar, com a cabeça para baixo, por instrumentos, e com seus corpos totalmente nus sem uma tira sequer de pano — um espetáculo extremamente vergonhoso, cruel e desumano para os observadores. Outros morriam amarrados a árvores: envergavam os galhos mais fortes, utilizando-se de mecanismos, amarravam uma das pernas do mártir a cada um deles e soltavam os galhos à sua posição natural, instantaneamente rasgando os membros de suas vítimas. Isso prosseguiu não apenas por poucos dias, mas por anos inteiros. Algumas vezes, dez ou mais pessoas, outras vezes mais de 20, eram mortas. Algumas vezes eram 30 ou 60, em outras ocasiões, cem homens, mulheres e criancinhas foram condenados a uma variedade de punições e mortos em um único dia.

Eu próprio vi algumas dessas execuções em massa por decapitação ou fogueira, uma matança que embotou os machados assassinos até que os desgastou e os quebrou aos pedaços, enquanto os algozes ficavam tão cansados que tinham de trabalhar em turnos. Todavia, também observei um zelo maravilhoso, o poder divino e o entusiasmo naqueles que colocavam sua fé em Cristo: assim que eram sentenciados, outros se apressavam em comparecer aos tribunais, em frente aos juízes, e confessavam ser cristãos. Ouvindo sobre torturas em suas formas mais aterrorizantes, mas ousadamente proclamando sua devoção ao Deus do Universo, recebiam a sentença final de morte com júbilo, riso e alegria, cantando hinos de ação de graças a Deus até seu último fôlego.

Por mais que esses fossem surpreendentes, ainda mais admiráveis eram aqueles distintos por sua riqueza, seu parentesco e sua reputação, bem como por sua instrução e filosofia, que, ainda assim, reputaram tudo isso ao segundo lugar, preferindo a verdadeira piedade e a fé em Jesus Cristo. Um deles era Filoromo, um importante oficial na administração imperial em Alexandria, que diariamente conduzia investigações judiciais e possuía uma segurança militar condizente com a sua posição romana. Também havia Fíleas, bispo de Thmuis,[6] conhecido por seu patriotismo e serviço público em consequência de seu domínio da filosofia. Uma multidão de parentes e amigos lhes imploraram, bem como oficiais de alta patente, e até mesmo o próprio juiz os instigava a terem misericórdia de si mesmos e a pouparem suas esposas e filhos. Mas toda essa pressão não foi suficiente para que eles favorecessem o amor à vida mais do que o alerta de nosso Salvador quanto a confessá-lo ou negá-lo. Assim, com determinação valente e filosófica — ou melhor: com

---

[6] Uma cidade do Baixo Egito (na parte norte desse país).

um espírito reverente de amor a Deus — permaneceram firmes contra todas as ameaças e insultos do juiz, e ambos foram decapitados.

FÍLEAS, ACERCA DOS MARTÍRIOS EM ALEXANDRIA

10. Como afirmei que Fíleas era conhecido também por sua instrução secular, deixemos que ele se mostre como sua própria testemunha para revelar seu caráter e igualmente para descrever, de modo mais preciso do que eu poderia, os martírios que ocorreram em Alexandria.

> **Dos escritos de Fíleas aos Thmuítas**
>
> Tendo todos os exemplos das Sagradas Escrituras diante de si, os benditos mártires não hesitaram, mas, com os olhos da alma voltados a Deus e determinados a morrer pela fé, eles se agarraram à sua vocação, sabendo que nosso Senhor Jesus Cristo se tornou homem em nosso favor para destruir o pecado e nos capacitar a entrar na vida eterna. Sendo igual a Deus, Ele se esvaziou a fim de assumir a forma de servo, se humilhou até à morte, até mesmo morte de cruz (Fp 2:6-11). Assim, desejando ardentemente os melhores dons, os mártires por Cristo suportaram instrumentos de sofrimento e tortura de todos os tipos, não apenas uma, mas duas vezes, em alguns casos. E, embora seus guardas competissem em suas ameaças contra eles tanto em palavras quanto em atos, eles jamais vacilavam, pois o perfeito amor lança fora o medo (1Jo 4:18).
>
> Quando todos foram liberados a insultá-los, alguns os espancaram com porretes, outros com varas, outros com açoites e correias e outros com chicotes. Neste espetáculo variado de odiosos tormentos, alguns, tendo suas mãos amarradas para trás, foram pendurados nas forcas e os membros de seu corpo foram arrancados por instrumentos. Depois, enquanto eles estavam caídos impotentes no chão, foi ordenado a seus atormentadores que usassem instrumentos de tortura não apenas em suas ilhargas, como ocorria com os assassinos, mas igualmente em seu ventre, pernas e face. Outros eram suspendidos por uma das mãos em uma colunata e erguidos por suas juntas e membros em dor excruciante. Outros eram atados a colunas, de frente para elas, com seus pés suspensos no ar e o peso de seu corpo forçando as cordas a ficarem cada vez mais apertadas. Eles suportaram tais coisas não apenas enquanto o governador lhes falava em seu tempo livre, mas por maior parte

do dia. Quando ele prosseguia para o próximo, deixava seus agentes vigiando o primeiro, no caso de alguém parecer estar se rendendo às torturas. Somente na última arfada de ar, eles deveriam ser baixados e arrastados para fora. Não se deveria ter a menor consideração para conosco, mas deviam nos tratar como se não mais existíssemos, mais uma tortura acrescentada às demais. Mesmo após tal tormento, alguns eram colocados em cavaletes e tinham ambos os pés esticados até o quarto buraco, forçando-os a se apoiar em suas costas, uma vez que estavam incapacitados [a se sentar] devido às suas feridas. Outros eram lançados ao chão e deixados lá, uma demonstração da carne torturada mais horrível aos espectadores do que a punição que ela refletia.

Alguns morreram sob tortura, envergonhando o adversário com sua perseverança. Outros foram trancados na prisão semimortos e logo encontraram o fim de seus dias por causa de suas agonias. Os demais, com o tempo, se recuperaram e ganharam confiança a partir de sua prisão. Porém, quando lhes foi ordenado escolher entre tocar o abominável sacrifício e ganhar uma amaldiçoada liberdade, ou não sacrificar e incorrer na morte, eles, sem hesitação, se dirigiram à morte alegremente. Conheciam o que as Sagradas Escrituras nos ordenaram: "Quem sacrificar aos deuses […] será destruído" (Êx 22:20), e "Não tenha outros deuses diante de mim" (Êx 20:3).

Essas são as palavras do mártir, um verdadeiro amante tanto da sabedoria quanto de Deus, as quais ele enviou aos irmãos em sua diocese enquanto ainda estava na prisão antes da sentença final, na qual descreve suas circunstâncias e também os encoraja a permanecerem firmes na fé, mesmo depois de sua iminente morte.

MÁRTIRES NA ÁSIA MENOR, SÍRIA E EM OUTRAS PARTES

Contudo, devo dar exemplo após exemplo das lutas dos mártires por todo o mundo, especialmente daqueles que não eram mais atacados sob a lei comum, mas como inimigos de guerra?

11. Uma pequena cidade na Frígia, por exemplo, cuja totalidade de habitantes era de cristãos, foi cercada por uma infantaria armada, que a incendiou e queimou homens, mulheres e criancinhas até à morte, enquanto eles clamavam pelo Deus Todo-poderoso. A razão? Todos os moradores da cidade, desde o próprio prefeito, os magistrados até toda a população, confessavam seu cristianismo e se recusavam a cometer idolatria.

Pilar de Pompéia em Alexandria, Egito. Provavelmente testemunhou as terríveis perseguições ali. © Shutterstock

Havia igualmente um alto oficial romano chamado Adauto, que vinha de uma proeminente família italiana. Ele havia avançado por todas as posições de honra sob os imperadores, fornecendo serviços impecáveis na administração geral do que chamam de magistrado e ministério de finanças. Além disso, uma vez que era estimado por sua conduta piedosa e sua confissão de Cristo, ele enfrentou essa prova e foi adornado com a coroa do martírio, enquanto servia como ministro de finanças.

12. Preciso citar nomes e números dos demais ou a variedade de seus martírios? Algumas vezes, eram mortos com machado, como acontecia na Arábia, ou tinham suas pernas quebradas, como na Capadócia. Em outras ocasiões, eram pendurados de cabeça para baixo em cima de um fogo brando, de forma que a fumaça que subia da madeira queimada os sufocasse, como na Mesopotâmia. Algumas vezes, narizes, orelhas e mãos eram mutilados e outras partes do corpo dilaceradas, como ocorria em Alexandria.

Em Antioquia, eles eram assados em grelhas quentes para uma tortura prolongada, sem serem queimados até à morte. Em vez de tocar o maldito sacrifício, alguns estendiam suas mãos diretamente ao fogo. Outros, para escapar de tais sofrimentos, lançavam-se dos telhados de casas altas antes de serem pegos, considerando a morte como um prêmio furtado aos perversos.

Certa pessoa santa,[7] cujo corpo feminino continha uma alma admirável, era bastante conhecida em Antioquia por sua riqueza, família e prudente juízo. Ela havia criado, sob os piedosos princípios, duas filhas virgens cuja beleza da juventude estava em pleno desabrochar, o que suscitou um grande desejo de encontrar o esconderijo delas. Quando se soube que estavam morando em um país estrangeiro, foram intencionalmente convocadas a retornar a Antioquia, onde ficariam à mercê de soldados. Quando a mulher soube que ela e suas filhas estavam em grande perigo, ela as alertou das coisas terríveis que as aguardavam, incluindo a pior de todas: a ameaça de fornicação. A mulher persuadiu suas filhas — e a si mesma — a fechar seus ouvidos ao menor sussurro de tal coisa e disse que render sua alma à escravidão demoníaca era a pior de todas as formas de morte. A única forma de escapar disso era correr para o Senhor. Concordando com isso, elas arrumaram suas roupas, e, ao chegarem à metade de sua jornada, modestamente pediram aos guardas que lhes dessem licença por um momento e se arremessaram ao rio que corria ali perto.

Havia outras duas moças que também viviam em Antioquia, verdadeiras irmãs piedosas de nascimento eminente,

---

[7] O nome dela era Domnina, de acordo com Crisóstomo, e suas filhas eram Berenice e Prosdócima.

vida admirável, encanto juvenil, conduta santa e esplêndida devoção. Como se a Terra não pudesse suportar tal perfeição, os adoradores do demônio ordenaram que fossem lançadas ao mar.

Em Ponto, outros sofreram coisas horríveis de se ouvir: caniços afiados eram inseridos em seus dedos, por baixo das extremidades das unhas, ou chumbo derretido era derramado em suas costas, escaldando as partes vitais de seus corpos. Outros suportaram sofrimentos vergonhosos, deploráveis e não dignos de menção em suas partes íntimas e intestinos, que os nobres juízes, cumpridores da lei, ansiosamente criavam, um tentando superar o outro no desenvolvimento de novas torturas, como se competissem por um prêmio.

Esses tormentos chegaram ao fim quando sua macabra perversidade os desgastou. Cansados de matar e assentados sobre sangue, eles se voltaram ao que consideravam misericórdia e humanidade a não mais nos colocar em perigo — ou assim pensavam eles. Sentiram não ser agradável poluir cidades com o sangue de seus próprios cidadãos, ou tornar os líderes supremos vulneráveis à acusação de crueldade, um governo que era brando e favorável a todos. Em vez disso, a bondade da humana autoridade imperial deveria ser estendida a todos, e a pena de morte não mais seria imposta. Ela fora interrompida graças à humanidade dos governantes.

Agora, foram emitidas ordens de que os olhos dos professores fossem arrancados e uma de suas pernas mutilada — uma "humanidade" na opinião deles, e "as mais leves das punições". Como resultado de tal filantropia por parte dos ímpios, agora é possível relatar o grande número de pessoas que, primeiramente, tiveram seus olhos cortados fora pela espada e cauterizados com o fogo, e o pé esquerdo inutilizado pela aplicação de ferro quente nas juntas. Depois disso, eram condenados às minas de cobre na província, menos em função do trabalho e mais para o abuso e crueldade que recebiam, bem como muitas outras provações numerosas demais para reportar. Suas obras destemidas vão além da conta.

Em todo esse sofrimento, os magníficos mártires de Cristo tornaram-se tão notáveis por todo o mundo, que as testemunhas de sua coragem ficavam perplexas. Eles forneceram, em si mesmos, provas claras de que o poder de nosso Salvador é, de fato, divino e inefável. Mencionar cada um deles por nome seria uma tarefa extensa, senão impossível.

CLÉRIGOS PROVADOS PELO SANGUE

13. Entre os líderes eclesiásticos martirizados em cidades conhecidas, o primeiro nome que devemos gravar em monumentos aos santos como um mártir do reino de Cristo é o bispo Antimos, da Nicomédia, que foi decapitado. Dentre

os mártires de Antioquia, o mais nobre durante toda a sua vida foi Luciano, um presbítero que, quando o próprio imperador estava em Nicomédia, proclamou naquela cidade o reinado de Cristo primeiramente por meio de uma defesa verbal da fé e depois por obras. Dos mártires da Fenícia, os mais célebres são os amados pastores do rebanho de Cristo: Tiranion, bispo de Tiro; Zenóbio, presbítero em Sídon; e Silvano, bispo de Emesa e arredores. O último tornou-se alimento para os animais selvagens, como foi com outros em Emesa, e foi elevado ao coral dos mártires. Os outros dois glorificaram a Palavra de Deus em Antioquia ao permanecerem firmes até o fim; o bispo foi lançado às profundezas do mar, enquanto Zenóbio, aquele excelente médico, morreu corajosamente sob torturas aplicadas aos seus flancos.

Dentre os mártires na Palestina, Silvano, bispo de Gaza, foi decapitado juntamente com outras 39 pessoas nas minas de cobre de Faino, onde igualmente os bispos egípcios Peleu e Nilo, na companhia de outros, sofreram um candente final. Aqui devemos mencionar também a grande glória da comunidade da Cesareia, o presbítero Pânfilo, o homem mais extraordinário de meu tempo, cujas corajosas realizações relatarei no momento adequado.

Dentre aqueles que cumpriram sua jornada em Alexandria, Tebaida e no restante do Egito, o primeiro a ser registrado é Pedro, bispo de Alexandria, um devoto exemplo de mestre da piedade em Cristo, bem como os presbíteros com ele — Fausto, Dios, Amônio, mártires que cumpriram sua carreira em Cristo — e Fíleas, Hesíquio, Paquímio e Teodoro, bispos das igrejas do Egito. Incontáveis outras pessoas célebres são igualmente relembradas localmente em suas próprias regiões.

Registrar em detalhes as provações daqueles que combateram por todo o mundo em reverência à divindade seria uma tarefa para uma testemunha ocular e não para mim. No entanto, aqueles que eu vi, deixarei relatado para a posteridade em outra obra.[8] Neste livro,

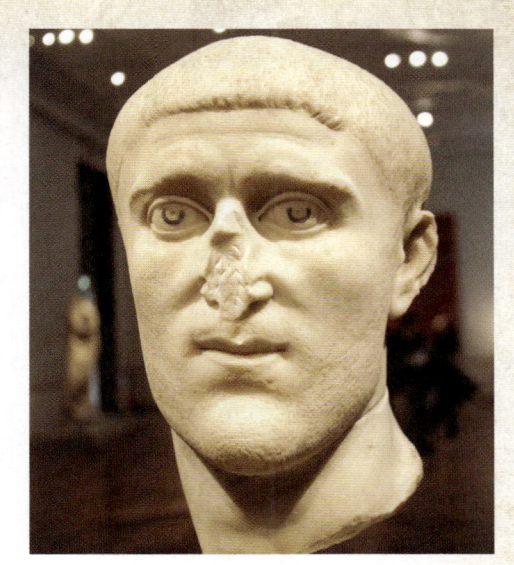

Constâncio Cloro, pai de Constantino. Ele foi nomeado César em 293, Augusto em 305 e morreu em Iorque, Bretanha, em 306 (*Museu Altes, Berlim*).

---

[8] O livro de Eusébio intitulado *Mártires da Palestina*.

entretanto, acrescentarei ao que já foi mencionado a abjuração dos éditos contra nós e o que seguiu o começo da perseguição, um material da maior importância aos meus leitores.

DIOCLECIANO, CONSTÂNCIO CLORO E CONSTANTINO

Antes de o governo romano declarar guerra contra nós, e sempre que os imperadores eram amistosos e se inclinavam pacificamente a nós, estes desfrutavam de colheita abundante de coisas boas, com os governantes do império mundial chegando a governar por 10 ou 20 anos e passando seus dias em festividades, jogos públicos, alegres banquetes e diversão durante a total e segura paz. Contudo, à medida que autoridade deles crescia continuamente sem fiscalização ou impedimentos, eles, de repente, anulavam sua atitude pacífica para conosco e começavam uma guerra perpétua. Menos de dois anos depois, ocorreu uma revolução que transtornou todo o governo. Uma lamentável enfermidade atacou o primeiro dos imperadores previamente mencionados [Diocleciano], perturbando sua mente, de modo que ele voltou à vida privada comum, juntamente com aquele que estava em segundo lugar no comando após ele [Maximiano]. Isso ainda não

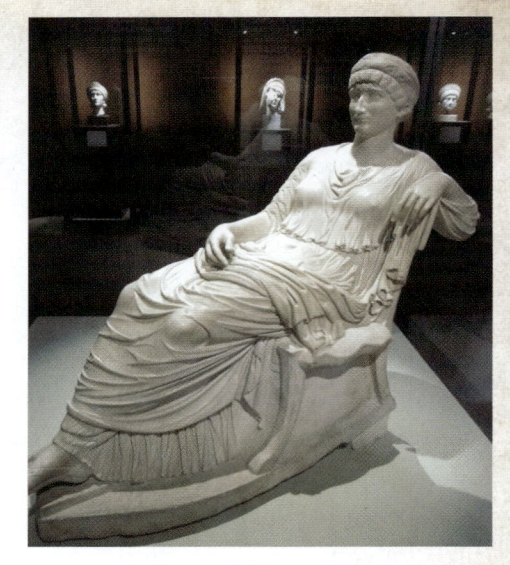

Estátua de Helena, mãe de Constantino, assentada (*Museu Capitolino, Roma*)

havia acontecido, e o império todo se dividiu em dois, algo que jamais ocorrera antes.[9]

Não muito depois, o imperador Constâncio [Cloro], que sempre teve boa disposição com relação a seus súditos e fora amigável acerca da Palavra divina, morreu deixando seu filho legítimo, Constantino, como imperador e Augusto em seu lugar. Ele [Constâncio Cloro] foi o primeiro [dos tetrarcas[10]] a ser proclamado um dentre os deuses, tido por digno de cada honra póstuma que pudesse ser adequada a um imperador como um dos mais bondosos e moderados. Foi o único, em meu tempo, que passou todo o seu reinado

---

[9] Para entender o significado deste parágrafo e obter um guia para as complicadas políticas do Império Romano por esse tempo, veja o comentário ao final deste capítulo.

[10] O primeiro dos quatro governantes desse tempo: Diocleciano e Galério, no Ocidente; Maximiano e Constâncio Cloro, no Oriente.

em conduta digna de seu elevado ofício, demonstrando favor e benevolência a todos. Ele não tomou qualquer parte na guerra contra nós (de fato, até mesmo resgatou os piedosos dentre seus súditos da injúria e do abuso) e sequer demoliu qualquer dos prédios das igrejas ou nos causou qualquer dano. Assim sendo, ele ganhou um fim de vida três vezes abençoado, pois apenas ele morreu enquanto ainda era imperador, com um filho legítimo, sábio e totalmente piedoso, para o suceder.

306 d.C. As legiões imediatamente proclamaram seu filho Constantino como supremo imperador e Augusto, como também o fez o próprio Deus, o Rei de todos, muito antes deles. E ele [Constantino] resolveu reproduzir a reverência de seu pai às nossas crenças.

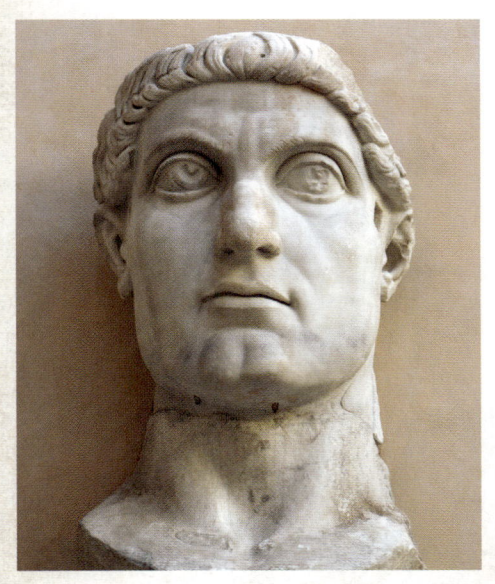

Cabeça colossal de Constantino, o Grande (*Conservatori, Roma*).

307 d.C. Mais tarde, por voto unânime dos governantes, Licínio foi declarado imperador e Augusto — um duro golpe a Maximino [Daia], a quem todos reconheciam apenas como César. Dessa forma, por ser um tirano em seu âmago, ele usurpou arrogantemente a honra e se autonomeou Augusto. Enquanto isso, aquele que havia abdicado e depois retomado o ofício [Maximiano] engendrou uma conspiração para assassinar Constantino, mas foi descoberto e morreu de modo vergonhoso. Ele foi o primeiro a ter suas inscrições laudatórias e estátuas derrubadas, como lembrança de ser um homem perverso e impiedoso. **310 d.C.**

MAXÊNCIO

14. Seu filho Maxêncio, que se estabeleceu a si próprio como um tirano em Roma, inicialmente fingiu comungar de nossa fé a fim de agradar a população romana. Ordenou que seus súditos parassem de perseguir os cristãos, fazendo uma exibição de piedade para parecer mais amigável e moderado do que seus antecessores. No entanto, suas ações contradiziam as esperanças do povo. Ele mergulhou em todo tipo de maldade, e nenhuma obra abominável e depravada lhe faltava, incluindo o adultério e estupros de todos os tipos. Tirava mulheres legitimamente casadas de seus maridos, flagrantemente as insultava e desonrava e, depois, as enviava de volta a seus maridos.

Os alvos desse comportamento obsessivo não eram os desconhecidos ou obscuros, mas os mais eminentes dentre aqueles que haviam chegado ao mais elevado posto no senado. Todos rastejavam diante dele, tanto plebeus como magistrados, os conhecidos e os desconhecidos, todos desgastados por sua terrível tirania. Mesmo que permanecessem em quieta subserviência, não havia como escapar da crueldade mortal desse tirano. Sob um pretexto trivial, certa vez, ele ordenou que sua segurança massacrasse as pessoas, e milhares de cidadãos romanos foram mortos no centro da cidade, não pelas lanças ou armamentos dos citas ou bárbaros, mas pelos seus próprios concidadãos. É impossível mencionar quantos senadores foram assassinados por causa de sua riqueza. São incontáveis os que foram eliminados por várias razões fraudulentas. Porém, a maior baixeza de todos os crimes do tirano era sua busca pela bruxaria: obcecado pela magia, ele abria mulheres grávidas, examinava as entranhas dos recém-nascidos, massacrava leões ou inventava ritos horrendos para invocar demônios e assim evitar a guerra — todos esses sendo meios pelos quais ele esperava alcançar a vitória.

Não se pode sequer falar do que esse tirano fez em Roma a fim de escravizar seus súditos. De acordo com meus contemporâneos, os cidadãos foram restringidos a tamanha escassez de até mesmo alimentos básicos como nunca se viu antes em Roma ou em qualquer outro lugar.

Ruínas do castelo do Circo de Maxêncio, Via Appia Antica, Roma, também conhecido como circo de Caracalla, Roma. © Shutterstock

MAXIMINO DAIA

Maximino, o tirano do Oriente, formou uma aliança secreta com o tirano de Roma — um irmão em perversidade — e achou, por longo tempo, que isso passaria despercebido (na realidade, mais tarde, ele foi descoberto e pagou uma penalidade justa). Um primo no crime com o déspota romano, ele realmente o superou e conquistou o primeiro lugar em corrupção. Guias fraudulentos e os magos recebiam sua mais elevada estima, cada barulho aterrorizava esse homem supersticioso, e ele temia qualquer erro cometido contra os ídolos e demônios. Não ousava mover um músculo sem adivinhações e oráculos. Por essa razão, perseguia-nos com mais poder e persistência do que os que o antecederam, ordenando que templos [pagãos] fossem construídos em cada cidade e que os santuários que haviam sido destruídos pelo tempo fossem cuidadosamente restaurados. Nomeou sacerdotes para os ídolos em cada cidade e distrito e escolheu os que mais se destacavam em todas as áreas do serviço público para serem sumo sacerdotes em cada província, destinando-lhes uma guarda militar. Imprudentemente, conferiu poderes e altos privilégios a impostores como se eles fossem estimados pelos deuses.

Depois disso, oprimiu não apenas uma cidade ou distrito, mas todas as províncias por meio de sua taxação do ouro, prata e bens, e de uma variedade de multas. Destituindo os ricos de suas propriedades ancestrais, ele esbanjava fortunas com seus muitos bajuladores. Bebia tão excessivamente que ficava atordoado enquanto bêbado, emitindo ordens das quais ser arrependia no dia seguinte quando estava sóbrio. Em selvagem devassidão, não permitia que ninguém o superasse, mas se autodenominava um mestre em corrupção para aqueles que o cercavam. Inclinou o exército à lassidão por meio de excessivas licenciosidades de toda espécie e incitava os governadores e comandantes a atacar seus súditos por meio da pilhagem e da extorsão, como se fossem seus companheiros de tirania. É necessário que se recorde de sua luxúria escandalosa ou que se conte a multidão daquelas a quem ele estuprou? Não conseguia passar por uma cidade sem violentar mulheres e capturar virgens.

Foi bem-sucedido em tudo isso, com exceção de uma coisa: dos cristãos, que riam da morte e invalidavam sua odiosa tirania. Os homens suportavam fogo, espada, crucificação, feras selvagens e a imersão no mar; a marcação e a amputação de membros, as facadas, terem seus olhos arrancados e a mutilação do corpo inteiro. Além disso, suportavam a privação, as cadeias e as minas. Prefeririam sofrer pela fé a prestar aos ídolos a adoração devida a Deus. As mulheres, inspiradas pela Palavra divina, se mostravam tão corajosas quanto os homens. Algumas eram sujeitas às mesmas provações que os homens e conquistaram o mesmo prêmio de mérito; outras, enquanto eram atraídas à sedução, rendiam seu espírito à morte em vez de seus corpos à desonra.

Entre aquelas a quem o tirano deflorou em Alexandria, uma estimada mulher cristã[11] bravamente dominou a luxúria de Maximino como uma exceção. Embora fosse celebrada por seu nobre nascimento, riqueza e educação, ela colocava a modéstia em primeiro lugar. Apesar de ele lhe propor repetidamente que tivessem relações sexuais, não conseguiu sentenciá-la à morte — ainda que ela estivesse disposta a morrer — porque sua luxúria era mais forte do que sua ira, assim ele a puniu com o exílio e confiscou sua propriedade. Incontáveis outras, ao recusar-se a sequer ouvir a ameaça de fornicação dos governadores das províncias, suportaram todo tipo de tortura, serem colocadas em cavaletes e punições letais.

Conquanto todas essas tenham sido maravilhosas, a mais maravilhosa de todas foi uma mulher de Roma,[12] que era a mais nobre e mais casta de todas, a pretendida presa de Maxêncio, aquele tirano semelhante a Maximino. Ela também era cristã e, quando soube que os alcoviteiros do tirano estavam em sua casa e que seu marido, embora fosse um prefeito romano, havia lhes dado permissão de a levarem, movido por medo, ela pediu que lhe dessem licença por um momento, como para se embelezar. Sozinha em seu quarto, ela se empalou com uma espada e teve morte rápida. Deixou seu corpo aos alcoviteiros, mas por obras mais eloquentes do que qualquer palavra, anunciou a todos que posse verdadeiramente invencível e indestrutível era a virtude cristã! Os dois tiranos que haviam dividido o Ocidente e o Oriente entre si imergiram a tais profundidades de perversidades. Qualquer um que buscasse um motivo para esses crimes[13] o encontraria na perseguição contra nós, especialmente porque esse ultrajante caos não cessou até os cristãos reconquistarem sua liberdade.

GUERRA CIVIL
15. Por toda essa década de perseguição, suas conspirações e guerras um contra o outro permaneceram inabaláveis. Os mares ficaram inavegáveis, e ninguém, não importa para onde navegasse, poderia evitar os tipos mais diversos de tormentos: o cavalete, ser rasgado em seu flanco, interrogatório sob tortura como se fossem potenciais agentes inimigos e, finalmente, a crucificação ou punição pelo fogo. Expandiu-se a fabricação de escudos e armaduras, dardos, lanças

---

[11] Dorotea, de acordo com Rufino.

[12] Sofrônia, de acordo com Rufino, embora possivelmente esse nome derivasse do grego *sophronestate* ("a mais casta") no contexto.

[13] Aqui Eusébio também tem em mente o tumulto dentro do Império Romano, como demonstrarão a próxima frase e parágrafo.

e outras armas de guerra, bem como a construção de trirremes[14] e armamentos navais, e todos esperavam um ataque iminente do inimigo. Mais tarde, a fome e a praga também os assolaram, as quais descreverei no momento adequado.

O FIM DA PERSEGUIÇÃO

16. Pela graça de Deus, a perseguição chegou a um fim definitivo em seu décimo ano, embora tivesse começado a desvanecer a partir do oitavo. Quando a graça divina mostrou que velava por nós, nossos governantes mudaram de pensamento e se retrataram da maneira mais surpreendente (os próprios homens que há muito tempo promoviam hostilidades contra nós!) e extinguiram o fogo da perseguição por meio de éditos humanitários e de ordenanças. Entretanto, isso não foi devido à iniciativa humana ou à compaixão ou humanidade dos governantes, como alguém poderia presumir; bem pelo contrário. Desde o princípio, eles maquinavam diariamente mais medidas, e mais severas, contra nós, ataques renovados por intermédio de uma maior variedade de esquemas. Isso ocorreu devido à divina providência se reconciliar com o povo, e atingindo o perpetrador de tais crimes [Galério], em ira contra ele, como o primeiro instigador de toda a malévola perseguição. Mesmo que a perseguição estivesse destinada a acontecer como julgamento divino, as Escrituras dizem: "Ai daqueles por meio dos quais vêm as ofensas".[15]

A punição divina tomou conta [de Galério], começando por sua carne e indo depois para sua alma. Repentinamente, surgiu um abcesso no meio de seus genitais, seguido por uma fístula ulcerosa que devorou até seu intestino incuravelmente. Dele, veio uma quantidade enorme de vermes e um odor mortal, uma vez que a glutonaria transformara todo o seu corpo, mesmo antes da enfermidade, em uma bolha de gordura flácida que depois degenerou, oferecendo um espetáculo repulsivo e horrendo. Alguns dos médicos não conseguiam suportar o fedor excessivo e inconveniente e foram executados. Outros, que não podiam ajudar porque o inchaço tomara conta de forma que extinguiu qualquer esperança de recuperação, foram sentenciados à morte sem misericórdia.

A RETRATAÇÃO IMPERIAL

17. Lutando contra essa terrível moléstia, ele sentiu peso na consciência por suas crueldades contra os piedosos. Depois de se recompor, ele publicamente confessou o Deus do Universo e ordenou aos seus oficiais que cessassem imediatamente a perseguição contra os cristãos. Por meio de lei e édito imperiais, eles agora deviam

312 d.C.

---

[14] N.T.: Antiga embarcação grega, com extensão de 35 metros, movida por remos. Possuía três fileiras de remadores sobrepostas a fim de viabilizar a navegação.

[15] Parafraseando Lucas 17:1.

construir suas igrejas e realizar seus ritos costumeiros, oferecendo orações em favor do imperador. A ação se seguiu imediatamente, e as ordenanças imperiais foram anunciadas em cada cidade com a seguinte retratação: [*Esclarecimento: o mais reconhecível na cadeia de títulos de cada imperador estará em negrito.*]

O Imperador César **Galério** Valério Maximiano *Invictus Augustus, Pontifex Maximus, Germanicus Maximus, Egyptiacus Maximus, Thebaicus Maximus, Sermaticus Maximus* cinco vezes, *Persicus Maximus* duas vezes, *Carpicus Maximus* seis vezes, *Armeniacus Maximus, Medicus Maximus, Adiabenicus Maximus*, detentor do poder tribunício pela vigésima vez, imperador pela décima nona, cônsul pela oitava vez, *pater patriae*, procônsul. […]

E o imperador César Flávio Valério **Constantino** Pio Felix *Invictus Augustus, Pontifex Maximus*, detendo o poder tribunício pela quinta vez, cônsul, *pater patriae*, procônsul; e o Imperador César Valério Liciniano **Licínio** Pio Felix *Invictus Augustus, Pontifex Maximus*, detentor do poder tribunício pela quarta vez, imperador pela terceira, cônsul, *pater patriae*, procônsul — ao povo de suas províncias, saudações.[16]

Entre outras medidas que tomamos para o uso e benefício do Estado, desejamos previamente corrigir qualquer coisa que não esteja de acordo com as antigas leis ou com a ordem pública dos romanos, assim, tomamos providências para que também os cristãos, que haviam abandonado as crenças de seus próprios ancestrais, fossem restabelecidos à boa estima. Por meio de alguma argumentação estranha, tamanhas presunção e tolice possuíram aqueles que, em vez de seguir os antigos princípios, possivelmente lançados por seus ancestrais, fizeram leis para si mesmos para satisfazer às suas próprias inclinações e as observaram cada um como desejava, reunindo multidões em vários locais.

Portanto, quando emitimos um édito de que eles deviam retomar as práticas dos seus ancestrais, grande quantidade deles foi colocada em situação de perigo, e muitos foram assediados, suportando mortes de todos os

---

[16] A elipse depois de Galério demonstra onde Eusébio deve ter omitido os nomes e títulos de Maximino Daia, uma vez que Lactâncio reivindica que o édito foi publicado por todos os quatro imperadores, o que Eusébio também deixa transparecer em 8.16. Embora sejam citados apenas títulos civis de Constantino e Licínio, para Galério, como um Augusto sênior, também inclui títulos honoríficos de áreas conquistadas ou controladas por Roma.

tipos. Muitos deles compartilharam a mesma tolice, não tributando aos deuses do céu a adoração que lhes é devida e tampouco honrando o Deus dos cristãos. Assim, tendo em vista nossa clemência e nossa consistente prática de conceder perdão a todos os homens, consideramos ser correto igualmente nesse caso oferecer nossa concessão alegremente, para que os cristãos possam novamente existir e restaurar as casas onde costumavam se reunir, desde que não realizem qualquer ato contra a ordem pública. Em outra carta, mostraremos aos juízes como eles devem proceder. Desse modo, diante de nossa concessão, [os cristãos] serão obrigados a implorar a seu próprio Deus por nosso bem-estar, do Estado e deles mesmos, para que o bem-estar do Estado possa ser preservado de qualquer maneira e que eles possam viver aliviados em seus lares.

Li o édito no [original] latim e o traduzi para o grego da melhor forma possível a mim. Agora é hora de considerar o que aconteceu depois disso.

APÊNDICE AO LIVRO 8[17]

313 d.C. Subsequentemente a essa confissão, o autor do édito foi libertado de sua dor, mas morreu pouco tempo depois. Ele havia sido o primeiro originador da calamitosa perseguição. Muito antes de os outros imperadores agirem, ele havia usado a força para eliminar os cristãos do exército, começando pelos membros de sua própria casa. A alguns, ele diminuiu a patente; a outros, insultou vergonhosamente ou ameaçou com morte. Por fim, ele incitou seus coimperadores a uma perseguição geral a todos.

Ignorar a morte deles seria inadequado. Dentre os quatro que haviam compartilhado o poder supremo, os dois em idade mais avançada e mais honrados [Diocleciano e Maximiano] se aposentaram do governo menos de dois anos após iniciada a perseguição, conforme eu disse anteriormente, e passaram o restante de seus dias como cidadãos comuns, tendo sido assim seu

Moeda de prata do imperador Maximiano, cunhada em 295 d.C. (*Museu de Yorkshire*).

[17] Este apêndice é encontrado somente nos seguintes códices: Codex Parisinus 1430, na Biblioteca Nacional da França; Codex Laurentianus 70, em Florença; e Codex Mosquensis, em Moscou.

fim. [Diocleciano], que era o primeiro em honra e idade, sucumbiu após uma prolongada e dolorosa enfermidade, enquanto [Maximiano], que era o segundo após ele, se enforcou por seus muitos crimes e assim cumpriu uma previsão demoníaca. Dentre os demais, [Galério], que era o último dentre eles — o originador de toda a perseguição —, sofreu do destino supracitado. Mas seu superior imediato, Constâncio [Cloro], passou todo o seu reinado de modo digno de seu elevado ofício, sendo muito gracioso e favorável a todos. Ele desistiu da guerra contra nós, poupando seus súditos piedosos da injúria e do abuso, e não destruiu qualquer templo das igrejas ou nos perturbou de qualquer forma. Assim recebeu um final de vida realmente feliz e triplamente abençoado por ter um filho legítimo que era prudente e piedoso em todos os aspectos. [Constantino] foi imediatamente proclamado o mais perfeito imperador governante e o Augusto por seus exércitos e resolveu reproduzir a reverência de seu pai com relação à nossa fé.

Esse foi o destino dos quatro. O último a sobreviver foi [Galério], a quem mencionei previamente. Juntamente com seus pares, ele publicou o documento acima citado.

Roma Imperial. Durante a era da República, a cidade aumentou apenas em direção à Muralha Seriana.

OS QUATRO IMPERADORES

O contraste estilístico neste livro, comparado aos outros, é óbvio. Não mais apoiado em fontes passadas para descrever a história, Eusébio foi testemunha ocular de muito do que relata nestas páginas, trazendo assim certa vida ao texto, o que, às vezes, faltava aos livros anteriores. Aqui, ele é o historiador contemporâneo, registrando suas próprias observações ou usando o relato de outros, atribuindo o devido crédito, como no caso dos registros da perseguição no Egito. Fica óbvio a qualquer leitor, que chegou até aqui, que haviam ocorrido horríveis perseguições nos séculos anteriores. Mas as cores que são acrescidas, a acuidade, os detalhes lúgubres dos pavorosos tormentos no Livro 8 testificam tanto do desespero final de demoníacos imperadores quanto da presença de testemunhas oculares.

Alguém poderia pensar que, para registrar todos os horrores, Eusébio execraria os imperadores no poder. Ele tem prazer em reportar os grotescos detalhes médicos da morte de Galério (assim como de Maximino Daia) — um padrão semelhante ao aprendido dos relatos de Josefo da doença final de Herodes, o Grande. E, ainda assim, ele encontra uma causa mais elevada, surpreendente até, acima da brutalidade dos imperadores: a complacência, a inveja, a hipocrisia e as discussões dentro da igreja que incitaram a justiça divina a permitir a perseguição. Essa era uma admirável admissão feita pelo autor, que normalmente é criticado por seu exuberante triunfalismo.

Eusébio não pretendia fornecer uma história política de seu tempo, porém, com relação a Roma, apenas um registro daqueles pontos em que as políticas imperiais envolviam a Igreja. No que tange ao modo como elas mudariam o curso do mundo Ocidental, no entanto, as políticas imperais deste tempo foram significativas, fascinantes e, acima de tudo, complexas. Embora os contemporâneos de Eusébio não tenham encontrado dificuldade para entender o pano de fundo político neste e nos dois próximos livros, o leitor moderno pode achá-lo confuso. Os parágrafos a seguir podem ajudar nessa questão.

Diocleciano (284–305), natural da Dalmácia e de origem simples, cresceu na cavalaria e cessou com meio século de guerra civil que havia despedaçado o império. Ele livrou as legiões de elementos desleais, reformou a administração de Roma e estabilizou a economia. Acima de tudo, tentou resolver o problema da sucessão imperial por meio de um esquema desenvolvido para evitar o caos das décadas anteriores. Os romanos deveriam saber, com bastante antecedência, quem seria o próximo imperador, e ao excluir os concorrentes, seguir-se-ia uma sucessão pacífica. Além disso, convencido de que o império era grande demais para ser controlado por um único governante, Diocleciano dividiu sua administração em metades Ocidental e Oriental, tendo o mar Adriático como divisor. A Itália, a Gália, a Bretanha, a Espanha e o oeste do Norte da África deveriam ser governados de Milão, sob seu colega Maximiano, enquanto a Grécia e todas as províncias ao leste seriam governadas pelo próprio Diocleciano, a partir de sua nova capital: Nicomédia (moderna Izmit, no braço mais oriental do mar de Mármara, na Turquia).

Cada um dos dois imperadores, chamado de *Augusto*, escolheu um subordinado, que foi intitulado *César* e administraria diretamente uma porção dessas duas metades. Quando os dois Augustos se aposentassem ou morressem, os dois Césares se tornariam os novos Augustos, e estes, por sua vez, escolheriam os novos Césares, em um ciclo contínuo. Diocleciano escolheu Galério como seu César, e Maximiano selecionou Constâncio Cloro, o pai de Constantino, como o seu. Assim foi iniciado o padrão, conforme a seguir

	Ocidente	*Oriente*
Augustos:	Maximiano	Diocleciano
Césares:	Constâncio Cloro (liderando a Gália e a Bretanha)	Galério (liderando a Síria, a Palestina e o Egito)

Cada César se casou com a filha de um dos Augustos que sucederia no futuro, e assim o império ficou dividido entre esses quatro governantes.

Constâncio tinha qualidades atrativas. Era um homem moderado, que nutria simpatia pela cristandade e tentava atenuar a força da perseguição em seus domínios. Ele derrubou algumas igrejas simbólicas para cumprir a carta do édito da perseguição, mas não permitiu execuções nas áreas sob seu controle — Eusébio pode não ter sabido de tudo isso. Galério, por outro lado, era um grande brutamontes, grosseiro, cruel e extremamente ambicioso. Foi ele que incitou a grande perseguição aos cristãos, persuadindo Diocleciano, que muito provavelmente os teria tolerado. Eusébio relatou os resultados em detalhes excruciantes.

Em 1º de maio de 305, dois anos depois de a perseguição começar, um debilitado Diocleciano, sob imensa pressão de Galério, abdicou de seu ofício, às lágrimas, e se retirou para a Dalmácia. Antes disso, Galério havia persuadido Maximiano a também se aposentar. Os novos Augustos eram o próprio Galério e

Constâncio Cloro, como planejado, mas, então, tudo se desencaminhou. Galério escolheu ambos os novos Césares: seu sobrinho Maximino Daia, para o Oriente, e seu amigo Severo, para o Ocidente — isso quando o filho de Constâncio, Constantino, ou o filho de Maximiano, Maxêncio, deveriam ter sido escolhidos para o Ocidente.

Constantino devia ser ligado à corte de Diocleciano, em Nicomédia, mas, quando, anos depois, se aposentou, ele pediu a Galério permissão para se unir a seu pai no Ocidente. Isso lhe foi negado. Entretanto, Constantino conseguiu escapar e ficar com o seu pai após uma cavalgada frenética até a Gália. Quando eles cruzaram a Bretanha e Constâncio morreu em seguida em Iorque, as suas tropas imediatamente proclamaram Constantino como Augusto em julho de 306. Galério ficou furioso, obviamente, porém, ainda que de má vontade, lhe concedeu o título de César, em substituição, enquanto elevava seu amigo Severo à posição de coaugusto.

Todavia, em Roma, no mês de outubro, os veteranos de Maximiano se revoltaram contra a liderança de seu filho Maxêncio e reconvocaram o pai ao trono. Severo os atacou, contudo, foi capturado e morto. Maximiano agora formava uma aliança com Constantino, premiando-o com o título de Augusto e lhe dando sua filha Fausta em casamento em 31 de março de 304. Após discutir com seu próprio filho, Maximiano buscou refúgio com Constantino, mas depois tentou tomar o controle de seu exército, quando ele estava ausente. Maximiano morreu em 310, provavelmente por suicídio.

Enquanto isso, no Oriente, Galério havia substituído o falecido Severo por Licínio, enquanto Maximino Daia, ressentindo-se de ter sido ignorado, reivindicou a si próprio o título de Augusto. Os cinco governantes concorrentes foram reduzidos a quatro quando Galério morreu por doença, em 311. Neste tempo, o poder no Império Romano estava dividido do seguinte modo:

Ocidente		*Oriente*	
Constantino:	Gália, Espanha, Bretanha	Licínio:	Península Bálcãs
Maxêncio:	Itália e África	Maximino Daia:	Ásia Menor, Síria, Egito

Devido às corriqueiras ambições dos imperadores romanos, bem se poderia suspeitar que esse esquema não duraria por muito tempo.

Os banhos de Diocleciano eram os maiores dos banhos públicos imperiais da Roma antiga. Hoje servem como Museu Nacional. © Shutterstock

LIVRO 9

A GRANDE LIBERTAÇÃO

MAXIMINO, MAXÊNCIO E CONSTANTINO

ALÍVIO APARENTE

311 d.C. 1. A revogação da vontade imperial citada anteriormente foi publicada por toda a Ásia e nas províncias adjacentes. Quando isso havia sido feito, o tirano do Oriente, Maximino [Daia], essa criatura completamente irreverente que fora o inimigo mais veemente da devoção ao Deus do Universo, não se agradou do que fora escrito e, em vez de deixar a carta circular, deu instruções oralmente aos seus subordinados para que reduzissem a campanha contra nós. Uma vez que ele não podia se opor ao julgamento de seus superiores de forma alguma, colocou o édito anteriormente citado em algum canto, assegurando-se de que jamais veria a luz do dia em sua região, e emitiu instruções verbais em seu lugar. Seus subordinados as registraram por escrito uns para os outros. Sabino, por exemplo, a quem honravam com o título de Excelentíssimo Prefeito, comunicou o desejo do imperador na carta a seguir aos governadores provinciais, conforme traduzido do latim:

Com o mais brilhante e dedicado fervor, a divindade de nossos divinos mestres, os imperadores, há muito buscava guiar todos os pensamentos dos homens e um modo santo e adequado de vida, para que até mesmo aqueles que seguem os costumes alheios aos dos romanos possam conceder aos deuses imortais a adoração que lhes é devida. Contudo, a resistência obstinada de alguns foi tamanha que não temeram a punição de que foram ameaçados. Desde que, de tal forma, muitos se puseram em situação de perigo por tal comportamento, a divindade de nossos mestres (os poderosos imperadores), com nobre piedade, considerou impróprio a seu propósito divino colocar esses homens em perigo por tal motivo e emitiu uma ordem por meio de minha Dedicação para escrever a Vossa Prudência[1] que, se qualquer cristão for encontrado praticando sua religião, vocês devem protegê-lo de ser perturbado e do perigo e não o punir por essa acusação, visto que um longo período de tempo demonstrou que eles não podem ser persuadidos a abandonar seu comportamento obstinado. Que seja dever de Vossa Presteza escrever aos relatores, aos magistrados e aos oficiais em cada distrito urbano de que não é necessário que eles prestem qualquer atenção àquele documento.[2]

Os governadores provinciais, considerando como autêntico tal comunicado, por sua vez, escreveram cartas alertando os relatores, magistrados e os oficiais rurais acerca da decisão imperial. Não o implementaram apenas em forma escrita, mas, ainda mais, em ação, libertando todos os que estavam encarcerados por confessar a Divindade e até mesmo soltando aqueles que estavam condenados às minas, pois entenderam que era isso o que o imperador pretendia.

Quando isso fora feito, foi como se uma luz repentinamente se acendesse na escuridão da noite. Em cada cidade, as igrejas estavam abarrotadas de pessoas, as congregações lotadas, e os ritos eram devidamente realizados. Todos os pagãos incrédulos ficaram surpresos diante da maravilha de tão grande transformação e aclamaram somente o Deus dos cristãos como grande e verdadeiro. Entre nosso próprio povo, aqueles que haviam bravamente lutado durante a

---

[1] Essas expressões pomposas refletem os latinismos usados entre os potentados daquele tempo. Ainda há traços de tais formas de tratamento como "Vossa Excelência" e outros semelhantes.

[2] Literalmente, "carta" ou "documento público", provavelmente um documento anterior ordenando a perseguição aos cristãos.

provação da perseguição desfrutavam novamente da liberdade com honra, mas aqueles cuja fé fora anêmica em sua alma durante o tumulto zelosamente buscavam a cura, implorando aos fortes que lhes estendessem sua mão direita de resgate e implorando a Deus para que fosse misericordioso com eles. Depois, semelhantemente, os nobres defensores da piedade, libertos de seu sofrimento nas minas, retornaram a seus próprios lares, alegrando-se e radiantes enquanto iam a cada cidade exibindo indescritível júbilo e confiança. Multidões seguiram seu caminho, louvando a Deus com hinos e salmos em meio às vias e praças públicas. Aqueles que pouco antes eram prisioneiros, cruelmente punidos e afastados de sua terra, agora reconquistavam seus lares com sorrisos de exaltação, de maneira que até mesmo os ávidos por nosso sangue viram essa inesperada maravilha e compartilharam da nossa alegria pelo que havia acontecido.

A RENOVADA REPRESSÃO DE MAXIMINO

Isso era mais do que o tirano do Oriente, que odiava a bondade e os bons homens, poderia suportar, e ele não tolerou essa situação por mais de seis meses. Tentou de várias formas desfazer a paz, primeiramente encontrando um pretexto para nos impedir de nos reunirmos nos cemitérios.[3] Depois enviou a si mesmo delegações de hereges para se oporem a nós, solicitando aos cidadãos de Antioquia, como um grande favor a eles, a pedirem que ele proibisse qualquer cristão de viver em sua região e providenciasse para que outros fizessem a mesma requisição. O autor de tudo isso foi um antioquino chamado de Teotecno, um homem inteligente, mas fraudulento, que negava seu nome.[4] Aparentemente ele era o controlador da cidade.

3. Vez após vez, esse homem [Teotecno] se envolveu em hostilidades contra nós, experimentando todos os meios de caçar nosso povo fora de seus esconderijos, como se fôssemos vilões salteadores, usando todos os subterfúgios para nos caluniar e nos acusar, até mesmo causando a morte de incontáveis pessoas. Finalmente, utilizando-se de ilusões e magias, erigiu uma estátua a Zeus, como o deus da amizade e, depois de realizar ritos e iniciações demoníacos, além de purificações repulsivas para isso, exibia sua magia até na presença do imperador por meio de quaisquer afirmações oraculares que desejasse. Ademais, por meio de bajulação, que agradou o imperador, esse homem afirmou que o deus havia ordenado que os cristãos fossem expulsos da cidade e

---

[3] Veja 7.14, nota 11.

[4] Teotecno significa "filho de Deus" em grego.

de suas circunvizinhanças, pelo fato de serem seus inimigos.

4. Esse homem agiu primeiro, mas todos os outros oficiais em cidades sob o mesmo governo logo o seguiram — os governadores provinciais, vendo que isso agradava o imperador, propuseram o mesmo aos seus súditos. O tirano alegremente aprovava as petições por meio de documentos, e, novamente, reacendeu-se a perseguição contra nós.

O próprio Maximino nomeava como sacerdotes, e até sumo sacerdotes, das imagens em cada cidade, aqueles que se destacavam no serviço público, e eles adoravam os deuses e lhes serviam com entusiasmo. A fútil superstição do governante estava evidentemente persuadindo a todos que estavam sob ele, tanto governantes quanto governados, a ganhar seu favor por meio de um ataque direto a nós. O maior favor que poderiam conceder ao imperador era ficarem ávidos por nosso sangue e encontrarem novas formas de mostrar sua hostilidade em retribuição aos benefícios que esperavam receber dele.

5. Na verdade, eles forjaram *Memórias* de Pilatos e de nosso Salvador, cheias de todos os tipos de blasfêmias contra Cristo, e as enviaram, com a aprovação de seu superior, por todo o reino com éditos de que deveriam ser afixadas por toda a parte, tanto nas cidades como no campo, e destinadas às crianças, pelos professores, para serem estudadas e memorizadas em vez das lições regulares.

Enquanto isso, em Damasco, um comandante do exército (chamado de *dux* pelos romanos) tomou providências para que algumas mulheres de vida fácil fossem capturadas da praça da cidade e as forçou, sob ameaça de tortura, a escreverem que outrora haviam sido cristãs, que sabiam acerca de suas [dos cristãos] atividades criminosas e que em suas igrejas os cristãos se entregavam a imoralidades e tudo o mais que desejavam que as mulheres dissessem para difamar a fé. Também copiou suas palavras em seu relatório ao imperador, que lhe ordenou publicar o documento em cada distrito e cidade.

6. No entanto, não muito tempo depois disso, o comandante se tornou seu próprio carrasco e assim ele foi punido por sua perversidade.

NOVOS MARTÍRIOS

Entretanto, para nós, foram retomados o exílio, as severas perseguições e as crueldades de todos os governadores das províncias, e alguns dos mais proeminentes na divina Palavra foram sentenciados à morte sem misericórdia. Em Emesa, uma cidade da Fenícia, três cristãos confessos foram lançados como alimento às feras selvagens, entre eles Silvano, um bispo bastante idoso que havia servido por 40 anos no ofício.

Ruínas do antigo Arco Triunfal Romano, Tiro, Líbano. © Shutterstock

Da mesma forma, Pedro, que admiravelmente presidia sobre as igrejas em Alexandria — um santo exemplo de um bispo em integridade de vida e conhecimento profundo das Escrituras — foi repentinamente preso por nenhuma razão e decapitado, como se por ordem de Maximino, bem como o foram outros bispos egípcios.

Um presbítero em Antioquia, chamado Luciano, de excelente e moderado caráter e um adepto da teologia, foi trazido a Nicomédia, onde o imperador estava. Após defender a fé na presença do governante, ele foi enviado à prisão e sentenciado à morte. O ataque de Maximino, esse inimigo de tudo o que é bom, foi tão veloz e brutal que essa perseguição nos parecia muito pior do que a anterior.

7. Nos centros urbanos, as petições das cidades contra nós e os rescritos de respostas imperiais eram gravados em placas de bronze e expostos, algo que jamais acontecera antes, enquanto as crianças nas escolas tinham diariamente o nome de Jesus e Pilatos em seus lábios e as *Memórias* tão insolentemente forjadas. Creio que devo incluir aqui os documentos que Maximino gravou nas placas para que a altiva arrogância desse homem que odiava Deus possa se tornar óbvia a todos, bem como a justiça divina que seguiu em seu encalço com sua incansável repugnância pelo mal (foi ela que o levou a reverter sua política concernente a nós logo em seguida e a publicá-la em leis escritas).

Cópia da tradução do rescrito de Maximino em resposta às petições que nos atacavam, extraídas da placa em Tiro[5]

Por fim, a débil ousadia da mente humana sacudiu e afastou toda a ofuscante neblina do erro que, até o momento, havia acossado os sentidos das pessoas mais miseráveis do que perversas e as envolvia nas trevas da ignorância, e agora reconhece que a benevolente providência dos deuses imortais a governa e sustém. As palavras não conseguem expressar quão grato e contente estou diante da mais esplêndida prova de seu caráter piedoso, uma vez que, mesmo antes disso, todos sabiam da reverência e da piedade que vocês demonstravam aos deuses imortais, com uma fé que não é apenas de palavras vazias, mas contínua e surpreendente em suas obras. Sua cidade, então, merece ser chamada um templo e domicílio das deidades imortais, e muitos sinais sugerem que ela prospera porque os deuses imortais aí habitam.

Foi a sua cidade que ignorou completamente seus interesses pessoais e as requisições anteriores, quando viu que os seguidores dessa execrável tolice estavam começando a se espalhar novamente, como uma pira abandonada e fumegante que se reacende em uma incandescente conflagração. No mesmo instante, vocês apelaram à nossa piedade, como uma cidade-mãe de toda a adoração religiosa, a fim de obter alguma ajuda de cura, uma ideia salvífica claramente implantada em vocês pelos deuses por causa de sua fé e reverência a eles. Portanto, foi ele, o exaltado e poderoso Zeus — defensor de sua ilustre cidade, o guardião de seus deuses ancestrais, suas mulheres e crianças, seu lar e habitação de toda a destruição — que os inspirou com essa decisão por resgate, demonstrando quão esplêndido e salutar é demonstrar a devida reverência à adoração e direitos sagrados dos deuses imortais.

Quem é tão insensível ou estúpido a ponto de não entender que é somente a benevolência dos deuses que impede a Terra

---

[5] Este é claramente o documento mais prolixo e bombástico que Eusébio registra. Para impedir que o leitor se desespere, aparei um pouco do excesso de verborragia nesta tradução. Todavia, a prosa continua túrgida, refletindo uma mente desordenada em Maximino. No começo, há um oxímoro.

de recusar as sementes que lhe são lançadas e assim frustrar as esperanças do agricultor? Ou que a ímpia guerra não se estabeleça na Terra para arrastar corpos encardidos à morte e assim poluir o saudável ar do céu? Ou que o mar não se avolume e brame sob os golpes dos ventos? Ou que os tufões não ataquem em letal destruição sem que avisem primeiro? Ou, novamente, que a terra, a ama e mãe de todos, não afunde com um terrível terremoto nas suas fissuras e seus montes colapsem no abismo como resultado? Todos esses desastres, e aqueles ainda piores, aconteceram com frequência antes disso, como todos sabem. E todos eles aconteceram de uma só vez por causa do erro e da insensatez dessas pessoas imorais, quando ela possuiu a mente deles e quase subverteu todo o mundo por meio de suas obras vergonhosas. [...]

Que sejam vistas nas amplas planícies as colheitas maduras com espigas ondulantes, os prados brilhando com flores — graças às chuvas oportunas — e o clima temperado e ameno! Que todos se regozijem porque, por nossa piedade, sacrifícios e veneração, o poder do poderoso e inflexível ar[6] tem sido propício, e que possam, assim, desfrutar da mais tranquila paz em segurança e quietude! E que todos os que foram salvos dessa ofuscante tolice e restaurados a um correto estado de mente se alegrem ainda mais, como se tivessem sido libertos de uma tempestade inesperada ou de uma enfermidade grave, e que colham os futuros deleites da vida! Porém, se persistirem em sua maldita loucura, que sejam expulsos de nossa cidade e cercanias, assim como vocês solicitaram, para que, de acordo com o seu louvável entusiasmo nessa questão, a sua cidade seja livre de toda a poluição e impiedade, e que siga sua disposição natural de adorar os deuses imortais com a devida reverência!

Para que vocês saibam o quanto apreciamos sua requisição e como estamos inclinados à benevolência, independentemente de petições e súplicas, permitimos a Vossa Devoção solicitar qualquer recompensa que desejar em retribuição por essa sua santa intenção. Decida, agora, fazê-lo e receba a sua recompensa sem demoras. Concedê-la à

---

[6] Provavelmente o texto está corrompido aqui. Trocando-se uma vogal para alterar *aeros* para *areos*, o texto grego traria a tradução "o poder de... Ares [Marte] foi propício", o que faz muito mais sentido diante do texto subsequente.

sua cidade demonstrará, para sempre, a sua piedade para com os deuses imortais e será uma prova à sua posteridade de que a nossa benevolência recompensou devidamente a sua conduta.

Isso foi gravado em placas em cada província, deixando-nos sem qualquer esperança de ajuda humana, para que, conforme o dito divino, essas coisas pudessem levar até mesmo os eleitos a tropeçar (Mt 24:24). Na realidade, a esperança estava à mingua entre a maioria; porém, subitamente, enquanto aqueles que entregavam o decreto que nos atacava estavam a caminho, sem ter ainda chegado em alguns distritos, Deus, o Defensor de Sua Igreja, mostrou-se como nosso aliado celestial e silenciou a pomposa vanglória do tirano.

FOME, PRAGA E GUERRA

8. As costumeiras chuvas e aguaceiros do inverno estavam negando à terra as suas torrentes quando veio a fome, bem como a praga e uma epidemia de outro tipo de doença: uma úlcera que era chamada de carbúnculo[7] por causa de sua aparência horrível. Ela se espalhava perigosamente sobre todo o corpo, mas atacava particularmente os olhos, cegando incontáveis homens, mulheres e crianças.

Ademais, o tirano foi perturbado com a guerra contra os armênios, um povo que havia sido amigo e aliado dos romanos desde os primórdios. Contudo, uma vez que eram cristãos e fervorosos em sua reverência à deidade, esse governante que odiava a Deus tentou fazer deles um sacrifício aos ídolos e demônios, transformando-os de amigos em adversários, inimigos ao invés de aliados.

O fato de que todas essas coisas ocorreram ao mesmo tempo refutava completamente a jactância imprudente do tirano contra a divindade, pois ele teve a petulância de proclamar que a fome, a praga e a guerra haviam sido afastadas em seus dias por seu ardor pelos ídolos e por seu ataque a nós. Tudo isso atingindo-o de uma só vez serviu como um prelúdio de sua derrocada. Ele e seu exército estavam exaustos pela guerra armênia, enquanto as pessoas nas cidades sob seu governo estavam tão devastadas pela fome e pela praga que apenas uma medida de trigo chegava a valer 2.500 dracmas áticas. Muitos morreram nas cidades e ainda mais morreram nos vilarejos e nos campos. Os registros rurais que antes estavam cheios de nomes agora estavam obliterados, visto que a escassez de comida e a enfermidade destruíram quase a totalidade da população ao mesmo

---

[7] *Anthrax*, em grego, que significa hulha, ou uma pedra preciosa vermelha, ou ainda uma úlcera que se assemelhava a isso.

tempo. Alguns permutavam suas posses mais preciosas pela menor migalha de comida daqueles que estavam mais bem supridos, ao passo que outros vendiam pouco a pouco os seus pertences até que ficaram reduzidos ao desespero. Outros ainda arruinavam sua saúde e morriam por mastigar tufos de palha e precipitadamente comerem ervas venenosas. Quanto às mulheres, algumas da aristocracia urbana eram forçadas a implorar descaradamente nas praças de mercado, tendo sua nobreza evidenciada por seu encabulamento e vestimentas.

Alguns, murchos como espectros dos falecidos, cambaleavam até caírem e, enquanto estavam deitados no meio das ruas, imploravam por uma pequena migalha de pão, exclamando, em seu último suspiro, que estavam com fome — qualquer coisa mais do que esse clamor angustiado estava acima deles. As classes mais ricas, assustadas com a multidão de pedintes que estavam ajudando, mudaram para uma atitude dura e sem misericórdia, uma vez que presumiram que, em não muito tempo, não estariam em melhores condições. No meio das praças das cidades e em becos estreitos, jaziam corpos espalhados, não sepultados, por dias sem fim — um espetáculo dos mais lamentáveis. Alguns eram devorados por cães, por cuja razão os vivos começaram a matar os cães, com receio de que eles enlouquecessem e começassem a devorar as pessoas. Não menos horrível foi a praga que infectou cada casa, especialmente aquelas que haviam sobrevivido à fome por possuírem um bom estoque de alimentos. Os ricos, os governantes, os governadores e muitos oficiais, como se a fome os tivesse deixado intencionalmente para a praga, sofreram morte súbita e implacável. Gemidos eram ouvidos em todo lugar, e as procissões funerárias eram vistas em cada ruela, praça, rua, com a costumeira flauta tocando e o tambor rebimbando. A morte, promovendo a guerra com suas duas armas (a praga e a fome), logo devorou famílias inteiras, de modo que dois ou três corpos deviam ser removidos para sepultamento em um único cortejo fúnebre.

Essa foi a recompensa pela arrogante vanglória de Maximino e pelas petições contra nós, enquanto o zelo e a piedade dos cristãos eram evidentes a todos os pagãos. Nesta terrível adversidade, apenas eles ofereceram provas práticas de sua empatia pela humanidade. Alguns deles cuidavam dos moribundos e de seus sepultamentos o dia todo; havia incontáveis destes sem que ninguém se importasse com eles. Outros reuniam de todas as partes da cidade uma multidão de pessoas mirradas pela fome e distribuíam pão a todos, de forma que suas obras estavam nas conversas do povo, que glorificava ao Deus dos cristãos. Tais ações os convenceram de que somente os cristãos eram piedosos e verdadeiramente reverentes a Deus.

Após tudo isso, Deus, o grandioso, o defensor celestial dos cristãos, tendo manifestado Sua ira a todos os homens em retribuição por seus ataques brutais contra nós, restaurou Sua providência a nós e, das densas trevas, fez novamente a luz da paz brilhar sobre nós, como outrora, tornando claro a todos que o próprio Deus havia estado constantemente cuidando de nossa causa. Algumas vezes Ele flagela Seu povo e, no tempo devido, corrige-os por meio de provações, mas, depois de açoites suficientes, Ele demonstra misericórdia e bondade àqueles que esperam nele.

A MORTE DOS TIRANOS

9. Assim, Constantino, imperador e filho de um imperador, um devoto e descendente de um pai muito devoto e prudente, e Licínio, o segundo depois dele — ambos honrados por sua sabedoria e piedade, dois homens amados por Deus —, foram incitados pelo Rei dos reis, Deus e Salvador do Universo, a declarar guerra contra os dois tiranos mais irreligiosos. Deus provou ser aliado deles de forma muito maravilhosa: em Roma, Maxêncio caiu nas mãos de Constantino, enquanto aquele do Oriente [Maximino] não viveu muito mais do que Maxêncio e foi levado a uma morte vergonhosa por Licínio, que ainda não havia perdido a sanidade mental.

312 d.C. Constantino, aquele que era superior em posição imperial e dignidade, foi o primeiro a se compadecer das vítimas da tirania em Roma. Orando ao Deus do Céu e à Sua Palavra, Jesus Cristo, o Salvador de todos, para que fosse seu aliado, ele avançou com suas tropas para restaurar aos romanos a liberdade de seus ancestrais. Maxêncio, no entanto, apoiava-se mais em estratégias mágicas do que na boa vontade de seus súditos e não ousou avançar para fora das muralhas da cidade. Tendo uma vasta multidão de pesada infantaria e incontáveis companhias de legionários, ele, pelo contrário, protegeu cada distrito ou cidade nas cercanias de Roma, e outros lugares na Itália, os quais havia reduzido à escravidão. Confiando na ajuda de Deus, o imperador atacou a primeira, a segunda e a terceira companhias do tirano, derrotando-as facilmente, e depois avançou por uma ampla parte da Itália até que se aproximou de Roma. Depois, para que não tivesse que batalhar contra os romanos por causa de seu tirano, o próprio Deus arrastou o tirano em cadeias, por assim dizer, para longe das portas da cidade. E aquilo que as Escrituras afirmaram há muito tempo contra os perversos (palavras consideradas míticas e inacreditáveis pela maioria, mas críveis aos cristãos) tornou-se evidente e evocava agora a credulidade, tanto nos crentes quanto nos incrédulos que testemunharam o milagre. Como nos dias de Moisés e da raça santa dos antigos hebreus:

*Lançou no mar os carros de Faraó
e o seu exército; e os seus capitães
afogaram-se no mar Vermelho.
As águas profundas os cobriram;
desceram às profundezas como pedra.*
(Êxodo 15:4-5)

Da mesma forma, Maxêncio, seus guardas armados e lanceiros "desceram às profundezas como pedra"[8] (Êx 15:5) quando ele bateu em retirada diante do poder dado por Deus a Constantino e estava atravessando o rio [Tibre] em seu caminho, que ele mesmo havia atravessado por ter atado vários barcos juntos, preparando assim um instrumento para a sua própria destruição. Então, pode-se dizer:

*Abre e aprofunda uma cova, e cai
nesse mesmo poço que faz. A sua
maldade recai sobre a cabeça, e sobre
o próprio crânio desce a sua violência.*
(Salmo 7:15-16)

Semelhantemente, quando a ponte feita de barcos se rompeu, a travessia do rio desabou e os barcos, os homens e tudo afundou de uma vez, sendo o primeiro deles o próprio perverso; depois, os escudeiros ao seu redor "afundaram-se como chumbo em águas impetuosas" (Êx 15:10). Desse modo, se não em palavras, pelo menos em obras, aqueles que conquistaram a vitória com a ajuda de Deus podiam muito bem cantar, como o grande servo Moisés e os seus seguidores, as mesmas palavras entoadas sobre o antigo tirano[9]:

*Cantarei ao SENHOR, porque triunfou
gloriosamente; lançou no mar o cavalo
e o seu cavaleiro. O SENHOR é a minha
força e o meu cântico; ele me foi por
salvação...* (Êxodo 15:1-2)

E

*Ó SENHOR, quem é como tu entre os
deuses? Quem é como tu, glorificado
em santidade, terrível em feitos
gloriosos, que operas maravilhas?*
(Êxodo 15:11)

Essas e muitas coisas semelhantes foram cantadas por Constantino por meio de suas obras a Deus, o Governante acima de tudo e o Autor de sua vitória. Depois, ele entrou em Roma com canções de triunfo, e todos os senadores, os notáveis, as mulheres, as crianças e todo o povo de Roma, radiantes com júbilo insaciável, receberam-no com exaltação como o libertador, salvador e benfeitor.

---

[8] Aqui, Eusébio está descrevendo a Batalha da Ponte Mílvia, em Roma, em 312, uma das grandes reviravoltas da história. Embora o leitor moderno possa preferir um relato ininterrupto, o autor não consegue resistir retratar a batalha como análoga ao êxodo de Israel do Egito.

[9] O faraó egípcio do Êxodo, um protótipo de Maxêncio. Moisés e os israelitas entoaram essa canção logo após atravessarem o mar Vermelho e os egípcios perecerem no mar.

A ponte Mílvia ainda se estende sobre o rio Tibre no norte de Roma. Aqui, em 312 d.C., Constantino derrotou Maxêncio em umas das batalhas mais cruciais da história da civilização Oriental. © Shutterstock

Contudo, ele, em inerente reverência a Deus, não se animou com os brados ou se exaltou pela aclamação deles, sabendo que sua ajuda viera de Deus. Imediatamente, ordenou que um troféu da paixão do Salvador fosse colocado na mão de sua própria estátua, e, quando ela foi erigida no local mais público de Roma, segurando o sinal do Salvador em sua mão direita, Constantino ordenou que lhe fosse gravada a seguinte inscrição em latim:

> Por este sinal de salvação, a verdadeira prova de valor, salvei a sua cidade do jugo do tirano e a libertei. Também libertei o senado e o povo de Roma e restaurei sua antiga fama e esplendor.

Depois isso, Constantino e o imperador Licínio, cuja mente ainda não estava tomada pela insanidade que mais tarde o possuiu, reconhecendo Deus como o Autor de todo o sucesso deles, desenvolveram uma ordem precisa, e nos termos mais completos, em relação aos cristãos.[10] Subsequentemente, eles enviaram um relatório das coisas magníficas que Deus fizera por eles, de sua vitória sobre o tirano e a própria ordem a Maximino, que ainda governava nas províncias orientais e fingia ser amigo de ambos. Como ele era um tirano, ficou mais perturbado pelo que ouviu. Não queria parecer dobrar-se aos outros ou suprimir a ordem, por temor daqueles que a estipularam. Como consequência, como se fosse sua própria iniciativa,

---

[10] O famoso Édito de Milão, desenvolvido em janeiro de 313 d.C. Veja 10.5.

ele escreveu esta primeira carta aos seus governadores em favor dos cristãos, na qual mente e afirma ter feito coisas que nunca fizera:

Cópia de uma tradução da carta do tirano

Jóvio Maximino Augusto a Sabino. Deve ser óbvio a Vossa Constância e a todos que nossos mestres Diocleciano e Maximiano, nossos pais, quando notaram que quase todos haviam abandonado a adoração aos deuses e se afiliado com a tribo dos cristãos, justificadamente ordenaram que todos que desertassem do culto aos deuses imortais deveriam ser reconvocados a adorar os deuses por meio de correção e punição públicas. Porém, quando vim tão auspiciosamente para o Oriente pela primeira vez e soube que, em certos lugares, muitos que poderiam servir ao público estavam sendo exilados por juízes por esse motivo, ordenei a cada magistrado que, dali para diante, ninguém deveria tratar brutamente os provincianos, mas, em vez disso, que os chamassem novamente à adoração aos deuses usando, para isso, a bajulação e a persuasão. Os juízes seguiram minhas diretrizes, e ninguém nos setores orientais foi exilado ou insultado, ao contrário, foram reconduzidos a cultuar os deuses, uma vez que nenhum tratamento severo lhes foi imposto.

Todavia, no último ano, quando fui de maneira favorável a Nicomédia, os cidadãos de lá me abordaram com imagens de deuses rogando que, sob nenhuma circunstância, tais pessoas deveriam ser permitidas a viver na cidade. Entretanto, quando entendi que muitos dessa religião viviam naquele mesmo distrito, respondi que estava agradecido e lhes congratulava por sua solicitação, mas percebi que ela não era unânime. Assim sendo, se alguns persistissem nessa superstição, que cada um fizesse como desejava e reconhecesse a adoração aos deuses, se assim decidissem. Contudo, fui obrigado a dar uma resposta amigável aos habitantes de Nicomédia e das outras cidades que tão zelosamente imploraram que nenhum cristão morasse nelas — pois os antigos imperadores observavam esse princípio o qual agradava aos próprios deuses, por quem todo o povo e o Estado existem — pela qual eu deveria confirmar tal requisição feita em favor do culto à sua deidade.

No passado, as instruções e ordenanças informaram à Vossa Dedicação que os provincianos que perseveraram em tal costume não deveriam ser tratados com aspereza, mas com paciência e moderação. Ainda assim, para que não sofram insultos ou chantagens nas mãos dos *beneficiarii*[11] ou qualquer outra pessoa, enviei esta carta para alertar Vossa Constância para que se utilizasse de lisonja e persuasão a fim de induzir os moradores de nossas províncias ao devido respeito pelos deuses. Portanto, se alguém decidir adorar os deuses, acolham tal pessoa; mas, se alguém deseja seguir sua própria adoração, que fique a encargo deles. Vossa Constância deveria aceitar cuidadosamente essas ordens e não dar a ninguém a autoridade de assediar os de nossas províncias com insultos ou chantagens, uma vez que, conforme dito, é melhor convencê-los e persuadi-los a voltar a adorar os deuses. E, para que os membros de nossas províncias possam saber de nosso mandado, você deve publicar o que ordenamos em um édito de sua própria autoria.

Como Maximino emitiu essas ordens sob compulsão, e não de própria vontade, não ficou claro a todos de que era sincero e digno de confiança, pois, após fazer semelhante concessão em uma ocasião anterior, ele provara ser um hipócrita instável. Desse modo, ninguém de nosso povo ousou convocar reunião ou aparecer publicamente, visto que a carta não permitia sequer isso, estipulando apenas que fôssemos protegidos de tratamento severo, mas sem orientações com relação a reuniões, construção de igrejas ou a realização de qualquer de nossas atividades corriqueiras. E, ainda assim, os defensores da paz e da piedade [Constantino e Licínio] haviam lhe escrito para permitir essas coisas e concedê-las a todos os seus súditos por meio de éditos e leis. Na realidade, esse maldito irreverente havia se decidido a não ceder em tal quesito — até que a justiça divina o forçou a fazê-lo contra a sua vontade.

O DESTINO DE MAXIMINO

10. Estas são as circunstâncias que o cercaram. Ele ficou incapaz de administrar o vasto governo que, tão imerecidamente, lhe havia sido confiado e gerenciou seus assuntos ineptamente por falta de uma mente imperial prudente. Acima de tudo, uma arrogância fútil e pedante o envaideceu diante de seus colegas no império, que lhe eram superiores em nascimento, criação, educação, caráter e inteligência e — acima de tudo — em autocontrole e reverência pelo Deus verdadeiro. Começou a portar-se de forma insolente e publicamente se autoproclamou o superior no ofício. Depois disso, forçando sua obsessão até o ponto de

---

[11] Oficiais a quem eram concedidos privilégios especiais, provavelmente no partido de um governador provincial.

insanidade, quebrou um tratado que havia feito com Licínio e causou uma guerra implacável. Logo criou uma confusão generalizada, lançou cada cidade em agitação, formou um imenso exército e marchou para combater [Licínio], tendo colocado suas esperanças em demônios (a quem considerava deuses!) e sua confiança em miríades de infantaria.

Quando os exércitos colidiram, ele se viu alienado do cuidado divino, e a vitória foi para Licínio, como dirigida pelo único Deus de tudo. A pesada infantaria na qual Maximino confiava foi destruída primeiro, e, quando a sua guarda pessoal o abandonou e mudou para o lado do vencedor, o miserável logo descartou a insígnia imperial que tão mal lhe servira, e, de modo covarde, abjeto e temeroso, juntou-se à multidão. Depois, fugiu de várias maneiras, escondendo-se nos campos e nos vilarejos e, com toda essa preocupação com sua segurança, por pouco escapou de seus inimigos, por suas obras declarando a verdade do dizer divino:

> *Não há rei que se salve com o poder dos seus exércitos; nem por sua muita força se livra o valente.*
> *O cavalo não garante a vitória; a despeito de sua grande força, a ninguém pode livrar. Eis que os olhos do* Senhor *estão sobre os que o temem, sobre os que esperam na sua misericórdia, para livrar-lhes a alma da morte...* (Salmo 33:16-19)

Semelhantemente, o tirano, cheio de vergonha, retornou a seu próprio território. Primeiro, em sua tresloucada ira, executou muitos sacerdotes e os profetas dos deuses, a quem antes reverenciava e cujos oráculos certamente o haviam induzido a declarar guerra, sob a acusação de que eram charlatães e impostores, e acima de tudo, traidores de sua segurança. Depois, deu glória ao Deus dos cristãos e escreveu um decreto garantindo-lhes liberdade completa e definitiva. Logo em seguida, não lhe sendo concedido nenhum ínterim, sua vida terminou em agonizante morte.

A lei que ele promulgou dizia:

Cópia das ordenanças do tirano em favor dos cristãos, traduzida do latim para o grego
O imperador César Caio Valério Maximino, *Germanicus, Sarmaticus, Pius Felix Invictus Augustus*. Todos que conhecem os fatos estão cientes de que dedicamos atenção constante, de todas as maneiras, ao bem-estar dos habitantes de nossas províncias e desejamos lhes conceder o que quer que redunde em vantagem a todos. Entendemos que, usando as escusas de que nossos divinos pais Diocleciano e Maximiano ordenaram a cessação das assembleias cristãs, oficiais públicos se envolveram em muita extorsão e ladroagem, que aumentou com o passar do tempo

ameaçando nossos provincianos (cujo bem deve ser nossa principal preocupação) e destruindo suas posses pessoais. Neste último ano, portanto, enviamos cartas aos governadores em cada província, decretando que, se alguém quisesse seguir tal costume e formato de culto, deveria fazê-lo sem impedimentos por quem quer que seja e que deveriam ter liberdade para fazer exatamente o que lhes agradava sem medo ou suspeita. No entanto, não escapou à nossa atenção que alguns dos juízes desprezaram nossas liminares e levaram nosso povo a duvidar de nossas orientações, o que causou hesitação quanto a se unir a esses ritos religiosos que os agradavam.

A fim de que, no futuro, toda a suspeita ou dúvida devidas ao temor possam ser eliminadas, decretamos que essa ordenança seja promulgada, esclarecendo a todos que aqueles que desejam seguir essa seita e cultuar são livres para o fazer, conforme quiserem e desejarem, de acordo com este nosso favor, e a se unir aos ritos religiosos a que estavam acostumados e almejam praticar. A permissão para construir "as casas do Senhor" também lhes é concedida. Ademais, para que nossa generosidade seja ainda maior, também decretamos: se quaisquer casas ou terras, que antes pertenciam aos cristãos, foram, por ordens de nossos predecessores, acrescentadas ao tesouro público ou confiscadas por qualquer cidade — quer tenham sido vendidas ou conferidas como doação a quem quer que fosse — todas devem, por meio dessa nossa ordem, ser restauradas aos cristãos como os antigos donos legítimos, para que todos possam admirar nossa piedade e interesse igualmente.

Essas foram as palavras do tirano que vieram menos de um ano depois de ele ter divulgado seus éditos anticristãos em placas, o mesmo homem que, pouco tempo antes, nos considerava como ímpios, pragas profanas na sociedade que não tinham permissão para viver no campo ou no deserto, muito menos nas cidades — esse mesmo agora escrevia ordenanças e leis em favor dos cristãos! Aqueles que havia pouco eram vítimas do fogo e da espada, serviam de alimento às feras e pássaros selvagens (enquanto ele observava) e que sofriam todo tipo de punição, tortura e morte, como se fossem ímpios e maus, a esses ele agora permitia cultuar como quisessem e a construir as casas ao Senhor, o próprio tirano confessando que eles têm alguns direitos legítimos!

Após conceder tudo isso, ele recebeu uma recompensa, por assim dizer, ao sofrer menos do que deveria quando foi repentinamente atingido por um dos açoites de Deus e morreu no segundo embate da guerra. No entanto, sua morte não foi como a dos generais que lutam corajosamente pela virtude e por seus amigos antes de, destemidamente, encontrar um fim glorioso na batalha, mas como um ímpio, um inimigo de Deus, escondendo-se em casa enquanto seu exército ainda estava no campo. Todos os flagelos de Deus atingiram seu corpo por inteiro de uma só vez, e ele caiu suscetível em terríveis dores e agonias. Ele minguou de fome, sua carne foi consumida por um fogo invisível e sua forma física se dissolveu em um misto de ossos secos, como um espectro reduzido a um esqueleto com o tempo, de forma que seus cuidadores só podiam pensar que seu corpo se tornara o túmulo de sua alma, enterrada no que agora era apenas um cadáver. À medida que sua febre ardia mais e mais desde o profundo de sua medula, seus olhos ficaram protuberantes e saíram de suas órbitas, deixando-o cego. Mesmo nessa condição, ele ainda respirava e confessou o Senhor, implorando pela morte. Depois de reconhecer que sofria com justiça por sua ferocidade contra Cristo, ele deu seu último suspiro.

A RUÍNA DOS INIMIGOS

11. Depois que Maximino foi removido — o último e o pior dos inimigos da piedade — começou a reforma das igrejas desde os alicerces, pela graça do Deus Todo-poderoso, e a Palavra de Cristo foi proclamada com maior liberdade do que antes, enquanto os ímpios inimigos da santidade eram cobertos em vil humilhação e desonra. Maximino fora o primeiro a ser proclamado pelos governantes como um inimigo comum de todos e o tirano mais ímpio, desprezível e abominador de Deus, como divulgado em éditos públicos. Dentre os retratos pendurados em sua honra e de seus filhos em cada cidade, alguns foram arremessados ao chão e quebrados em pedaços, outros tiveram suas faces escurecidas com tinta preta e arruinados. Todas as estátuas que ele havia erguido em sua honra foram igualmente derrubadas e despedaçadas, servindo de alvo de piadas e jogos para aqueles que queriam os insultar e ultrajar.

Em seguida, todas as honras dos demais inimigos da piedade também foram retiradas e todos os partidários de Maximino foram executados, em especial aqueles de cargo elevado no governo que haviam perseguido violentamente nosso ensino a fim de agradar seu imperador. Um desses foi Peucétio, a quem Maximino honrara acima de todos, o maior de seus amigos, que fora cônsul três vezes e a quem nomeara como ministro maior das finanças. Outro foi Culciano, que ocupara todos os cargos no governo, um homem que se deleitara em matar incontáveis cristãos no Egito. Houve muitos outros que haviam sido os principais facilitadores em reforçar e aumentar a tirania de Maximino.

A justiça também convocou Teotecno, determinada de que o que ele fizera aos cristãos não deveria ser jamais esquecido. Depois de ter erigido um ídolo em Antioquia, ele parecia desfrutar de grande sucesso e, de fato, foi premiado com um posto de governador por Maximino. Contudo, quando Licínio veio a Antioquia, ele fez uma busca por impostores e torturou os profetas e sacerdotes do novo ídolo para descobrir como eles maquinavam suas fraudes. Quando, sob tortura, revelaram que todo o mistério era um engano tramado por Teotecno, ele [Licínio] lhes infligiu uma série de torturas e os sentenciou à morte, primeiro Teotecno e depois seus companheiros de embuste.

A esses, foram acrescentados os filhos de Maximino, com quem ele havia compartilhado honras imperiais e cujas feições havia exibido publicamente em retratos. Aqueles que anteriormente se vangloriavam por serem parentes do tirano e tentaram dominar sobre outros suportaram os mesmos sofrimentos e desgraça, pois não aceitavam a correção ou entendiam o preceito nos livros sagrados.

Não confiem em príncipes, nem nos filhos dos homens, em quem não há salvação. Sai-lhes o espírito, e eles voltam ao pó; nesse mesmo dia, acabam todos os seus planos. (Salmo 146:3-4)

O arco triunfal de Constantino em Roma, que foi erguido próximo ao Coliseu (margem direita). © Shutterstock

Quando os ímpios haviam sido assim afastados, o governo que pertencia a eles foi preservado seguro e indisputável apenas por Constantino e Licínio. Eles tornaram sua prioridade afastar a hostilidade mundial a Deus e, reconhecendo a bênção que Ele lhes conferira, demonstraram seu amor pela virtude e por Deus, sua devoção e gratidão à deidade, por meio do édito deles em favor dos cristãos.

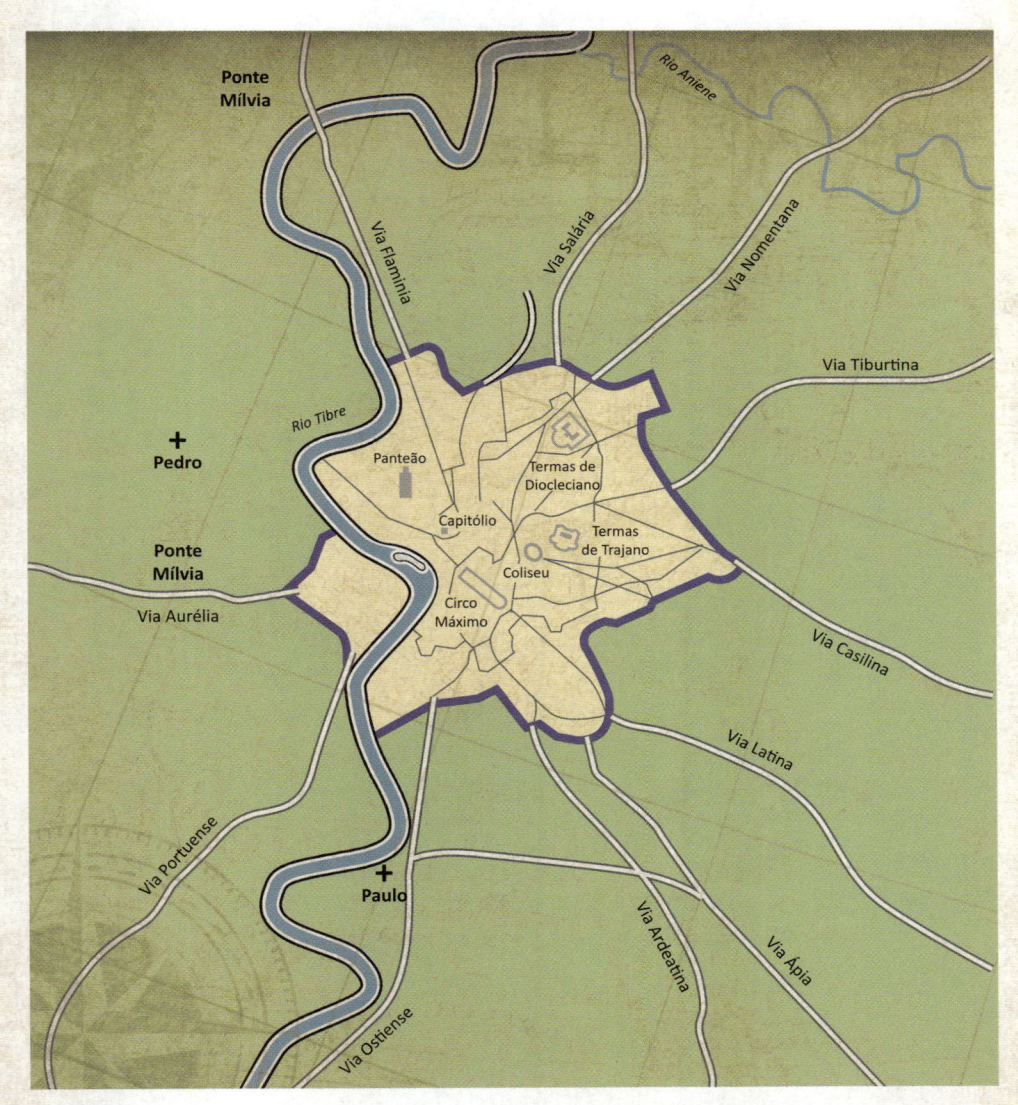

As principais ruas que cercavam Roma formando um eixo. A batalha da Ponte Mílvia aconteceu onde a Via Flaminia cruza o Tibre na parte superior deste mapa. Paulo chegou a Roma pela Via Ápia (embaixo à direita) e muito provavelmente foi sepultado em algum local da Via Ostiense (embaixo, à centro-esquerda). Pedro foi provavelmente enterrado no Vale do Vaticano, do outro lado do Tibre no lado oeste de Roma.

A grande libertação

FIM DA PERSEGUIÇÃO?

Assim como os extensos elos de perseguição desde o tempo de Nero não formam uma corrente ininterrupta de horror — na verdade, Eusébio celebra, com justiça, as liberdades desfrutadas pelos cristãos antes do que veio a ser a Grande Perseguição — da mesma forma, o fim do tormento financiado pelo Estado não veio de modo claro e ordenado. Quantos éditos imperiais ordenando a cessação da perseguição Eusébio apresenta, apenas para reportar, poucas páginas depois, a repressão restaurada? Até mesmo a grande vitória de Constantino na ponte Mílvia, norte de Roma, e a emissão de um édito de tolerância em 313 d.C., a costumeira referência popular para o fim da perseguição, não teve efeito no Oriente quando Maximino Daia determinou que a opressão fosse renovada.

Eusébio dedica muito do Livro 9 a Maximino, talvez até demais — alguém poderia pensar — com detalhes que, em vez disso, poderiam ser esbanjados acerca de Constantino, o primeiro imperador cristão. Porém, Eusébio supre ricamente tais detalhes em sua obra *Vida de Constantino*, e sua preocupação com Maximino reflete meramente o ponto vantajoso de onde escreveu: o Oriente cristão novamente perseguido em contraste com o agora libertado Ocidente cristão. Como testemunha ocular da retomada do horror depois da prematura celebração das igrejas Orientais, ele relata a destruição deflagrada pelo "tirano" — sua repetitiva designação preferida de Maximino Daia, a quem ele corretamente considerou o inimigo mais implacável da Igreja. Tem-se a impressão de que até a horrenda morte de Maximino — pode alguma enfermidade levar o globo ocular a saltar para fora? — não foi catarse suficiente para Eusébio. Um historiador contemporâneo dele, Lactâncio, afirma que Maximino teve morte lenta advinda de veneno autoadministrado, embora seu livro *De Mortibus Persecutorum* (Sobre a morte dos perseguidores) contenha, como seu tema, a ira divina contra todos os que perseguiram a Igreja.

Entretanto, Eusébio terá de reabrir sua enciclopédia de censuras uma última vez, no Livro 10, para Licínio. O Augusto do Oriente, antigo aliado de Constantino que começara seu reinado tão favoravelmente, terminaria seus dias fazendo parte da longa procissão dos vilões de Eusébio.

Na complexa política romana, o último capítulo havia terminado com a seguinte configuração dos governantes romanos:

Ocidente
Constantino: Gália, Espanha, Bretanha
Maxêncio: Itália e África

Oriente
Licínio: Península Balcânica
Maximino Daia: Ásia Menor, Egito

Com tantas variedades de rivais, todos aspirantes ao poder supremo, a guerra civil, tanto no Ocidente quanto no Oriente, era inevitável. Constantino e Licínio formaram uma aliança contra Maxêncio e Maximino, que foi potencialmente feliz do ponto de vista da Igreja, uma vez que colocou os dois piores inimigos do cristianismo do mesmo lado. Assim, os cristãos poderiam apoiar Constantino e Licínio sem reservas. De sua parte, Constantino parece ter herdado de seu pai uma política de moderação com relação aos cristãos e se uniu ao édito de tolerância de Galério em 311 d.C.

No verão de 312 d.C., Constantino invadiu a Itália com um exército inferior em número ao de Maxêncio, porém mais bem treinado. E, provavelmente na decisão mais crucial da história romana, Constantino colocou a si mesmo e as suas tropas sob a proteção do Deus cristão. Eusébio afirma que ele estava reagindo à visão de uma cruz de luz que ele e seu exército haviam avistado certa tarde de março, seguida de um sonho em que Cristo lhe apareceu. Derrotando os exércitos de Maxêncio em Turim e Verona, ele avançou em direção ao sul até que chegou a uma curva do rio Tibre, ao norte de Roma, atravessada pela ponte Mílvia. No entanto, Maxêncio havia interrompido a ponte como tática defensiva e permaneceu no interior da bem fortificada Roma, de onde seria difícil para Constantino removê-lo. Quando, porém, a população da cidade se amotinou contra ele, Maxêncio confiou em um oráculo pagão que previa que "o inimigo dos romanos pereceria" e marchou com seu exército para fora da cidade a fim de encontrar Constantino, para isso atravessando por uma ponte feita de barcos. Assim, em 28 de outubro de 312, eles lutaram a batalha da ponte Mílvia, um dos eventos mais importantes na história da Igreja ou secular.

De acordo com Lactâncio, Constantino tivera um sonho na noite anterior à batalha na qual viu sobrepostas as duas primeiras letras — o *chi* e o *rho* — do nome de Cristo em grego e ouviu as palavras: *In hoc signo vinces*, isto é, "Com este sinal vencerás". Na manhã seguinte, ele ordenou que seus soldados pintassem esse símbolo nos escudos deles e em seu capacete, um monograma que, mais tarde, foi incorporado no estandarte imperial. Quando a batalha aconteceu, as tropas de Constantino atacaram de uma baixa cordilheira que corria paralela ao Tibre, que Maxêncio havia tolamente deixado de ocupar. Logo as tropas de Maxêncio se dividiram e fugiram em desordem em direção à ponte danificada; tantos deles se acumulavam sobre a ponte de barcos que ela se rompeu e milhares se afogaram, incluindo o próprio Maxêncio. O vitorioso, provavelmente um convertido ao cristianismo mesmo antes da batalha, mas certamente depois dela, se considerava o servo que Deus escolhera para converter o Império Romano à fé cristã.

Talvez o cristianismo triunfasse independentemente da vitória de Constantino na ponte Mílvia, mas certamente tal triunfo seria substancialmente postergado. Se Maxêncio tivesse vencido em vez de Constantino, a história subsequente do Império Romano — certamente a do cristianismo — teria sido, de fato, adversa. Seria ainda pior se Maximino Daia tivesse subjugado os exércitos de Licínio no Oriente e, depois, sido igualmente bem-sucedido contra os de Constantino no Ocidente.

As posteriores políticas administrativas e religiosas de Constantino têm conquistado temas para uma miríade de estudos, alguns listados em nossa bibliografia. Aqui resta apenas esboçar como uma tetrarquia de imperadores — três depois da batalha da ponte Mílvia — se tornou novamente uma monarquia.

Na primavera de 313, Licínio visitou Constantino em Milão, onde se casou com a irmã de Constantino, Constância, consolidando assim sua aliança. Ali, os dois Augustos também concordaram em uma política de tolerância tanto para cristãos quanto para pagãos no império — com frequência chamada erroneamente de Édito de Milão, proclamado em Nicomédia em junho de 313. Este conferia total tolerância a todas as religiões, bem como a restituição para os cristãos. No Ocidente, Constantino abasteceu essa restituição em grande escala com grandes doações à Igreja e generosas imunidades ao clero cristão.

Meses mais cedo, no entanto, Maximino Daia havia tentado reviver o paganismo e retomou sua cruel perseguição aos cristãos no Oriente, à qual Constantino se opôs vigorosamente e teve êxito em moderar. Maximino, então, invadiu os territórios europeus de Licínio enquanto este se reunia com Constantino em Milão. Porém, Licínio se apressou a voltar e derrotou os exércitos de Maximino perto de Adrianópolis. O próprio Maximino fugiu para a Ásia Menor, onde morreu de repugnante enfermidade em Tarso.

Nesse momento, restava apenas uma diarquia: Constantino supremo no Ocidente e Licínio no Oriente, uma trégua que persistiu por pelo menos 11 anos. Suas relações, entretanto, deterioraram-se quando Licínio se tornou devoto da seita do Sol *Invictus* e começou a perseguir os cristãos novamente, reivindicando que não tinha certeza da lealdade deles. Constantino o atacou e saiu vitorioso em Adrianópolis, em julho de 324, e novamente em Crisópolis, em setembro, do outro lado do Bósforo de Bizâncio. Constantino honrou as súplicas de sua irmã e poupou a vida de Licínio, exilando-o em Tessalônica. Contudo, ele foi executado no ano seguinte sob a acusação de rebelião. Agora, Constantino reinava como o único Augusto de um Império Romano unificado até a sua morte em 337. Entretanto, esse resumo do pano de fundo político romano nos leva a além de 324, o ano em que Eusébio concluiu sua *História Eclesiástica*, com o Livro 10.

O monograma de Cristo, o qual Constantino ordenou que suas tropas pintassem em seus escudos, tornou-se um símbolo cristão clássico. Neste painel de um sarcófago do século 4, ele está rodeado por uma coroa de vitória e apoiado por pombas da paz (*Museu Laterano, Roma*).

A grande libertação

Sob um medalhão da vitória no Arco de Constantino, as forças de Maxêncio são mostradas se afogando nas ondas do Tibre bem no fundo.
© Shutterstock

LIVRO 10

CONSTANTINO E A PAZ

1. Graças sejam dadas a Deus, o poderoso Rei do Universo, e a Jesus Cristo, o Salvador e Redentor de nossa alma, por meio de quem oramos para que a paz, tanto das aflições exteriores quanto interiores, possa ser preservada intacta e imperturbável para nós.

Juntamente com minhas orações, agora acrescento o Livro 10 à *História Eclesiástica* e o dedico a você, meu consagradíssimo Paulino,[1] e o proclamo como o selo de toda a obra. É adequado que eu lhe forneça aqui, nesse número perfeito,[2] um relato completo em celebração à restauração das igrejas em obediência ao divino Espírito que nos exorta:

> Cantem ao S<small>ENHOR</small> um cântico novo,
> porque ele tem feito maravilhas;
> a sua mão direita e o seu braço santo
> lhe alcançaram a vitória.

---

[1] O bispo de Tiro, que encorajou Eusébio a escrever sua história. Mais tarde, ele se tornou bispo de Antioquia, sua cidade natal. Eusébio também dedicou seu *Onomasticon* a ele.

[2] Perfeito porque, depois do dez, não há numerais, apenas combinações dos números anteriores.

O Senhor fez notória a sua salvação; manifestou a sua justiça diante dos olhos das nações. (Salmo 98:1-2)

Portanto, permita-me entoar um novo cântico, uma vez que, depois daquelas cenas e narrativas sinistras e horrorosas, tive o privilégio de ver e celebrar o que muitos justos e mártires de Deus, antes de mim, desejaram ver, mas não viram, e ouvir, mas não ouviram. Contudo, eles se apressaram para coisas muito superiores nos Céus, habitando em um paraíso de alegria divina, enquanto eu, mesmo admitindo que até mesmo as presentes circunstâncias são melhores do que eu mereço, fiquei totalmente maravilhado com a magnitude da graça que o Senhor conferiu e ofereço a Ele minha completa admiração e adoração, confirmando a verdade das profecias que declaram:

Venham contemplar as obras do Senhor, que tem feito desolações na terra. Ele faz cessar as guerras até os confins do mundo, quebra o arco e despedaça a lança; queima os carros no fogo. (Salmo 46:8-9)

Permita-me proceder à minha narrativa enquanto rejubilo por tudo isso ter sido claramente cumprido.

Toda a raça dos inimigos de Deus foi destruída, como afirmado anteriormente, e desapareceu em um momento, cumprindo outro dito divino:

Vi um ímpio prepotente expandir-se como um cedro do Líbano. Passei, e eis que havia desaparecido; procurei-o, e já não foi encontrado. (Salmo 37:35-36)

Daqui por diante, um dia sem nuvens, refulgente com os raios da luz celestial, brilhou sobre a Igreja de Cristo por todo o mundo, e não houve relutância em compartilhar até mesmo com aqueles que não pertenciam à nossa sociedade o regozijo, se não semelhantes bênçãos divinas, pelo menos os efeitos delas.

A REFORMA DAS IGREJAS

2. Todo o povo, então, foi liberto da opressão dos tiranos, resgatado de seu sofrimento, e tais déspotas reconheceram, de várias formas, que o Defensor dos piedosos era o único Deus verdadeiro. Porém, especialmente nós, que havíamos esperado em Cristo, usufruímos de alegria indescritível, e um júbilo divino aflorou em nosso coração enquanto víamos lugares que, pouco antes, estavam destruídos pela maldade dos opressores agora revivendo como se fosse de um ferimento prolongado, e catedrais surgindo de novo desde seus alicerces até elevadas alturas, excedendo em muito a magnificência daquelas que haviam sido demolidas.

Os mais exaltados imperadores, semelhantemente, confirmaram ainda mais as bênçãos de Deus a nós por meio de uma sucessão de decretos a favor dos cristãos, enquanto os bispos receberam muitas cartas pessoais, honras e doações em dinheiro do imperador. Acrescentarei esses documentos no lugar adequado deste livro, traduzidos do latim para o grego, de forma que possam ser preservados para todos os que nos sucederem.

DEDICAÇÕES DE IGREJAS EM TODA PARTE

3. A seguir, veio o espetáculo pelo qual oramos e ansiamos: festas de dedicação nas cidades e consagrações das novas casas de adoração, conferências de bispos, assembleias de representantes de terras distantes, amizade entre os leigos e unidade entre os membros do Corpo de Cristo, visto que se uniam em completa harmonia; tudo de acordo com a profecia que misticamente previra o que haveria de acontecer, ossos unindo-se a ossos, articulações a articulações,[3] e tudo o que foi predito nos oráculos divinos. Havia poder do divino Espírito sendo derramado sobre todos os membros, que tinham uma só alma, demonstrando entusiasmo pela fé com um hino de louvor nos lábios de todos. Na verdade, nossos líderes conduziam as cerimônias de forma impecável, enquanto sacerdotes ordenados observavam os sagrados e imponentes ritos da igreja, cantando salmos, oferecendo orações e ministrando a liturgia divina, tudo sob os símbolos da paixão do Salvador. Homens e mulheres de todas as idades, unidos, davam glória a Deus, o Autor de sua felicidade, com todo coração, alma e mente.

[Aqui Eusébio faz uma transição abrupta das celebrações cristãs gerais para uma em particular em Tiro. O que vem a seguir não é história, mas um panegírico, uma forma literária que não é mais utilizada, embora fosse popular no mundo antigo desse tempo. Muitos leitores podem achá-lo muito extenso, adulatório, ou completamente entediante para o gosto moderno. Estimulamos a estes que passem diretamente à seção 5.]

Cada um dos dignitários das igrejas que estavam presentes entregaram um sermão panegírico, fazendo o possível para inspirar a assembleia.

4. Um daqueles que tinha capacidade moderada[4] veio à frente com o discurso preparado, ao qual os muitos pastores presentes na igreja prestaram atenção de modo silencioso e ordeiro, como se fosse em uma assembleia da igreja.

---

[3] Referência a Ezequiel 37:7, embora Eusébio tenha acrescentado o comentário das articulações por propósitos literários.

[4] O próprio Eusébio.

Dirigindo-se a um único bispo, um excelentíssimo homem amado por Deus, por cujo zelo a mais magnífica catedral da Fenícia havia sido erguida em Tiro, ele procedeu à seguinte oratória:

Panegírico acerca da construção de igrejas, dirigido a Paulino, bispo de Tiro.
Aos amigos de Deus e sacerdotes adornados com a túnica sagrada e a santa coroa celestial de glória, a divina unção do Espírito Santo; e a você, ó juvenil honra do santo templo de Deus, honrado com sabedoria madura, advinda de Deus, e célebre por suas obras e virtude juvenil, a quem Aquele que compreende a todos concedeu o especial privilégio de construir essa casa sobre a Terra e restaurá-la para Cristo, Sua Palavra unigênita e primogênita, e para a santa Noiva de Cristo [a Igreja]: Deveria eu chamá-lo de novo Bezalel, o arquiteto do divino Tabernáculo (Êx 35:30), ou de Salomão, rei de uma nova e superior Jerusalém, ou de novo Zorobabel, que trouxe ao Templo de Deus uma glória maior do que a antiga?[5] E a vocês também, cordeirinhos do sagrado rebanho de Cristo, conhecidos pelas boas obras, domínio próprio e piedade.

Há muito tempo, enquanto ouvíamos as leituras das passagens das Sagradas Escrituras, que contavam de sinais miraculosos de Deus e das maravilhas realizadas pelo Senhor, podíamos cantar hinos a Ele nas palavras a nós ensinadas:

Ó Deus, nós ouvimos com os próprios ouvidos; nossos pais nos contaram o que fizeste outrora, em seus dias. (Salmo 44:1)

Entretanto, não é mais por ouvir que aprendemos sobre a destra de Deus, mas por obras, como testemunhamos com nossos próprios olhos que as antigas tradições são críveis e verdadeiras. Assim, podemos cantar um segundo hino de vitória nas palavras:

Como temos ouvido dizer, agora vimos que aconteceu na cidade do SENHOR dos Exércitos, na cidade do nosso Deus. Deus a estabelece para sempre. (Salmo 48:8)

---

[5] No mundo clássico daquela época, tais discursos formais eram tipicamente extravagantes em seu louvor à pessoa ou objeto. Visto que o panegírico que vem a seguir é tão floreado e prolixo, de modo a ser quase ilegível, extraí algumas palavras excessivamente elogiosas, mas traduzi cada palavra de significado histórico. Eusébio, claramente, mudou sua função de historiador para a de orador neste documento.

E em qual cidade, se não nesta nova cidade edificada por Deus, Sua Igreja, o pilar e solo da verdade, sobre a qual dizem as Escrituras: "Coisas gloriosas são ditas a respeito de você, ó cidade de Deus!" (Sl 87:3)? Visto que o Deus Todo-misericordioso nos reuniu nesta cidade pela graça de Seu Unigênito, que cada um dos convidados cante, ou melhor, brade: "Alegrei-me quando me disseram: 'Vamos à Casa do Senhor'" (Sl 122:1), e "Eu amo, Senhor, a habitação de tua casa e o lugar onde a tua glória reside" (Sl 26:8).

Que não apenas individualmente, mas todos nós juntos, em um espírito, rendamos glória e louvor, dizendo: "Grande é o Senhor e mui digno de ser louvado, na cidade do nosso Deus, seu santo monte" (Sl 48:1). Ele é verdadeiramente grande, e grandiosa é a Sua casa: altiva, ampla e bela. Grande é o Senhor que faz incontáveis coisas gloriosas e maravilhosas, que muda os tempos e as estações, remove reis e os estabelece, que levanta o pobre do chão e destitui príncipes de seus tronos, alimenta o faminto, quebra os braços dos orgulhosos. Ele já comprovou as antigas narrativas como verdadeiras, não apenas aos fiéis, mas também aos incrédulos. Que então cantemos uma nova canção ao Realizador de maravilhas, o Senhor do Universo, Criador do mundo, o Todo-poderoso, o Todo-misericordioso, o único Deus:

Àquele que faz grandes maravilhas,
Pois a Sua misericórdia dura
para sempre,
Àquele que abate grandes reis,
Pois a Sua misericórdia dura
para sempre,
Ele se lembrou de nós em nossa
humilhação,
E nos libertou de nossos inimigos.[6]

Que jamais cessemos de oferecer ao Pai do Universo tais brados de louvor. Quanto à segunda fonte de nossas bem-aventuranças, o Mestre do conhecimento de Deus, destruidor dos perversos, exterminador dos tiranos, restaurador da humanidade, Salvador que resgata do desespero — a saber, Jesus — que honremos o Seu nome com nossos lábios. Pois somente Ele, o Filho unigênito do Pai, assumiu voluntariamente nossa natureza corrupta, como desejava o Pai, movido por amor a nós. Como o melhor médico que, para curar o enfermo, "embora

---

[6] Adaptado do Salmo 136.

veja feridas horríveis, ainda toca as áreas imundas e, em favor dos problemas de outra pessoa, traz sobre si mesmo o sofrimento",[7] assim Ele nos salvou, a nós que não estávamos meramente enfermos ou aflitos com terríveis úlceras e feridas purulentas, mas jazendo entre os mortos, pois ninguém mais no Céu poderia assumir a salvação de tantos. Somente Jesus suportou nossas tristezas, levando sobre si a punição por nossos pecados quando estávamos não apenas como semimortos, mas apodrecendo em nossos sepulcros. Ele nos ressuscitou e nos salva agora, como na antiguidade, por amor ardente à humanidade, compartilhando conosco as bênçãos do Pai — o doador da vida, o iluminador, o grande Médico, Rei e Senhor, o Cristo de Deus. Quando Jesus viu toda a humanidade afundada em trevas provocadas por demônios, apenas a Sua aparição rompeu as cadeias do pecado tão facilmente quanto a cera derrete sob o Sol.

Todavia, quando o demônio, amante do mal, enfureceu-se diante dessa grande graça, ordenou suas forças mortais contra nós. Ele, primeiramente, como um cão enlouquecido que morde as pedras que lhe são atiradas, lançando sua fúria com projéteis sem efeito contra aqueles que tentavam expulsá-lo, voltou sua ferocidade contra as pedras das casas de oração, destruindo igrejas, conforme planejava. Depois, sibilou como uma serpente por meio de ameaças dos impiedosos tiranos e de éditos blasfemos dos governantes ímpios, vomitando a morte e infectando as pessoas que capturou com venenos destruidores da alma e quase as matando com os sacrifícios aos ídolos sem vida que induziam à morte, liberando contra nós cada fera, em forma humana, e todo tipo de selvageria.

Mais uma vez, no entanto, o grande Capitão dos exércitos de Deus apareceu, e Seus melhores soldados comprovaram o treinamento deles por meio de fiel perseverança e levaram toda a hostilidade a desaparecer em inominável esquecimento. Porém, aqueles que lhe eram próximos e estimados, Ele promoveu acima de toda glória, diante de todos — de homens, do Sol, da Lua e das estrelas —, diante de todo o Céu e toda a Terra. Agora, os mais exaltados imperadores, cientes da honra que tais soldados receberam de Cristo, cospem no rosto dos

---

[7] Hipócrates, *Acerca da Respiração* 1.

ídolos sem vida, pisoteiam os impuros rituais de demônios e riem das antigas mentiras que herdaram de seus pais — algo que jamais havia acontecido. Eles o reconhecem como o único Deus, o Benfeitor de todos e o Cristo, Filho de Deus e Rei soberano sobre o Universo, chamando-o de "Salvador" em monumentos e inscritos em caracteres imperiais no centro da cidade que é a imperatriz entre as cidades do mundo, um registro indelével de Suas vitórias sobre os perversos. Assim, Jesus Cristo, nosso Salvador, é a única pessoa na história a ser reconhecida — mesmo entre os mais exaltados da Terra — não como um rei humano comum, mas adorado como o verdadeiro Filho do Deus do Universo e como sendo, Ele próprio, Deus.

Não é de se surpreender. Pois qual rei sequer alcançou tal grandeza como a de encher os ouvidos e bocas de toda a humanidade com o Seu nome? Qual rei alguma vez fez leis tão sábias de forma a tê-las proclamadas por todo o mundo? Quem anulou os costumes bárbaros das nações não civilizadas por intermédio de suas leis civilizadas e humanas? Quem foi atacado por todos ao longo de eras e ainda permanece em Seu vigor juvenil? Quem fundou um povo, do qual jamais se ouviu desde o princípio dos tempos, que agora não está oculto em algum canto do mundo, mas se encontra por toda parte debaixo do Sol? Quem equipou Seus soldados com as armas da fé, de modo que a alma deles provou ser mais forte do que o diamante quando em embates contra seus inimigos? Qual dos reis tem tal poder, que lidera Seu exército após a morte, ergue troféus sobre Seus adversários e enche toda parte, distritos e cidades, tanto gregos quanto estrangeiros, com ofertas votivas: suas casas reais e templos divinos, como esta catedral e seus esplêndidos ornamentos e ofertas? Essas coisas são maravilhosas e admiráveis e são, elas mesmas, prova de que nosso Salvador é soberano, pois agora também "ele falou, e tudo se fez; ele ordenou, e tudo passou a existir" (Sl 33:9).

O que poderia se opor à vontade do próprio Deus? Isso exigiria um discurso à parte. De maior importância é como Deus olha o grande templo vivo que inclui todos nós, formado de pedras vivas firmemente colocadas "sobre o fundamento dos apóstolos e profetas, sendo [...] Cristo Jesus, a pedra angular" (Ef 2:20). [...] Esse é o maior santuário, cujas sagradas câmaras mais interiores estão escondidas da humanidade, como um verdadeiro Santo dos Santos, onde apenas o grande Sumo Sacerdote do Universo pode entrar para perscrutar os mistérios de cada alma racional.

Entretanto, talvez seja possível que um outro, destacando-se entre seus pares, assuma o segundo lugar após Cristo, a saber, o comandante deste exército [Paulino], a quem o primeiro e grande Sumo Sacerdote honrou com o segundo lugar no ministério aqui, o pastor de Seu rebanho espiritual, a quem o Pai nomeou sobre Seu povo, o novo Arão ou Melquisedeque, sustentado por Deus por meio das orações de vocês. Que somente ele, então, após o primeiro e maior Sumo Sacerdote, tenha permissão de examinar os mais íntimos recônditos da alma de vocês, uma vez que sua vasta experiência, seu entusiasmo, seu cuidado e sua instrução religiosa o qualificam.

Nosso grande Sumo Sacerdote nos diz que Ele não faz qualquer coisa "por si mesmo, senão somente aquilo que vê o Pai fazer" (Jo 5:19). Este daqui, por sua vez, vê o primeiro como um mestre, e tudo o que ele o vê fazendo se torna o padrão pelo qual, como um artista, ele exemplifica a melhor semelhança com o máximo de sua capacidade. Assim sendo, ele [Paulino] não é inferior a Bezalel, a quem o próprio Deus encheu de sabedoria, entendimento e conhecimento das artes e das ciências, chamando-o para ser o arquiteto para [o tabernáculo como um] símbolo do templo celestial. Da mesma forma, esse homem, portando a imagem de Cristo em sua alma, erigiu essa magnífica estrutura para o Deus Altíssimo de modo semelhante na natureza ao padrão daquele superior e invisível. As palavras não podem descrever a generosidade e a determinação dele, ou o entusiasmo que todos vocês demonstraram em contribuir tão generosamente para corresponder a ele nesse aspecto.

Este local (que, deve-se dizer primeiramente, foi coberto com todo tipo de lixo imundo graças a nossos inimigos), o Senhor não o abandonou à hostilidade deles, embora pudesse ter escolhido outro endereço — a cidade possui incontáveis outros — a fim de evitar esforços e problemas. Em vez disso, Ele moveu e unificou as pessoas com o Seu entusiasmo, pois sentia que [a igreja] que fora atacada pelo maligno e sofrera as mesmas perseguições que nós (como as anteriores, tal qual uma mãe desprovida de seus filhos) deveria compartilhar das bênçãos do Deus gracioso. Uma vez que o grande Pastor afastou as feras selvagens e os lobos e quebrou os dentes dos leões, era adequado que Ele elevasse o aprisco do rebanho, envergonhando o inimigo e condenando seus crimes.

Agora esses homens que odeiam a Deus não existem mais, depois de terem pagado à Justiça a punição de destruírem a si mesmos, a seus amigos, seus familiares, comprovando que as antigas predições sagradas são verdadeiras, nas quais diz a divina Palavra:

Os ímpios puxam da espada e preparam o arco para abater os pobres e necessitados, para matar os que trilham o reto caminho. Mas a espada deles lhes atravessará o próprio coração, e os seus arcos serão despedaçados. (Salmo 37:14-15)

E novamente: "…apagaste o seu nome para sempre e eternamente […]. Seu memorial foi derribado com estrondo" (Sl 9:5-6 *Septuaginta*). Pois, na verdade, quando eles estão em apuros:

Gritaram por socorro, mas não houve quem os salvasse; clamaram ao Senhor, mas ele não respondeu. (Salmo 18:41)

Eles se prostram e caem; nós, porém, nos levantamos e nos mantemos em pé. (Salmo 20:8)

E as palavras: "…quando te levantares, Senhor, tu os farás desaparecer" (Sl 73:20 NVI), provaram-se verdadeiras a todos.

Lutando contra Deus como gigantes, eles trouxeram sobre sua vida um fim miserável. [A Igreja] que fora rejeitada pelos homens permaneceu, como vemos, de forma que a profecia de Isaías a chama conforme a seguir:

O deserto e a terra seca se alegrarão; o ermo exultará e florescerá como o narciso. Ele se cobrirá de flores, dará gritos de alegria e exultará. Receberá a glória do Líbano, o esplendor do Carmelo e de Sarom. Eles verão a glória do Senhor, o esplendor do nosso Deus. Fortaleçam as mãos frouxas e firmem os joelhos vacilantes. Digam aos desalentados de coração: "Sejam fortes, não tenham medo. Eis aí está o Deus de vocês. A vingança vem, a retribuição de Deus; ele vem para salvar vocês". Então se abrirão os olhos dos cegos, e se desimpedirão os ouvidos dos surdos; os coxos saltarão como as corças, e a língua dos mudos cantará. Pois águas arrebentarão no deserto, e ribeiros, no ermo. A areia escaldante se transformará em lagos, e

*a terra seca, em mananciais de água.
Onde os chacais costumavam viver,
crescerá a erva com canas e juncos.*
(Isaías 35:1-7)

Predito há muitos anos, isso chegou até nós não mais como um rumor, mas como um fato. Com machados foram cortados os portões deste deserto, essa viúva indefesa, despedaçaram-na com machadinhas e martelos destruindo seus livros, colocando fogo no santuário de Deus e profanando o solo de Sua habitação. Todos os que passavam quebravam suas cercas e arrancavam seus frutos; o javali a devastou, e os animais selvagens a devoraram. Agora, pelo miraculoso poder de Cristo, conforme a Sua vontade, ela se tornou como um lírio. Ela também foi disciplinada sob Suas ordens, como por um pai que se importa, pois "o Senhor repreende a quem ama, assim como um pai repreende o filho a quem quer bem" (Pv 3:12). Adequadamente corrigida, ela agora é chamada para se alegrar novamente e floresce como um lírio, espalhando a sua fragrância sobre toda a humanidade, visto que a água realmente brotou do deserto, a fonte da divina regeneração por meio do batismo. As mãos fracas foram fortalecidas, conforme testemunha esta esplêndida estrutura; os joelhos vacilantes foram firmados para marchar pela estrada em direção ao conhecimento de Deus. Se as ameaças dos tiranos obscureceram algumas almas, a Palavra salvadora não desistiu deles, mas os cura com o divino encorajamento, dizendo: "Sejam corajosos, ó desalentados de coração, sejam fortes e destemidos".

A palavra que previu como seria abençoada aquela que estava no deserto depois de um amargo cativeiro foi compreendida por nosso novo e excelente Zorobabel[8], que não passou pelo corpo como se ele estivesse morto, mas, com a aprovação de todos, intercedeu diante do Pai. Tendo como aliado o Único que ressuscita os mortos, ele a levantou após purificá-la e curá-la, vestindo-a não com seus antigos trajes, mas com aqueles que seguiam as instruções divinas: "A glória deste novo templo será maior do que a do primeiro..." (Ag 2:9).

Portanto, a área que ele anexou era muito maior[9] e a cercou com

---

[8] Depois do cativeiro babilônico dos judeus, Zorobabel liderou um dos grupos que regressou a Jerusalém, onde supervisionou a reconstrução do Templo. Veja Ageu 1:1-15. O "novo Zorobabel" era, naturalmente, Paulino.

[9] Mais do que a estrutura anterior. Os parágrafos a seguir fornecem a descrição mais antiga de um prédio da igreja cristã e sua mobília.

todos os muros de proteção por segurança. Depois, fez um amplo e magnífico pórtico, para captar os raios do sol nascente, o que dá uma ampla visão do interior até para aqueles que estão fora dos recintos sagrados e atrai a atenção até mesmo dos alheios à fé, que podem ficar surpresos com a milagrosa transformação do que antes fora ruína e [podem ser] atraídos ao seu interior. Qualquer um que adentre os portões não pode entrar imediatamente com pés profanos e não lavados aos sagrados lugares interiores: ele deixou um espaço bastante amplo entre as entradas e a própria igreja, adornou o perímetro com quatro colunatas, formando um retângulo de colunas. Entre elas, estão telas de treliça de madeira e, no centro, uma área aberta ao Sol e ao céu. Lá, diretamente em frente à catedral, colocou fontes que fluíam com água fresca para que aqueles que entravam pudessem se purificar. Essa é a primeira parada para os que adentram, realçando o esplendor e servindo como uma ponte de instrução inicial para aqueles que dela necessitam.

Entre os pórticos que conduzem à catedral, colocou três portões em um dos lados, sendo o central muito mais alto e largo do que o par mais exterior, e o cobriu em bronze sustentado por ferro e detalhado em relevos que se assemelham a uma rainha ladeada por dois guarda-costas. As colunatas em ambos os lados da estrutura têm portões parecidos, com aberturas em sua parte de cima, adornadas com belos entalhes em madeira, para deixar entrar ainda mais luz.

Ele construiu a própria basílica de forma robusta usando materiais mais caros e não poupando despesas. Aqui, não preciso dar as dimensões do prédio ou descrever sua beleza radiante, indescritível vastidão, deslumbrante acabamento, altura que toca o Céu, ou os dispendiosos cedros do Líbano que formam o teto. A Palavra sagrada até nos fala acerca delas: "Avigoram-se as árvores do Senhor e os cedros do Líbano que ele plantou" (Sl 104:16 ARA).

Não preciso detalhar a perfeição do projeto e a beleza extraordinária de cada parte, pois a evidência aos olhos é mais óbvia do que aquela aos ouvidos. Depois de terminar a estrutura, ele a adornou com elevados tronos aos prelados e também com confortáveis bancos em toda a sua extensão. No centro do lugar, colocou o "santo dos santos" — o altar — excluindo a congregação dessa área ao cercá-la com treliças de madeira de maravilhosa obra artística.

Nem mesmo o piso escapou à sua atenção, o qual ele abrilhantou com todo tipo de mármore. No exterior do prédio, erigiu grandes corredores e cômodos em ambos os lados, que foram habilidosamente anexados aos lados da basílica e compartilham sua iluminação. Nosso muito pacífico Salomão construiu estes para todos que necessitam da aspersão com água e do Espírito Santo, para que a profecia citada anteriormente não seja apenas palavras, mas fato, visto que a glória desta casa é, verdadeiramente, maior do que a anterior.

Era apropriado que [a Igreja], uma vez que seu Senhor sofrera a morte no lugar dela, após a qual Ele assumiu Seu corpo glorioso e transformou Sua carne corruptível em incorruptível, se beneficiasse dos esforços do Salvador. Tendo recebido Sua promessa de coisas muito melhores do que essas, ela anseia por receber o novo nascimento na ressurreição de um corpo incorruptível, com o coral dos anjos no reino de Deus, com o próprio Cristo, seu grande Benfeitor e Salvador. Para o presente, ela, que antes estivera enviuvada e abandonada, foi adornada pela graça de Deus com esse florescer a fim de se tornar como o lírio, conforme profetizado, e, novamente, em trajes nupciais com uma grinalda de beleza, é ensinada por Isaías a dançar, por assim dizer, dando graças a Deus, o Rei, em palavras de louvor:

Tenho grande alegria no S<small>ENHOR</small>! A minha alma se alegra no meu Deus, porque me cobriu de vestes de salvação e me envolveu com o manto de justiça, como noivo que se adorna de turbante, como noiva que se enfeita com as suas joias. Porque, como a terra produz os seus renovos, e como o jardim faz brotar o que nele se semeia, assim o S<small>ENHOR</small> Deus fará brotar a justiça e o louvor diante de todas as nações. (Isaías 61:10-11)

Ela dança com essas palavras. E como o Noivo, o próprio Jesus Cristo, lhe responde? Ouçam o que o Senhor diz:

Não tenha medo, porque você não será envergonhada [...] e não mais se lembrará da desgraça da sua viuvez. [...] Porque o S<small>ENHOR</small> chamou você como se chama a mulher abandonada e de espírito abatido, [...] Por um breve momento abandonei você, mas com grande misericórdia tornarei a acolhê-la. Num ímpeto de indignação, escondi de você a minha face por um momento, mas com misericórdia

eterna me compadeço de você, diz o
SENHOR, o seu Redentor.

Acorde! Acorde e levante-se, ó
Jerusalém, você que bebeu da mão do
SENHOR o cálice da sua ira, você que
esgotou o cálice de atordoamento. De
todos os filhos que ela teve nenhum
a guiou; de todos os filhos que criou
nenhum a tomou pela mão. [...]
Eis que eu tiro da sua mão o cálice
de atordoamento, o cálice da minha
ira. Você nunca mais beberá dele.
Eu o porei nas mãos dos que a
atormentaram...

Acorde! Acorde, ó Sião, e revista-se
de força! [...] Levante e sacuda a
poeira, ó Jerusalém cativa; livre-se
das correntes de seu pescoço...

Levante os olhos ao redor e veja:
todos se reúnem e vêm até você. Tão
certo como eu vivo, diz o SENHOR,
"de todos eles você se vestirá como de
um enfeite e deles se cingirá como
noiva". Pois, quanto aos seus lugares
desertos e devastados e à sua terra
destruída, certamente será pequena
demais para os moradores; e os que
a devoravam estarão bem longe. Os
filhos que nasceram nos seus dias
de luto dirão a você: "Este lugar é
pequeno demais para nós; dê-nos

mais espaço para morar". Então você
pensará assim: "Quem me gerou
estes filhos? Pois eu era uma mulher
sem filhos e estéril [...]. Quem criou
esses filhos para mim?"[10]

Isaías profetizou tudo isso,
mas era necessário que um dia
aprendêssemos verdade dessas
palavras por meio de fatos. E,
visto que o Noivo (a Palavra) fala
assim à Noiva, a imaculada Igreja,
quão apropriado é que esse servo[11]
nupcial estendesse as mãos de vocês
em oração comunitária e, pela
vontade de Deus e do poder de
Jesus Cristo, despertasse aquela que
jazia desolada e morta. E, depois
de erguê-la, ele a restaurou de
acordo com os preceitos dos
oráculos sagrados.

    Esta [catedral] é uma
maravilha poderosa e espetacular,
especialmente para aqueles que
atentam apenas ao que é exterior.
Contudo, muito mais maravilhosos
são os arquétipos ou padrões
divinos das coisas materiais; estou
falando da renovação do edifício
espiritual de nossa alma. Este
edifício foi criado pelo próprio
Filho de Deus à Sua imagem e
semelhança divina: uma natureza
incorruptível, uma essência

---

[10] Isaías 54:4,6-8; 51:17-18,22-23; 52:1-2; 49:18-21
[11] Paulino

Colonada nas ruínas da antiga Tiro, com o Mediterrâneo ao longe. Eusébio fez o discurso dedicatório na nova catedral aqui em 316.
© Shutterstock

espiritual alheia à matéria terrena, e dotada de inteligência. Cristo a trouxe à existência e fez dela uma noiva santa, e um templo sagrado a si mesmo e ao Pai. Isso Ele revela claramente ao afirmar: "…Habitarei e andarei entre eles; serei o seu Deus, e eles serão o meu povo" (2Co 6:16). É assim a alma perfeita e purificada, criada desde o princípio para portar a imagem da Palavra celestial.

Contudo, quando, por meio das emulações do demônio que odeia o bem, ela se tornou por vontade própria uma amante da sensualidade e do mal, a protetora divindade a abandonou, e ela se tornou presa das armadilhas daqueles que a invejavam. Derrubada pelos aríetes de seus inimigos espirituais, ela desmoronou no chão sem deixar qualquer pedra de sua virtude uma sobre a outra, enquanto jazia morta, despojada de pensamentos inatos acerca de Deus. Durante o tempo em que permaneceu prostrada, foi devastada por selvagens feras espirituais que a inflamaram com paixões, como se por flechas afiadas de maldade que incendiaram o sagrado santuário de Deus, profanando completamente o local da habitação de Seu nome. Depois, ela foi sepultada sob grandes montões de terra, sem qualquer esperança de salvação.

Porém, quando ela pagou a punição por seus pecados, o redentor Protetor, a Palavra, a restaurou novamente, pela graça de Seu Pai. Primeiramente, Ele escolheu a alma dos supremos imperadores, os que lhe eram mais amados, e por meio delas limpou todo o mundo dos malévolos e perniciosos e dos próprios terríveis tiranos que odiavam a Deus. Então, Cristo trouxe à luz Seus discípulos, cujas vidas foram totalmente dedicadas a Ele, embora ocultas na tempestade de maldades por Seu cuidado protetor, e lhes deu uma recompensa à altura pela generosidade de Seu Pai. Por intermédio deles, Ele purificou as almas que haviam sido manchadas com todo tipo de imundície e com a sujeira dos ímpios decretos, usando para isso Suas picaretas e enxadas, que são Seus penetrantes ensinamentos. E, depois de haver tornado esse lugar brilhante e limpo, Ele o confiou a esse líder sapientíssimo e amado por Deus, alguém de tanto discernimento e prudência com relação às almas confiadas a seu cuidado. Desde o início, ele jamais cessou de construir, lançando o ouro radiante, a prata pura e as pedras preciosas entre vocês, assim cumprindo a santa profecia que afirma:

Eis que eu assentarei as suas pedras com argamassa colorida e lançarei os seus alicerces sobre safiras. As suas torres serão de rubis, os seus portões serão de esmeraldas e toda a sua muralha será de pedras preciosas. Todos os seus filhos serão ensinados pelo SENHOR, e será grande a paz de seus filhos. Você será estabelecida em justiça... (Isaías 54:11-14)

Edificando verdadeiramente em justiça, ele dividiu as pessoas de acordo com as suas habilidades.[12] Com algumas, a maioria delas, ele cercou apenas a parte exterior com um muro de fé inabalável. A outras, confiou as entradas da igreja, onde atuarão como guias daqueles que estão entrando. De algumas, fez base para as primeiras colunas que cercam o retângulo que rodeia o pátio, trazendo-as ao primeiro contato com a carta dos quatro evangelhos. Outras ainda, ele uniu à basílica ao longo de ambas as laterais, aquelas que estão avançando sob a instrução e não se encontram distantes da mais íntima visão divina dos fiéis. Escolhendo entre essas as almas limpas que foram purificadas como o ouro pela lavagem divina, ele fez destas suporte para as colunas que são maiores do que as exteriores ao usar os ensinamentos místicos mais profundos das Escrituras, enquanto a outras ilumina com aberturas em direção à luz. Adorna todo o templo com um grande portão de entrada: o louvor ao nosso único Deus e Rei, ladeando o poder supremo do Pai com os feixes secundários da luz de Cristo e do Espírito Santo. Quanto ao restante, por toda a extensão da estrutura, ele demonstra claramente a verdade que está em todos ao incluir as pedras vivas e seguras da alma humana. Desse modo, construiu de todas elas uma grande casa real, luminosa por dentro e por fora, uma vez que não apenas a alma e a mente, mas até mesmo o corpo delas foi glorificado com os muitos florescentes adornos da castidade e temperança.

Neste santuário também estão os tronos e incontáveis assentos, as almas sobre as quais repousam os dons do Espírito Santo, como os que foram derramados sobre os santos apóstolos e seus colaboradores muito tempo atrás, distribuídos em línguas como de

---

[12] Os parágrafos a seguir usam a igreja física como um modelo para os níveis espirituais de seus membros.

fogo. A plenitude de Cristo reside em [Paulino], o líder de todos eles, e naqueles que o acompanham, na proporção da capacidade de cada um de receber o poder de Cristo e do Espírito Santo. A alma de alguns deve ser até mesmo assento dos anjos comprometidos com o ensinamento e guardiões de cada um deles. Quanto ao ímpar e grandioso altar, o que pode ser ele senão o imaculado Santo dos Santos [de Cristo], o Sacerdote de todos? Posicionado à direita deste, o grande Sumo Sacerdote do Universo, Jesus, o Filho unigênito de Deus, recebe alegremente o incenso aromático das orações de todos e as remete ao Pai celestial e Deus do Universo. Adorando ao Pai, apenas o Filho rende a glória que lhe é devida e implora que o Pai continue sendo favorável a nós para sempre.

Assim é o templo que a Palavra, o grande Criador do Universo, tem construído por todo o mundo de forma que o Pai possa ser honrado e adorado. No entanto, quanto ao Reino acima dos céus, a Jerusalém do alto, como é chamada, os celestiais monte Sião e a cidade do Deus vivo, onde miríades de anjos e os primeiros arrolados no Céu oferecem louvor inefável a seu Criador — acerca dessas coisas, nenhum mortal pode cantar de modo digno, pois, de fato: "Nem olhos viram, nem ouvidos ouviram [...] o que Deus tem preparado para aqueles que o amam" (1Co 2:9). Parcialmente considerados dignos de tais coisas, que todos nós — homens, mulheres e crianças, pequenos e grandes, em um só espírito — ofereçamos gratidão eterna e louvor ao Autor de todas as bênçãos. Ele demonstra misericórdia quanto a nossas ofensas, cura nossas enfermidades, redime nossa vida da destruição, coroa-nos com compaixão e satisfaz nossas aspirações com toda sorte de coisas boas. Ele não trata conosco segundo os nossos pecados, mas, quanto dista o oriente do ocidente, assim Ele afastou de nós as nossas iniquidades. Como um pai se compadece de seus filhos, assim o Senhor se compadeceu daqueles que o temem.[13]

Que agora e para todo o porvir, nós reacendamos a memória dessas coisas. Que o Autor da presente assembleia e desse dia alegre e muito glorioso — o próprio Senhor — esteja sempre em nossa mente, noite e dia, a cada hora e em cada respirar. Que nós o

---

[13] Veja Salmo 103:3-5,10-13.

estimemos e o reverenciemos com toda a força de nossa alma. E que agora nos levantemos e imploremos a Deus em alta voz para que nos abrigue e preserve até o fim em Seu aprisco e confira a nós a Sua paz eterna e inabalável em Cristo Jesus nosso Salvador, por meio de quem seja a glória a Ele para sempre e eternamente. Amém.

OS DECRETOS IMPERIAIS

5. Permitam-nos, aqui, citar as ordenanças imperiais de Constantino e de Licínio, conforme traduzidas do latim.

Cópia das ordenanças imperiais traduzidas do latim[14]

Há muito pretendíamos que a liberdade de culto não fosse negada, mas que todos tivessem o direito de praticar sua religião conforme escolhessem. Assim sendo, demos ordens para que tanto a cristãos quanto a [todos os demais] seja permitido guardar a fé de sua própria seita e adoração. Porém, uma vez que muitas condições, de todos os tipos, foram acrescentadas àquele rescrito nos quais tais direitos foram concedidos a essas mesmas pessoas, parece que alguns deles foram, pouco depois, dissuadidos de tal observância.

Quando, sob alegres auspícios, eu, Constantino Augusto, e eu, Licínio Augusto, chegamos a Milão e discutíamos todas as questões concernentes ao bem público, entre outras coisas para o bem-estar geral — ou melhor, como questões de altíssima prioridade —, decidimos emitir esses decretos para assegurar o respeito e a reverência pela deidade, a saber, conceder aos cristãos e a todos os demais a liberdade de prestar qualquer forma de culto que desejassem, de modo que todos os poderes divinos e celestiais que existem sejam favoráveis a nós e a todos os que vivem sob nossa autoridade. Portanto, aqui está a decisão à qual chegamos depois de consistente e prudente confabulação: não deve ser negado, de forma alguma, a qualquer um o direito de seguir e escolher o formato cristão de adoração ou observância, e a todos é concedido o direito de entregar sua mente à forma de culto que pensam ser adequado a si mesmos, de modo que a divindade possa nos demonstrar Seu cuidado e

---

[14] Este é o famoso Édito de Milão, escrito por Constantino e Licínio em Milão, mas anunciado em Nicomédia em junho de 313 d.C. Ele foi então despachado para os governadores das províncias romanas. A sua superioridade ao édito de Galério reside em que este concedeu liberdades a todas as crenças religiosas.

generosidade costumeiros em todas as coisas. Era apropriado enviar um rescrito de que isso é o que nos agrada, para que, com todas as condições canceladas na carta anterior enviada à Vossa Dedicação acerca dos cristãos,[15] qualquer coisa que pareça injustificada e alheia à nossa clemência possa também ser retirada e que agora todos os que desejam observar o formato cristão de adoração sejam permitidos a fazê-lo sem nenhum impedimento. Decidimos explicá-lo detalhadamente à Vossa Diligência, para que você possa saber que concedemos a esses mesmos cristãos permissão livre e ilimitada para praticar sua própria forma de adoração. E, quando você notar que lhes concedemos irrestritamente tal permissão, Vossa Dedicação entenda que ela também é dada a outros que desejem seguir suas próprias observâncias e forma de culto (algo que está claramente em acordo com a tranquilidade de nossa época) para que todos possam ter a autonomia de escolher praticar qualquer formato que desejar. Isso fizemos a fim de que não pareça que qualquer rito ou forma de culto tenha sido, de algum modo, menosprezado.

Acerca dos cristãos, foram emitidas instruções definitivas, na carta previamente enviada à Vossa Dedicação, a respeito de seus locais de reunião. Agora, resolvemos, ainda mais, que, se alguém comprou esses lugares quer de nosso tesouro ou de outra fonte, deve restitui-los aos mesmos cristãos sem qualquer pagamento ou exigência de compensação e que o faça sem negligência ou hesitação. Se alguém os recebeu como doação, deve restitui-los aos mesmos cristãos sem demora, desde que, se aqueles que adquiriram esses prédios ou os que o receberam como doação apelarem à nossa generosidade, possam apelar ao prefeito do distrito, a fim de que também possam se beneficiar de nossa bondade. Toda essa propriedade deve ser imediatamente entregue ao corpo de cristãos, por meio de zelosa ação de sua parte e sem qualquer delonga.

E, visto que esses mesmos cristãos não apenas eram os proprietários dos locais de reunião, como também sabe-se que tinham outros que pertenciam não a indivíduos, mas à corporação dos cristãos, você ordenará, sob as provisões da lei supracitada, que

---

[15] O édito de Galério.

tais propriedades sejam restituídas sem quaisquer questionamentos aos mesmos cristãos, isto é, à sua corporação e associações, contanto que, novamente, aqueles que restituírem os mesmos sem compensações, como mencionado acima, possam buscar indenização de nossa generosidade por suas perdas.

Em todos esses assuntos, você deve aplicar todo esforço possível em favor da citada corporação de cristãos para que nossas ordens sejam implementadas com toda celeridade, de forma que aqui também nossa bondade possa promover a tranquilidade pública comum. Desse modo, conforme mencionado anteriormente, o cuidado divino por nós, que reconhecemos em muitas ocasiões anteriores, permanecerá conosco permanentemente. E, a fim de que todos saibam da nossa generosidade e decretos, o que escrevemos deve ser anunciado por sua ordem, publicado em toda parte e chegar ao conhecimento de todos, para que nosso decreto que incorpora nossa generosidade não escape à atenção de ninguém.

Cópia de outro estatuto imperial, demonstrando que o favor foi concedido somente à igreja católica

Saudações, nosso honradíssimo Anulino.[16] Para manter a nossa benevolência, desejamos que aquilo que for propriedade legítima de alguém não somente não sofra dano, mas seja restituída. Portanto, é nosso desejo que, quando você receber esta carta, tome o cuidado para que as propriedades da igreja católica dos cristãos em qualquer cidade ou localidade, que estejam agora na posse de cidadãos ou qualquer outro, sejam restituídas imediatamente para as mesmas igrejas, visto que temos determinado que tudo aquilo que pertencia a essas mesmas igrejas deverá ser devolvido com justiça. Assim, uma vez que Vossa Lealdade percebe que a intenção dessa nossa ordem é perfeitamente clara, você deve zelar para que tudo (jardins, prédios ou quaisquer propriedades) que legitimamente pertença a essas mesmas igrejas seja restituído a elas tão brevemente quanto possível, a fim de que possamos saber de sua cuidadosa observância de nossas ordens. Despedimo-nos, honradíssimo e estimado Anulino.

---

[16] Procônsul da África, que teve que lidar com a controvérsia donatista. Neste documento, a "igreja católica" refere-se à igreja cristã universal ou dominante, em contraposição aos cismáticos, como os donatistas, que ensinavam que os ritos da igreja dependiam do oficiante para serem considerados eficazes.

Cópia de uma carta imperial ordenando que o sínodo dos bispos fosse realizado em Roma visando à unidade e à concordância das igrejas

313 d.C.

Constantino Augusto a Milcíades, bispo de Roma, e a Marcos. Diante dos numerosos documentos que me foram enviados por Anulino, o ilustre procônsul da África,[17] nos quais parece que Ceciliano, bispo de Cartago, é acusado com muitos relatos por alguns de seus colegas na África, considero questão de extrema seriedade que nessas províncias, confiadas pela divina providência à Minha Dedicação, e onde há grande quantidade de pessoas, a multidão tenha sido encontrada tomando o caminho errado ao se dividir, por assim dizer, e os próprios bispos dividindo-se entre si. Pareceu-me bom que o próprio Ceciliano, com os dez bispos que parecem estar acusando-o e dez outros que ele ache necessário para defender seu caso, devam viajar a Roma, onde, na presença de vocês e seus companheiros, Retício, Materno e Marino, a quem ordenei que se apressassem a Roma para esse propósito, seja-lhe concedida uma audiência por tal procedimento, pois você sabe que está de acordo com a santíssima lei. Para que você tenha informação completa acerca dessas questões, anexei à minha carta cópias dos relatórios de Anulino que me foram enviados e os quais despachei para seus colegas acima mencionados. Quando vocês os tiverem lido, Vossa Constância decidirá como o caso citado pode ser mais cuidadosamente investigado, a fim de que um veredito justo seja alcançado, pois, como Vossa Diligência bem sabe, meu respeito pela legítima igreja católica é tão grande que não desejo nenhum cisma ou divisão de qualquer tipo em lugar algum. Que a divindade do grande Deus os mantenha a salvo por muitos anos, honradíssimos senhores.

Cópia de uma carta imperial ordenando que um segundo sínodo ocorresse para sanar todas as divisões entre os bispos

314 d.C.

Constantino Augusto a Cresto, bispo de Siracusa. Quando, em ocasião anterior, motivos inferiores e perversos levaram alguns a criar

---

[17] Os donatistas na África reivindicavam que Ceciliano havia sido consagrado por Félix, um bispo que se tornara um *traditor* na perseguição sob Diocleciano, isto é, alguém que havia rendido as Escrituras aos perseguidores. Considerando a consagração de Ceciliano como inválida, eles indicaram Majorino, outro bispo, em seu lugar. Este foi logo sucedido por Donato, de quem o cisma donatista recebe o nome.

Ruínas do Fórum Romano. Da esquerda para a direita: o Santuário de Vesta, o Arco de Tito, as três colunas do Templo de Castor e Pólux e os restos do palácio imperial no Monte Palatino.
© Shutterstock

divisões com relação à adoração do santo e celestial poder e à religião católica, almejei cessar tais dissenções entre eles. Dei ordens que certos bispos deveriam ser enviados da Gália, para que as partes conflitantes que estavam disputando teimosamente fossem convocadas à África, e que também o bispo de Roma se apresentasse. A questão deveria ter recebido uma solução justa por meio de exame cuidadoso de cada detalhe. Contudo, aconteceu que alguns se esqueceram tanto de sua própria salvação quanto da reverência devida à sagrada religião e não pararam, até o momento, de nutrir suas hostilidades individuais. Eles se recusam a receber o julgamento que já foi alcançado, reivindicando que apenas poucas pessoas apresentaram seus pontos de vista e opiniões ou que estavam com pressa de promulgar o julgamento sem primeiro ter investigado completamente todas as questões. Como consequência, as mesmas pessoas que deviam estar unidas em concordância fraterna estão separadas umas das outras de maneira vergonhosa (pior que isso, na verdade: abominável), fornecendo àqueles que são alheios à sagradíssima religião um pretexto para zombaria. Portanto, vi-me obrigado a planejar que aquilo que já deveria ter sido encerrado por acordo voluntário após o julgamento já promulgado possa agora, se possível, ser resolvido de uma vez por todas na presença de muitas pessoas.

Visto que ordenamos que muitos bispos de vários lugares se reúnam em Arles nas calendas de [primeiro de] agosto, achamos por bem escrever a você também. Você obterá do ilustre Latroniano, o *corrector*[18] da Sicília, uma carruagem pública e acrescentará à sua companhia outras duas, com [presbíteros] de posição secundária de sua escolha. Leve três servos consigo, que sejam capazes de cuidar de você durante a viagem, e esteja presente no local e data acima mencionados. Que, por Vossa Constância e pela sabedoria conjunta dos outros reunidos, essa disputa — vergonhosa e miseravelmente prolongada — também possa, mesmo que tardiamente, ser substituída pelas genuínas religião, fé e concordância fraternal depois de todos serem ouvidos, também por aqueles que estão em desacordo, a quem igualmente ordenamos estar presentes. Que o Deus

---

[18] Os governadores de certas províncias do século 4 tinha o título de *konrektoros* ou *corrector*.

Todo-poderoso o preserve em boa saúde por muitos anos.

Cópia de uma carta imperial concedendo doações em dinheiro às igrejas
6. Constantino Augusto a Ceciliano, bispo de Cartago. Uma vez que é nosso desejo que em todas as províncias — a saber, África, Numídia e Mauritânia — certos especificados ministros da legítima e santíssima religião católica recebam contribuições para as despesas, enviei uma carta a Urso, o mais eminente oficial de finanças da África, direcionando-o a pagar três mil *folles*[19] à Vossa Constância. Quando tiver recebido essa soma, você cuidará para que ela seja distribuída entre as pessoas citadas acima, de acordo com o cronograma enviado por Óssio.[20] Se, mais tarde, você perceber que lhe falta algo para cumprir as minhas intenções com relação a eles, não hesite em pedir a Héracles, nosso procurador, qualquer coisa que precisar. Quando ele estava aqui, dei-lhe ordens para que, se Vossa Constância solicitasse a ele qualquer quantia em dinheiro, ele deveria entregá-la sem questionamento.

E, uma vez que ouvi que certas pessoas de mentalidade instável estão ansiosas por desviar os leigos da santíssima igreja católica por imunda indução, saiba que, quando eles estavam aqui, instruí Anulino, o procônsul, e também a Patrício, o vigário dos prefeitos,[21] que especialmente nessa questão não ignorem tais incidentes. Assim sendo, se você observar qualquer desses homens persistindo em tal insanidade, não deve hesitar em trazer o assunto diante dos juízes supracitados, para que, do mesmo modo como os instruí quando eles estavam aqui, eles possam afastar essas pessoas de seus erros. Que a divindade do grande Deus o mantenha a salvo por muitos anos.

Cópia de uma carta imperial ordenando que os líderes das igrejas sejam isentos de todos os deveres públicos
7. Saudações, honradíssimo Anulino. Muitos fatos provam que

---

[19] O *follis* valia o dobro de um denário.

[20] Óssio era bispo de Córdoba, na Espanha, e o conselheiro teológico mais influente de Constantino.

[21] Nesse tempo, o vigário governava um grupo de províncias e o prefeito governava uma das quatro maiores divisões do império. O vigário da África estava sob o prefeito da Itália.

a corrupção do culto religioso, pelo qual a maior reverência ao santíssimo e celestial [poder] é preservada, tem ameaçado grandemente as questões públicas e que sua legítima restauração e preservação têm conferido grande bem ao nome romano e extraordinária prosperidade a toda humanidade — bênçãos concedidas pela graça divina. Parece-me, portanto, bom que esses homens que entregam sua vida à condução do serviço divino, com a devida santidade e observância dessa lei, devam receber recompensas por seus labores, honradíssimo Anulino. Assim, desejo que aqueles de sua província que pertencem à igreja católica, sobre os quais Ceciliano preside, que devotam seu serviço a esse culto sagrado — aqueles a quem comumente chamamos de clérigos — sejam, definitivamente, liberados de todos os compromissos públicos. Eles não serão afastados da adoração devida à divindade por qualquer erro ou sacrilégio, mas, em vez disso, servirão estritamente a própria lei deles sem nenhum impedimento. Ao render serviço total à deidade, eles claramente conferirão imenso benefício sobre os assuntos do Estado. Despedimo-nos, nosso honradíssimo e estimado Anulino.

A INSENSATEZ DE LICÍNIO E O SEU DESTINO

8. Dessa maneira, então, a graça divina e celestial nos foi concedida pela aparição de nosso Salvador, e tão grande era a abundância de coisas boas que a paz alcançou toda a humanidade. Assim, o nosso júbilo foi celebrado com alegres festividades. Todavia, a inveja que odeia o que é bom, o demônio que ama o que é mau, não pôde suportar essa visão, e o destino dos tiranos mencionados anteriormente [Maxêncio e Maximino] não foi suficiente para trazer consciência a Licínio. Ele havia sido honrado com o ofício de imperador no tempo da prosperidade, juntamente com o grande Constantino, e se tornou aparentado dessa exaltada pessoa por via de casamento. Entretanto, ele abandonou o exemplo dos bons homens e imitou a loucura perversa dos ímpios tiranos, preferindo seguir aqueles cujo final ele havia testemunhado com seus próprios olhos, ao invés de permanecer em amizade e estima com seu superior. Repleto de inveja do popular benfeitor, ele travou uma guerra impiedosa e completa contra ele, não respeitando às leis da natureza, ou a tratados sob juramento, laços de sangue ou compromissos. Pois Constantino, sendo um imperador cheio de graça, havia lhe concedido muitas evidências de favor, sem invejar seu parentesco consigo mesmo ou recusar-lhe uma brilhante união com sua irmã. Pelo contrário, considerou-o

digno de compartilhar de sua nobreza e do sangue imperial que havia herdado, conferindo-lhes, como cunhado e imperador conjunto, uma parte do poder soberano e governo igualitário sobre as terras sob o controle romano.

317-24 d.C.

No entanto, Licínio se comportou de modo exatamente contrário: dia a dia, inventava esquemas contra seu superior, criando plano após plano para recompensar seu benfeitor com o mal. Inicialmente tentou disfarçar suas conspirações e se portou como amigo, esperando alcançar seu objetivo por meio de traição e engano. Porém, Deus se tornou amigo, protetor e guardião de Constantino e expôs as intrigas planejadas em segredo e as frustrou — esse é o poder que possui a grande arma da piedade para afastar o inimigo e salvaguardar os seus. Desse modo protegido, nosso imperador, muito amado por Deus, evitou os conluios de seu conspirador. Quando Licínio percebeu que sua intriga clandestina não avançava conforme o planejado, visto que Deus revelava cada artimanha e ardil a Seu amado imperador, ele declarou guerra abertamente, incapaz de se disfarçar por mais tempo. Ao decidir combater Constantino, ele também se apressava à batalha contra o Deus do Universo, a quem ele sabia [que seu oponente] adorava. Desse modo, planejou um ataque, silenciosa e discretamente no início, contra os súditos piedosos, embora eles jamais tivessem demonstrado qualquer deslealdade a seu governo. Licínio fez isso porque uma corrupção interior o afligia com uma terrível cegueira que não mantinha diante de seus olhos a memória nem daqueles que haviam perseguido os cristãos antes dele nem daqueles que ele mesmo havia destruído pelas más ações deles. Desviando-se do caminho da prudência e da racionalidade, tornou-se totalmente insensato e determinado a guerrear contra o próprio Deus, como Protetor de Constantino, em vez de contra aquele que era o protegido.

Primeiramente, ele demitiu todos os cristãos que serviam em sua casa, privando-se, pobre tolo, das orações a Deus a seu favor, ensinadas a eles por seus pais a serem oferecidas por todos. Depois, ordenou que, em cidade após cidade, os soldados fossem separados e desprovidos de suas patentes se falhassem em sacrificar aos demônios.

Mas isso era insignificante comparado às medidas mais drásticas. É desnecessário mencionar, uma a uma, as obras desse homem que odiava a Deus ou como leis ilegais foram elaboradas por esse facínora. Na verdade, ele decretou que ninguém deveria tratar humanamente aqueles que sofriam na prisão dando-lhes alimento ou se apiedasse daqueles acorrentados que morriam de inanição. Ninguém deveria ser benigno, mesmo que por inclinação natural, e sentir compaixão de seus semelhantes.

Dentre as suas leis, uma era evidentemente vergonhosa e a mais cruel

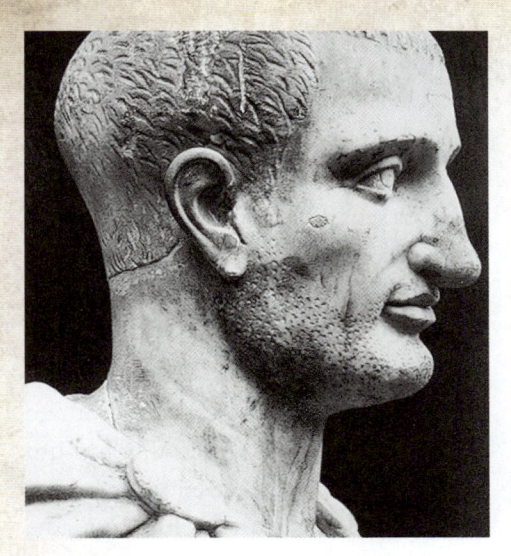

Licínio, o último oponente de Constantino no Oriente (*Museu Torlonia, Roma*).

multas impostas aos habitantes das áreas rurais que não mais viviam, mas haviam morrido há muito tempo. Depois, esse homem que odiava a humanidade baniu os inocentes e prendeu homens nobres e estimados, cujas esposas ele separou e entregou a alguns vis membros de sua casa, no intuito de as insultar e humilhar. Quanto às muitas mulheres casadas e moças solteiras com quem esse bêbado velho e caquético satisfazia sua luxúria ilimitada, por que deveria eu detalhar essas coisas quando os últimos ultrajes fizeram os primeiros parecerem triviais e desprezíveis?

Nos últimos estágios de sua loucura, ele agiu contra os bispos, assumindo que eles se opunham às suas obras por serem servos do Deus supremo. Começou a conspirar contra eles, não abertamente, no início, por temor a seu superior, mas, novamente usando ardis secretos: conspirando com os governadores, ele levou os mais célebres deles à morte. A forma como eles foram mortos foi grotesca e inédita, e o que foi feito em Amasia e outras cidades do Ponto ultrapassou todos os excessos de crueldade. Algumas das igrejas de lá foram novamente destruídas de cima a baixo, enquanto outras foram trancadas para impedir que qualquer dos adoradores se reunissem e rendessem o culto devido a Deus. Ele não achava que as orações dos cristãos eram oferecidas a seu favor — o raciocínio de uma consciência culpada —,

de todas em sua subversão de todos os sentimentos civilizados: ela especificava que aqueles que demonstrassem misericórdia deveriam sofrer as mesmas punições que aqueles por quem tinham compaixão e aqueles que fornecessem assistência humanitária deveriam ser acorrentados e aprisionados para compartilhar as mesmas penalidades que aqueles que a suportavam. Essas eram as ordenanças de Licínio.

Preciso listar suas inovações quanto ao casamento ou suas mudanças radicais acerca daqueles que partiram desta vida? Ele ousou rescindir as antigas e bem fundamentadas leis romanas, substituindo-as por algumas que eram bárbaras, não civilizadas e verdadeiramente ilegais. Houve inúmeras tributações para malefício dos povos subordinados a ele, muitas exigências de ouro e prata, reavaliações de terras e ganhos por

mas que todas as nossas súplicas eram pelo imperador que Deus amava. É por esse motivo que liberou sua ira contra nós. Convencido de que obedeciam ao que o perverso pedia, os governadores bajuladores prenderam bispos completamente inocentes como se fossem criminosos e os executaram, sem nenhum pretexto, como assassinos. Alguns sofreram ainda mais uma novidade nas formas de morte: seus corpos foram esquartejados em muitos pedaços pela espada e, depois desse espetáculo brutal e horrendo, foram lançados ao mar como alimento para os peixes. Isso levou os homens de Deus a fugirem novamente, e, mais uma vez, os campos, desertos, vales e montanhas acolheram os servos de Cristo.

Quando esse ímpio obtivera sucesso com essas medidas, planejou renovar a perseguição geral contra todos. Tinha o poder para o fazer e nada o impedia de implementá-la — se Deus, o Protetor de Suas almas, não tivesse previsto rapidamente o perigo impeditivo. De uma noite sombria e lúgubre, Deus gerou grande luz, e um salvador para todos eles brilhou, e Seu braço levantado levou Seu servo Constantino àquele lugar.

9. A ele, como fruto digno de sua devoção, Deus conferiu os celestiais troféus de vitória sobre o perverso. Contudo, Ele abateu o culpado, juntamente com todos os seus conselheiros e amigos, derrotados sob os pés de Constantino.

O VITORIOSO CONSTANTINO

Quando a insensatez de Licínio chegou ao ponto máximo, o imperador, amigo de Deus, não mais o tolerou. Com um consistente bom senso e equilibrando as demandas de justiça com humanidade, ele se determinou a salvar aqueles atacados ferozmente pelo tirano e se apressou para resgatar grande parte da raça humana afastando alguns saqueadores do caminho. Anteriormente, quando somente a sua humanidade demonstrara misericórdia imerecida a Licínio, este último não melhorou: não abandonou sua perversidade, mas acelerou sua fúria ensandecida contra seus súditos, deixando suas vítimas despojadas de qualquer esperança de resgate da fera selvagem que as tiranizava.

Assim sendo, misturando o amor pela bondade com o ódio ao mal, o herói do bem partiu com aquele príncipe tremendamente humano, seu filho Crispo,[22]

---

[22] Crispo era o filho mais velho de Constantino e lhe foi dado o título de César em 317. Na campanha contra Licínio, ele conquistou uma vitória naval no Helesponto em 324. Dois anos mais tarde, no entanto, foi executado. Uma vez que sua madrasta, Fausta, foi executada logo depois, circularam rumores de que ela havia acusado Crispo de tentativa de sedução diante de Constantino, e, no fim, ela mesma foi denunciada por Helena, mãe de Constantino. Com Eusébio retratando Crispo de forma tão positiva nessa passagem, o Livro 10 e a versão final de *História Eclesiástica* devem ser datados antes de 326 e foi, muito provavelmente, publicado cerca de 324–25 d.C.

324 d.C.

erguendo a mão de resgate a todos os que pereciam. Então, tendo Deus, o Rei supremo, e o Filho de Deus, o Salvador de todos, como guias e aliados, pai e filho dividiram seu exército contra os que odiavam Deus, cercando-os em cada lado e conquistando com facilidade a vitória, pois Deus facilitara tudo de acordo com Seu propósito.[23] De repente, aqueles que ontem mesmo respiravam ameaças e morte não mais existiam. Até mesmo seus nomes foram esquecidos, enquanto seus retratos e honras foram adequadamente descreditados. O que Licínio havia visto com seus próprios olhos acontecer com os malévolos tiranos que o antecederam ele mesmo sofria agora, sem que se deixasse corrigir ou iluminar pelos golpes que caíam sobre os que o cercavam. Ele seguiu o mesmo caminho de iniquidade que eles e mereceu ruir no mesmo precipício.

Com seu inimigo prostrado, o poderoso vencedor Constantino, excepcional em cada virtude santa, bem como seu filho Crispo, um líder muito amado por Deus e semelhante a seu pai em tudo, reconquistaram suas próprias províncias no Oriente e reunificaram o Império Romano, como nos dias passados, trazendo todos para debaixo de seu governo pacífico, desde o nascer do Sol até o mais longínquo crepúsculo, em um amplo círculo de norte a sul.

Cabeça de Constantino. Apenas a sua face é antiga (*Louvre, Paris*). © Wikipedia Commons

Agora as pessoas haviam perdido completamente o medo de seus antigos opressores e celebravam belíssimos festivais — a luz estava em toda parte — e os homens que antes estavam abatidos se cumprimentavam mutuamente com rostos sorridentes e olhos brilhantes. Com danças e músicas nas cidades e nos campos, eles honravam primeiramente ao Deus supremo, como foram ensinados, e depois ao piedoso imperador e a seus filhos, amados por Deus. Os antigos problemas foram esquecidos, toda a impiedade desaparecera; as coisas boas do presente eram desfrutadas, e aquelas do porvir eram aguardadas. Por todo lugar, o vitorioso imperador publicava ordenanças e leis humanitárias que refletiam liberalidade e

---

[23] Licínio foi derrotado em julho de 324 em Adrianópolis e novamente em Crisópolis (Üsküdar, Turquia) em setembro. Depois de sua rendição, ele foi exilado em Tessalônica e executado em 325 por tentativa de rebelião.

verdadeira piedade. Assim, por apenas Constantino e seus filhos, toda a tirania fora erradicada e o reino que lhes pertencia foi preservado, assegurado e incontestado. Eles, tendo primeiramente purificado o mundo do ódio a Deus e sabendo de todo o bem que Ele lhes conferira, demonstraram seu amor pela virtude e por Deus, sua devoção e gratidão ao Todo-poderoso por meio de suas ações aos olhos de todos.

EUSÉBIO E CONSTANTINO

Eusébio é regularmente criticado com severidade por seu triunfalismo e a adulação que esbanja a Constantino. Acima de todo o debate, esses epítetos floreados, como "imperador amado por Deus", se tornam enjoativos ao leitor contemporâneo. O livro *Vida de Constantino*, também de autoria de Eusébio, a biografia panegírica que publicou após a morte do imperador em 337, continua com a mesma abordagem. Em vez de aumentar o coro dos críticos, seria bom que as pessoas se colocassem no lugar de Eusébio. Esse homem não apenas escreveu sobre as perseguições de outrora, mas semelhantemente os livros finais de sua *História Eclesiástica* refletem os tormentos e as repressões contra os cristãos que foram testemunhados e vividos no próprio encarceramento dele. As vítimas incluíam um homem a quem ele valorizava acima ainda de Orígenes ou de Constantino: seu amado professor em Cesareia, Pânfilo. Quando alguém coloca um ponto final em todo esse horror — ultrajantes perseguições que continuamente ressurgiam no Oriente depois de vários éditos de tolerância —, dificilmente surpreende que Eusébio se inclinasse a cercar Constantino com uma aura de admiração.

O próprio Constantino, o primeiro imperador totalmente reconhecido como cristão, tinha uma personalidade complexa que incluía alguns traços negativos não mencionados por Eusébio. Estes seriam ampliados pelos detratores das gerações seguintes, começando por seu sobrinho Juliano, o apóstata, imperador entre 361 e 363, que tentou sem sucesso restaurar o paganismo romano. Suas sarcásticas insinuações sobre seu tio foram aumentadas por Eunápio, de Sardes, ao atribuir a Constantino a culpa pelo declínio do Império Romano — muito antes de Edward Gibbon [1737–94, historiador]. Por volta do ano 500, o historiador bizantino pagão, Zózimo, usou Eunápio para deformar ainda mais a imagem de Constantino a esse respeito, e sua caricatura recebeu apoio no tempo da Renascença.

Mais recentemente, alguns historiadores, como Jacob Burckhardt no último século, questionaram a conversão de Constantino, afirmando que suas ações em favor do cristianismo foram realizadas na base do frio cálculo político em vez de uma convicção consciente, numa estratégia de usar a igreja para obter apoio partidário a fim de servir às suas próprias ambições. Eles mencionam o título que Constantino reteve de *pontifex maximus* do paganismo romano, o emblema de *Sol Invictus* em suas moedas, seus subsídios públicos para as seitas do antigo paganismo em Roma, as execuções de seus próprios criados e familiares e a procrastinação de seu batismo até o leito de morte.

A maioria dos historiadores, no entanto, conclui que a conversão de Constantino foi genuína. Quanto às evidências negativas citadas, Constantino sentiu que deveria ser imperador de *todos* os cidadãos romanos, incluindo a maioria pagã, e não fez caso de seu papel como sumo sacerdote. Os emblemas pagãos na cunhagem de suas moedas cessaram após muitos anos. As execuções de seu filho Crispo e o suicídio (provavelmente assistido) de sua esposa, Fausta, são tragédias misteriosas que jamais foram resolvidas, embora a falsa acusação de Fausta a Crispo pareça ter tido um papel nisso. É óbvio que a vida pessoal e doméstica de Constantino nem sempre refletiu os ideais cristãos, mas não era mais do que poderíamos esperar de um governante envolvido na transição do paganismo para o cristianismo. E adiar o batismo de uma pessoa até o fim de sua vida, no intuito de purgar todos os pecados anteriores, era a prática daquele tempo, embora seja teologicamente incorreta.

A evidência de que Constantino era sincero em seu cristianismo é vasta. Primeiramente, deve-se lembrar que, no mundo antigo, quase todos praticavam algum tipo de religião: dificilmente havia uma alternativa secularista à religião, como temos atualmente. Se o paganismo politeísta estava falhando com o Estado romano — como certamente estava, diante das convulsões sociais e do declínio do império —, o monoteísmo cristão se tornou uma alternativa religiosa substituta para muitos romanos no século 4, não apenas para Constantino.

Tão logo ele se tornara imperador, os favores de Constantino em prol da cristandade foram muito numerosos para serem listados aqui, além de muitos destaques, alguns dos quais são óbvios pelo texto de Eusébio. Constantino concedeu ao clero cristão vantagens legais dramáticas, imunidades e isenções no Estado romano, ao mesmo tempo em que os bispos jantavam à sua mesa e acompanhavam as suas comitivas. Ele não apenas restituiu as propriedades confiscadas das igrejas, mas também construiu ou reconstruiu basílicas cristãs tanto no Ocidente quanto no Oriente, incluindo a do monte das Oliveiras e de Belém (solicitadas por sua mãe, Helena), bem como a igreja do Santo Sepulcro, em Jerusalém.

Apoiou instituições de caridade cristãs, prescreveu o domingo como dia sagrado e fortaleceu a instituição do casamento, ao passo que condenava a divinação pagã, a crucificação e os combates de gladiadores. Acima de tudo, permaneceu como um cristão leigo ativo pelo restante de sua vida, conforme suas correspondências e atividades deixam mais do que evidente. Ele convocou o Concílio de Arles para resolver a controvérsia donatista, em 314, e até presidiu no celebrado Concílio de Niceia, em 325, que tratou da heresia ariana e formulou o Credo Niceno.

Advertiu os colegas imperadores para que não perseguissem os cristãos e reivindicou que suas campanhas contra esses imperadores foi como um defensor da Igreja a fim de impedir a perseguição, o que era mais do que um pretexto. Consagrou sua nova cidade no Bósforo, Nova Roma (que depois foi chamada de Constantinopla), ao "Deus dos mártires" e lá construiu igrejas esplêndidas. Até mesmo sua política exterior nas fronteiras norte e leste do império refletia princípios cristãos, e ele brincou com os bispos em um jantar após o Concílio de Niceia que ele também era um bispo "daqueles que eram de fora da igreja". No encerramento de seu magistral estudo, Timothy D. Barnes resume a carreira de Constantino:

> Depois de 312, Constantino considerou que seu principal dever como imperador era inculcar a virtude em seus súditos e persuadi-los a adorar a Deus. [...] Com todas as suas falhas e apesar de uma intensa ambição por poder pessoal, ele, ainda assim, cria sinceramente que Deus lhe dera a missão especial de converter o Império Romano ao cristianismo.[24]

Eusébio jamais pretendeu fornecer uma imagem equilibrada e crítica de Constantino — em vez disso, seguindo as convenções de seu tempo, escreveu um panegírico — e assim o ceticismo de um Burckhardt pode ter servido a um propósito digno como um contraponto necessário. Ainda assim, a representação que Eusébio faz de Constantino, o cristão, é muito mais verdadeira do que a de Burckhardt, e a imagem que ele forneceu foi a que captou o futuro, à medida que reis e imperadores cristãos, dali para frente, mediriam seu sucesso comparando-o ao de Constantino.

Desse modo, a *História Eclesiástica* de Eusébio se encerra em uma nota de triunfo com o proverbial final feliz. Repudiar o primeiro historiador da Igreja

---

[24] Timothy D. Barnes, *Constantine and Eusebius* (Constantino e Eusébio), Cambridge, Massachussets e Londres: Harvard University Press, 1981, p.275.

como um mero triunfalista, entretanto, trairia a cruel insensibilidade suportada pelos cristãos sob perseguição no mundo antigo. Os sobreviventes daquele horror, que sobreviveram por causa de Constantino, poderiam ter culpado Eusébio por não ter sido suficientemente bondoso para com esse imperador. De qualquer forma, Eusébio viu um plano de destino divino em tudo — esta saga desde Cristo a Constantino — e os leitores nos séculos seguintes também captaram a sua visão. Se assim não fosse, a *História Eclesiástica* jamais teria sobrevivido, palavra por palavra, por meio de muitas cópias manuscritas, como ela claramente sobreviveu, mesmo antes da era da impressão.

Juntamente com a sua conversão ao cristianismo, Constantino é mais conhecido por ter fundado, no local anteriormente conhecido como Bizâncio, a cidade de Constantinopla, que continuaria como uma fortaleza cristã durante mil anos — muito depois da queda de Roma. Um imperador posterior, Justiniano, ergueu a grande Basílica de Hagia Sophia ("Sagrada Sabedoria") em Constantinopla em 537, que ainda permanece como uma das grandes maravilhas arquitetônicas do mundo — sua imensa cúpula que se estende por 33 metros de diâmetro. Os minaretes que rodeiam a basílica foram acrescentados após a conquista islâmica de Constantinopla em 1453. O seu nome foi encurtado através da repetição ao longo dos séculos para Istambul, hoje a maior cidade da Turquia. © Shutterstock

APÊNDICE 1

EUSÉBIO CITA JOSEFO ACERCA DE JESUS

No ponto 1.11 de sua *História Eclesiástica*, Eusébio cita a famosa passagem das *Antiguidades* (Livro 18.4), de autoria de Josefo, em que Jesus é mencionado — a referência não cristã mais extensa a Cristo na literatura do primeiro século d.C. Para efeitos de comparação, a passagem está novamente reproduzida aqui, com várias sentenças que destaquei em itálico:

Nesse mesmo tempo, apareceu JESUS, que era um homem sábio, *se, todavia, devemos considerá-lo simplesmente um homem*, tão admiráveis eram as suas obras. Ele ensinava aos que tinham prazer em ser instruídos na verdade e foi seguido não somente por muito judeus, mas também por muitos gentios. *Ele era o CRISTO*. Os mais ilustres dentre os de nossa nação acusaram-no perante Pilatos, e ele fê-lo crucificar. Os que o haviam amado durante a sua vida não o abandonaram depois da morte. *Ele lhes apareceu ressuscitado e vivo no terceiro dia*, como os santos profetas tinham predito, dizendo também e que ele faria *muitos outros milagres*. É dele que os cristãos, que vemos ainda hoje, tiraram o seu nome.

Em *Antiguidades* Livro 20:8, Josefo faz uma segunda referência a Jesus ao relatar a morte de seu meio-irmão Tiago, que também é citado por Eusébio em 2.23. Pelo fato de Josefo ter permanecido um judeu que não se converteu ao cristianismo, as passagens acima têm gerado muita literatura acadêmica, especialmente diante das frases destacadas.

Os especialistas recaem em três campos diferentes com relação a essa celebrada referência:

1. Ela é totalmente autêntica, ocorrendo, como acontece, em meio à descrição que Josefo faz sobre a administração de Pilatos e em todos os manuscritos de Josefo.
2. É completamente uma falsificação cristã, uma vez que Orígenes declarou que Josefo jamais se converteu.
3. Contém interpolações cristãs naquilo que era o relato autêntico feito por Josefo acerca de Jesus.

A primeira opção pareceria fraca: nenhum judeu poderia ter afirmado que Jesus era o Messias que ressuscitou dos mortos sem haver se convertido ao cristianismo. A segunda dificilmente se sustenta, uma vez que a passagem ocorre em todos os manuscritos gregos de Josefo, e a indiscutível referência a Jesus em 20.8 certamente forneceria mais material identificador caso fosse a primeira menção a Jesus. Assim sendo, a grande maioria dos estudiosos contemporâneos favorece a terceira opção, de que a passagem tenha sido interpolada.

Jesus é retratado como um "homem sábio", *sophos aner* em grego, uma expressão que não era usada pelos cristãos, mas empregada por Josefo para figuras do Antigo Testamento como Davi e Salomão. Ademais, a reivindicação de que Jesus superou "muitos dos gregos" não encontra paralelo no Novo Testamento e, desse modo, dificilmente seria um adendo cristão, mas, ao contrário, algo que Josefo teria notado em seu próprio tempo. E há novas evidências de que as partes destacadas foram, de fato, interpolações cristãs.

Em 1972, o professor Schlomo Pines, da Universidade Hebraica de Jerusalém, anunciou sua descoberta de um manuscrito árabe de Josefo, escrito por um historiador melquita do século 10, chamado Agápio, na qual a passagem em questão é traduzida da seguinte forma:

> Nesse tempo, havia um homem sábio chamado Jesus, e Sua conduta era boa, sendo Ele conhecido por ser virtuoso. Muitos entre os judeus e outras nações se tornaram Seus discípulos. Pilatos o condenou a ser crucificado e a morrer. Contudo, aqueles que se tornaram Seus discípulos não abandonaram Seus ensinos. Disseram que Ele lhes havia aparecido três dias depois de Sua crucificação e que estava vivo. Desse modo, talvez Ele fosse o Messias, sobre quem os profetas falaram maravilhas. E o grupo dos cristãos, assim chamados por

causa dele, não desapareceu até o presente momento.[1]

Essa versão da passagem é claramente expressa de uma maneira adequada a um judeu não cristão e ela corresponde quase precisamente às projeções acadêmicas anteriores do que Josefo teria de fato escrito.

Desse modo, as interpolações no texto de Eusébio referindo-se a Jesus devem ter surgido cedo na história, pois Eusébio citou a versão padrão ou tradicional quando publicou os primeiros sete livros de sua *História Eclesiástica*, provavelmente antes do ano 300. O fato de ele não ter detectado as interpolações cristãs, no entanto, ressalta que Eusébio não era um historiador crítico. Entretanto, uma vez que não expandiu no potencial apologético nesta passagem, usando-a apenas contra as falsificações de seu tempo, pode ter exercido algum escrúpulo quanto à sua autenticidade.

Pôncio Ilates é citado tanto na versão interpolada quanto (muito provavelmente) na versão original da famosa passagem de Josefo sobre Jesus. Uma pedra de 60 por 90 centímetros, descoberta em Cesaréia em 1961, registra seu nome. A face esquerda da pedra foi lascada para reutilização, de modo que apenas "-TIVSPILATVS" permanece do nome de Pilatos na linha do meio (*Israel Museum, Jerusalem*).
© Wikipedia Commons

---

[1] Embora a frase final não seja de Agápio, Pine conclui, justificadamente, que ela estava no texto original de Josefo. Veja Schlomo Pines, *An Arabic version of the Testemonium Flavianun and its implications* (Jerusalém, Academia de Ciências e Humanidades de Israel, 1971).

Jerusalém, onde toda a história da igreja começou, teve bispos cristãos – judeus ou gentios – durante todo o período coberto por Eusébio. A Cúpula da Rocha dourada, construída pelo governante islâmico Ábd al-Malik no século VII, marca o local da área do templo. Ao fundo ergue-se o Monte das Oliveiras, no topo do qual a Igreja Ortodoxa Russa da Ascensão comemora a partida de Jesus. © Shutterstock

APÊNDICE 2

AS SUCESSÕES DOS IMPERADORES E BISPOS

(As datas são os anos da ascensão dos imperadores. Seus reinados terminam na data seguinte. Alguns dos primeiros clérigos não eram bispos, no sentido que o termo obteve mais tarde.)

Imperadores romanos	Bispos de Jerusalém	de Antioquia	de Alexandria	de Roma
27 a.C. Augusto				
14 d.C. Tibério				
37 d.C. Caio Calígula				
41 d.C. Cláudio				
	Tiago			
54 d.C. Nero		Pedro		
			Marcos	
	Simeão	Evódio	Aniano	Pedro?
68 d.C. Galba				Lino
69 d.C. Oto, Vitélio, Vespasiano				

Imperadores romanos	Bispos de Jerusalém	de Antioquia	de Alexandria	de Roma
79 d.C. Tito				Anacleto
81 d.C. Domiciano			Abílio	
				Clemente
		Inácio		
96 d.C. Nerva				
98 d.C. Trajano			Cerdo	
	Justo I			Evaristo
	Zaqueu			
	Tobias			
	Benjamim	Hero	Primo	Alexandre
	João			
117 d.C. Adriano				
	Matias			Xisto
	Filipe		Justo	
	Sêneca			
	Justo II			
	Levi			
	Efres			Telésforo
	José		Eumenes	
	Judas			
	Marcos	Cornélio		
138 d.C. Antonino Pio				Higino
	Cassiano			Pio
	Públio		Marcos II	
	Máximo I			
	Juliano I	Eros		
	Caio I			
	Símaco			
	Caio II			
			Celadião	Aniceto
161 d.C. Marco Aurélio	Juliano II	Teófilo		
	Capitão			

Imperadores romanos	Bispos de Jerusalém	de Antioquia	de Alexandria	de Roma
	Máximo II			Sóter
	Antonino		Agripino	
	Valente			
	Doliquiano			Eleutério
180 d.C. Cômodo	Narciso			
	Dio	Maximino	Juliano	
	Germânio			Victor
	Górdio			
		Serapião		
193 d.C. Pertinax				
			Demétrio	
193 d.C. Septímio Severo				
		Asclebíades		Zeferino
211 d.C. Caracala	Alexandre			
217 d.C. Macrino				
218 d.C. Elagábalo				Calixto
222 d.C. Alexandre Severo				Urbano
		Fileto		
		Zebeno	Héraclas	Ponciano
235 d.C. Maximino Traciano				
				Antero
238 d.C. Gordiano				Fabiano
		Bábilas		
244 d.C. Filipe				
			Dionísio	
249 d.C. Décio				Cornélio
	Mazabanis	Fabio		
251 d.C. Galo		Demetriano		
253 d.C. Valeriano + Galieno				Lúcio
				Estevão

As sucessões dos imperadores e bispos

Imperadores romanos	Bispos de Jerusalém	de Antioquia	de Alexandria	de Roma
	Himeneu	Paulo de Samósata		Xisto II
				Dionísio
260 d.C. apenas Galieno				
			Máximo	
268 d.C. Cláudio II		Dono		Félix
270 d.C. Aureliano				
				Eutiquiano
276 d.C. Probo	Zamudas			
		Timeu		
282 d.C. Caro			Teona	
	Ermon			Caio
284 d.C. Diocleciano		Cirilo		
286+ d.C. Maximiano				
				Marcelino
			Pedro	
305 d.C. Galério, Constâncio Cloro		Tirânio		
307 d.C. Galério, Licínio, Constantino, Maximino, Maxêncio				
311 d.C. morte de Galério				
312 d.C. morte de Maxêncio				
313 d.C. morte de Maximino				
324 d.C. morte de Licínio				
337 d.C. morte de Constantino				

BIBLIOGRAFIA

A. ESCRITOS DE EUSÉBIO

As obras de Eusébio aparecem, normalmente em série, na maioria das línguas ocidentais. Títulos individuais e edições dos textos gregos originais estão listados na introdução, bem como as importantes traduções para o inglês de *História Eclesiástica* (McGiffert; Lake e Oulton, pela Loeb; e Williamson). Conforme indicado, a tradução neste livro foi baseada no texto grego editado por Eduard Schwartz em *Die Griechischen christlichen Schriftsteller der ersten Jahrhunderte* (Leipzig: Hinrichs'sche Buchhandlung, 1897).

[Também foram publicadas traduções em português de *História Eclesiástica* pelas editoras Paulus, CPAD e Fonte Editorial.] Outras traduções aparecem sob os títulos *Histoire ecclesiastique* (francês), *Die Kirchengeschichte* (alemão), *Storia della chiesa* (italiano) e *Kirkehistorie* (dinamarquês). Estas representam meramente alguns dos demais idiomas para os quais Eusébio foi traduzido.

B. OBRAS SOBRE EUSÉBIO

Os livros e monografias acerca de Eusébio a seguir foram publicados no século 20. Inúmeros artigos sobre aspectos da vida e escritos de Eusébio também aparecem em periódicos, coleções, séries e *Festschriften*.[1] Muitas dissertações de doutorado não publicadas também foram examinadas em vários temas das obras de Eusébio.

Attridge, Harold W., e Gohei Hata, eds. Eusebius, *Christianity, and Judaism*. Detroit: Wayne State University Press, 1992.

---

[1] N.T.: Plural de *Festschrift*. Na esfera acadêmica, *Festschrift* consiste em uma obra composta por dissertações, artigos, etc. de diferentes autores em homenagem a alguém honorável, em especial a um estudioso ou pesquisador eminente.

Barnes, Timothy D. *Constantine and Eusebius*. Cambridge, Mass. & Londres: Harvard University Press, 1981.

Bauer, A. *Beiträge zu Eusebios und den byzantinischen Chronographen. Sitzungsberichte der kaiserlichen Akademie der Wissenschaften in Wien*. 162.3. Viena: 1909.

Berkhof, Hendrikus. *Die Theologie des Eusebius von Caesarea*. Amsterdã: Uitgeversmaatschappij Holanda, 1939.

Chesnut, Glenn F. *The First Christian Histories: Eusebius, Socrates, Sozomen, Theodoret, and Evagrius*. Paris: Beauchesne, 1977.

Cuneo, Bernard H. *The Lord's Command to Baptize: An Historico-critical Investigation with Special Reference to the Works of Eusebius of Caesarea*. Washington, D.C.: Catholic University of America Press, 1923.

Daniele, Ireneo. *I documenti Costantiniani della "Vita Constantini" di Eusebio di Cesarea*. Roma: Gregorian University, 1938.

Dempf, Alois. *Eusebios als Historiker*. Munique: Bayerische Akademie der Wissenschaften, 1964.

Des Places, Edouard. *Eusèbe de Césarée Commentateur: Platonisme et Ecriture Sainte*. Paris: Beauchesne, 1982.

Doergens, Heinrich. *Eusebius von Caesarea als Darsteller der griechischen Religion*. Paderborn: Schoningh, 1922.

———. *Eusebius von Caesarea als Darsteller der phonizishen Religion*. Paderborn: Schoningh, 1915.

Drake, Harold A. *In Praise of Constantine: A Historical Study and New Translation of Eusebius' Tricennial Orations*. Berkeley: University of California Press, 1976.

Farina, Raffaele. *L'impero e l'imperatore Cristiano in Eusebio di Cesarea. La prima teologia politica del Cristianesimo*. Zurique: Pas Verlag, 1966.

Foakes-Jackson, F. J. *Eusebius Pamphili, Bishop of Caesarea in Palestine and First Christian Historian: A Study of the Man and His Writings*. Cambridge: W. Heffer & Sons, 1933.

Fritze, E. *Beiträge zur sprachlich-stilistischen Würdigung des Eusebios*. Leipzig: Borna, 1910.

Godecke, Monika. *Geschichte als Mythos: Eusebs "Kirchen- geschichte."* Frankfurt e Nova Iorque: Peter Lang, 1987.

Grant, Robert M. *Eusebius as Church Historian*. Oxford: Clarendon, 1980.

Gressman, Hugo. *Studien zu Eusebs Theophanie*. Leipzig: Hinrichs, 1903.

Hardwick, Michael E. *Josephus as an Historical Source in Patristic Literature Through Eusebius*. Atlanta: Scholars Press, 1989.

Heikel, Ivar A. *Kritische Beiträge zu den Constantin-Schriften des Eusebius*. Leipzig: Hinrichs, 1911.

Helm, Rudolf. *Eusebius' Chronik und ihre Tabellenform*. Berlim: de Gruyter, 1924.

Henry, Paul. *Recherches sur la "Préparation Évangelique" d'Eusèbe et l'édition perdue des oeuvres de Plotin publiée par Eustochius*. Paris: Leroux, 1935.

Keller, E. *Eusèbe, historien des persécutions*. Genebra e Paris: 1912.

Laqueur, Richard A. *Eusebius als Historiker seiner Zeit*. Berlim: de Gruyter, 1929.

Lawlor, Hugh J. *Eusebiana: Essays on the Ecclesiastical History of Eusebius, Bishop of Caesarea*. Oxford: Clarendon, 1912.

Luibheid, Colm. *Eusebius of Caesarea and the Arian Crisis*. Dublin: Irish Academic Press, 1978.

Lyman, J. Rebecca. *Christology and Cosmology: Models of Divine Activity in Origen, Eusebius, and Athanasius*. Nova Iorque: Oxford University Press, 1993.

McGiffert, A. C. "The Life and Writings of Eusebius of Caesarea." In P. Schaff and H. Wace, eds., *The Nicene and Post-Nicene Fathers*. Series 2, vol. 1, Eusebius, 3–72, plus notes. 1890. Reprint, Grand Rapids: Eerdmans, 1961.

Mosshammer, Alden A. *The Chronicle of Eusebius and Greek Chronographic Tradition*. Lewisburg, Penn.: Bucknell University Press, 1979.

Nordenfalk, C. *Die spätantiken Kanontafeln: Kunstge- schichtliche Studien über die eusebianische Evangelien- Konkordanz in den vier ersten Jahrhunderten ihrer Geschicht*. Göteborg: 1938.

Sant, Carmel. *The Old Testament Interpretation of Eusebius of Caesarea: The Manifold Sense of Holy Scripture*. Malta: Royal University of Malta, 1967.

Schoene, Alfred K. I. *Die Weltchronik des Eusebius in ihrer Bearbeitung durch Hieronymus*. Berlim: Weidmann, 1900.

Schwartz, E. "Eusebios von Caesarea." In *Realencyclopädie der classischen Altertumswissenschaft* 6, ed. F. Pauly and G. Wissowa. Stuttgart: 1909.

Sirinelli, Jean. *Les vues historiques d'Eusèbe de Césarée durant la période prénicéenne*. Dakar: University of Dakar, 1961.

Stevenson, James. *Studies in Eusebius*. Cambridge: Cambridge University Press, 1929.

Wallace-Hadrill, D. S. *Eusebius of Caesarea*. Londres: A. R. Mowbray, 1960; Westminster, Md.: Canterbury, 1961.

Weber, Anton. *APXH: Ein Beitrag zur Christologie des Eusebius von Caesarea*. Munique: Neue Stadt, 1965.

Winkelmann, Friedhelm. *Eusebius von Kaisareia: der Vater der Kirchengeschichte*. Berlim: Verlags-Anstalt Union, 1991.

———. *Die Textbezeugung der Vita Constantini des Eusebius von Caesarea*. Berlim: Akademie Verlag, 1962.

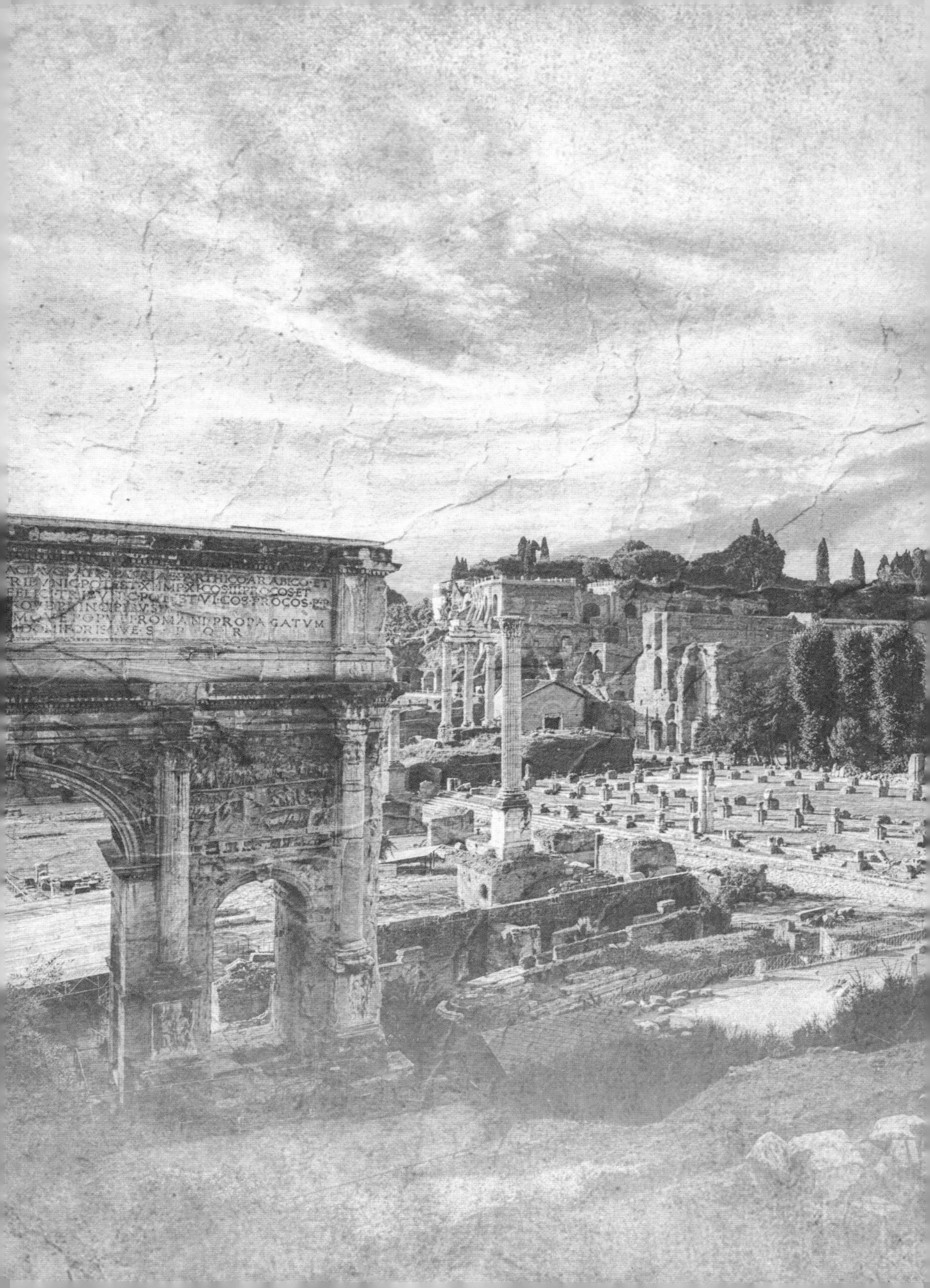